明文 中國 史書 正解

# 戰國策 上

전국책

後漢 劉　向 編
陳起煥 譯註

明文堂

# 머리말

孟子(맹자, 前 372-289)와 莊子(장자, 前 369?-286년), 그리고 韓非(한비, ? 前 281-233년)가 살았던 때가 戰國時代입니다. 戰國이란 말은 《戰國策(전국책)》에서 따온 말입니다.

재미있는 이야기가 많기에 《戰國策》은 부담없이 읽을 수 있는 史書입니다.

뱀을 가장 빨리 그리는 사람에게 여기 술 한 잔을! 먼저 그렸다고 술잔을 들고서 뱀의 발을 그리자, 뱀에게 무슨 발이! 술잔을 뺏어간 사람…

《戰國策》에 실린 이런 일이 실제로 몇 년에 어디서 있었던 있었던 일이라고 아무도 생각하지 않습니다. 다만 그 이야기를 말한 사람이 있을 뿐입니다. 이야기를 지어낸 이유는? 자기 주장을 상대방에게 설득하기 위한 방편입니다.

그런 이야기에는 깊은 이치가 들어 있고 그런 事理를 깨달으며 우리는 지혜를 터득합니다. 《戰國策》에는 그런 이야기가 많이 있습니다.

역사의 교훈은 또 어떻습니까?

우선 상황을 정확하게 진단해야 하고, 상황 전개를 지켜보아야 합니다. 상황에 따른 승패를 예상할 수 있지만, 돌발 변수도 代入해 보아야 합니다. 나중에 결과가 나왔을 때, 그 다음에는 또 어떤 일이 일어날까 생각해 보아야 합니다.

역사의 전개도 사람의 일입니다. 사람의 일에는 성패가 있고, 성패에 따라 사람의 운명이 달라집니다. 《戰國策》의 어디에나 교훈이 가득합니다.

우리는 경쟁이 심한 상황을 흔히 春秋戰國時代와 같다고 말합니다. 제후의 성곽을 중심으로 이루어진 도시국가가 점점 커지면서 영역국가로, 그리고 마지막에 秦(진)나라에 의한 중국통일로 종결이 됩니다.

이 과정에서 戰國시대는 그야말로 격랑의 시기였습니다. 전국시대는 모든 나라와 나라가 싸웠습니다. 여하튼 전쟁은 이겨야 합니다. 전쟁에서 이기기 위한 나라의 책략이 바로 《戰國策》입니다. 《전국책》의 모든 내용은 경험입니다.

風雨를 겪어보아야 세상 물정을 알고(經風雨 見世面), 경험이 많다면 보는 안목도 넓습니다(經得多 見得廣). 한 가지 일을 겪어보면 지혜 하나가 늘어나고(經一事 長一智), 경험은 학문과 매우 비슷합니다(經驗大似學問).

《戰國策》은 우리에게 지혜를 주는 경험의 寶庫(보고)입니다.

같은 이야기라도, 듣는 사람에 따라 내용과 방법을 달리해야 합니다. 초등학교 어린이를 위한 《전국책》도 출간되었다지만 …, 明文堂의 中國 史書 正解를 읽는 고급 독자의 다양한 욕구를 충족시키려고 역자는 최선을 다했습니다.

어려운 한자에 대한 풀이도 필요하고, 꼭 알아야 할 역사적 사건이나 인물, 典故(전고)에 대한 설명도 있어야 합니다.

明文 中國正史大系의 《漢書》 原文과 주석, 國譯을 全 15권으로 출간했고, 《後漢書》 全 10권, 《正史 三國志》 全 6권, 《十八史略》을 완역한 역자의 경험을 모두 동원하였습니다.

역자가 땀 흘린 노력의 결과를 全國의 《戰國策》 독자에게 보여드립니다.

2021년 11월 12일

陶硯(도연) 陳起煥(진기환)

## 일러두기

1. 본서는《戰國策集注匯考(전국책집주회고)》(增補本, 上,中,下. 諸祖耿 編撰, 鳳凰出版社. 2008.)를 기본 텍스트로 하였다. 국내에 들어와 있는 여러《戰國策》중 가장 많은 주석을 수록했으며, 저자 諸祖耿(제조경)의 연구 성과가 포함되어 있어, 역자의 공부에 많은 도움이 되었다. 그리고 국내에 유통되고 있는 중국과 대만에서 출간된 여러 주석서를 참고하였다.
필자의 본 譯書는《戰國策》의 원문을 수록하고 국역하였다. 기본 텍스트에 들어있는 주석이라도 우리나라 독자가 필요한 내용을 알맞게 취사 선택하였다. 또한 明文中國正史大系를 완역하면서 역자가 준비했던 여러 자료를 주석에 활용하였다.

2.《戰國策》총 33권의 본문은 500개의 章으로 구성되었다. 본서는 이를 상, 중, 하권으로 분권하였다.
上卷《戰國策》東, 西周策(2권), 秦策(5권), 齊策(3권) 총 10권.
中卷《戰國策》齊策(3권), 楚策(4권), 趙策(4권), 魏策(1권) 총 12권.
下卷《戰國策》魏策(3권), 韓策(3권) 燕策(3권), 宋衛策 中山策 각 1권 총 11권과 부록으로(故事成語 목록) 구성되었다.
각 장은 처음 첫 구절을 소 제목으로 삼았다. 각 장의 제목 역시 국역하였다.

3.【原文】의 문단 구분과 구두점은 모두 기본 텍스트《戰國策集注匯考》를 준용하였다. 국명이나 부족명, 人名과 字, 지명, 행정적 지명, 특별한 구역이나 건축물, 왕조, 연호 등 고유명사는 우리말 독음을

첨가하였다.

특히 地名과 人名은 쉬운 글자라도 구분하는 방법으로 우리말 독음을 첨가하였다. 예를 들면, 18권 〈趙策 一〉에「又北之趙, 冷向謂强國曰, ~」의 경우 '(策士) 冷向(냉향)이 (趙人) 强國(강국)에게 말했다.'로 표기하여 强國(강국)이 인명임을 밝혔다. 〈燕策 三〉의 마지막 章은 자객 荊軻(형가)의 이야기이다. 그 형가가 秦王을 찌르기 위하여 '得趙人徐夫人之匕首' 한다. 이때 徐夫人은 인명이니(徐, 姓. 夫人, 名. 男子也.) 徐夫人(서부인)으로 표기하여 구분하였다.

4. 경전이나 書冊, 저서는《 》, 경전과 서책의 편명이나 제목을 붙일 수 있는 문장 또는 악곡 등은〈 〉로 구분하였다. 경전의 인용구, 詔書(조서), 上奏文(상주문) 같은 서책이나 문서의 내용은「 」로 표시하였다. 儒家 경전의 인용문에는《論語 述而》라 하여 그 출처와 전후 문장을 수록하였다.

5. 【註釋】은 脚註(각주)로 처리하였다. 脚註는 尾註(미주)보다 읽기에 편하다.

《戰國策》은 縱橫家(종횡가), 謀士, 說客(세객)의 언행에 포인트가 맞춰진 책이다. 遊說(유세)나 설득에서 중요한 것은 역사적, 지리적 지식, 그리고 적절한 비유와 유창한 논리이다. 그러다 보니 역사적 사건을 언급하였어도 사실과 다르게 바꿔 인용하였거나 부정확한 부분이 많다. 이런 내용은 모두 주석으로 바로잡아주어야 한다. 역사적 인물이나 사건에 대한 설명이나 주석에 필자는 심혈을 기울였다.

○우리가 알기에 주석은 저자의 문장, 또는 原典(원전)의 문자에 대한 해설로 생각하지만, 《戰國策》은 우선 본문이 판본마다 다르고 編者의 본문 조차 불확실하며, 본문의 글자를 다른 字로 바꿔 주석을 단 경우가 많아서 어떤 주석을 택하느냐에 따라 내용이 크게 달라진다. 그만큼 譯者에게는 어려운 일이다.

○글자 뜻을 정확하게 설명하였고, 難讀(난독) 한자의 독음을 첨가했으며, 구절 풀이와 함께 필요한 문법적 설명을 첨가하였다.

○본서의 표시 년도는 西紀이고, 紀元 前의 경우 '前', 기원 後는 '서기'로 표시하였다. 본서에 인용된 연도가 모두 '西紀 前'이지만 '前'을 꼭 기록하였다.

○史書의 讀解에 지리적 이해가 뒤따르지 않는다면 장님 코끼리 더듬기와 조금도 다르지 않다. 지리적 근거가 없는 史書는 없다. 史書의 저자나 주석한 사람은 모두 지리적 관계나 설명을 중시했다. 현재 地名에 대한 정확한 설명이 없으면 '今 ○○省 ○○市 관할 ○○市(縣)'이라고 표기하여 보통의 중국 지도로 그 위치를 파악할 수 있게 주석을 달았다.

현재 중국의 행정구역은 성(省)급 31개, 地級市(지급시) 333개, 현(縣) 및 縣級市가 2,853개 정도라고 하는데, 이 또한 계속 바뀌고 있다. 地級市의 인구는 省에 따라 차이가 많지만 보통 1백만 이상의 대도시라고 생각하면 된다. 인구 조밀 지역 縣의 인구는 보통 3, 40만이니 우리나라 都農統合市 정도라고 생각해야 한다.

단순히 原文을 그대로 번역했다면 역자의 작업도 그만큼 쉬웠을 것이다. 그러나 역자는 현행 행정구역상의 지명과 또 현행 지도에서 찾기 쉽도록 '四川省 중부', '河北省 남부' 등을 밝혀 주석을 달았다. 이는 史學을 하는 同學을 위한 譯者의 정성이다.

6. 관직명이나 제도, 역사적 인물, 도량형에 대한 주석을 달아 본문 내용에 대한 이해도를 높였다.

7. {국역}의 문단은 원문을 준용하였지만, 우리말 번역이 너무 길어 주제 파악이 어려운 경우 필요에 의거 마침표를 찍어 문장을 나누었다. 또 경우에 따라서 줄 바꾸기를 하였다.

8. 인명이나 지명은 音에 대한 특별한 주석이 없으면 우리나라에서 일반적으로 통용되는 音을 따랐다.

9. 本書의 삽화는 1916년 刊 蔡元放評點, 李鴻賓校定《增像全圖東周列國志》(국립중앙도서관 고문헌실소장)의 삽화와 中文維基百科의 人物圖를 轉載하였다.

10. 《戰國策》의 〈故事成語 목록〉을 부록으로 실었다.
《戰國策》은 책사, 세객의 유세 내용을 기록했다. 상대방을 쉽게 이해시키기 위한 방법으로 많은 成語와 사례를 제시하였다. 그 성어가 지금도 그대로 통용되고, 성어 내용 자체가 교훈이며 재미이다. 500개 章에서 224개의 成語를 선별하고 그 근거가 本書의 어디에 있는가를 밝혔다. 이는 본서의 여러 장점 중 하나이고, 역자가 심혈을 기울였다.

〈참고도서〉

《戰國策集注匯考》: (增補本) 上,中,下. 諸祖耿 編撰, 鳳凰出版社. 2008.

《戰國策》(上,中,下) : 劉向 集錄. 上海古籍出版社.

《戰國策》新校注 繆文遠 著, 巴蜀書社, 1998.

《戰國策》劉向 編訂, 明洁 輯評, 明洁 導讀, 上海古籍出版社.

《戰國策》: 中國商帮新勢力之崛起: 1978-2008, 張翼 編著, 清華大學出版社, 2008.

左傳 戰國策講演錄 : 大學名師講課實录, 郭丹 著, 桂林貝貝特電子音像出版社, 2008.

《戰國策》1, 2. 林東錫 譯註, 傳統文化研究會, 2002-2004.

《戰國策》: 유향 저, 여설하 평역, 학술편수관, 2014.

## 목차

### 《戰國策》(上)

# 一. 중국 古代史의 전개

## 1. 전설시대: 三皇五帝

1927, 중국 北京 부근 周口店(주구점, 조우코우뎬)에서 발견된 베이징 原人(원인)은 약 50만 년 전에 생존했던 인류로 추정된다. 이 베이징 원인 이외에도 여러 古 人類와 그들의 舊石器 문화 유물과 유적이 많은 곳에서 발굴되었다.

중국 上古史는 三皇과 五帝의 전설로 시작한다. 이 삼황오제의 이름이나 치적은 그야말로 전설일 뿐이다. 그러나 이들의 전설 시대는, 곧 국가 형태의 출현이다. 중국인들은 三皇(삼황)[1]과 五帝(오제)[2]가 인간 생

1 三皇에 대하여 伏羲(복희)와 神農(신농)은 공통적이다. 《尙書大傳》에서는 燧人氏(수인씨)를 꼽았지만, 《尙書 · 序》와 《帝王世紀》에서는 黃帝(황제)를 삼황에 포함하였다. 사마천은 《史記》에서 三皇을 언급하지 않았다. 다만 司馬貞(사마정)은 그가 보충한 《史記 · 三皇本紀》에서 女媧(여왜)를 열거하였다. 책에 따라 祝融(축융)이나 共工(공공)이 들어가기도 한다.

2 五帝 -《史記 · 五帝本紀》와 《世本》, 《大戴禮記》, 《易傳》, 《禮記》에서는 黃帝, 顓頊(전욱), 嚳(곡)과 堯(요), 舜(순)을 꼽았다. 《禮記 月令》, 《呂氏春秋》, 《淮南子》에서는 五帝로 黃帝, 顓頊(전욱), 太昊氏(伏羲), 少昊氏와 炎帝(염제, 神農氏)를 들었다.

활에 필요한 여러 가지 도구나 제도를 만들어 인간이 동물 상태에서 벗어나 무리를 짓고 농경과 수렵을 하며 편안하게 살 수 있도록 가르쳤다고 말한다.[3]

삼황오제에 관한 고전의 기록은 동일하지 않지만, 燧人氏(수인씨), 宓羲氏(복희씨, 伏羲氏, 太昊帝),[4] 神農氏(신농씨)를 삼황이라 칭한다.[5]

五帝로는 《史記 五帝本紀》의 경우에 黃帝, 顓頊(전욱), 帝嚳(제곡)과 堯(요), 舜(순)을 열거하였다.[6]

黃帝는 蚩尤(치우) 일족을[7] 제거하고 中原을 통일하였으며, 문자, 曆法(역법), 궁궐, 의상, 수레 등을 발명, 보급한 중국인의 공동 조상이며 '人文初祖' 로 추앙받고 있다.

顓頊(전욱)과[8] 帝嚳(제곡)은[9] 그 공적에 특별한 기록이 없다.

---

3 이 시기는 고고학적으로 지금부터 약 6천 년 전에서 기원 前 21세기에 해당하는 新石器 시대라 생각할 수 있다.

4 宓羲氏(복희씨, 伏羲) - 그물을 만들어 고기 잡는 법을 가르쳤다는 전설 속의 人物. 宓 音 伏.

5 炎帝 神農氏 - 火德으로 王이 되었기에 炎帝라고 한다. 쟁기를(耒, 뢰) 처음 발명했고 인간에게 농사를 가르쳤기에 神農氏라 부른다.

6 이 삼황과 오제의 덕을 모두 겸비했다고 자찬하며, 황제(皇帝)라는 말을 만든 사람이 바로 중국 최초의 통일 왕조를 이룩한 秦의 시황제(始皇帝)이다.

7 蚩尤(치우) - 蚩는 어리석을 치. 尤는 더욱 우. 멀리 떨어지다. 신화나 전설 속의 부족의 우두머리. 神農氏(炎帝) 후손의 한 갈래. 뒷날 黃帝(황제)와 크게 싸웠다. 이에 치우는 전쟁과 동의어로도 사용된다. 치우를 받드는 자에게는 전쟁의 신이지만, 배척자들에게는 재앙의 상징이다. 중국 苗族(묘족)의 조상이라고 알려졌다.

8 顓頊帝 高陽氏(전욱제 고양씨) - 전설 속의 인물. 五帝之一. 父親은 昌意(창의). 黃帝의 손자. 高陽(今 河南 杞縣)에 봉해졌다. 黃帝 死後에 제위에 올랐다. 帝丘에서 통치. 時年 20세.

堯(요)와[10] 舜(순)에[11] 대해서는《尙書 / 書經》의〈堯典〉과〈舜典〉의 기록을 통해, 仁德으로 천하를 잘 통치한 聖人으로 알려졌다. 요와 순은 각각 후임자를 골라 그 제위를 禪讓(선양)하였으니, 이 시기에 王朝가 성립되지는 않았다. 舜은 治水 사업에서 大功을 쌓은 禹(우)에게 선양했다.[12]

사실 중국의 三皇五帝의 여러 공적이나 善政은 모두 후대의 기록이니, 이는 중국인들이 생각하는 理想 세계의 모습일 뿐이다. 堯舜 시대는 唐虞(당우) 시대라 하여 太平盛世로 꼽히는데, 이는 인류 문화 발전을 모두 聖人의 功績으로 돌리는 중국인 사고방식의 한 표현일 것이다.

---

9 帝嚳 高辛氏(제곡 고신씨) – 傳說 속 人物, 五帝之一. 祖父는 玄囂(현효, 黃帝의 長子). 父親은 僑極(교극). 帝 顓頊(전욱)은 嚳(곡)의 堂伯父. 帝嚳은 어려서부터 德行이 있고 총명 유능했다. 顓頊(전욱) 死後에 제위에 올랐는데 時年 30歲였다. 亳(박, 今 河南 偃師市)에 도읍. 木德爲帝. 少昊氏(소호씨) 이전은 그 德으로 천하 통치자의 호칭으로 사용했다. 그러나 전욱제 고양씨 부터는 출신 지명으로 호칭을 삼았다. 高陽과 高辛(고신)은 모두 지명이다. 顓頊(전욱)과 嚳(곡)은 그 字를 호칭으로 함께 사용했다.

10 帝堯 陶唐氏 – 堯. 陶唐氏, 名은 放勳(방훈). 陶(도)에 봉해졌다가 唐(今 山西省 중부 臨汾市)으로 옮겼다. 唐堯라고도 부른다. 역사 전설 중 五帝의 한 사람. 道敎의 天官大帝. 탄생일은 정월 보름 上元節이라고 한다.

11 舜(순) – 帝舜 有虞氏(유우씨) – 上古時代 五帝의 한 사람. 名은 重華(중화). 姚姓, 뒷날 嬀水(규수) 가에 살아 嬀姓, 도읍은 蒲阪(포판, 今 山西 서남부 永濟市). 堯의 禪讓(선양)을 받았다. 孔子는 舜에 대하여 '德으로는 聖人, 尊位로는 天子이다.' 라고 하였다.

12 帝禹 夏后氏 – 前 2123 – 前 2055년? – 姒(사)는 姓, 夏后氏. 傳說에서 名은 文命, 보통 大禹라 존칭. 사실 神話的 人物이다. 黃帝 軒轅氏(헌원씨)의 玄孫이며, 大禹 治水로 널리 알려졌다. 禹는 중국 최초 세습 왕조 夏의 건국자이다. 왕위를 아들 啓(계)에게 넘겨주었다. 安邑에 定都했었다.(今 山西省 서남부 運城市 관할 夏縣 /《資治通鑑》의 저자 司馬光의 고향.)

## 2. 三代[13]

### 가. 夏

三皇五帝의 전설 시대 뒤에 夏(하) 왕조가 출현한다. 夏 왕조의 建國은 禹(우, 大禹)의 治水 사업이 성공한 결과이다.[14] 舜(순)은 중원의 홍수를 다스린 禹에게 제위를 禪讓(선양)했다.[15] 禹는 그 아들 啓(계)에게 제위를 물려주었으니, 이는 종래의 禪讓(선양)이 아닌 세습으로 왕조가 성립한 것이다.

禹王에서 마지막 桀王(걸왕)까지 14世에 17王 470여 년으로 대략 西紀 前 2050년 무렵에서 1550년경에 해당한다. 夏 왕조의 영역은, 今 山西省 남부, 河南省 서부, 陝西省(섬서성) 남부 일대로 추정한다.

夏왕조에서는 씨족 내부의 싸움은 물론, 주변 異族들과의 전쟁이 많았다. 3대 太康(태강)에 이어 4대 '少康中興' 도 있었으나 결국 잔인한

---

13 三代 – 夏(하), 商(상, 殷) 周(주)의 3개 朝代의 合稱, 夏, 商, 周(하, 상, 주, 夏, 殷, 周)라고 통칭한다. 三代란 말은《論語 衛靈公》「斯民也, 三代之所以直道而行也.」에 처음 보인다. 戰國時期에는 夏, 商, 西周를 지칭하고 秦朝 이후에 三代는 東周를 포함하는 용어로 쓰였다. 周代에는 夏와 殷을 지칭하는 '二代'란 말이 사용되었다.《史記》13권에 〈三代世表〉 第一이 있다.

14 堯(요)는 洪水를 만나, 山을 끼고, 산길로 다니면서 天下를 12州로 나누었고, 禹(우)를 시켜 홍수를 다스리게 하였다. 치수 사업의 결과, 水土가 안정되자 禹는 다시 九州를 제정하였고, 五服의 땅을 구분한 뒤에, 각 州 토지의 특성에 따라 貢物(공물)을 지정하였다.《尙書》에서는 禹(우)가 지역을 나누고, 山을 따라 나무를 깎아 세워, 高山과 大川의 이름을 지어 확정하였다고 기록했다.《書經 夏書 禹貢》

15 고대 帝位로 정통을 이어온 순서는 太昊 – (共工) – 炎帝(神農氏) – 黃帝 – 少昊 – 堯 – 舜 – 夏禹 – 商湯 – 周 – (秦) – 漢이다.

폭군 桀王(걸왕)에 이르러 멸망한다. 일반적으로 夏代의 史實을 뒷받침할 유물이 없어 전설로 인식되었던 나라였지만, 지금은 여러 유물이 출토 발굴되면서 실존 왕조로 인정하고 있다.

### 나. 商(殷)

夏王朝가 황하 중류 지역에서 발전할 때, 황하의 하류에서는 商族이 점차 강성해졌다. 商族의 시조는 契(설)[16]인데 大禹의 治水를 도왔다.

契(설)의 후손인 湯(탕)[17]은 부족의 실력을 키우면서, 伊尹(이윤)[18] 같은 인재를 등용하고, 막강 군사력으로 酒池肉林의 放蕩(방탕)을 즐긴 夏 桀王(걸왕)을 축출, 商을 건국했다.

商朝가 멸망한 뒤 周人은 商을 殷(은)이라 불렀기에 商과 殷은 혼용

---

16 契 – 사람 이름 설. 생졸년 미상. 맺을 계, 子는 姓, 名은 契. 또는 卨(사람 이름 설) 同. 帝嚳(제곡)의 아들, 唐堯의 異母弟, 殷朝의 조상. 生母 簡狄(간적)이 제비 알을 삼켜 임신, 출산했다. 이는 모계사회의 그 일족이 제비를 토템으로 하는 씨족이었다는 뜻이다.

17 湯王(탕왕, 約 前 17世紀 – 16世紀) – 子姓, 商湯, 또는 武湯, 天乙, 成湯, 成唐으로 호칭. 有莘氏(유신씨)와 통혼. 부족 연맹의 기반 위에, 賢臣 伊尹(이윤)과 仲虺(중훼)를 등용했다. 鳴條(명조)의 싸움에서 夏의 桀王(걸왕)을 정벌 개국했다.

18 伊尹(이윤, ?前1649 – ?1549) – 姒는 姓, 伊氏, 名은 摯(지). 商朝의 名臣. 중국 주방장의 神. 商 湯王(탕왕)의 廚師(주사, 주방장), 商湯에게 음식을 올릴 기회를 틈타 천하 형세를 분석 – 이에 탕왕은 이윤을 阿衡(아형, 재상, 후에는 이윤을 지칭하는 말로 변했다.)에 임명. 탕왕의 아들 太甲(태갑)이 즉위했는데 昏庸(혼용)에 無能하자, 이윤은 太甲을 桐地(今 河北省 남부 臨漳縣)에 放流했다가 3년 뒤에 다시 즉위케 했다. 이를 復辟(복벽)이라 한다.

된다.[19] 商은 대략 前 1600년경에서 1046년까지 550여 년을 존속했다. 商에 관한 주요 기록으로 東周의 《竹書紀年》이나 《尙書》 또 司馬遷의 《史記 殷本紀》가 있다.

商朝 중기의 君主 盤庚(반경)[20]은 殷(은)에 定都하였는데, 殷은 今 河南省 북부 安陽市에 해당한다. 商 武丁의 中興도[21] 있었지만, 商朝의 末代 君主는 帝辛(제신, 紂王 주왕, 名은 受)[22]인데 牧野(목야)의 싸움에서

19 夏, 殷, 周 이후, 秦, 漢은 물론 魏, 晉, 그리고 隋(수)와 唐(당), 宋까지 그 나라와 연관이 있는 지명을 국명으로 사용했다. 몽고족은 중국을 차지하고 중국 지명과 관련이 없기에 元(으뜸 원)이라는 추상명사를 채용했고 이어 明과 淸에 이어졌다.

20 盤庚(반경) – 殷 19代 君主. 商朝 中後期 군주. 湯의 九代孫, 帝 祖丁의 子, 帝 陽甲의 아우. 《史記》에는 在位 28년. 前 1300年 경으로 추정. 쇠락하는 국위를 만회하려고 殷(은, 今 河南省 북단 安陽市)으로 천도했다(盤庚遷殷). 선정. 백성이 반경을 추모하여 〈盤庚三篇〉을 지으니, 이것이 今文《尙書》의 〈盤庚〉이다.

21 武丁(재위 前 1250 – 1192 / 高宗)이 이룩한 나라의 융성. 이 기간에 國勢는 强盛하고 政治는 淸明했으며, 백성은 부유하고 인구도 크게 늘었다. 商王 武丁은 인재를 널리 등용했고, 그의 衣食은 소박했다. 무정은 傅說(부열) 甘盤(감반), 禽匕(금비), 그리고 女兒 小臣인 妥(온당할 타) 등 남녀 현신의 도움을 받았다. 土方, 西羌(서강), 工方, 鬼方(귀방) 등 81개 소국을 병합하고 많은 제후를 分封했으며 殷 문화는 長江 유역까지 전파되었다. 甲骨文과 金文을 널리 사용했고 玉器의 銘文도 出現했다. 전설상으로 神農, 黃帝, 堯, 舜, 禹, 湯王 等의 공헌은 기록일 뿐 실증할 유물이 없는데 武丁의 치적은 확실한 기록과 유물이 있다.

22 帝辛(제신, 紂王) – 은나라의 마지막 왕이며 폭군인 紂王(말고삐 주, 諡法, 殘忍捐義曰 紂)은 夏의 桀王과 함께 걸주(桀紂)라 하여 폭군의 대명사로 통한다. 紂王(주왕)은 언행이 당당하고 見聞이 廣博(광박)하며 能言善辯(능언선변)하고 機智(기지)가 뛰어난 인물이었다. 자신의 聰明(총명)을 過信하여 眼下無人에 重臣을 草芥(초개)로 여겼고 백성을 개돼지로 보았다. 거기에 奢侈(사치)와 淫佚(음일), 殘忍(잔인)한 성격 등 亡國君主의 자질을 완비한 인물이었다.

周 武王의 공격으로 패망한다(周 武王 11년, 前 1046년).

商은 神政을 통해 연맹 부족을 통제 지배하였다. 殷에서는 제사가 주요한 국정이었으며, 商의 왕은 정치적인 지도자이나 종교적 권능도 함께 행사하는 神政을 시행하면서, 神의 뜻을 물어 통치했다. 神의 뜻을 묻고 길흉 판단을 위한 내용이 卜辭(복사)이고, 이 복사가 갑골문으로 기록되었고, 이는 漢字의 기원이 되었다. 青銅의 각종 祭器와 鼎(정)과 鐘(종), 그리고 武器가 제작되었기에 商은 확실한 청동기 시대이며 歷史 시대이다.

商은 商王을 중심으로 하는 왕실 귀족과 지방의 씨족장들이 지배층을 형성하였는데, 商王과 같이 母系 중심의 姓을 가질 수 있는 사람들을 百姓(백성)이라 하였다. 지배 계층의 거주지는 보통 邑(읍)이라 하였는데 商나라는 이러한 읍의 연합에 의한 국가 체제로 운영되었다.

일반 평민은 농민으로 국가에 貢物(공물)을 바치고 徭役(요역, 繇役)의 의무를 지고 있었다. 노예 계층은 전쟁이나 약탈을 통해 형성되었고 殉葬(순장)이나 제사의 희생물이 되었다.

상나라의 모든 토지는 왕의 토지로 인식되었고(王土思想), 族(족)을 기반으로 한 씨족공동체에 의한 집단 경작 방식이 일반적으로 행해졌다.

### 다. 周의 건국과 발전

今 陝西省(섬서성)의 渭水(위수, 河의 최대 支流) 유역에서 성장한 周族(주족)[23]은 古公亶父(고공단보, 太王)[24] 때 岐山(기산) 기슭에 자리를 잡았

23 周族 – 后稷(후직) – 역사상 周 부족 姬姓의 시조. 姬姓(희성), 名은 棄(버릴 기), 有邰氏(유태씨)의 딸 姜嫄(강원)이 거인의 발자국을 밟아 임신하여 출산했는데,

다.[25]

이후 아들 季歷(계력)에 이어 계력의 아들 昌(창)이 뒤를 이었다. 창은 周 왕조의 기반을 다진 西伯(서백)인데 뒷날 文王(문왕)[26]이라 불리며 孔子가 聖人으로 추모했었다.

西伯(文王)의 아들 무왕(武王. 姓은 姬, 名은 發)[27]이 즉위한 뒤, 殷나라 서쪽 지역의 제후 세력들을 규합하여 폭군 紂王(주왕)을 축출한다.[28] 이를

---

들에 버렸다 하여 이름을 棄(기)라고 했다. 기는 각종 농작물을 잘 길렀고, 堯舜(요순) 시대에 農官으로 백성에게 농사를 가르쳤다.

24 古公亶父(古公亶甫) - 周 太王. 周祖의 王氣는 古公亶父(고공단보)에서 시작되었다 하여 太王이라 추존했다.

25 岐山(기산) - 山名. 今 陝西省 서남부 寶雞市 관할 岐山縣 일대. 周王朝 發祥之地. 周朝의 先祖인 古公亶父(고공단보, 周 太王)는 薰育(훈육)과 戎狄(융적)의 침입을 받자, 살고 있던 豳(빈)을 떠나 漆水(칠수)와 沮水(저수)를 건너 岐山(기산) 아래 정착하였다.

26 周 文王(前 1125 - 1051年) - 西伯 昌. 姬는 姓, 名은 昌. 商朝 말기 제후국 周의 君主, 爵位는 西伯, 아들 周 武王이 문왕으로 追謚(추시). 儒家의 大道에 통달, 존중받는 인물. 공자가 본받으려 했던 聖人은 堯(요)와 舜(순), 그리고 禹王(우왕)과 湯王(탕왕) 이어 周 文王과 武王, 그리고 周公을 꼽을 수 있다.

27 周 武王(생존, 재위 년도 미상) - 受命 11년 뒤 克殷(前 1046), 3년 뒤(1043年) 붕어한 것으로 추정. - 姬, 姓, 名은 發, 西伯 昌과 太姒(태사)의 嫡次子. 正妻는 邑姜(읍강). 武는 시호. 文王(昌), 아들 武王(發)과 무왕의 아우 周公(旦, 아침 단)을 특별히 三聖이라 칭한다. 堯 - 舜 - 夏禹 - 商湯 - 周文王으로 이어지는 道統의 계승자. 儒家에서 받드는 先秦시대 첫째 明君. 西周 봉건제도 창시자이다.

28 牧野之戰(목야의 싸움) - 殷商 帝辛의(周朝에서는 紂王이라 통칭) 군사와 周武王의 決戰. 史稱 '武王克殷', '武王克商', '武王伐紂' 라 한다. 牧野는, 今 河南省 북부 新鄉市 牧野區 일대이다.

보통 은주 혁명(殷周革命)이라 하는데, 이때가 기원전 1046년(?)이었다.

무왕이 은을 정복한 지 3년(?) 만에 죽자, 어린 成王(성왕)이 즉위하였다. 이 어린 성왕을 잘 보필하면서 국난을 타개하며 주 왕실의 기반을 확실하게 다진 사람은 바로 무왕의 동생이면서 성왕의 叔父(숙부)인 周公(주공) 旦(단)이었다.[29]

공자는 바로 이 文王(西伯 昌), 그 아들 武王(發), 武王의 동생 周公旦(단)을 가장 존경하였고 이들에 의하여 만들어진 제도와 문물, 곧 周禮(주례)로의 복귀를 염원하였다. 공자는 만년에 자신의 이상 실현이 어려워지자 "나의 쇠약이 아주 심하구나! 나는 오랫동안 주공을 꿈에서도 뵙지 못했다."라고 탄식하기도 했다.[30]

무왕은 은나라를 멸망시키고 鎬京(호경, 今 陝西省 西安市)에 도읍을 정하고 일족과 공신들에게 지역을 나누어 주며 각지의 통치자로 임명하는데, 이를 封建(봉건)이라고 한다. 이렇게 分封된 통치자들을 諸侯(제후)라 하는데 제후는 주 왕실과의 혈연관계에 의한 동족이거나 공신

---

29 周公 - 周 武王을 도와 殷(은)을 정벌하고 周를 건국한 뒤, 국가 제도와 문물을 이룩한 周公(姬旦)은 武王의 친동생으로 魯國의 시조이다. 周公은 성심으로 마음을 열고 인재를 맞이하며 대우하였다. 周公은 한 번 목욕하는 동안 손님이 왔다는 말을 듣고 세 번이나 두발을 움켜쥐고 나와서 손님을 맞이했으며(一沐三握髮), 한 끼 식사를 하면서 세 번이나 입안에 든 밥을 뱉고(一飯三吐哺) 나와서 손님을 상대하였다. 주공은 이처럼 바빴고 이처럼 할 일이 많은 재상으로 나라의 내정과 외교를 지휘하였다. 이는 周公의 미덕이며 진심이었다.

30 孔子는 周公을 무척이나 존경했다. 공자는 周公의 道統을 계승하려 공부했고 노력했다. 공자는 만년에 "내가 너무 늙어 쇠약했구나! 오랫동안 꿈에서도 주공을 뵙지 못했다.(子曰, 甚矣吾衰也! 久矣吾不復夢見周公!)"《論語 述而》라고 탄식하였다.

으로 모두 周王의 신하였다. 周 개국 당시에 분봉된 일족, 곧 同姓 제후가 56개국, 異姓 제후가 약 70여 국이었다.

周의 최고 통치자는 天子로서 王이라 칭했고 직할지는 王畿(왕기)라 하였다. 제후들은 國을 세우고 보통 公이라 호칭했는데 卿(경)과 大夫를 家臣으로 거느렸다. 제후들은 주 왕실에 대하여 정기적인 朝覲(조근, 제후가 주 왕실에 가서 천자를 배알하고 신하의 예를 표함)과 貢納(공납)의 의무를 수행해야만 했다.

周 왕실의 천자와 제후들은 禮樂은 물론 수레나 복식에도 차이를 두었는데 이는 절대로 넘볼 수 없는 것이었다.

周의 봉건제도를 운영하는 기본은 宗法(종법)에 의한 長子 상속 제도였으나 세월이 가면서 혈연관계는 점점 멀어졌고, 인구의 증가와 鐵器(철기)의 보급에 따라 생산 방식도 크게 변화했다.

따라서 황하 중상류 지역에 형성되었던 봉건 제후국들은 변방 지역으로 영토를 확대하면서 강대국으로 발전하였으나 제후국에 둘러싸인 주 왕실은 소국으로 존속할 수밖에 없었다. 멀어진 혈연관계와 역전된 형세 속에서 周 왕실은(宗周, 종주) 명목상의 지배자였을 뿐 제후국의 강성과 저항을 통제할 방법이 없었다.

## 3. 春秋時代

기원 前 771년, 戎狄(융적)의 침입을 받은 주 왕실은 鎬京(호경, 陝西省, 咸陽市 부근)을 버리고 成周(성주, 雒邑, 洛邑, 今 河南省 洛陽市)로 遷都

(천도)하였는데 호경에 도읍하고 있던 周를 西周(서주), 낙읍에 도읍한 주나라를 東周라 구분한다.

서주는 호경에 도읍한 약 350여 년간이었고, 동주는 기원전 771년부터 마지막 赧王(난왕, 얼굴 붉힐 난, 名)이 죽고, 멸망하는 前 256년까지 514년간을 말한다.

春秋 시대는 孔子(前 551 – 479)[31]가 편찬한 제후국 魯(노)의 편년체 역사책인 《春秋》에서 따온 말이다.[32] 史書 《춘추》는 魯나라 隱公(은공)

---

31 孔子(孔丘) – 공자는 叔梁紇(숙량흘, 孔紇, 叔梁은 字)의 둘째 아들이었다.(仲) 맏아들은 孟皮(맹피)이다. 숙량흘은 72세에 顔氏(안씨) 집안의 셋째 딸 徵在〔징재, 徵在(미재)가 아님〕와 나이 차이가 많이 나는 결혼을 하였는데, 司馬遷(사마천)은 이 결혼을 野合(야합)이라고 표현했다. 聖母인 顔氏(안씨)는 魯의 尼丘山(이구산)에 기도를 드렸고, 공자가 출생하였는데, 출생할 때 그 우묵한 정수리가 이구산과 비슷하여서 이름은 丘(구)라 하였으며, 字는 仲尼(중니)이다. 공자의 출생 연월일에 관해서는 상당한 논쟁을 거쳐 1952년 臺灣(대만) 中華民國(중화민국) 교육부에서 정한 '魯 襄公 22년 8월 27일(前 551년 9월 28일)'이 일반적으로 통용되고 있다. 孔子는 魯나라 23대 襄公(양공, 재위 前 572 – 542년) – 昭公(소공) – 定公(정공)을 거쳐 哀公(애공, 재위 前 494 – 468년) 16년, 서기 前 479년에 73세로 죽었다.

子貢(자공)은 공자 학문의 위대함을 마치 만 길 높은 담장으로 둘러싸인 궁궐과 같아서, 문을 열고 들어가지 않으면 그 화려 웅장함을 알 수도 없다고 비교했다. 자공은 또 공자의 위대함은 마치 日月과 같아서 산처럼 올라가거나 넘을 수도 없으니, 이는 마치 사다리로 하늘에 오를 수 없는 것과 같다고 비유하였는데, 그 비유가 매우 적절하며 동시에 자공의 뛰어난 언변과 지혜를 알 수가 있다.

32 《春秋》 – 《春秋古文經》. 《春秋》는 본래 先秦 시대 각국의 編年體 史書이나 지금은 통상적으로 유일하게 전해진 魯國의 《春秋》를 지칭한다. 《春秋》는 孔子가 魯國 史官의 기록을 중심으로 새로 구성하여 편찬한 책이다. 《春秋》는 魯國을 중심으로 당시 각국의 大事를 알 수 있는 중국 최초의 編年體 史書

원년(기원전 722년)에서 시작하여 哀公 14년(前 482년)에 서술이 끝나지만, 역사상 춘추시대는 紀元前 771년부터 前 403년까지 약 367년간을 지칭한다.

좀 더 상세히 언급하자면 周 平王 元年, 東周의 洛邑 遷都(천도) 立國에서(前 770) 周 敬王이 붕어하는 44년(前 476)까지, 또는《左傳》의 기록이 끝나는 前 468년, 학자에 따라서는 晉의 三家가 智氏(지씨)를 없애는 前 453年, 또는 三家의 分晉이 공식적으로 인정된 前 403年까지를 '春秋 時代'로 구분하는데, 이 시기는 대략 東周의 전반기에 해당한다.

이 시기에 周 天子의 세력은 크게 약해졌고, 그 대신 상대적으로 강역을 넓히거나 경제적으로 번영한 제후가 제후들을 규합하여 會盟(회맹)을 주도하며 패권을 행사하는 이른바 覇者(패자)가 등장하였다.

춘추시대의 유명한 覇者로 齊 桓公(환공), 宋 襄公(양공), 晉 文公, 秦 穆公(목공), 楚 莊王(장왕)을 특히 '春秋五覇'라 부른다.[33] 그때 齊 환공

---

이다. 그 주요 주제는 역사적 史實보다는 '義'에 있다. 기록 범위는 魯 隱公 원년(前 722년)부터 魯 哀公 14년(前 481)까지 242년의 기록이다. 기록된 治者는 魯 隱公 → 桓公 → 莊公 → (子 般) → 閔公 → 僖公 → 文公 → 宣公 → 成公 → 襄公 → (子 野) → 昭公 → 定公 → 哀公의 12公이다. 여기에서 '春秋時代'의 명칭이 유래되었다.《春秋》는《左氏傳》,《公羊傳》,《穀梁傳(곡량전)》의《春秋三傳》외에도《鄒氏傳(추씨전)》,《夾氏傳(협씨전)》으로 학파가 나뉘었다.《春秋》는 漢代에 들어 五經의 하나가 되었고, 四庫全書 중 經部에 들었으며(13經으로《左氏傳》에 본문 포함),《公羊傳》과《穀梁傳》도《春秋》를 해설한 책으로 13經에 포함되었다. 참고로 13經은《周易》,《尙書》,《詩經》,《周禮》,《儀禮》,《禮記》,《左氏傳》,《公羊傳》,《穀梁傳》,《孝經》,《論語》,《爾雅(이아)》,《孟子》이다.

33 春秋五霸 – 五霸는 五伯(伯 音은 패)로도 기록. 霸는 霸主, 곧 諸侯의 領袖(영수)라는 뜻이다.《左氏傳》에 처음 보인다. 戰國七雄과 並稱한다. 5패는 齊桓

은 '周室을 존중하고(尊王), 夷狄(이적)을 물리치며〔攘夷(양이)〕, 찬역이나 시해를 금지하고〔禁簒弑(금찬시)〕, (강대국의 약소 제후국) 兼併(겸병)을 억제하겠다는〔抑兼併(억겸병)〕 구호를 내세우며 그 시기 제후국들의 관계를 주도하였다. 이 춘추시대에, 周 왕실은 형식상이지만 존중의 대상이었다.'

《春秋》의 기록 242년 동안 36명의 제후국 군주가 신하에게 시해되거나 분쟁 중에 피살되었고 52개국이 멸망하였으며, 크고 작은 480여 차례의 戰役(전역)이 있었으며 제후국 상호 간 朝聘(조빙)이나 會盟이 450여 회였다는 통계가 있다.

**※ 春秋時代의 주요 사건을 아래와 같이 순차적으로 요약하면 대체적인 그 흐름을 파악할 수 있다.**

前 771年 – 西夷 犬戎(견융)이 西周의 都城 鎬京(호경)에 침입. 周 幽王(유왕)을 살해했다. 周 平王이 계위했다.

前 770年 – 周 平王 雒邑(낙읍)으로 천도했다.

前 722年 – 鄭 莊公(장공) 共叔段(공숙단)의 亂을 평정. 魯 隱公 元年, 《春秋》 編年(편년)의 시작.

---

公, 晉文公, 楚莊王, 宋襄公, 秦穆公 –《史記》. 齊晉楚宋秦으로도 표기. 또는 齊桓公, 晉文公, 楚莊王, 吳王夫差, 越王勾踐 –《荀子·王霸》. 齊晉楚吳越로도 표기. 會盟에서의 주요 구호는 尊王攘夷(존왕양이)인데, 여기에는 '尊周室(존주실), 攘夷狄(양이적), 禁簒弑(금찬시), 抑兼併(억겸병)의 뜻을 포함한다. 春秋 五霸의 재위 年代는 齊桓公(前 685 – 643年), 秦穆公(前 659 – 621年), 宋襄公(前 650 – 637年), 晉文公(前 636 – 628年), 楚莊王(前 613 – 591年), 越王勾踐(前 496年 – 464年), 吳王夫差(前 495年 – 473年)이다.

前 720年 – 周 平王, 鄭 莊公과 상호 인질(子) 교환. 周 天子 지위 실추.

前 707年 – 周 桓王(환왕) 諸侯의 군사를 이끌고 鄭을 공격했으나, 鄭 莊公(장공)에게 패배. 이후 제후들의 세력 다툼이 본격화되었다.

前 704年 – 楚 武王 熊通(웅통)이 稱王했다. 諸侯 稱王의 시작.

前 685年 – 齊 桓公(환공) 즉위, 管仲(관중)을 相으로 등용, 變法을 시행했다.

前 656年 – 齊 桓公(환공) 제후 연합군을 인솔하여 楚國을 압박. 召陵之盟(소릉지맹)을 체결, 春秋 五霸의 첫째 패자이다.

前 632年 – 晉 文公(문공) 宋을 구원, 城濮(성복)의 戰에서 楚軍을 대패시킨 뒤, 踐土(천토)에서 회맹, 中原의 명실상부한 霸主(패주)가 되었다.

前 627年 – 秦과 晉의 會戰에서 秦이 대패. 이후 秦은 서쪽 경영에 주력, 西戎(서융)을 제패.

前 597年 – 楚와 晉의 會戰〔邲(필)〕에서 楚가 大勝했다.

前 575年 – 楚와 晉의 鄢陵(언릉) 會戰. 晉 大勝. 楚共王은 눈을 잃었다(傷目).

前 506年 – 吳王 闔閭(합려)는 伍子胥(오자서)를 장수로 삼아 楚에 침공. 楚都 郢(영)을 함락시켰다.

前 496年 – 吳軍이 越(월)을 침공. 吳王 闔閭(합려)는 패전과 부상으로 사망.

前 494年 – 吳王 夫差(부차, 재위 前 495 – 473년)가 興兵하여 越을 격파 – 越王 勾踐(구천, 재위 前 496 – 464년)은 굴복, 강화.

前 473年 – 越王 구천. 吳國을 멸망시킴. 吳王 夫差 자살. 구천은 齊와 晉 등 과 徐(서)에서 회맹. 春秋 최후의 霸主(패주).

## 4. 戰國時代

춘추시대에 이어지는 戰國時代(前 5세기 – 前 221년)는 그 시작 시기에 대하여,

1) 周 敬王 44년(前 476) – 경왕이 붕어하고 周 元王이 계승하는 해.
2) 周 定王 16년(前 453) – 趙襄子, 魏桓子, 韓康子 등이 智伯(지백)을 격파하고 그 땅을 3분하여 차지한 해.
3) 周 威烈王 23년(前 403) – 魏, 韓, 趙가 공식적으로 제후에 봉해진 해를 시작으로 보는 견해가 있다.

그리고 전국시대의 끝에(結束) 대해서도 秦始皇 26년(前 221)의 中原 통일, 또는 그보다 앞서 東周의 周 赧王(난왕) 59년(前 256)에 周 王室이 秦國에 의해 멸망한 해를 전국시대의 소멸로 보는 견해가 일반적이다.

戰國시대는 제후국 晉(진)나라가 韓(한), 魏(위), 趙(조)에 의한 분할을 周王이 인정하여 정식 제후로 봉하는 前 403년부터 周 왕실이 멸망하는 前 256년, 또는 秦始皇에 의해 중국 통일이 이루어지는 기원전 221년까지를 지칭하기도 한다.

戰國時代는 政治, 經濟, 文化나 과학기술의 대 변화와 함께, 郡縣制度와 私田의 확대, 철기의 대량 보급에 따라 나라와 나라 간의 대규모 전쟁이 빈발했고 그에 따라 약소국은 급속도로 병합되거나 소멸되었다. 이 시기에 각국에서는 부국강병을 추구하면서 강력한 군주권의 확립과 중앙집권의 강화를 위하여 變法의 채택하는 등, 그야말로 百家爭鳴(백가쟁명)의 시대가 열렸다.

春秋時代의 제후국은 전국시대에 들어와 7개의 큰 나라로(七雄) 병

합되었다. 이는 곧 제후의 城을 중심으로 한 도시국가에서 領土國家로 발전하는 과정이었다. 결국 秦에 의한 최초의 중국 통일이 이루어졌고, 그 短命에 이어 漢의 통일 제국이 형성 발전하였고 중국의 고대 문화의 완성에 이어 중국의 中世로 이어진다.

한마디로 전국시대는 중국 역사에서 철기의 보급과 과학기술의 진보와 향상에 따른 사회적, 경제적 혁명적인 변화가 이루어지면서 기존의 정치 방식이나 세력의 변화가 진행되었다. 그리고 合縱(합종)과 連衡策(연형책)에 따른 兼併(겸병) 전쟁의 본격화, 분열과 割據(할거)의 시대에서 통일과 중앙집권으로 변화가 아주 빠르게 집행되었다. 특히 사상과 학문에서 百家爭鳴(백가쟁명)에 따른 인재의 배출과 함께 중국의 모든 사상이 한꺼번에 피어나는 百花齊放(백화제방)의 시기였다.

이러한 변화의 주역이면서 강국으로 존재한 대 제후국으로 秦, 楚, 韓, 趙, 魏, 齊, 燕을 戰國七雄이라고 불렀다. 그러한 7국 틈에 그래도 東周, 宋, 衛, 中山, 魯, 滕(등), 鄒(추), 費(비) 등의 小國이 존재했는데, 결국 이 소국은 附庸(부용)의 속국적 지위를 벗어나지 못하다가 속속 병합 멸망되었다.

특히 춘추시대에는 주 왕실을 지키면서 외적을 물리치자는 尊王攘夷(존왕양이)의 구호를 내세우며 제후국 간의 會盟(회맹)을 통해 中原 제후국을 호령하는 패자(霸者, 으뜸 패)가 등장하였는데 齊(제)나라 桓公(환공) 등 春秋五霸(춘추오패)가 있었다.

이어 戰國시대[34]에는 강대국에 의한 약소국 통합이 진행되어 강대

34 戰國 시대의 명칭은 《戰國策》에서 유래하였다. 《戰國策》은 前 455년 晉陽之戰에서 前 221년 高漸離(고점리)가 秦始皇을 저격 실패하는 사건까지 수록했다. 《戰國策》은 敍事와 說事에 뛰어나며, 하여튼 인물 묘사와 說服力이 우수

국 戰國七雄(전국칠웅)이 合縱連橫(합종연횡)을 거듭하며 경쟁하였다. 戰國七雄은 古代 戰國 시기의 7개 강국에 대한 통칭이다. 秦, 齊(田齊), 燕, 楚, 魏, 趙, 韓(이상 멸망한 역순)을 '戰國七雄' 이라 하여 '春秋五霸(춘추오패)' 와 병칭한다.

본래 韓, 趙, 魏는 晉(진)을 분할 자립한 제후국이었다. 7국 주변의 소국으로는 宋, 衛(위), 東周(成周), 中山, 魯, 滕(등), 鄒(추), 費(비) 등이 명맥을 유지했다가 결국 7국에 병합되었다.

이 7국 중에서도 강자는 秦과 齊로 西帝와 東帝라 자칭할 정도였다. 韓은 가장 약소국으로 제일 먼저 秦에 병합되었다. 魏의 도읍 大梁은 당시 가장 큰 도시였으며, 趙國에서는 名將이 많았다. 燕은 북쪽에 치우쳐 中原 여러 나라와 교류가 많지 않았다. 楚는 광대한 영역을 차지하고 한때 秦과 어깨를 겨루었다.

7국 중 秦을 제외한 6국은 모두 崤山(효산)의 동쪽에 있어[35] 보통 '山東 六國' 이라 불렀다. 전국시대의 일반적 형세는 부국강병을 먼저 이룩

---

한 저술이다. 전국시대의 社會 風貌와 당시 士人들의 정신과 풍채를 정말 특별하게 묘사 반영한 역사서이며 散文이다. 이는 散文으로써 문학의 최고 경지에 이르렀기에 이런 저술을 통해 '文, 史, 哲 不分家' 란 말을 체험할 수 있다. 그래서 '其文章之奇는 足히 娛人耳目하고 其機變之巧는 足히 壞人之心術' 이라고 말할 수 있다. 하여튼 우수한 智謀와 虛實의 공간, 그리고 文辭의 妙는 독자가 감탄하지 않을 수 없다.

35 崤山(효산, 殽山) – 古代 地名, 長安과 (今 陝西省 西安市) 洛陽 중간 지역, 河水 남쪽. 부근의 函谷關(함곡관)과 함께 崤函(효함)으로 병칭한다. 古代 군사전략 요충지로 地勢 險峻(험준), 關隘(관애) 견고, 易守難攻(이수난공)의 험지로 유명하다. 關東에서 關中에 들어가는 관문이며 요새지. 효산의 동쪽을 山東, 함곡관의 동쪽을 關東이라 지칭한다. 函谷關은, 今 河南省 서부 三門峽市(삼문협시) 관할의 靈寶市 동북방. 漢代의 함곡관 關門都尉(관문도위)는 믿을 수 있는 귀족 자제 중에서 특별히 선임하였다.

한 秦이 동쪽으로 세력을 팽창하면서 다른 6국이 이해관계에 따라 離合하면서 맞서는 형세였다.

前 230년, 韓이 秦에 병합되었고 이후 하나씩 병합되어 전 221년에 秦軍이 齊의 도읍 臨淄(임치)를 포위 멸망시키며 전국시대 群雄의 割據(할거)는 종료된다.

**※ 戰國時代의 주요 사건을 순차적으로 정리하면 아래와 같다.**

前 453년 – 晉國의 氏族인 韓, 趙, 魏(위) 三家가 智氏(智伯)를 죽이고 그 영역을 삼분하여 차지했다.

前 434년 – 晉의 哀公이 죽고, 晉 幽公(유공)이 즉위했다. 韓, 趙, 魏 3家가 晉國의 영토를 분할 차지했다. 유공은 曲沃(곡옥)과 絳(강)의 領地만을 소유한 채, 이후 前 349년까지 존속했다.

前 403년 – 三家 分晉 이후의 韓, 魏, 趙國을 周 威烈王이 정식 제후로 책봉 인정했다. 司馬光의 《資治通鑑》은 여기서부터 시작한다.

前 386년 – 周 安王은 姜齊를 찬탈한 田和(전화)를 齊侯로 정식 책봉하였다.

前 379년 – 齊 康公이 죽었고, 姜 太公(呂尚)의 후손 단절. 田氏가 食邑을 전부 차지했다.

前 359년 – 秦 孝公 商鞅(상앙)을 등용, 變法을 시행했다.

前 354년 – 魏가 趙都 邯鄲(한단)을 침공했다.

前 353년 – 趙가 齊에 구원 요청, 齊에서는 孫臏(손빈)을 보내 魏都 大梁을 (今 河南省 중부 開封市) 침공하여 魏軍에 大勝했다.

前 344년 – 魏侯가 逢澤之會를 주관, 諸侯를 인솔하여 周 天子를 朝見했다. 中原 諸侯 중 제일 먼저 稱王했다.

前 342년 - 齊는 馬陵之戰(마릉의 싸움)에서 魏軍을 대패시켰다. 魏將 龐涓(방연)은 兵敗한 뒤 자살했다.

前 340년 - 秦에서는 衛鞅(위왕, 상앙)을 商君에 봉했다.

前 318년 - 函谷關之戰. 五國이 秦을 공격했으나 성과 없이 해산했다.

前 314년 - 燕國의 禪讓(선양)으로 유발된 내란을 이용하여 齊國이 燕國을 점령, 나중에 철수했다.

前 307년 - 趙 武靈王이 胡服과 騎射(기사)의 戰法을 채용했다.

前 287년 - 趙, 魏, 韓, 燕, 楚 5국이 연합하여 秦을 공격. 秦은 割地(할지)하며 趙와 魏에 求和했다.

前 286년 - 齊國이 宋國을 없앴다.

前 284년 - 燕의 주도하에, 秦, 韓, 趙, 魏 5國이 연합하여 攻齊했고, 燕軍은 齊의 도읍 臨淄(임치)를 점거했다. 齊는 70여 성을 잃고, 겨우 莒(거)와 卽墨(즉묵)에서 명맥을 유지했다. 이후 卽墨의 田單(전단)이 燕軍을 속속 격파하며 齊國을 수복했지만 국력 쇠약은 어쩔 수 없었다.

前 280년 - 楚國의 長江를 거슬러 攻秦했으나 오히려 역습 당했고, 다음 해 鄢(언)에서도 대패했다.

前 278년 - 楚都 郢(영)이 秦將 白起(백기)에 함락되었고, 楚는 陳(진)으로 천도했다. 시인 屈原(굴원)이 汨羅水(멱라수)에 自盡(자진)했다.

**※ 이후부터는 戰國時代의 종결 과정이라 할 수 있다.**

前 271년 - 客卿인 張祿(장록, 范雎 범저)이 秦 昭王에게 '遠交近攻策'을 건의했고, 이를 昭王이 받아들였다.

前 263年 - 秦이 出兵하여 韓을 공격하며 上黨郡과 韓의 都城인 新鄭

(신정)의 통로를 단절했다. 韓에서는 上黨郡을 秦에 분할하려 했으나 上黨의 軍民이 따르지 않자, 趙國에 구원을 요청했다. 趙에서는 老將 廉頗(염파)를 보내 長平에 주둔 방어케 하며 上黨郡을 聲援했다.

前 260년－秦國 대장인 王齕(왕흘)이 上黨郡을 점령하고 廉頗(염파)와 長平에서 對峙(대치)하며, 쌍방이 4개월을 버티었다. 秦國은 反間計를 써서 趙國의 젊은 장수 趙括(조괄)이 염파를 대신하게 했다. 그러면서 비밀리에 大將 白起(백기)를 출전시켰다. 長平戰에서 趙軍은 참패했고, 40만 降卒은 모두 구덩이에 산 채로 묻혔다. 이후 山東 6국은 秦에 항거할 戰力이 없었다.

前 258년－魏의 信陵君(신릉군), 趙 平原君, 楚 春申君 등이 邯鄲(한단)에서 秦軍을 대파했다. 信陵君은 그 뒤에도 군사를 동원하여 함곡관에서 秦軍에게 대승을 거두었지만 秦은 크게 弱化되지 않았다.

前 256년－周 赧王(난왕) 病死했다. 秦國은 雒邑(낙읍)에 진공했고, (난왕 붕어 이후 분열된) 西周의 主君이 投降(투항)하며 周朝는 (공식적으로) 멸망했다.

前 249년－秦相 呂不韋(여불위)는 鞏邑(공읍, 今 河南省 鞏義市 康店鎭)을 함락시켜 (난왕 붕어 이후 분열된) 東周 主君의 투항을 받았다.

前 241년－楚는 壽春(수춘)으로 재 천도했으나 秦에 대항할 여력이 없었다.

前 230년－秦이 韓을 멸망시켰다.

前 228年－趙國 멸망.

前 225年－魏國 멸망.

前 223年－楚國 멸망.

前 222年－燕國 멸망. 남방 越國 멸망.

前 221年 – 滅齊, 中原 統一.

六國을 멸망시킨 뒤, 秦始皇은 焚書(분서)하고 坑儒(갱유)하며, 戰國 시기 각국 歷史 기록을 훼손하고 없앴다.

## 5. 諸子百家 – 百花齊放

春秋戰國 시대는 정치적으로 專制 君主權의 강화가 진행되었고, 중앙집권적 官僚制(관료제)의 확립 과정이었다. 각국에서 富國强兵을 위해 신분을 초월한 人才登用은 학문과 사상의 발전을 가져와 諸子百家[36] 출현의 배경이 되었다.

---

36 諸子百家 – 諸子百家는 중국 先秦 시대의 學術과 思想에 관련한 人物과 유파를 종합한 총칭이다. 諸子는 先秦 時期의 老子, 莊子, 孔子, 孟子, 荀子(순자), 墨子, 列子, 申子, 韓非子 등 사상과 학문으로 그 유파를 대표하는 인물을 지칭한다. 春秋 시대 후기 이후로 道家, 儒家, 法家, 墨家, 兵家, 名家, 陰陽家(음양가) 등 學問學術의 流派가 형성되어 여러 학파가 각각 자기주장을 내세웠으니, 이를 百家爭鳴(백가쟁명)이라 표현하며 학문이 크게 발전하여 중국 사상의 기본 바탕을 공고히 다졌다. 이를 많은 꽃이 한꺼번에 피었다는 뜻으로 百花齊放(백화제방)이라 한다.

後漢(東漢) 班固의 《漢書》는 《史記》의 書에 〈刑法志〉, 〈五行志〉, 〈地理志〉, 〈藝文志〉의 4개 志目을 추가하였다. 〈藝文志〉는 劉歆(유흠)의 《七略》을 바탕으로 '六分法' 의 방식에 의거 당시 존재하던 서적 목록을 수록하였다. 반고는 우선 先秦에서 前漢에 이르는 학문의 대략을 먼저 서술한 뒤에 6略 38類로 나누어 569家, 13,269권의 서적 이름을 수록하였으니, 이는 중국 최초의 분류된 도서목록인 셈이다. 춘추시대 이후 諸子百家를 보통 '九流十家' 라 하는데, 이는 〈藝文志〉에서 나온 말이다.

경제적으로는 철기 문화의 보급과 牛耕(우경)과 灌漑(관개) 水利 사업에 의한 농업 생산의 비약적 증가가 이루어졌으며, 自作의 소농민 계층이 대두하였다.

동시에 수공업과 상업이 발달하였고 화폐 유통이 보편화되면서 부를 축적하여 국정에 관여하는 상인이 출현하기도 했다.

제후들은 부국강병을 구현하기 위하여 신분에 구애받지 않고 인재를 발탁하였고, 지식과 전문 능력을 가진 士(사) 계층이 두텁게 형성되면서 士農工商(사농공상)이라는 신분 계층이 확실해졌다.

이러한 춘추전국시대의 정치 경제 사회의 변화와 발전은 학문과 사상의 발달을 가져왔으니 공자, 노자, 묵자 등 諸子(제자)를 배출하고 儒家나 道家와 같은 다양한 학파를(百家) 형성하였는데, 이를 諸子百家라 한다.

춘추전국시대에 제자백가의 출현은 중국의 사상이 일시에 만개한 百花齊放이며 온갖 학자와 학파가 우열을 겨루는데, 이를 百家爭鳴(백가쟁명)이라 한다.

司馬遷은《史記 太史公自序》에서 부친 司馬談(사마담)의 견해를 인용하여 先秦 以來의 학파를 六家(論六家要旨)로 요약하였는데, 6家는 道家, 儒家, 墨家, 法家, 名家, 陰陽家이다.

後漢(東漢) 班固(반고)는《漢書 藝文志》의「諸子略」에서 先秦 以來의 學派를 十家(九流十家)로 정리하였으니, 곧 道家, 儒家, 墨家, 法家, 名家, 陰陽家, 農家, 縱橫家, 雜家, 小說家이다.

班固가《漢書 藝文志》에서 요약한 諸子 百家는 모두 나라의 관직에서 유래되었다고 하였으니, 그를 요약하면 다음과 같다.

百家의 起源

| 十家 | 始原 | 비고 |
| --- | --- | --- |
| 儒家者流 | 蓋 出於司徒之官(사도) | |
| 道家 | 出於史官 | |
| 墨家 | 出於淸廟之守(청묘) | |
| 法家 | 出於理官(司法官) | |
| 名家 | 出於禮官 | |
| 陰陽家 | 出於羲,和之官(희,화) | |
| 農家 | 出於農稷之官(농직) | |
| 縱橫家 | 出於行人之官 | |
| 雜家 | 出於議官 | |
| 小說家 | 出於稗官(패관) | |

이중 전국시대에 크게 영향을 끼친 사상은 法家와 縱橫家(종횡가)이다.

法家 사상은 百家 중에서 제일 늦게 출현했다. 그렇기 때문에 儒家, 道家, 墨家의 사상적 영향을 많이 받았지만 기존 학파의 이상주의나 文治主義를 신랄하게 비판하면서 제후국간 弱肉强食의 대립 항쟁에서 이기기 위한 富國强兵策을 주장하여 여러 제후들의 환영을 받았다.

법가 사상의 기원은 춘추시대 齊의 管仲(관중)[37]과 鄭나라 재상 子産

37 管仲(前 725-645年), 姬姓에 管氏. 名은 夷吾(이오), 字는 仲, 謚 敬, 齊 桓公의 相. 春秋時代 法家 대표 인물. 中國 역사상 宰相의 典範. 내정을 改革하면서 商業도 중시. 九合 諸侯하며 兵車에 의지하지 않았다. 《史記 管晏列傳》에 입전. 《論語》에는 공자의 管仲에 대한 언급이 많다. 곧 《論語 八佾》 子曰, "管仲之器小哉!" ~.

(자산)[38]까지 거슬러 올라간다.

管仲(관중)은 齊 桓公(환공)을[39] 도와 齊의 패업을 성취했다. 鄭 子産은 法治를 위해 鄭 나라의 형법을 새긴 刑鼎(형정)을 주조하였는데, 이를 중국 최초의 成文法이라고 일컫는다.

戰國시대의 법가 사상가로는 李悝(이회)[40], 吳起(오기)[41], 愼到(신도)[42], 申不害(신불해)[43], 商鞅(상앙)[44], 李斯(이사)[45], 韓非(한비)[46] 등이 활

---

38 子産(자산, ? – 前 522년, 姬는 姓, 國氏. 名은 僑, 字는 子産) – 又稱 公孫僑(공손교), 東里子産, 鄭喬. 춘추 말기에 鄭國의 政治家. 子産이 執政하는 시기에 내정을 개혁하고, 외교에 공을 들여 衛의 침략을 막아내며 국익을 지켜 鄭나라 백성의 존경을 받았다. 중국 역사에서 宰相의 典範으로 추앙된다. 자산은 前 536년에 鄭國의 刑法을 鼎(정)에 주조하였는데, 이는 중국의 최초 성문법이라 알려졌다. 공자는 鄭나라의 子産(자산)을 유능한 정치가로 공경하였다.

39 齊 桓公 小白 – 재위 前 685 – 643年. 春秋 五霸의 첫 번째.

40 李悝(이회, 李克. 前 455 – 395년) – 孔子의 제자인 子夏의 弟子, 魏文侯의 相. 魏國 安邑人(今 山西省 夏縣). 魏國의 變法을 주관. 重農과 法治 병행. 商鞅(상앙)과 韓非(한비)에 큰 영향을 주었으며, 전국시대 法家의 始祖로 알려졌다.

41 吳起(오기, 前 440 – 381년) – 戰國初期의 兵法家. 兵家의 대표 인물. 衛國 左氏縣(今 山東省 定陶縣) 출신. 吳起는 魯, 魏, 楚 3국에 出仕(출사). 각국에서 능력을 인정받았다. 前 381년, 楚 悼王(도왕)이 죽은 뒤, 楚에서 兵變이 일어나며 피살되었다. 《吳子兵法》 6편만 존재. 곧 〈圖國〉. 〈料敵〉, 〈治兵〉, 〈論將〉, 〈應變〉, 〈勵士〉 등이다. 《孫子兵法》과 함께 《孫吳兵法》으로 통칭. 北宋 시대에 《吳子兵法》은 《武經七書》의 하나이다.

42 愼到(신도, 前 395 – 315년) – 趙國 邯鄲(한단) 출신. 孟子보다 약간 앞선 시기의 인물. 戰國時의 道家, 法家 思想家. 法家에 三派가 있었으니, 愼到는 '勢' 申不害는 '術' 商鞅(상앙)은 '法' 을 중시했다. 신도는 韓에서 주로 활동했다.

43 申不害(신불해, 前 420 – 337년) – 申子는 존칭. 戰國 시대 鄭國 京邑人〔今 河南省 滎陽市(형양시)〕. 鄭國이 韓國에 멸망한 이후 法家 학설로 韓 昭侯의 宰相이 되었다. 法家 중 '術' 을 강조. 《史記 老子韓非列傳》에 입전.

동하였다.

縱橫家의 대표자는 蘇秦(소진)과[47] 張儀(장의)인데[48] 《戰國策》에서 가

---

**44** 商鞅(상앙, 前 390－338년)은 戰國 시대 정치가, 法家의 대표적 인물. 衛國 國君의 후예라 衛鞅(위앙)으로도 호칭. 또는 公孫鞅. 봉읍이 商(상)이라서 商君, 商鞅(상앙)으로도 호칭. 秦 孝公의 相을 역임. '徙木立信(사목입신)'의 故事가 유명. 《史記 商君列傳》에 입전.

**45** 李斯(이사, 前 284－208년. 字는 通古)－楚國 上蔡(今 河南省 동부 上蔡縣) 출신. 秦朝의 著名한 政治家, 文學者, 書法家. 左丞相. 文字 통일(小篆). 貨幣 통일(圓形方孔의 半兩錢) 〈諫逐客書〉《蒼頡篇》 저술. 〈泰山刻石〉, 〈瑯邪臺刻石〉, 등 명필을 남김. 《史記 李斯列傳》에 입전.

**46** 韓非(한비, ?前 281－233년)－戰國 시대 말기 韓國(한국)에서 출생. 法家 思想의 대표적 인물. '法, 術, 勢'를 동시에 존중하는 이론을 세워 법가 사상을 집대성했다. 韓非는 戰國 七雄 중 가장 약소국인 韓國의 宗室 公子로 출생했다. 심하게 말을 더듬었지만 文筆은 유창하고 우수했다. 前 255－247년 사이에 同學 李斯(이사)와 함께 儒家의 大師인 荀子(순자) 문하에서 帝王之術을 공부했지만 이사는 자신이 韓非를 이길 수 없다는 것을 잘 알고 있었다. 韓非는 자신 학설의 바탕을 道家의 黃老之術에 두고 老子《道德經》을 연구하여《解老》,《喩老》 등의 저술을 남겼다. 한비는《孤憤(고분)》,《五蠹(오두)》,《顯學(현학)》,《難言(난언)》 및《韓非子》를 저술했다. 한비는 秦에 사신으로 갔다가 秦王 政(정)의 마음에 들지 못했고 결국 투옥되었다가 승상 李斯의 사주로 독살되었다.

**47** 蘇秦(소진, ?－前 284년, 字는 季子)은 東周 雒邑人. 鬼谷子(귀곡자)의 徒弟(도제). 戰國 시대 縱橫家(종횡가). 蘇秦과 張儀(장의)는 鬼谷子 아래서 함께 縱橫(종횡)의 술수를 배웠다. 이후 몇 년 동안 제후를 찾아 유세했지만 인정을 받지 못했다. 다시 각고하며《陰符》를 정독한 다음에 유세에 나서 燕 文公의 인정을 받고 사신으로 趙國에 나갔다. 소진은 6國이 合縱(합종)하여 抗秦(항진)해야 한다는 戰略을 유세하여 결국 6국의 연맹을 이루며 '從約長(종약장)'이 되어 六國의 相印을 지닐 수 있었으며, 이후 15년 간, 秦은 函谷關을 나올 수 없었다. 나중에 齊가 燕을 침략했고 소진은 齊에 점령한 땅을 돌려주라고 설득했는데 결국 齊에서 보낸 자객에게 살해되었다. 소진이 성공한 동안 張儀의 연횡책은 설득력을 얻었다.《史記 蘇秦列傳》에 입전.

장 주요한 인물이며 戰國時代 말기 中原의 정세를 左之右之했던 인물이다.

兵家는 劉向이 〈兵書略〉으로 별도로 분류하였다. 전국시대에는 정벌 전쟁의 연속이었다. 따라서 많은 兵法家가 출현했고, 전술이나 전략도 함께 연구 발전하였다. 《漢書 藝文志》에 兵書는 총 53家에 790편의 圖書名을 수록했다.

兵家는 대개 옛 司馬의[49] 직분인 왕궁과 官府의 武將이나 警備(경비)에서 유래되었다.

〈洪範〉의 八政에서도[50] 여덟 번째가 師(사)라고 했다. 孔子는 나라를 다스리는 요점을[51] "足食과 足兵"이라 했고,[52] "백성을 훈련시키지

---

48 張儀(장의, 前 373－310년)－魏國 安邑人(今 山西省 서남부 運城市 관할 夏縣). 戰國 시기의 저명한 縱橫家이다. 楚에서 도적으로 몰려, 수백 대를 얻어맞고도 '혀는 남아 있으니 괜찮다' 고 말했다. 秦과 和親하고 동맹하여 평화를 유지하자는 連橫策(연횡책, 連衡)을 주장하여 秦 惠文王에게 중용되었고 蘇秦의 합종책을 해체시켰다. 前 311년, 秦 惠文王이 죽고 그 아들 武王이 즉위하자, 武王과 사이가 안 좋았던 장의는 고국 魏에 돌아와 죽었다. 1973年 長沙의 馬王堆(마왕퇴) 漢墓에서 출토된 《戰國縱橫家書》의 기재에 의하면, 蘇秦은 前 284년, 張儀는 前 310년에 죽었고, 일부 내용은 《史記》나 《資治通鑑》과 다르다고 하였다. 蘇秦(?－前 284)도 鬼谷子(귀곡자)의 徒弟였지만 같은 시기에 한 자리에서 수학했는지는 미상이다. 보통 '蘇秦張儀' 로 호칭하다 보니 蘇秦이 먼저 사람처럼 생각되나 장의는 소진보다 26년이나 먼저 죽었다. 《史記 張儀列傳》에 立傳.

49 司馬는 《周禮》에서 夏官에 속했다. 武事를 관장하고 군대를 통솔했다.

50 《尙書 周書 洪範》 八政, 一曰食, 二曰貨, 三曰祀, 四曰司空, 五曰司徒, 六曰司寇, 七曰賓, 八曰師.

51 《論語 顔淵》 子貢問政. 子曰, "足食, 足兵, 民信之矣."

않는다면 백성을 버리는 것"이라 하여[53] 군사(兵, 武備)의 중요성을 분명히 밝혔다.

《易》에서는 「옛날에 나무를 휘어 활을 만들고, 나무를 다듬어 화살을 만들었으니, 활과 화살의 이점으로 천하에 위엄을 떨쳤다.」고 하였다.[54] 후세에 쇠붙이를 녹여 칼을 만들었고 가죽을 잘라 갑옷을 지었으며 여러 기계를 다 갖추었다. 그 이후로 湯王과 武王이 天命을 받고서 (武力으로) 혼란을 이겨내고 백성을 구제하였으며, 仁義로 군사를 동원하고 禮讓(예양)으로 전쟁을 억제하였으니, 《司馬兵法》은 그 유산이라 할 수 있다. 春秋시대에서 戰國시대에 이르기까지, 기습이나 복병 등 변화와 속임수 兵法이 함께 적용되었다.

---

52 子貢(자공)이 政事의 要諦(요체)를 묻자, 공자는 '足食'을 제일 먼저 꼽았다. 족식은 식량을 풍족하게 한다는 뜻이니 우선 백성의 배를 채워야 한다. 《尙書 周書 洪範》의 八政의 첫째가 '一曰食'이다. 《禮記 王制》에서는 나라에 9년 정도의 식량이나 군량 비축이 없다면 '不足'이라 했고, 3년 치 양식의 비축이 없다면 '나라가 나라도 아니다(國非其國).'라고 했다.(《禮記 王制》 國無九年之蓄曰不足, 無六年之蓄曰急, 無三年之蓄曰國非其國也.) 다음으로 공자가 열거한 것은 '足兵'이다. 여기서 兵은 병력과 무기나 군수물자를 총칭한다. 나라에 文事가 중요하지만 반드시 武備(무비)가 있어야 한다. 공자는 세 번째로 '民信之'라고 했다. 이는 백성이 위정자를 신뢰하게 하는 것, 곧 나라의 정책은 백성으로부터 신뢰를 받아야 한다.

53 《論語 子路》 子曰, "以不教民戰, 是謂棄之." 백성을 적당히 훈련시키는 것도 足兵이다.

54 《易 繫辭》 下의 구절이다. 弧(활 호)는 木弓. 剡은 날카로울 섬.

## 6. 中原의 지리적 개념

여기서 특별히 中原(중원)이라는 지리적 개념을 확실히 해둘 필요가 있다.

中原은 中土 또는 中州로도 불리는데, 중국 漢族에게는 주요한 지역 개념이다. 보통 今 河南省을 중심으로 황하 중하류의 광대한 지역이며, 그 자리는 華夏(화하) 문명의 발원지이다. 중국의 漢族은 그들만이 문화적으로 우수하기에 그들의 거주지인 中原을 천하의 중심이라고 생각하였다.

한족은 문화적으로 우수하며 道德의 주체이나 주변의 이민족은 '化外之民', 또는 '四夷(사이)'라 통칭하였다. 그러면서 그들 나라는 세계 중심이기에 中國, 中土, 中州라 불렀고 이런 말들은 中原의 同義語로 사용되었다.

고대의 구체적 지역 명칭으로는, 洛陽을 中心으로 豫州(예주) 전체와 冀州(기주)의 남부 지역을 의미했다. 이런 개념은 지금도 유효하여 俠義(협의)의 中原은 河南省을, 廣義로는 黃河 중하류 지역이다.

이를 구체적으로 열거한다면 陝西省(섬서성) 동남부인 關中(관중)과 山西省 남부, 山東省 서부와 安徽省(안휘성) 북부, 그리고 河北省 남부까지 확대되는데 결국 그 중심은 여전히 河南省이다.

中原의 문화적 의의는 中華의 문화이고 중국 전통문화를 지칭한다. 중원이라는 개념의 중국 法治 영역의 확산에 따라 사방으로 확산되었다.

秦의 통일 이후 그 정치와 문화는 關中 땅이니, 곧 중원의 서부 지역이었다. 後漢 성립 이후는 본래의 중원 지역이었고, 西晉의 멸망과 東晋

의 건국에 따라 중원의 개념은 長江까지 확대되지만, 長江의 중하류는 楚(초)라는 개념이 강했으며, 長江 하류 남쪽은 江東이라 통칭하였다.

특히 북방 유목민족의 中原 진출에 따라 그 정치의 중심이 金, 元, 明, 淸代에 華北 지역으로 이동하면서 中原은 漢族의 거주 지역이라는 개념으로 생각되었다.

# 二.《戰國策》解題

《戰國策》을 文, 史, 哲學으로 단순 분류하자면 史學의 저술이고, 史書의 서술 방식으로는 紀傳體(正史體)나 編年體(편년체)가 아닌 國別史로 분류한다.

司馬遷(사마천, 前 145 – 86년 ?, 字는 子長)의 《史記》는 通史이면서 서술 형식으로는 紀傳體(기전체) 史書의 鼻祖(비조)이다. 班固(반고, 서기 32 – 92년, 字는 孟堅)의 《漢書》는 기전체의 서술 방식을 계승했지만 前漢(西漢, 前 206 – 서기 8년)의 역사만을 서술한 斷代史이다. 이후 중국의 정사는 모두 《漢書》의 서술 형식을 채용했다.

西晉 陳壽(진수, 233 – 297년, 字는 承祚)의 正史 《三國志》는 그 서술 형식은 本紀와 列傳만을 갖춘 기전체이나 魏(위, 220 – 265년)를 정통으로 서술하면서 蜀漢(221 – 263년)과 東吳(孫吳, 222 – 280년)의 역사를 서술하였기에 國別史라고 분류한다.

## 1.《春秋》와 春秋時代

中國 古代史에서 三代는 夏, 殷(은, 商), 周를 지칭하는데, 周 왕조는 건국 이후 일단 멸망한 뒤에(서기 前 770년), 도읍을 옮겨 재 건국한다.

재 건국한 周를 이전의 周와 구별하여 東周(동주)라 호칭하는데, 東周는 그 존속 기간을 春秋戰國時代라 칭한다. 이는 春秋時代와 戰國時代의 합칭인데, 春秋, 戰國이란 명칭은 歷史書인《春秋》와《戰國策》에서 나왔다.

《春秋》는 史書이면서 儒家《五經》의 하나인데,《五經》 중에서도 중국의 정치에 매우 큰 영향을 끼쳤고 아주 重視되었던 경전이었다.

《春秋》는 본래 先秦 시대 각국의 編年體 史書이나 지금은 통상적으로 유일하게 전해진 魯國의《春秋》를 지칭한다.

《春秋》는 孔子가 魯國 史官의 기록을 중심으로 새로 구성하여 편찬한 책이다. 기록 범위는 魯 隱公 원년(前 722년)부터 魯 哀公 14년(前 481)까지 242년간의 기록이다. 기록된 治者는 魯 隱公 → 桓公 → 莊公 → (子 般) → 閔公 → 僖公 → 文公 → 宣公 → 成公 → 襄公 → (子 野) → 昭公 → 定公 → 哀公의 12公이다. 여기에서 '春秋時代' 의 명칭이 유래되었다.

《春秋》는 漢代에 들어《五經》의 하나가 되었고,《四庫全書》 중 經部에 들었으며(13經으로《左氏傳》에 본문 포함).《公羊傳》과《穀梁傳》도《春秋》를 해설한 책으로, 13經에 포함되었다.

《春秋》는 魯國을 중심으로 당시 각국의 大事를 알 수 있는 중국 최초의 編年體 史書이다. 그 주요 주제는 역사적 史實에 대한 서술보다는 '義' 를 기준으로 한 史實에 대한 평가이다.

## 2. 《戰國策》과 戰國時代

이 시대 여러 나라의 상황은 원 저자 미상의 《戰國策》에 상세히 기록되었다. 따라서 '戰國時代' 라는 명칭 자체가 《戰國策》에서 유래되었다.

《戰國策》은 중국의 戰國 시대 策士(책사)의 言行을 중심으로 기록한 史書로, 전국 말기의 東, 西周 왕실 상황과 秦, 齊, 楚, 趙, 魏, 韓, 燕 등 7국, 그리고 약소국이었던 宋과 衛 및 中山國 등의 사적을 기록했다.

원 저자는 미상이며, 一時一人의 저술이 아닌 것은 확실하다. 이를 秦末漢初의 蒯徹(괴철)의 저술이라는 주장도 있다.[55] 괴철의 생졸년은 미상이나 漢 武帝와 同名이기에 史書에는 蒯通(괴통)으로 기록하였다. 괴통은 辯才(변재)가 우수했고 이해관계 파악에 뛰어났었다. 일찍이 韓信(한신)을 만나 漢, 楚, 齊의 삼분천하를 설득했으나 한신은 따르지 않았다가, 결국 후회하면서 죽었다.

前漢 말에 劉向(유향)[56]은 흩어진 채로 전해오던 문장을 수집하여 편

---

55 羅根澤(나근택, 1900 – 1960년, 字는 雨亭) – 古典文學者. 淸華大學硏究院, 燕京大學 國學硏究所 졸업, 梁啓超(양계초)의 영향을 받았음. 顧頡剛(고힐강)과 함께 《古史辨》 저술에 참여, 《中國文學批評史》, 《隋唐文學批評史》, 《魏晉六朝文學批評史》, 《晩唐五代文學批評史》 等을 저술했다.

56 劉向(유향, 前 77 – 前 6년, 字는 子政) – 原名은 更生(경생). 成帝 때 向으로 改名. 漢朝의 宗室. 漢 高祖의 弟인 楚 元王 劉交의 玄孫이다. 劉向은 博覽群書하고 天文星象에 精通하였다. 漢 宣帝 시 처음 출사한 이후, 元帝 時에 劉向은 宗正을 역임하며, 宦官(환관) 弘恭(홍공), 石顯(석현) 등을 멀리하라고 건의하였지만 오히려 하옥되었다가 서민으로 강등되었다. 成帝 시에 向으로 개명한 뒤에 中郎官, 領護三輔都水使, 光祿大夫에 임명되었다. 궁중의 經傳, 諸子書, 詩賦 등 書籍을 校閱(교열)하고 《別錄》 一書를 편찬하니, 이것이 中國 最早의

집하고 교정했으며《戰國策》이라고 命名하였다. 이후에 後漢 高誘(고유)[57]가 이를 주석하였다.

《戰國策》은 古代 史學의 名著로, '國策', '國事', '短長', '事語', '長書' 등 여러 이름으로 불렸는데 史書의 體例로 분류한다면 國別史이다.

《戰國策》은 나라 별로 서술을 달리하였는데, 그 대상은 東周國과 西周國, 그리고 七雄으로 알려진 秦國, 齊國, 楚國, 趙國, 魏國, 韓國, 燕國, 약소국으로 분류되는 宋國과 衛國, 그리고 中山國 등 12개국이다.

그 서술 내용은 전국시대 蘇秦(소진)과 張儀(장의) 같은 說客(세객)의 言行, 많은 縱橫家(종횡가)들의 정치적 策略과 辯論과 그런 技巧(기교)와 합종연횡의 실제 정황을 수록하였는데 이런 과정에서 전국시대의 역사 및 사회의 모습, 그리고 그 시대의 사상과 문화를 알 수 있어 전국시대 연구에서 매우 중요한 서적으로 그 가치를 인정받고 있다. 淸代 四庫全書에서는 史部로 분류되었다.

《戰國策》은 〈東周策〉 1卷, 〈西周策〉 1卷, 〈秦策〉 5卷, 〈齊策〉 6卷, 〈楚策〉 4卷, 〈趙策〉 4卷, 〈魏策〉 4卷, 〈韓策〉 3卷, 〈燕策〉 3卷, 〈宋衛策〉 1卷, 〈中山策〉 1卷 등 33권에, 총 497~500章, 約 12萬 字 분량으

---

도서 分類 目錄이라 할 수 있다. 이는 뒷날 班固의《漢書 藝文志》의 기초가 되었다. 유향의 저술로는《別錄》외에《新序》,《說苑》,《列女傳》,《洪範五行傳》등이 있고,《戰國策》,《楚辭》,《孫卿新書》등을 교정하였다. 그의 賦 33篇이 있었으나 지금은 〈九歎〉 만이 전해온다. 經學家인 劉歆(유흠)은 그의 아들이다.《漢書》36권, 〈楚元王傳〉에 입전되었다.

57 高誘(고유, 생몰 연대 미상, 後漢 말 獻帝 연간에 여러 관직 역임) - 馬融(마융)의 再傳弟子. 유학자로《淮南子》,《呂氏春秋》,《戰國策》을 주석했다. 現存 漢代 各家의 주석으로는 鄭玄의 주석이 가장 많고 다음으로는 高誘의 주석이 많다고 한다.

로 알려졌다.

이 책은 劉向의 命名 이후 많은 부분이 散逸(산일)되어 중심으로 北宋 시대까지 11편이 전승되었는데 北宋 曾鞏(증공, 1019－1083年, 字는 子固. 唐宋八大家의 한 사람)의 수집 보완으로 지금의 33권 체제가 완성되었다.

1973年, 湖南省 長沙의 馬王堆(마왕퇴) 3호 漢墓(한묘)에서 지금의 《戰國策》 내용과 유사한 帛書(백서)가 출토되었고, 이를 整理하여 《戰國縱橫家書》로 명명하였는데 그 책은 모두 27篇인데 그중 11篇의 내용과 문자가 今本 《戰國策》과 《史記》와 대체적으로 相同하다고 알려졌다.

《戰國策》은 유명한 成語의 本鄕이다. '前倨後卑(전거후비)' 란 말은 〈秦策 一〉 蘇秦始將連橫說秦 章에서 나왔고, '狡兔三窟(교토삼굴)' 이나 '高枕無憂(고침무우)', 그리고 '焚卷市義(분권시의)' 는 모두 〈齊策 四〉 齊人有馮諼者 章이 그 출처이다. 漁夫가 得利하는 '鷸蚌相爭(휼방상쟁)' 은 〈燕策 二〉 趙且伐燕 章에 기록되었다. 그리고 荊軻(형가)가 秦王을 척살할 때 지도가 다 펴지면서 匕首(비수)가 나타나는 圖窮匕見(도궁비현)은 〈燕策 三〉 燕太子丹質於秦章이 그 原典이다.

《戰國策》은 인물 묘사나 사건의 서술과 설명에서 그 짜임새가 완전하고 曲折(곡절)이 생생하며, 묘사가 뛰어날 뿐만 아니라 과장과 폄훼, 긴장의 점층적인 高潮(고조), 사건의 구성 배치와 對偶(대우), 비유와 나열, 寓言(우언)과 諷刺(풍자) 등 온갖 기교가 다 동원되고 생생하여 그 설득력이 아주 강하다. 따라서 그 서술 자체가 홍미롭기에 한번 읽기 시작하면 곧 빨려 들어가 벗어나기가 쉽지 않다. 곧 서술 내용에 문학성이 아주 뛰어난 점은 모두가 인정할 정도로 틀림이 없다.

《戰國策》이 당시 縱橫家의 言論과 사적을 중점적으로 기록했지만 그 시대 인물들의 精神과 사상 재능과 風貌(풍모)를 아주 생생하게 묘사하였다. 당시 책사들의 智謀를 상세히 묘사 설명하였고 그런 지모를 성공시키기 위한 虛와 實의 실제와 적용, 그리고 무엇보다도 상대의 마음을 움직이기 위한 文辭(문사)의 교묘하고 뛰어난 운용에 찬탄하지 않을 수 없다.

《戰國策》은 당시의 큰 역사 사건을 비교적 공평하게 서술하였고, 특히 義와 勇을 바탕으로 당당하게 살아온 志士의 일생과 풍채도 상세히 묘사하여 후세 사람들에게 끼친 영향이 매우 크다. 그런 점에서 《戰國策》은 역사서이면서 역사 관련한 우수한 散文이다.

《戰國策》은 司馬遷의 《史記》 저술에 중요한 史料가 되었다. 물론 사마천은 《戰國策》의 내용을 그대로 옮기지 않았으며, 나름대로 분명한 근거가 있고 합리성이 인정되어야만 채택했다. 사마천은 〈蘇秦傳〉에서 '세상에 소진에 관련한 이야기는 매우 많으니, 다른 시기에 있었던 유사한 일들을 모두 소진과 결부시켜 말한다.' 고 기록하였다. 《戰國策》이 그 시대 책사들의 지나친 名利 추구와 활약을 과장한 측면이 있어 바른 역사 기록의 典範이 되지 못한다는 치명적 약점이 있으나 역사책이면서 동시에 문학작품이며 시대 상황을 반영한 기록물이라는 점에서 매우 중요한 가치와 의의가 있다.

《戰國策》의 판본으로는 후한 高誘(고유)의 註釋本이 전해졌고, 이후 두 가지로 대별할 수 있다.

북송의 曾鞏(증공)이 散逸(산일)된 부분을 수집 보완하여 33편의 체제를 復完 하였다. 이어 南宋 초, 姚宏(요굉)이 이를 校註하였는데, 原著에 충실한 校注라고 알려졌다. 이는 清代에 들어 黃丕烈(황비열, 1763-1825년, 字는 紹武)의《士禮居叢書 / 士禮居藏書》내에 수록 간행하여 널리 유포되었으며, 이는 姚本(요본)이라 통칭한다. 황비열은《戰國策札記》를 저술했다.

姚宏(요굉)과 거의 同 시대에 鮑彪(포표, 1091-?, 字는 文虎, 今 浙江 縉雲縣, 출신, 建炎 2년, 1128년, 進士)도《戰國策》을 주석하였는데, 原文 일부를 바꾸고 차서를 새로 정리하였기에 후인들의 비판을 받았다.

元代의 吳師道(오사도)는《戰國策 校注補正》을 편찬하여 鮑彪(포표)의 착오를 바로잡았고 보충하면서 章句 해석을 보태어 독자에게 편의를 제공하였다. 이는 나중에《四部叢刊》으로 간행되어 널리 유포되었는데, 이를 鮑本(포본)이라 통칭하지만 吳師道(오사도)의 校注本이라 할 수 있다.

이외에 楊守敬(양수경)의《戰國疆域圖(전국강역도)》, 吳曾祺(오증기)의《戰國策補注》등 近人의 여러 저술이 있다.

## 3. 劉向의《戰國策》書錄

※ 劉向(유향)은 前漢 成帝 시(재위 前 32－前 7년)에 본명 更生(경생)에서 向(향)으로 개명한 뒤에 中郎官, 領護三輔都水使, 光祿大夫 등을 역임하였다. 劉向과 劉歆 父子는 20년간 궁중의 經傳, 諸子書, 詩賦 등 書籍을 校閱(교열)하고《別錄》20卷을 편찬하니, 이는 최초의 도서 分類目錄이라 할 수 있다. 成書 후에 아들 劉歆(유흠)은《別錄》을 다시《七略》7卷으로 요약 정리하였다. 이는 뒷날 班固의《漢書 藝文志》의 기초가 되었다.

이 〈戰國策 書錄〉은 劉向이 지은《戰國策》에 대한 解題이다. 書錄은 書記와 같은 뜻이다. 이는《戰國策》을 소개하고 내용을 요약한 자료이니, 유향이 편집한《戰國策》의 머리말이라 할 수 있기에 全文을 수록하고 국역하였다.

{原文} 護左都水使者光祿大夫臣向言.

所校中《戰國策》書, 中書餘卷, 錯亂相糅莒. 又有國別者八篇, 少不足. 臣向因國別者, 略以時次之, 分別不以序者以相補, 除復重, 得三十三篇. 本字多誤脫爲半字, 以‘趙’爲‘肖’, 以‘齊’爲‘立’, 如此字者多. 中書本號, 或曰《國策》, 或曰《國事》, 或曰《短長》, 或曰《事語》, 或曰《長書》, 或曰《脩書》. 臣向以爲戰國時, 游士輔所用之國, 爲之策謀, 宜爲《戰國策》. 其事繼春秋以後, 訖楚,漢之起, 二百四十五年間之事, 皆定以殺青, 書可繕寫.

{국역} 護左都水使이며 光祿大夫인 臣 向(향)이 아뢰니다.[58]

교열한 《戰國策》의 書는 궁중 書庫(中書)의 흩어진 서적으로[59] 錯亂(착란)한 채 서로 뒤섞여 있었습니다.[60] 또 나라 별로 8편이 있었지만 조금씩 부족하였습니다. 臣 向(향)은 國別로 서술된 것을 바탕으로 대략 시기에 따라 차서를 맞추고, 차서가 없는 것은 분별하여 서로 보완하였으며, 중복되는 내용을 삭제하여 33편을 엮었습니다. 본문의 文字에 誤字와 脫字, 그리고 半字가 많았으니 '趙'를 '肖(닮을 초)'로, '齊'를 '立'으로 표기하는 식의 문자가 많았습니다.[61] 中書의 書本은 곳에 따라 《國策》, 또는 《國事》, 혹은 《短長》, 《事語》, 《長書》, 《脩書》라고 호칭하였습니다.[62] 戰國 시대의 游士(유사, 說客)들은 자신을 임용하는 나라

---

58 원문 護左都水使者光祿大夫臣向言 – 護左都水使는 護三輔左都水使의 약칭. 護는 통솔하다. 책임자. 三輔는 長安의 지역 명칭 겸 직명. 수도 장안의 京兆尹, 左馮翊(좌풍익), 右扶風(우부풍)의 합칭. 都는 總의 뜻. 水使는 河川管理者. 光祿大夫는 郎中令(光祿勳)의 속관. 황제의 고급 참모로 자문에 응대. 질록은 比二千石. 《漢書 成帝紀》 河平 3년(前 26). 「가을 8월 乙卯 그믐, 일식이 있었다. 光祿大夫인 劉向이 궁중의 秘書를 교정했다.」는 기록이 있다. 臣 向은 황제에게 올리는 모든 문서나 글에 名만 기록하지 姓을 기록할 수 없다.

59 원문 中書餘卷 – 中書는 禁中(宮闕) 書庫. 餘卷(여권)은 完帙(완질)이 아닌 잔여분의 서적.

60 원문 錯亂相糅莒 – 錯亂(착란)은 簡册(간책)이 뒤섞이다. 糅는 섞일 유. 糅錯(유착). 錯雜. 莒는 감자 거. 성씨. 땅이름 거. 糅莒는 의미 未詳.

61 如此字者多 – 姚宏(요굉)의 續注本에는 '字'가 '類'로 되어 있다는 주석이 있다. 주석에 따라 의미가 크게 달라지지 않는다면, 이런 종류의 주석은 소개하지 않는다.

62 《短長》 – 縱橫(종횡)과 같은 의미. 곧 세로와 가로. 정사각형이 아닌 직사각형의 이미지에서 길고 짧음. 是非와 優劣(우열), 短策과 長策, 長短點의 長短과 같은 뜻으로 비유할 수도 있다.

를 輔弼(보필)하기 위하여 策謀(책모)를 꾸몄으니 응당《戰國策》이라 불러야 한다고 臣 向(향)은 생각합니다. 그 내용은 春秋시대 이후부터 楚(項羽)와 漢(劉邦)의 봉기까지[63] 245년간의 事實로, 모두 확정하여 青竹에 보완 書寫(서사)할 수 있었습니다.[64]

{原文} 敘曰, 周室自文,武始興, 崇道德, 隆禮義, 設辟雍泮宮庠序之教, 陳禮樂弦歌移風之化. 敘人倫, 正夫婦, 天下莫不曉然. 論孝悌之義, 惇篤之行, 故行義之道滿乎天下, 卒致之刑錯四十餘年. 遠方慕義, 莫不賓服, 雅頌歌詠, 以思其德. 下及康,昭之後, 雖有衰德, 其綱紀尚明.

及春秋時, 已四五百載矣, 然其餘業遺烈, 流而未滅. 五伯之起, 尊事周室. 五伯之後, 時君雖無德, 人臣輔其君者, 若鄭之子產, 晉之叔向, 齊之晏嬰, 挾君輔政, 以並立於中國, 猶以義相支持, 歌說以相感, 聘覲以相交, 期會以相一, 盟誓以相救. 天子之命, 猶有所行, 會享之國, 猶有所恥, 小國得有所依, 百姓得有所息.

---

63 秦 二世 원년(前 209) 가을 7월에, 陳涉(陳勝)은 蘄縣(기현)에서 起義하였다. 陳縣에 이르러 楚王(張楚)으로 자립하였다. 같은 해 項羽와 劉邦도 각각 봉기하였다.

64 원문 皆定以殺青, 書可繕寫 – 殺青(살청 / 쇄청)은 墨書(묵서)하기 좋게 青竹 표면의 매끄러운 광택을 없애는 공정을 거쳐 竹簡을 만드는 일. 青竹에 열을 가하면 땀이 나듯 푸른색 진액이 빠진다. 이를 殺青이라 했는데, 나중에는 문학 작품 등의 '完成' 의 뜻으로 쓰였다. 繕寫(선사)는 書寫를 마치다.

故孔子曰, "能以禮讓爲國乎何有?" 周之流化, 豈不大哉! 及春秋之後, 衆賢輔國者旣沒, 而禮義衰矣. 孔子雖論《詩》, 《書》, 定《禮》,《樂》, 王道粲然分明, 以匹夫無勢, 化之者七十二人而已, 皆天下之俊也, 時君莫尙之. 是以王道遂用不興. 故曰, "非威不立, 非勢不行."

{국역} 아래와 같이 敍述(서술)합니다.

周 王室은 文王과 武王 때 처음 흥기하여,[65] 道德을 숭상하고, 禮義를 융성케 하였으며, 辟雍(벽옹)과 泮宮(반궁), 그리고 庠序(상서)를 설립하여 백성을 가르치고,[66] 禮樂과 弦歌(현가)로 移風易俗(이풍역속)하는

65 원문 周室自文,武始興 - 周 文王(前 1125 - 1051年) - 西伯昌. 姬는 姓, 名은 昌. 商朝 말기 제후국 周의 君主, 爵位는 西伯, 아들 周 武王이 文王으로 追謚(추시). 儒家의 大道를 통달, 존중받는 인물. 孔子가 본받으려 했던 聖人은 堯(요)와 舜(순), 그리고 禹王(우왕)과 湯王(탕왕)에 이어 周 文王과 武王, 그리고 周公을 꼽을 수 있다.

周 武王〔생존, 재위 연도 미상, 受命 11년 뒤 克殷(前 1046), 3년 뒤(1043年) 붕어로 추정.〕- 姬는 姓, 名은 發, 西伯 昌과 太姒(태사)의 嫡次子. 正妻는 邑姜(읍강). 시호는 武. 牧野之戰에서 殷을 타도(武王克殷). 西周의 건국자. 堯 - 舜 - 夏禹 - 商湯 - 周文王으로 이어지는 道統의 계승자. 儒家에서 받드는 先秦시대 첫째 明君. 西周 봉건제도 창시자.

66 원문 設辟雍泮宮庠序之教 - 辟雍(벽옹, 辟廱)은 周代의 중앙 교육기관. 天子의 太學 중 중앙의 學宮을 辟雍(벽옹)이라 했다. 太學이 소재한 곳. 전체적으로 둥근 모양을(하늘을 상징), 물이(教化가 물처럼 흘러 널리 퍼지라는 뜻) 두르고 있는 형상이다. 《周禮》에 의하면, 天子의 太學 중 중앙의 學宮인 辟雍(벽옹) 주위를 연못으로 감싸게 하였다. 諸侯의 학교에는 학궁 남쪽 절반만 연못을 만들었고, 이를 泮宮(반궁)이라 하였다. 공자 死後 공자가 文宣王(문선왕)으로 피봉된 뒤에, 泮池(반지)를 설치하게 했다. 孔廟의 남문 大成門 밖에 반지

敎化를 실천하였습니다. 그리하여 人倫을 널리 가르치고, 夫婦 관계를 바로 세우니, 人倫을 깨우치지 못한 자가 없었습니다. 孝悌(효제)의 大義와 惇篤(돈독)한 行實을 일러 가르치니 온 천하가 大義를 따르게 되어, 결국 40여 년이나 (백성에 대한) 형벌을 집행하지도 않았습니다. (都城에서) 멀리 떨어진 지방에서도 (周室의) 大義를 흠모하여 賓服(빈복)하지 않는 자가 없었고, (《詩經》의) 〈雅(아)〉와 〈頌(송)〉으로 聖德을 노래하며(歌詠) 周王의 德을 사모하였습니다. 그 이후 (周의) 康王(강왕)과 昭王(소왕) 代에 이르러 비록 德政이 쇠퇴하였습니다만, 그 綱紀(강기, 紀綱)는 여전히 뚜렷하였습니다.

春秋 시대에 이르러, (周室이 건국된 지) 4, 5백 년이 지났지만 그 뜨거운 교훈의 餘業(여업)은 계속 이어지며 없어지지 않았습니다. 五伯(오패)가 홍기하였어도[67] 周 王室을 받들어 섬겼습니다. 五伯 이후로 그 당시 周 君王이 無德했지만, 人臣으로 주군을 輔弼(보필)하는 鄭나라 子產(자산), 晉(진)나라 叔向(숙향), 齊나라의 晏嬰(안영) 등은[68] 主君을 도와

를 만들었다. 우리나라의 경우 成均館을 泮宮이라 불렀다. 庠序(상서)는 고대의 지방 학교. 殷代에는 庠(학교 상). 周代에는 序(차례 서, 학교)라 하였다.

67 원문 五伯之起 – 五伯은 五霸. 春秋五霸. 伯는 우두머리 패. 音은 패(伯는 霸). 五霸는 齊 桓公(환공), 宋 襄公, 晉 文公, 秦 穆公, 吳王 夫差(부차)는 史書에 따라 약간의 차이가 있다.

68 원문 鄭之子產, 晉之叔向, 齊之晏嬰 – 子產(자산, ? – 前 522年)은 姬姓, 名은 僑(교), 字는 子產. 春秋 말기 鄭國의 재상. 鄭國 백성의 존경을 받았다. 中國 宰相의 典範으로 추앙받았다.

叔向(숙향, ? – 前 528年?) – 姬는 姓, 羊舌(양설)氏. 名은 肸(힐), 字는 叔向, 被封於 楊(今 山西省 洪洞縣), 以邑爲氏하여 楊氏. 楊肸(양힐). 춘추시대 晉의 公族, 晋 悼公(도공), 平公, 昭公을 섬기며 師傅, 上大夫 역임. 叔向과 齊 晏嬰(안

정사를 보완하고, 中國(중원)에서 並立(병립)하면서도 오히려 大義로 서로를 支持(지지)하거나 칭송의 노래를 불러 서로 交感하였으며 聘禮(빙례)나 朝覲(조근)을 통해 서로 교제하거나 會合을 통해 한마음이 되어 서로를 도와주었습니다. 그러는 동안 天子의 命은 예전처럼 시행되었고 會盟하는 나라 사이에는 여전히 염치가 지켜졌고, 小國에서는 큰 나라에 의지하였고 백성들은 편히 휴식할 수 있었습니다.

그래서 孔子가 말했습니다.

"禮讓(예양)으로 나라를 다스린다면 무슨 어려움이 있겠는가?"[69]

周 왕실 교화의 영향이 어찌 위대하지 않겠습니까! 그러나 春秋 시대 이후에는 국정을 (바르게) 보필하는 자들이 사라지고, 禮儀도 쇠퇴하였습니다. 孔子가 《詩經》이나 《尙書》를 論定하고, 《禮》와 《樂》을 정립하여 王道를 粲然(찬연)하고 分明하게 밝혔으나, (공자는) 匹夫(필부)처럼 힘이 없었기에 그 교화를 이룩한 자가 72인 뿐이었지만,[70] 그들은 모두 천하의 俊逸(준일, 俊才)로 그 당시에 그들을 숭상하지 않는 군주가

---

영), 鄭子産이 同時代 人物이었다.

晏嬰(안영, 前 578 - 500년, 字는 仲, 諡는 平, 습관상 晏平仲, 또는 晏子로 호칭)은 교제를 잘 했으니, 오래 교제하면서도 늘 남을 공경하였다.(「子曰, 晏平仲善與人交, 久而敬之.」《論語 公冶長》) 晏平仲은 齊나라의 大夫. 공자는 鄭나라의 子産(자산)과 안영을 유능한 정치가로 공경하였다. 공자가 35세 전후에 齊에 머물면서 出仕하려 했지만, 안영의 반대로 등용되지 못했다. 《史記》 62권 〈管晏列傳〉은 짧은 문장이지만 안영의 고결한 인품이 잘 그려져 있다.

69 《論語 里仁》의 구절이다. 원문은 子曰, "能以禮讓爲國乎? 何有? 不能以禮讓爲國, 如禮何?"

70 《史記 孔子世家》에는 「제자가 대략 3천 명인데, 그중에 六藝에 통달한 자가 72인이었다.(弟子蓋三千焉, 身通六藝者七十有二人.)」라고 하였다. 여기서 '三千弟子 七十二賢' 이라는 말이 나왔다.

없었습니다.

그러나 결국 王道는 다시 일어나지 못했습니다. 그래서 "위엄이 없으면 (正道를) 확립할 수 없고(非威不立), 힘이 없다면 실천할 수 없다(非勢不行)."고 하였습니다.

{原文} 仲尼既沒之後, 田氏取齊, 六卿分晉, 道德大廢, 上下失序. 至秦孝公, 捐禮讓而貴戰爭, 棄仁義而用詐譎, 苟以取强而已矣.

夫篡盜之人, 列王, 詐譎之國, 興立爲强. 是以傳相放效, 後生師之, 遂相吞滅, 並大兼小, 暴師經歲, 流血滿野, 父子不相親, 兄弟不相安, 夫婦離散, 莫保其命, 湣然道德絶矣.

{국역} 仲尼(중니, 孔子)가 죽은 뒤에[71] (齊의) 田氏는 齊를 차지했고,[72]

---

71 《孔子家語 終記解》에 공자의 죽음이 기록되어있다. 공자는 7일 동안 병석에 있다가 前 479년(魯 哀公 16년) 봄에, 73세를 일기로 별세하였다. 孔子가 죽어 魯城의 북쪽 泗水 근처에 장례했다. 제자들은 오두막을 짓고 侍墓(시묘)하면서 心喪 3년의 복상을 마친 뒤, 서로 揖(읍)을 하고 떠나갔다. 子貢은 혼자 무덤 주변에 여막을 짓고 총 6년을 복상한 뒤에 떠나갔다. 제자들은 각자가 사방의 나무를 갖다가 심었다. 子貢이 심은 楷(해)나무는 높고 커서 다른 나무와 뚜렷하게 구별된다. 지금도 늙은 줄기가 아직도 남아 있어 자공이 특별한 나무를 심었음을 알 수 있다. 弟子와 魯人들이 무덤 주변에 집을 지은 자가 1백여 호나 되었다(孔里).

72 田氏의 齊國 - 史稱 田齊. 田氏가 姜氏의 齊를 대신하였으니, 戰國七雄의 하나이다. 田氏는 陳 厲公(여공)의 아들 陳完(진완, 田完)에서 시작되었다. 前 672년, 陳完은 避難하며 入齊하여 나중에 齊 桓公을 섬겨 齊國 大夫가 되었다.

六卿이 晉(진)을 분할하였는데,[73] 道德은 완전히 폐지되었고 상하 모두가 次序를 잃었습니다. 秦 孝公(효공, 재위 362-338)은 禮讓을 버리고 戰爭을 貴하게 생각하였으며 仁義를 放棄(방기)하고 詐譎(사휼)을 채용하며 부국강병을 추구하였습니다.[74]

대체로 빼앗고 훔친 자는 제후나 왕의 반열에 올랐고 거짓을 내세운 나라가 자립하며 강국이 되었습니다. 이런 방법이 이어지고 본받게 되면서 나중에는 군사를 일으켜 서로 倂呑(병탄)하거나 멸망케 하였으며, 큰 나라가 작은 나라를 겸병하거나 군사를 일으켜 해를 넘기었고 流血이 滿野하였으며, 父子가 서로 不親하고 兄弟가 서로 마음을 못 믿었으며, 부부가 흩어지니, 누구도 생명을 보장하지 못하면서 도덕은 완전히

---

陳과 田의 古音이 相近하여 古書에서는 가끔 田이라 표기하였다. 후손 중에 田和(전화, 太公)는 齊 康公을 방축하고 자립하였는데 前 386년에 周 安王은 田和의 즉위를 인정하였다. 이후 齊는 한때 강성했지만 결국 前 221년에 秦에게 멸망했다.

73 六卿分晉 - 三家分晉 - 晉 平公(前 558-532) 이후, 晉 六卿의 實力이 國君을 능가하여 六卿의 執政이 성립되었다. 晉 定公(재위 512-475) 때, 六卿 중에서 范氏(범씨)와 中行氏(중행씨)가 멸족되어 卿族의 平衡이 깨졌다. 晉 出公(재위 전 475-458) 때 魏氏(위씨)와 韓氏(한씨)가 趙氏와 연합하여 그 때까지 강성했던 知氏(지씨, 智氏)를 없애면서 晉國은 名存하나 實亡하였다. 결국 前 403년에, 周 威烈王(위열왕, 재위 426-402)은 정식으로 晉國의 大夫 韓虔(한건), 趙籍(조적), 魏斯(위사)를 韓侯, 趙侯, 魏侯에 봉하였다. 이에 晉國은 韓, 趙, 魏 3제후국으로 분할되었다. 晉國은 겨우 2개의 城에서 명맥을 잇다가 前 376年에 멸망하며 晉 靜公(정공, 재위 378-376)은 庶人이 되었다. 宋代 司馬光의 《資治通鑒》은 前 403년 韓, 趙, 魏 3제후국의 공식 인정받는 해부터 서술했다.

74 원문 捐禮讓而貴戰爭, 棄仁義而用詐譎 - 捐은 버릴 연. 내던지다. 棄는 버릴 기. 放棄(방기)하다. 詐는 속일 사. 譎은 속일 휼.

사라졌습니다.[75]

{原文} 晚世益甚, 萬乘之國七, 千乘之國五, 敵侔爭權, 蓋爲戰國. 貪饕無恥, 競進無厭, 國異政教, 各自制斷, 上無天子, 下無方伯, 力功爭强, 勝者爲右, 兵革不休, 詐僞並起.

當此之時, 雖有道德, 不得施謀, 有設之强, 負阻而恃固, 連與交質, 重約結誓, 以守其國.

故孟子,孫卿儒術之士, 棄捐於世, 而游說權謀之徒, 見貴於俗. 是以蘇秦,張儀,公孫衍,陳軫,代,厲之屬, 生從橫短長之說, 左右傾側. 蘇秦爲從, 張儀爲橫, 橫則秦帝, 從則楚王, 所在國重, 所去國輕.

{국역} (전국 시대) 후기에는 (晚世) 더욱 심해졌는데 (戰車) 萬乘(만승)의 나라가 7國에 千乘(천승)의 나라 5국이 서로 적대하며 권력을 다투게 되니 거의 전쟁에 돌입하였습니다. 탐욕에 부끄러움도 모르고[76] 앞서려는 경쟁을 그칠 줄 몰랐으며, 나라마다 政教를 달리하였고, 제멋대로 제재 속에 專斷(전단)하였으며, 위로는 天子도 아래로는 方伯도 없이, 온 힘을 기울여 공격하며 세력을 다투어 승자만이 옳았기에 전쟁이 그치지 않았고, 거짓과 위선이 멋대로 행세하였습니다.

---

75 원문 涽然道德絶矣 – 涽은 정하지 못할 혼. 어둡다. 혼합할 면. 시호 민. 涽然(혼연)은 완전히. 깜깜하게.

76 원문 貪饕無恥 – 貪은 탐할 탐. 饕는 욕심 부릴 도. 貪虐(탐학)하다. 恥는 부끄러워할 치. 恥辱(치욕).

이 시기에는 비록 도덕이 올바르더라도 시행할 수 없었고 富强만을 추구하였으며 험고한 지형과 지세를 믿고[77] 서로 연합하며 인질을 교환하거나 겹치기 밀약 또는 맹약으로 나라를 지키려 했습니다.

그래서 孟子(맹자)나 孫卿(손경, 荀子) 같은 儒術의 賢士는 세상에서 버림을 받았고, 游說(유세)나 權謀(권모)를 가진 자들이 속세에서 귀한 대접을 받았습니다.[78] 그리하여 蘇秦(소진)[79]과 張儀(장의)[80], 公孫衍(공

77 원문 負阻而恃固 – 阻는 험할 조. 恃는 믿을 시. 固는 험고한 지형. 負와 恃, 阻와固가 對를 이룬다.

78 원문 孟子孫卿儒術之士 – 孟子(名은 軻. 前 372 – 289, 수레의 굴대 가)는 鄒邑人(추읍인, 今 山東省 鄒城市), 子思의 弟子, 戰國 時期 儒家의 대표 인물. '亞聖'의 尊稱. 孔子와 합칭하여 '孔孟'《史記 孟子荀卿列傳 十四》에 입전. 性善論을 주장, 仁政, 王道 정치를 강조. 唐의 韓愈(한유)는 맹자를 아주 높게 평가했다. 孟子의 弟子 萬章(만장) 등이《孟子》를 저술. 孔子의 思想을 계승, 발양했다. 저서로《孟子》는 7篇이다.

孫卿 – 荀卿(순경, 名은 況. 約 前 316 – 237년 ? 宣帝 이름을 피하여 孫으로 표시). 趙人, 齊의 稷下 學宮의 祭酒 역임. 齊人이 참소하자 荀卿은 楚에 이주. 春申君(춘신군)이 蘭陵令에 임명. 春申君 死後에 관직 사임, 蘭陵에 거주. 李斯(이사)는 荀卿의 제자였었다. 漢代 儒學 사상과 政治에 큰 영향을 끼쳤고, 宋, 元, 明 三代에는 孔廟에 배향. 순자는 性惡論으로, 孟子 性善說과 대립각을 세웠기에 유학자의 비평을 받았고 孔門의 이단으로 인식되거나 심지어는 法家 人物로 분류된다.《史記 孟子荀卿列傳》에 立傳. 劉向은 순자의 저술 32편을 묶어《孫卿書》라 합칭했다. 지금 알려진《荀子》는 대략 91,000字 정도이다.

79 蘇秦(소진, ? – 前 284년, 字는 季子) – 東周 雒邑人. 鬼谷子(귀곡자)의 徒弟. 戰國시대 縱橫家(종횡가). 蘇秦과 張儀(장의)는 鬼谷子 아래서 함께 縱橫(종횡)의 술수를 배웠다. 이후 몇 년 동안 제후를 찾아 유세했지만 인정을 받지 못했다. 다시 각고하며《陰符》를 정독한 다음에 유세에 나서 燕 文公의 인정을 받고 사신으로 趙國에 나갔다. 소진은 6國이 合縱(합종)하여 抗秦(항진)해야 한다는 戰略을 유세하여 결국 6국의 연맹을 이루며 '從約長(종약장)'이 되어 六國의 相印을 지닐 수 있었으며, 이후 15년 간, 秦은 函谷關을 나올 수 없었다. 나중

손연)[81]과 陳軫(진진)[82], 그리고 蘇代(소대)와 蘇厲(소려)[83] 같은 무리들이 從橫(종횡)과 短長(장단)을 辨說(변설)하자 가까운 좌우에서 귀를 기울였습니다. 蘇秦은 合從을, 張儀는 連橫의 방책을 주장했는데 연횡을 따르면 秦이 帝位를, 합종을 따르면 楚가 帝王이 되었고, 그들이 머물면 강국이었다가, 떠나면 약해졌습니다.

---

에 齊가 燕을 침략했고 소진은 齊에 점령한 땅을 돌려주라고 설득했는데, 결국 齊에서 보낸 자객에게 살해되었다. 소진이 성공한 동안 張儀의 연횡책이 설득력을 얻었다.《史記 蘇秦列傳》에 입전.

**80** 張儀(장의, 前 373－310년)－魏國 安邑人(今 山西省 서남부 夏縣). 戰國 시기의 저명한 縱橫家. 蘇秦과 함께 鬼谷子(귀곡자)의 徒弟로 수학했다. 楚에서 도적으로 몰려, 수백 대를 얻어맞고도 '혀는 남아 있으니 괜찮다' 고 말했다. 秦과 和親하고 동맹하여 평화를 유지하자는 連橫策(연횡책, 連衡)을 주장하여 秦 惠文王에게 중용되었고 蘇秦의 합종책을 해체시켰다.

**81** 公孫衍(공손연, 約 前 360－300년, 魏國人)－魏에서 무관직인 犀首(서수, 犀는 무소서)의 관직을 역임. 犀首로도 통칭. 戰國 시대 魏國의 縱橫家, 張儀와 同期, 秦國과 魏國에서 관직에 있으면서 張儀의 連橫 책략의 주요 적수. 장의만큼 유명했지만 전해오는 행적이 별로 없다.《史記》에서는 張儀傳에 附傳.《戰國策》에서도 기록이 많지 않다.

**82** 陳軫(진진, 생졸년 미상, 軫은 수레 뒷턱나무 진)－戰國 시대 齊國 臨淄人. 縱橫家. 秦國에 유세하여 惠文王의 예우를 받고 장의와 함께 경쟁하였다. 楚와 齊에서도 유세에 성공하였다. 楚의 令尹(相)을 역임하고 潁川侯가 되었다. 畫蛇添足(화사첨족), 卞莊刺虎(변장자호) 등 고사를 만들어낸 사람이다.

**83** 蘇代(소대, 생졸년 미상)－東周 洛陽人. 戰國 시대 縱橫家. 蘇秦의 동생. 蘇厲(소려)의 兄. 蘇秦 死後에 燕王에게 유세했다. 蘇秦의 사망 연도에 대해서는 이설이 많다. 前 284년에 죽었다는 주장이 있는데, 이는 張儀의 죽음(前 310)보다 늦고, 前 320년－319년에 죽었다는 주장은 장의보다 10년이나 일찍 죽었다. 蘇代나 蘇厲(소려)는 蘇子로 표기한 경우가 있어 참 혼란스럽다.

{原文} 然當此之時, 秦國最雄, 諸侯方弱, 蘇秦結之, 時六國爲一, 以儐背秦. 秦人恐懼, 不敢闚兵於關中, 天下不交兵者, 二十有九年. 然秦國勢便形利, 權謀之士, 咸先馳之.

蘇秦初欲橫, 秦弗用, 故東合從. 及蘇秦死後, 張儀連橫, 諸侯聽之, 西向事秦. 是故始皇因四塞之固, 據崤,函之阻, 跨隴,蜀之饒, 聽衆人之策, 乘六世之烈, 以蠶食六國, 兼諸侯, 並有天下. 杖於謀詐之弊, 終於信篤之誠, 無道德之敎, 仁義之化, 以綴天下之心. 任刑罰以爲治, 信小術以爲道. 遂燔燒詩書, 坑殺儒士, 上小堯,舜, 下邈三王.

{국역} 그리하여 그 당시에 秦國이 가장 강대하였고 제후들은 약했기에 蘇秦(소진)이 이들을 결합하자 六國은 즉시 하나가 되어 소진에 이끌려 秦을 배척하였습니다.[84] 秦人은 이들이 두려워 군사를 보내 關中을[85] 엿볼 수가 없었고, 천하가 전쟁을 멈춘 지가 29년이나 되었습니다. 그러나 秦나라의 형세가 유리해지자 權謀를 꾸미려는 策士들이 먼저 모여들었습니다.

蘇秦은 처음에 연횡책을 실행하려 했으나 秦이 받아주지 않자 동쪽으로 나아가 合從策을 주창했습니다.[86] 소진이 죽은 뒤에 張儀(장의)는

84 원문 以儐背秦 – 儐은 인도할 빈. 이끌려 나아가다. 찡그릴 빈.

85 원문 不敢闚兵於關中 – 闚는 엿볼 규. 關中(관중)은 동 函谷關, 남 武關, 서 散關, 북 蕭關(소관)으로 둘러싸인 땅. 평평하고 끝없이 넓은 땅이 沃野千里라 했다. 陸海(육해)로 불림.

86 원문 故東合從 – 東은 동쪽으로 가다. 動詞로 쓰였다.

連橫策을 주창했고 제후들은 그 주장대로 서쪽을 향해 秦을 섬겼습니다. 이 때문에 始皇은 사방이 막힌 험한 지형을 바탕으로, 崤山(효산)과 함곡관의 험지를 차지하고, 隴(농)과 蜀(촉)의 풍요로운 땅을 소유했으며, 여러 사람의 방책을 참고하고 선조 6대의 공적을 이어받아, 6국을 蠶食(잠식)하고 제후의 땅을 병합하여 천하를 병합하였습니다. 秦은 謀詐(모사, 詐謀)의 폐단을 그대로 따르면서 끝까지 독실한 誠心이 없었으며, 道德이나 仁義의 교화로 천하 백성의 마음을 하나로 통합하지 않았습니다. 秦은 형벌에 의거 나라를 다스렸고, 小人의 心術을 正道라고 믿었습니다. 그리하여 儒家 經典을 불태웠고 유생을 구덩이에 묻어 죽였으며,[87] 위로는 堯舜의 대도를 무시했고, 아래로는 三王의 치적도 멸시하였습니다.

{原文} 二世愈甚, 惠不下施, 情不上達, 君臣相疑, 骨肉相疏, 化道淺薄, 綱紀壞敗, 民不見義, 而懸於不寧. 撫天下十四歲, 天下大潰, 詐僞之弊也. 其比王德, 豈不遠哉!

孔子曰,「道之以政, 齊之以刑, 民免而無恥. 道之以德, 齊之以禮, 有恥且格.」夫使天下有所恥, 故化可致也. 苟以詐僞偸活取容, 自上爲之, 何以率下? 秦之敗也, 不亦宜乎!

{국역} 二世는 더욱 심했으니[88] 백성에게 혜택을 베풀지 않았기에, 백

87 원문 遂燔燒詩書, 坑殺儒士 – 焚書坑儒(분서갱유)의 폭정.

88 원문 二世愈甚 – 秦二世(前 230 – 210 – 前 207년 10월, 名은 胡亥) – 秦始皇의 18子. 前 210년, 始皇이 東南方을 순행 중 沙丘宮에서 병사하자, 호해는 趙高

성의 뜻이 위에 전달되지 않았으며, 君臣은 相疑(서로 의심)하고, 骨肉도 서로 소원해졌으며, 교화의 道 역시 淺薄(천박)했고, 綱紀(강기, 紀綱)도 무너졌으며, 백성은 大義를 본 적이 없었으며, 불안 속에 목숨은 매달려 있는 것 같았습니다. 秦이 천하를 鎭撫(진무)한 지 14년에, 한꺼번에 붕괴되니 이 모두는 거짓과 僞善에 따른 폐단이었습니다. 왕의 德化에 견주어 본다면 이 어찌 멀고 먼 悖德(패덕)이 아니겠습니까!

孔子는 말했습니다.「政令으로 백성을 다스리고 형벌로 백성을 규제한다면, 백성은 빠져나가고도 부끄러운 줄을 모른다. 德으로 백성을 이끌고 禮로 백성을 濟度한다면, 백성을 부끄러움을 알아 바르게 교화된다.」[89]

대체로 천하 백성이 부끄러움을 안다면 교화를 성취할 수 있습니다. 굳이 거짓과 위선으로 구차히 살며 위에 영합하려고 윗사람부터 그러하다면 백성을 어떻게 이끌 수 있겠습니까? 秦의 패망은 당연한 결과가 어찌 아니겠습니까?

{原文} 戰國之時, 君德淺薄, 爲之謀策者, 不得不因勢而爲資, 據時而爲 故其謀, 扶急持傾, 爲一切之權, 雖不可以臨國教

---

(조고)와 재상 李斯(이사)의 도움을 받아, 죽음을 비밀에 부쳐 發喪하지 않고 沙丘之變(사구지변)을 일으켜 長兄 扶蘇(부소)를 죽이고서, 二世 皇帝로 즉위했다. 즉위한 뒤에 형제자매 20여 명을 죽였으며, 趙高는 권력을 잡고 잔혹한 통치를 강화했다. 前 209년 陳勝, 吳廣의 大澤之變 이후, 山東 六國 舊 公室이 봉기하자, 前 207년 趙高의 사위인 閻樂(염락)의 핍박을 받아 望夷宮에서 자결하니 24세였다. 愈는 더욱 유. 甚는 심할 심.

**89** 원문 道之以政～ -《論語 爲政》의 구절이다.

化, 兵革救急之勢也. 皆高才秀士, 度時君之所能行, 出奇策異智, 轉危爲安, 運亡爲存, 亦可喜, 皆可觀.

護左都水使者光祿大夫臣向所校《戰國策》書錄.

{국역} 戰國시대에 君德(임금의 덕)이 淺薄(천박)했기에 主君을 위해 방책을 꾸미는 자 역시 그런 형세나 상황을 바탕 삼고 時流에 편승하였습니다. 따라서 그런 책모 또한 위급한 정황이나 기우는 형세에 맞춰 진행되었으며, 비록 일체의 권한을 장악했어도 나라나 백성의 교화를 생각할 수 없고 전쟁의 위급한 형세 극복이 급했을 뿐입니다. 뛰어난 재능과 우수한 능력자라도 주군이 실행할 능력에 맞춰 기이한 방책을 내었고, 위기를 이겨 안정을 꾀하거나, 멸망 위기의 나라를 존속케 한 책모는 기꺼이 읽어볼 만 합니다.

護左都水使인 光祿大夫 臣 向이 교정한《戰國策》書錄입니다.

# 三.《戰國策》正文 (上)

# 1.《戰國策》卷一 東周策[90]

## ※ 東周와 西周

### 1) 東周 王室

기원 前 771년, 戎狄(융적)의 침입을 받은 주 왕실은 鎬京(호경, 陝西省, 咸陽市 부근)을 버리고 成周(성주, 雒邑, 洛邑, 今 河南省 洛陽市)로 遷都(천도)하였는데 호경에 도읍하고 있던 周를 西周(서주), 낙읍에 도읍한 주나라를 東周라 구분한다. 天子의 나라 東周의 末代는 아래와 같다.

周 顯王〔현왕, 名은 扁(편), 재위 前 368－321년〕.

周 愼靚王(신정왕, 名은 定, 또는 順, 재위 前 320－315년).

周 赧王(난왕), 名은 赧(난). 재위 前 314－256년, 재위 59년. 마지막 王.

90 여기 東周는 鞏縣(공현)이 도읍인 제후국 東周이다. 鮑彪(포표) 本에는 東周가 卷二에 배치되었다는 주석이 있다.

東周 赧王(난왕)은 周 역대 王 중에서 가장 오래 재위했는데, 愼靚王(신정왕)의 아들이었다. 《竹書紀年》에는 周 隱王(은왕)으로 기록했다. 周朝의 마지막 君王으로 재위 59년에 병사하자, 秦 昭襄王(소양왕, 재위 前 306 – 251년)은 九鼎(9정)을 옮겨가고 王畿(왕기)를 점령하였다. 이에 東周 왕실은 공식적으로 멸망했다.[91]

周 赧王(난왕, 隱王으로도 기록한다) 때, 周朝는 西周國에 遷都(천도)했고, 西周國은 前 256년에 秦의 공격을 받아 西周 國君이 항복한다. 이 해에 周 隱王(赧王)이 去世한다 하였으니, 西周國 투항이 먼저인지 난왕의 죽음이 먼저인지는 알 수 없다. 하여튼 제후국 西周와 우리가 알고 있는 東周의 왕실은 함께 소멸한다.

周 顯王 2년(前 367년)에 – 제후국 西周(惠公, 名은 朝, 재위 366 – ?)와 東周(惠公, 名은 班, 재위 367 – 360년)가 분열했다. 《戰國策》 東周와 西周는 이를 지칭한다. 제후국 서주와 동주의 전승을 아래와 같이 요약할 수 있다

91 여기 동주는 동쪽으로 옮겨온, 소위 天子인 周의 왕실이다. 중국사를 알고 있는 지금 사람이 생각하는 東周라는 개념은 後世人이 (現世) 지어낸 개념이다. 지금부터 2700년 전, 당시 周王이나 그 신하, 백성은 '우리나라는 東周' 라는 개념이 없었다. 天子의 도읍이 鎬(호, 鎬京)이었다가 東都(洛陽)로 바뀌었을 뿐, 다른 것은 하나도 바뀌지 않았다. 그런데 지금 사람들이 東周라고 구분하는 天子의 나라에 西周라는 제후국을 두었고, 거기에 周의 天子가 천도하였다니, 東周인가? 西周인가? 當時 그들이 말하는 天子의 王室인가? 諸侯國인가? 정말로, 이해에 앞서 구분하기가 힘들다.

## 2) 제후국 西周

앞서 周 考王 元年(前 440年)에 고왕은 자신의 동생〔名은 揭(게)〕을 王畿(왕기, 天子의 직할지)에 분봉하며, 국명을 西周(제후의 시호는 桓公)라 하였다. 王으로서 동주 왕실의 考王, 그리고 周王의 책봉을 받은 諸侯로 西周 桓公(환공)이 같은 영역 내에 존재했다.

1代 – 西周 桓公〔환공, 名은 揭(게), 재위 前 440 – 415년, 26년간〕– 周 考王(고왕, 재위 前 441 – 426년)의 동생. 戰國 시대 제후국 西周의 첫 번째 國君. 考王이 河南에 동생 揭(게)를 封하여 옛 周公의 官職을 수행케 하였다.

2代 – 西周 威公〔위공, 名은 竈(조), 前 414 – 367년〕– 戰國 西周의 2대 國君, 西周 桓公의 아들. 재위 48년.

3代 – 西周 惠公(혜공, 名은 朝, 一名은 宰, 재위 前 366 – 미상?) – 西周 威公의 子.

4代 – 西周 武公(무공, 名은 미상. 재위 연도 역시 미상).

5代 – 西周 文公〔문공, 名은 咎(구), 즉위 연도 미상〕. 前 256년 멸망.

## 3) 제후국 東周

周 顯王(재위 前 368 – 321년) 2년(前 367), 西周 2代 威公(위공)이 죽고, 아들 3代 惠公(名은 朝)이 繼位하자, 威公의 작은아들(少子) 班(반, 一名 根)이 자리를 다투었다.

이에 趙國과 韓國이 出兵하고 간섭하여 제후국 周國(西周)을 둘로 나눠 東周國을 건립했다. 곧 威公의 少子 班이 東周의 惠公이다. 근거지는 鞏邑(공읍)이었다.(공읍, 今 河南省 중부 鄭州市 관할 鞏義市 서남 / 洛陽市에서는 동쪽). 惠公이라는 동일한 시호가 기록 착오인지는 알 수 없다.

1代 - 東周 惠公(혜공, 名은 班, 一名 根. 재위 前 367 - 360년). 今 河南省 鞏義市(공의시) 서남에 위치. 출처《史記 周本紀》.

西周의 惠公과 시호가 同一하다. 鎬京에서 洛邑으로 천도한 것이(前 770) 東周인데, 곧 周 왕실의 王이 재위 중인데 또 東周이니, 王인가? 公인가? 나라 이름도, 시호도 모두 혼동할 수밖에 없다.

2代 - 東周 武公 - 東周 惠公(班)의 아들. 名은 미상. 재위 연도 미상. 여러 사료로 볼 때, 秦 惠王(惠文王, 재위 前 337 - 311년) 시기로 추정한다. 출처《資治通鑑》卷四.

3代 - 東周 昭文君(周文君) - 名은 미상. 재위 연도 미상. 출처《呂氏春秋 報更》.

4代 - 東周君 - 名은 미상. 재위 연도 미상. 秦 莊襄王 元年(前 249년)에 멸망.

## 001/ 秦興師臨周而求九鼎

{原文} 秦興師臨周而求九鼎, 周君患之, 以告顔率.

顔率曰, "大王勿憂, 臣請東借救於齊."

顔率至齊, 謂齊王曰, "夫秦之爲無道也, 欲興兵臨周而求九鼎, 周之君臣, 內自盡計, 與秦, 不若歸之大國. 夫存危國, 美名也. 得九鼎, 厚寶也. 願大王圖之."

齊王大悅, 發師五萬人, 使陳臣思將以救周, 而秦兵罷.

## 秦이 興師하여 周室에 와서 九鼎을 요구하다.[92]

{국역} 秦(진)나라가 군사를 동원하여(興師) 周에 와서[93] 九鼎(구정)[94]을 요구하였다. 周君은 이를 걱정하며 顔率(안솔)에게 알렸다.[95]

---

92 《戰國策》은 33권, 각 나라별 각각의 記事에 첫 구절로 그 章의 제목을 붙였다. 출판사마다 다르지만 본서는 500개의 章(소제목)으로 구분하였다.

93 당시 周는 顯王(현왕, 姬는 姓, 名은 扁(편), 재위 前 368 - 321년) - 周 烈王의 아우. 顯王 5년(前 364년) 河西之戰에서 秦 獻公(헌공)은 주력부대를 이끌고 河東에 진출하여 魏軍 6만을 참수하는 대승을 거두었다. 이에 현왕은 秦에 伯(백)의 작위를 수여했다. 顯王 13년(前 356년)에 秦國 孝公에 등용된 商鞅(상앙)은 變法(변법)을 시행했다.

94 九鼎(구정) - 九鼎은 禹(우)가 夏朝 건국 뒤에 天下 九牧(9목)의 金(青銅)을 모아 주조했다는 9개의 제사용 三足의 솥(鼎)으로 九州를 상징하며, 夏 이후 傳國의 상징으로(傳國寶器) 인식되었다. 전하는 바에 의하면, 秦은 滅周(前 256년)한 다음 해에 9정을 (洛邑에서) 咸陽(함양)으로 옮겨갔는데, 秦始皇이 六國을 멸하고 統一天下한 다음에 九鼎의 행방을 몰랐다고 한

이에 안솔이 말했다.

"大王께서는 걱정하지 마십시오. 臣이 동쪽에 가서 齊의 도움을 요청하겠습니다."[96]

안솔이 齊에 가서, 齊王에게 말했다.

"대체로 秦은 군사를 동원하고 周 王室에 九鼎(구정)을 요구하는 無道한 짓을 하려는데, 周의 君臣은 秦에 九鼎을 내주느니 大國(齊)에 주는 것만 못하다고 내부적으로 계책을 세웠습니다. 대개 위기에 처한 나라를 도와 존속케 한다면, 이는 아름다운 명분입니다. 또한 九鼎을 얻을 수 있다면, 이는 후한 보상입니다. 대왕께서 圖謀(도모)하시길 바랍니다."

齊王은 大悅(대열)하며 군사 5만을 내어 陳臣思(진신사)[97]를 시켜

---

다. 9정의 하나 무게는 千鈞(천균, 1근 약 220g. 1鈞은 30근)이라 하였으니, 대략 6 - 7ton(噸) 정도로 짐작된다. 秦 惠王(惠文王, 재위 前 338 - 311年) 때, 張儀는 九鼎을 빼앗아 제후를 호령해야 한다는 책략을 세웠고, 楚 頃襄王(경양왕)과 齊國에서도 寶鼎을 탈취하고자 했으나 周 마지막 천자 赧王(난왕)은 秦, 魏, 韓國의 관계를 조절하며 9정을 지켰다.

95 원문 周君患之, 以告顔率 - 周君은 周 顯王(재위 前 368 - 321년)이고, 齊는 宣王(선왕, 名은 田辟疆. 재위 前 319 - 301년)이라는 주석이 있다. 이는 재위 연대가 맞지 않는다. 齊 宣王은 竽(피리 우) 합주를 좋아하여 三百名이 합주하게 했다는 成語 '濫竽充數(남우충수)'의 주인공이다.

顔率(안솔)은 周의 大夫라는 주석이 있다. 率은 名也. 當如字(가장 일반적인 음훈)이라는 주석이 있고, 率은 所律切이니, 音訓은 '거느릴 솔' 이다. 或云力出切이라는 주석도 있다.(音은 률).

96 원문 請東借救於齊 - 請은 요청합니다. 요청하고자 합니다. 東은 동쪽으로 가다. 동사로 쓰였다. 借救는 구원을 얻겠다. 於齊는 齊에서. 齊의.

97 陳臣思 - 人名. 田臣思. 田齊의 田氏는 본래 陳씨였다. 陳과 田은 당시에 音이 같아 서로 통용되었다.

周室을 구원케 하니, 秦은 군사를 철수하였다.

{原文} 齊將求九鼎, 周君又患之. 顔率曰, "大王勿憂, 臣請東解之."

顔率至齊, 謂齊王曰, "周賴大國之義, 得君臣父子相保也, 願獻九鼎, 不識大國何塗之從而致之齊?"

齊王曰, "寡人將寄徑於梁."

顔率曰, "不可. 夫梁之君臣欲得九鼎, 謀之渾臺之下, 沙海之上, 其日久矣. 鼎入梁, 必不出."

齊王曰, "寡人將寄徑於楚." 對曰, "不可. 楚之君臣欲得九鼎, 謀之於葉庭之中, 其日久矣. 若入楚, 鼎必不出."

王曰, "寡人終何塗之從而致之齊?"

顔率曰, "弊邑固竊爲大王患之. 夫鼎者, 非效醯壺醬甀耳, 可懷挾提挈以至齊者. 非效鳥集烏飛, 兔興馬逝, 灕然可止於齊者. 昔周之伐殷, 得九鼎, 凡一鼎而九萬人輓之, 九九八十一萬人, 士卒師徒器械被具, 所以備者稱此. 今大王縱有其人, 何塗之從而出? 臣竊爲大王私憂之."

齊王曰, "子之數來者, 猶無與耳."

顔率曰, "不敢欺大國, 疾定所從出, 弊邑遷鼎以待命." 齊王乃止.

{국역} 齊에서 곧 九鼎을 요구하자, 周君은 또 이를 걱정했다. 이에

顔率(안솔)이 말했다.

"大王께서는 걱정하지 마십시오. 臣이 東으로 가서 이를 해결하겠습니다."[98]

顔率은 齊에 가서 齊王에게 말했다.

"周는 大國의 大義에 힘입어 君臣과 父子가 모두 안정되었기에 九鼎을 헌상하려는데, 大國에서는 어느 길을 따라 보내야 할지 잘 모르겠습니다."[99]

齊王이 말했다.

"寡人(과인)은 梁(양)나라에 길을 요청해 보겠소."[100]

顔率이 말했다.

"不可합니다. 梁의 君臣들이 九鼎을 얻는다면, 潬臺(단대, 潬은 물이 돌아 흐를 단) 아래, 沙海(사해)에 안치하려고 오래 전부터 생각했습니다. 구정이 일단 梁나라에 들어가면 틀림없이 나오지 못할 것입니다."[101]

---

98 원문 臣請東解之 – 東은 齊나라에 가다. 解는 걱정을 면하게 하다.

99 원문 不識大國何塗之從而致之齊? – 不識은 알지 못하다. 塗는 길 도. 지름길(徑).

100 원문 "寡人將寄徑於梁." – 寡人(과인)은 군주의 자칭. 謙辭. 寡德之人. 寡는 적을 과. 徑은 지름길 경. 步道也. 寄徑(기경)은 길을 빌리다〔假塗(가도)〕. 梁은 大梁. 梁은 지명. 魏(위)나라의 도읍. 魏는 惠王(재위 前 369 – 319년) 재위 9년(前 361년)에 大梁(대량, 今 河南省 중부 開封市 동남)으로 천도했다. 이후 魏를 보통 梁이라 호칭했다. 《孟子 梁惠王章句》에서 맹자가 '五十步百步'로 비웃어준 사람이 바로 이 사람이다. 魏와 齊가 제후에서 王을 자칭한 것도(徐州相王) 양혜왕 때이다(前 334년).

101 謀之暉臺之下, 沙海之上 – 潬臺(단대)는 樓臺(누대) 이름. 潬은 물 돌아 흐를 단. 물가(水崖). 暉臺(휘대)로 된 판본도 있다. 沙海(사해)는 연못 이

齊王이 말했다.

"과인은 楚에 길을 빌려보겠소."[102]

顔率이 대답하였다.

"不可합니다. 楚의 君臣은 九鼎을 차지할 수 있다면 葉庭(섭정)에 안치하려 생각한 지 오래입니다. 만약 구정이 楚를 경유한다면 틀림없이 지나오지 못합니다."

"과인은, 결국 어느 길로 구정을 가져올 수 있겠는가?"

顔率이 말했다.

"우리 성읍에서도 정말로 대왕을 위해 걱정하고 있습니다. 鼎은 식초병이나 간장 항아리와 같지 않으니 껴안거나 손에 들고 齊로 가져올 수 없습니다.[103] 또 새가 모여들고 까마귀가 날아가거나, 토끼가 뛰고 말이 달리듯, 그리 쉽게 齊로 운반할 수도 없습니다.[104] 옛날 周가 殷을 정벌하고 九鼎을 얻을 때, 鼎 하나에 9만 명이 끌었으니(輓은 끌 만), 9×9에 81만 명의 사졸과[105] 器械(기계, 器具)가 필요하고 준비가 되어야 하는데, 지금 大王께서 그런 사람들이 있다 한

---

름. 《孟子 梁惠王章句 上》에 孟子見梁惠王, 王立於沼上, 顧鴻雁麋鹿曰 賢者亦樂此乎? ~하였다. 곧 魏의 도읍에 있는 魏 왕실의 정원.

102 魏를 통과할 수 없다면, 우회하더라도 楚를 경유하겠다는 뜻이지만, 楚를 경유하는 길은 사실상 불가했다는 주석이 있다.

103 원문 非效醯壺醬甀耳, 可懷挾提挈以至齊者 – 醯는 식초 혜. 단것. 壺는 병 호. 醬은 간장 장. 甀는 항아리 추. 懷는 품을 회. 안다. 挾은 낄 협. 提는 끌어올 제. 당기다. 挈은 손에 들 설. 들다.

104 원문 灕然止於齊者 – 灕는 물 스며들 이. 灕然은 쉽게. 止는 至也.

105 士卒師徒 – 士는 一人. 2,500명을 師라 한다. 徒는 무리 도. 步行者. 81만은 터무니없는 숫자라는 주석이 있다.

들 어느 길로 보낼 수 있겠습니까? 臣은 대왕을 위하여 은밀히 걱정할 뿐입니다."[106]

齊王이 말했다.

"당신이 자주 오니 이는 주지 않으려는 뜻이다."[107]

顏率이 말했다.

"감히 大國을 속일 수 없습니다만, 빨리 결정이 되는 대로 우리는 구정을 옮겨 명을 따를 뿐입니다."

齊王은 의논을 그만두었다.[108]

## 002/ 秦攻宜陽

{原文} 秦攻宜陽, 周君謂趙累曰, "子以爲何如?" 對曰, "宜陽必拔也."

君曰, "宜陽城方八里, 材士十萬, 粟支數年, 公仲之軍二十萬, 景翠以楚之衆, 臨山而救之, 秦必無功."

對曰, "甘茂, 羈旅也, 攻宜陽而有功, 則周公旦也. 無功, 則削跡於秦. 秦王不聽群臣父兄之義而攻宜陽, 宜陽不拔,

---

106 원문 臣竊爲大王私憂之. - 竊은 훔칠 절. 몰래. 남모르게, 자신의 뜻을 낮추는 일종의 謙辭(겸사). 私憂(사우)는 혼자의 걱정. 혼자 걱정하다.

107 말로는 내어 준다면서도 사실은 주지 않으려는 뜻이다.

108 언제? 누구인가? 확실하지도 않고 그렇다고 奇謀라 할 수도 없는 이런 일을 제일 먼저 수록한 사실에 대하여 여러 의논이 있을 뿐이다.

秦王恥之. 臣故曰拔."

君曰, "子爲寡人謀, 且柰何?" 對曰, "君謂景翠曰, '公爵爲執圭, 官爲柱國, 戰而勝, 則無加焉矣. 不勝, 則死. 不如背秦拔宜陽, 公進兵. 秦恐公之乘其弊也, 必以寶事公. 公仲慕公之爲己乘秦也, 亦必盡其寶.'"

秦拔宜陽, 景翠果進兵. 秦懼, 遽效煮棗. 韓氏果亦效重寶. 景翠得城於秦, 受寶於韓, 而德東周.

## 秦이 宜陽(의양)을 공격하다.

{국역} 秦이 (韓의) 宜陽(의양)을 공격하자,[109] 周君(赧王, 난왕)이 趙累(조루, 周累)에게 "그대는 이를 어떻게 생각하는가?" 라고 물었다.

조루가 말했다.

"宜陽(의양)은 틀림없이 점령될 것입니다."

"의양은 城이 사방 8里이고, 材士가 10만이며,[110] 군량이 여러 해를 버틸 만하며, (韓) 公仲(공중)의 軍士가 20만에,[111] (楚將) 景翠(경

---

109 원문 秦攻宜陽 – 宜陽은 韓邑, 宜는 마땅할 의. 韓武子(前 424 – 409년)의 都邑. 한무자의 아들이 韓 景侯로 정식 제후에 피봉. 漢代 弘農郡의 땅, 今 河南省 洛陽市 관할 宜陽縣, 黽池縣(민지현) 일대. 河南省의 서북부, 洛陽에서 가까운 곳이다. 秦 武王(재위 前 310 – 307년, 秦始皇本紀에는 悼武王) 3년, 周 赧王(난왕) 7년(前 308년)의 사건이다.

110 원문 材士十萬 – 材士는 무예가 뛰어난 정규군. 士之有材武者.

111 원문 公仲之軍二十萬 – 公仲(공중)은 韓의 相國인 韓朋(한붕). 韓侈(한치)

취)의 군사가 산에 의지하여 병영을 구축하고 韓을 구원할 것이니, 秦은 틀림없이 성공하지 못할 것이요."[112]

이에 조루가 말했다.

"(秦의) 甘茂(감무, 甘戊)는 외국 출신이라서,[113] 宜陽(의양)을 공격하여 功을 세우면 秦의 周公 旦(단)이 될 것입니다.[114] 功(공)을 세우지 못하면, 곧 秦에서 사라질 것입니다. 秦王은 群臣과 父兄의 議論을 따르지 않고 의양을 공격했으니, 의양을 점령하지 못하면 진왕은 창피하게 여길 것입니다. 그래서 점령할 것이라고 말했습니다."

周君이 말했다.

"그대는 과인을 위해 무슨 방책을 쓰겠는가?"

조루가 말했다.

---

로도 기록. 《史記》에는 韓馮(한풍).

112 楚와 韓은 국경을 접했고, 秦에 대항하기에 楚에서 韓을 구원할 것으로 생각했다.

113 원문 甘茂羈旅 - 甘茂(감무, 생졸년 미상)는 戰國 시기 楚國 下蔡邑〔今 安徽省 중부 蚌埠市(방부시) 관할 鳳臺縣〕 사람으로 秦國의 명장이었다. 百家之說을 공부하였고, 뒷날 張儀(장의)와 樗里疾(저리질)의 천거로 惠文王을 섬겼다. 周 赧王 3년(前 312), 秦, 韓, 魏 3국이 攻楚했고, 楚國은 大敗했다. 秦國은 楚國의 漢中를 차지했고, 甘茂은 漢中 일대를 평정하였다. 뒷날 秦을 떠나 齊國으로 옮겨갔고 齊國의 上卿에 올랐다. 나중에서 魏國에서 죽었다. 감무의 손자가 12살에 秦國의 上卿이 되었다는 甘羅(감라, 前 247年 - ?)이다. 삼국시대 吳 손권의 부장 甘寧(감녕)은 감무의 후손으로 알려졌다. 《史記 樗里子甘茂列傳》 참고.
羈旅(기여)는 나그네라는 뜻. 羈는 재갈 기. 굴레. 旅는 나그네 여. 외국인으로 나그네처럼 찾아와 벼슬하는 사람이란 뜻. 羈旅는 寓也(寓는 머무를 우).

114 원문 則周公旦也 - 감무가 秦의 재상이 될 것이라는 뜻.

"主君께서 (楚將) 景翠(경취)에게 '公의 爵位는 執圭(집규)이고 관직은 上柱國이라서[115] 이번 싸움에서 승리하더라도 더 보탤 것이 없습니다. 그러나 不勝하면 곧 죽게 됩니다. 그러니 만약 秦이 의양을 점령을 할 경우, 秦을 배반하여 秦을 공격하는 것만 못합니다.[116] 秦은 싸움에 지친 틈을 타서 公(景翠)이 공격할 것이 두려워 보화를 보낼 것입니다. (韓의) 公仲(공중)은 公이 韓을 위해 秦을 공격한 것을 고맙게 여겨 틀림없이 보화를 많이 보내줄 것입니다.'라고 말해 주십시오."

秦이 宜陽(의양)을 점령하자, 景翠(경취)는 예상대로 출병했다. 秦은 두려웠기에 서둘러 煮棗(자조)[117]의 땅을 내주었다. 韓나라에서도 예상대로 많은 보화를 헌상했다. 경취는 秦으로부터는 城을 얻었고, 韓에서는 보화를 챙겼으며, 東周에는 덕을 베풀었다.

---

115 원문 公爵爲執圭, 官爲柱國 – 執圭(집규)는 楚 功臣 초고의 작위. 柱國은 上柱國. 破軍하고 殺將하여 戰功을 세운 자에게 上柱國의 지위를 수여했다. 楚의 수상인 令尹(영윤)보다 하위직.

116 원문 不如胥秦拔宜陽, 公進兵. – 胥는 서로 서. 함께. 胥가 아닌 背로 된 판본도 있다. 宜陽은 싸움은 해를 넘겨 다음 해에 秦의 승리로 종결되었다. 이 대화가 開戰 초의 대화인지, 나중에 상황이 종결될 무렵의 일까지 요약 서술한 것인지? 縮約이 많아 文理 파악이 어렵다. 秦이 의양을 점령할 때를 기다려 楚의 대군이 秦을 공격하자, 秦은 의양에서 후퇴한다. 秦에서는 楚의 맹공이 두려워 땅을 내줄 수 있다. 韓은 빼앗긴 성을 회복하니 보답했을 것이다. 周室에는 秦의 위협을 덜어주는 德을 베푼 셈이다.

117 煮棗(자조) – 地名. 煮는 삶을 자. 棗는 대추 조. 濟陰, 今 山東省 서남의 荷澤市 부근과 河北省 定陶縣의 지명이라는 주석이 있지만 秦이 楚에게 주었다는 내용을 설명하기가 쉽지 않다. 맞지 않는다.

## 003/ 東周與西周戰

{原文} 東周與西周戰, 韓救西周. 爲東周謂韓王曰,

"西周者, 故天子之國也, 多名器重寶. 案兵而勿出, 可以德東周, 西周之寶可盡矣."

## 東周와 西周의 전쟁

{국역} (諸侯國) 東周와 西周가 싸우는데,[118] 韓에서는 西周를 도와주었다.[119] (或者가) 東周를 도우려고 韓王에게 말했다.

"西周는 옛 天子의 나라라서 名器와 重寶가 많습니다. 군사를 머물게 하여 출병하지 않는다면 東周에게는 도움이 되고, 西周의 寶物을 많이 받아낼 수 있습니다."[120]

## 004/ 東周與西周爭

{原文} 東周與西周爭, 西周欲和於楚,韓.

---

118 원문 東周與西周戰 – 이는《史記 周本紀》에 周 赧王(난왕) 8년, 前 307年의 사건으로 기록되었다.

119 이 당시 韓은 襄王(양왕, 名은 倉. 재위 前 311 – 296년)이었다.

120 西周에서는 韓의 出兵을 바라기에 財貨를 보내줄 것이다.

齊明謂東周君曰, “臣恐西周之與楚,韓寶, 令之爲己求地於東周也. 不如謂楚,韓曰, 西周之欲入寶, 持二端. 今東周之兵不急西周, 西周之寶不入楚,韓. 楚,韓欲得寶, 卽且趣我攻西周. 西周寶出, 是我爲楚,韓取寶以德之也, 西周弱矣.”

## 東周와 西周의 쟁투

{국역} 東周와 西周가 싸우는데,[121] 西周에서는 楚와 韓과 화친했었다.[122]

齊明(제명)이라는 사람이[123] 東周 主君에게 말했다.

“臣은 西周가 楚와 韓에게 나라의 寶貨(보화)를 넘겨주고, (楚와 韓은) 자신을 위하여 東周에 땅을 달라고 요구할까 걱정이 됩니다. 그러니 楚와 韓에게 西周가 두 나라에 보화를 넘겨주는 것이 우리에게 (東周) 달려있다는 것을[124] 말해주어야 합니다. 지금 東周의 兵力이 西周를 급하게 공격하지 않는다면, 西周는 보화를 楚와 韓에 보내지 않을 것입니다. 楚와 韓이 보화를 얻고 싶다면 우리에게 서주

121 東周와 西周의 싸움은 위 003의 싸움과는 별개라는 주석이 있다.

122 楚와 韓이 이미 서주를 원조하고 있었다.

123 齊明(제명) – 齊는 國姓이기에 齊나라 사람이고, 當時의 辯士라는 주석이 있다.

124 원문 持二端 – 두 끝을 잡고 있다. 東周가 西周를 급하게 공격하면 서주가 보화를 주겠지만, 우리가 공격하지 않는다면 西周에서는 보화를 안 보낼 것이기 때문에 東周가 취하기 나름이라는 것을 楚와 韓에게 알려주라는 뜻.

를 공격하라고 재촉해야 합니다.[125] 西周의 보물이 나간다면 그것은 우리가 서주의 보물을 가지고 楚와 韓에게 덕을 베푸는 것이고, 서주는 약해질 것입니다."

## 005/ 東周欲爲稻

{原文} 東周欲爲稻, 西周不下水, 東周患之.

蘇子謂東周君曰, "臣請使西周下水可乎?" 乃往見西周之君曰,

"君之謀過矣! 今不下水, 所以富東周也. 今其民皆種麥, 無他種矣. 君若欲害之, 不若一爲下水, 以病其所種. 下水, 東周必復種稻, 種稻而復奪之. 若是, 則東周之民可令一仰西周, 而受命於君矣."

西周君曰, "善." 遂下水. 蘇子亦得兩國之金也.

## 東周가 벼농사를 지으려 하다.

{국역} 東周가 벼농사(稻는 벼 도)를 짓고 싶었지만, 西周에서 물을

---

125 원문 卽且趣我攻西周 – 趣은 재촉할 촉. 빨리 달릴 취. 우리에게 빨리 공격하라고 독촉해야 한다. 我는 東周.

흘려보내주지 않을까 동주에서는 걱정하였다.[126]

蘇子(소자)[127]가 東周 君에게 말했다.

"臣이 사신으로 가서 물을 내려 보내는 것이 좋다고 요청해도 되겠습니까?"

곧 西周의 주군을 만나서 말했다.

"주군의 책모가 지나쳤습니다! 지금 물을 흘려보내지 않는다면, 東周는 부자가 됩니다. 지금 거기 백성은 모두 보리를 심고 다른 곡식은 심지 않습니다. 주군께서 동주를 害(해)치려 한다면, 물을 흘려보내 그 곡물을 병들게 하는 것이 제일 좋을 것입니다. 물을 보내주면 동주는 틀림없이 벼를 심을 것이고, 벼를 심은 다음에 다시 물을 막으면 됩니다. 그렇게 되면 동주의 백성으로 하여금 오로지 서주만을 바라보게 할 수 있고,[128] 주군의 명을 따를 것입니다."

西周의 주군은 "좋다." 하면서 물을 흘려보냈다. 蘇子는 양쪽 나라에서 금전을 받았다.[129]

---

126 不下水 – 벼농사(稻)는 습지가 좋다. 西周가 洛水(낙수)나 伊水(이수)의 상류에 자리했지만 그 강물을 어떻게 통제했는지? 또는 낙수나 이수가 아닌 작은 하천의 물인지 알 수 없다.

127 蘇子 – 合從策을 주장한 蘇秦(소진)의 동생. 蘇代(소대) 아니면 蘇厲(소려).

128 원문 則東周之民可令一仰西周 – 一仰은 모두가 바라보다. 一仰의 一은 모두. 皆와 같은 뜻. 一切과 같은 一. 仰은 恃(믿을 시)와 같음. 의지하다.

129 양쪽의 농사짓기인데, 인접한 나라의 상황이 그렇게 판이하고, 또 그렇게 모르겠는가? 그렇게 단순한가? 물을 흘려보내지 않고 가둘 수 있는 시설이 있었는가? 현실적인 것을 고려할 경우 그것이 묘책이 될 수 있을까?

## 006/ 昭獻在陽翟

{原文} 昭獻在陽翟, 周君將令相國往, 相國將不欲.

蘇厲爲之謂周君曰, "楚王與魏王遇也, 主君令陳封之楚, 令向公之魏. 楚,韓之遇也, 主君令許公之楚, 令向公之韓. 今昭獻非人主也, 而主君令相國往. 若其王在陽翟, 主君將令誰往?"

周君曰, "善." 乃止其行.

## 昭獻(소헌)이 陽翟(양책)에 머물다.

{국역} (楚의) 昭獻(소헌)이 陽翟(양책)에 머무르고 있을 때,[130] 周君(赧王, 난왕)은 相國을 보내 (소헌을) 만나보게 하였으나, 相國은 가지 않으려 했다. 이에 蘇厲(소려)가 相國을 위해 周君에게 말했다.

"楚王과 魏王의 회담에 主君께서는 陳封(진봉)을 楚나라에 보냈고, 向公(상공)을 魏에 보낸 적이 있습니다.[131] 楚와 韓王의 회담에도

---

130 원문 昭獻在陽翟 – 昭獻(소헌)은 楚人. 韓의 相을 역임했다. 陽翟(양책)은 지명. 漢代 潁川郡(영천군)의 治所. 今 河南省 중앙부 許昌市 일원. 韓의 敬侯 때 平陽에서 陽翟(양책)으로 천도했었다. 潁川(영천, 강 이름 영)을 흔히 穎川(穎은 이삭 영)으로 잘못 쓴다. 翟은 땅이름 책. 꿩 적.

131 陳封(진봉)은 인명. 向公(상공)은 周君의 신하. 向은 성씨일 때 音은 상. 강대국 제후의 회담에 혹 周에 불리한 논의라도 있을까 불안하여 신하를 보내 상황을 탐색했을 것이다.

主君께서는 許公(허공)을 楚에, 向公(상공)을 韓에 보냈습니다.[132] 지금 昭獻(소헌)은 人主(國君)도 아닌데 主君께서 재상인 相國을 보내려 하십니다. 만약 楚王이 陽翟(양책)에 와 있다면 主君께서는 누구를 보내시겠습니까?"[133]

周君은 "옳다."고 하면서 상국을 보내지 않았다.

## 007/ 秦假道於周以伐韓

{原文} 秦假道於周以伐韓, 周恐假之而惡於韓, 不假而惡於秦.

史黶謂周君曰, "君何不令人謂韓公叔曰, '秦敢絶塞而伐韓者, 信東周也. 公何不與周地, 發重使使之楚, 秦必疑, 不信周, 是韓不伐也.' 又謂秦王曰, '韓强與周地, 將以疑周於秦, 寡人不敢弗受.' 秦必無辭而令周弗受, 是得地於韓而聽於秦也."

---

132 許公(허공) – 葉公(섭공)으로 된 판본도 있다. 葉은 성씨 섭. 之楚는 楚에 가다.

133 원문 主君將令誰往? – 만약 다른 나라 國君이 와 있다면 周王이 가야만 한다는 뜻.

## 秦이 周에 假道(길을 빌리다)하여 韓을 정벌하려 하다.

{국역} 秦이 周에 假道(가도)하여 韓을 정벌하려 하자, 周는 길을 빌려주면 韓의 미움을 받고, 길을 내주지 않으면 秦의 미움을 받을 것이 두려웠다.[134]

신하 史黶(사염)이 周君에게 말했다.[135]

"主君께서는 왜 사람을 韓나라 公叔(공숙 / 韓公族 / 公仲侈)에게 보내 말하게 하지 않으십니까? '秦이 험한 요새를 나와 韓을 공격하는 것은[136] 東周를 믿기 때문입니다. 公(韓公叔)은 왜 周에 땅을 베어주고, 重要한 사람을 楚에 사신으로 보내지 않으십니까? 秦에서는 틀림없이 의심하며 周를 불신하기에 韓을 정벌하지 못할 것입니다.' 또 秦王에게[137] 사신을 보내 '韓이 우리 周에게 땅을 주려는 것은 秦이 周를 의심하게 만들려는 것이지만, 寡人(과인, 周君)은 감히 받지 않을 수 없습니다.' 라고 하십시오. 그러면 秦은 틀림없이 周에게 받지 말라고 말하지 못할 것이니, 이는 韓에서는 땅을 받을 수 있고 또 秦의 말도 들어주는 것입니다."

---

134 원문 恐假之而惡於韓, 不假而惡於秦 – 假는 빌릴 가. 빌려주다. 惡於韓의 惡는 혐오. 미움을 받다. 惡於秦은 畏於秦. 이는 秦이 宜陽(의양)을 점령한 이후의 일. 赧王(난왕) 8년의 사건으로 추정한다. 이때 西周는 武公이고 赧王은 衰微(쇠미)하여 西周에 머물렀다는 주석이 있다.

135 史黶(사염)은 史厭(사염). 人名. 黶은 검정 사마귀 염.

136 원문 秦敢絶塞而伐韓者 – 絶塞(절새)는 險要한 요새를 나오다. 絶은 가로 질러 넘어가다(橫渡).

137 당시 秦 武王 재위 중이었다(前 310 – 307년).

## 008/ 楚攻雍氏

{原文} 楚攻雍氏, 周粻秦,韓, 楚王怒周, 周之君患之.

爲周謂楚王曰, "以王之强而怒周, 周恐, 必以國合於所與粟之國, 則是勁王之敵也. 故王不如速解周恐, 彼前得罪而後得解, 必厚事王矣."

## 楚가 雍氏城(옹씨성)을 공격하다

{국역} 楚가 (韓의) 雍氏城을 공격할 때,[138] 周에서는 秦과 韓에 군량을 공급하자,[139] 楚王(楚 懷王)은 周에 분노하였고, 周의 君王은 걱정했다. (或者가) 周王을 위해 楚王에게 말했다.

"대왕의 강성한 힘으로 周王에 분노하면 周王은 두려워서 틀림없이 나라를 가지고 군량을 대어주는 나라에 합칠 것이니, 이는 왕의 적국을 더 강하게 하는 것입니다.[140] 그러니 대왕께서는 서둘러 周王의 두려움을 해소시켜주는 것만 못합니다. 周王은 앞서 (楚王에

---

138 楚攻雍氏 – 이는 周 赧王(난왕) 15년(前 300)의 사건이다. 雍氏는 韓 陽翟(양책) 근처의 城 이름. 소규모의 전쟁은 ㅇㅇ之役이라 부른다.

139 원문 周粻秦,韓, 楚王怒周 – 粻은 양식 장(糧也). 군량을 공급하다. 楚王은 楚 懷王(회왕, 재위 前 328 – 299年). 佞臣(영신) 令尹 子蘭(자란)이나 上官大夫 靳尙(근상) 같은 자를 등용하고, 미인 鄭袖(정수)를 총애했으며, 屈原(굴원)을 방축했다. 나중에 秦 昭王에게 속임을 당해 秦國에 갇혀 있다가 거기서 죽었다.

140 원문 則是勁王之敵也 – 勁은 굳셀 경. 强하게 하다.

게) 죄를 지었지만 나중에 용서를 받은 것이니 틀림없이 대왕을 厚(후)하게 받들 것입니다."

## 009/ 周最謂呂禮

{原文} 周最謂呂禮曰,

"子何不以秦攻齊? 臣請令齊相子, 子以齊事秦, 必無處矣. 子因令周最居魏以共之, 是天下制於子也. 子東重於齊, 西貴於秦, 秦,齊合, 則子常重矣."

## 周最가 呂禮에게 말하다.

{국역} 周最(주최)[141]가 魏(위)나라에 있을 때 秦(진)의 장수 呂禮(여례)에게 말했다.[142]

---

141 周最(주최) - 戰國 시대 제후국 西周의 公子. 생졸년 미상. 활동 시기는 대략 周王 愼靚王(신정왕)과 周 마지막 천자 赧王〔난왕, 名은 赧(얼굴 붉힐 난) / 隱王〕 초기로 추정. 太子를 옹립하려다 실패했는데, 제후국 西周와 東周, 魏國, 齊國의 상국을 역임했으며 秦國, 齊國, 魏國, 楚國, 韓國을 돌아다닌 縱橫家(종횡가)였다. 주최는 合縱(합종)을 주장하고 連橫(연횡)에 반대하며 周王室을 보존하려고 애를 썼다.

142 원문 周最謂呂禮 - 呂禮(여례)는 人名. 石禮라는 주석도 있다. 秦에서 齊로 망명한 장군(亡將 / 赧王 21년). 그 뒤에 齊에서 相을 역임. 여기는 相이 되기 前이라는 주석이 있다.

"당신은 왜 秦이 齊를 공격하게 하지 않습니까? 저는 齊가 당신을 相에 등용토록 주청하렵니다.[143] 당신이 齊에서 秦을 섬긴다 하여 아무 염려가 없을 것입니다. 그리고 당신은 나 周最로 하여금 魏에서 함께 秦을 섬기게 한다면, 당신은 천하를 통제할 것입니다. 당신은 동쪽 齊에서 중책을 맡고 서쪽의 秦에서도 고귀한 대우를 받을 것이니 齊와 秦의 양쪽에서 당신은 늘 존중받을 것입니다."

## 010/ 周相呂倉見客於周君

{原文} 周相呂倉見客於周君. 前相工師藉恐客之傷己也, 因令人謂周君曰, "客者, 辯士也, 然而所以不可者, 好毁人."

### 周相 呂倉이 周君에게 客人을 소개하다.

{국역} 周나라 재상인 呂倉(여창)이 客人을 周君에게 소개했다.[144]

---

143 원문 臣請令齊相子 - 秦이 齊를 공격할 경우, 齊는 秦의 공격을 모면하기 위해 呂禮를 相에 등용할 것이다. 그러면 당신은 秦과 齊 서쪽과 동쪽에서 고귀하면서도 중책을 맡을 것이라는 뜻.

144 周相呂倉見客於周君 - 여기 見은 賢遍反. 곧 현. 알현케 하다. 말로 소개하다. 周君은 昭文君이라는 주석이 있다. 東周 昭文君(소문군)은 原名 미상, 재위 연도 미상. 東周 惠公(班)의 아들. 여러 가지 사료로 볼 때, 秦 惠王(惠文王, 재위 前 337 - 311년) 시기로 추정.

전임 재상이던 工師藉(공사자)[145]가 객인이 자신을 헐뜯을까 걱정이 되어 다른 사람을 시켜 周君에게 말했다.

"그 객인은 辯士(변사)입니다. 그 사람 등용이 불가한 것은 그가 사람 헐뜯기를 좋아하기 때문입니다."

## 011/ 周文君免工師藉

{原文} 周文君免工師藉, 相呂倉, 國人不說也.

倉有閔閔之心. 謂周文君曰, "國必有誹譽, 忠臣令誹在己, 譽在上. 宋君奪民時以爲臺, 而民非之, 無忠臣以掩蓋之也. 子罕釋相爲司空, 民非子罕而善其君. 齊桓公宮中九市, 女閭七百, 國人非之. 管仲故爲三歸之家, 以掩桓公, 非自傷於民也? 《春秋》記臣弑君者以百數, 皆大臣見譽者也. 故大臣得譽, 非國家之美也. 故衆庶成彊, 增積成山."

周君遂不免.

## 周 文君이 工師藉(공사자)를 면직시키다.

{국역} (제후국) 東周 昭文君[146]이 工師藉(공사자)를 면직시키고 呂

145 工師藉(공사자) - 職名을 성씨로 삼았고, 端正한 사람은 아니라는 주석이 있다.

倉(여창)을 相에 임명하자, 백성들이 좋아하지 않았다〔不說(불열)〕.

여창은 마음이 울적하여[147] 周 文君에게 말했다.

"나라에는 으레 誹謗(비방)과 稱譽(칭예)가 있기에, 忠臣은 자신이 비방을 받고, 칭송은 주군에게 돌립니다. 宋의 主君(平公)이 백성의 농사 지을 시기를 빼어가며 누대를 짓자,[148] 백성이 비난하였지만 이를 덮어줄 충신이 없었습니다. (이에 宋의) 司城子罕(사성자한)은[149] 相에서 물러나 (토목 담당) 司空이 되자, 백성들은 사성자한을 비난하면서 主君을 칭송하였습니다. 齊 桓公(환공, 재위 前 685 – 643년)은 宮中에 九市를 개설하고, 전국에 여인 거주 公娼(공창) 7백 개소를 설치하자[150] 백성들이 비난하였습니다. 이에 管仲(관중)은 고의로 三歸의 家를 설치하여[151] 환공에 대한 비난을 막아주었으니,[152] 이는 백성의 비난을 스스로 자초한 것이 아니겠습니까?《春秋》에서 신하로 弑君(시군)한 자를 백 단위로 세어야 하는데 그 모두가 대신으로

---

**146** 周文君 – 제후국 東周 3代 昭文君(周文君). 名은 미상. 재위 연도 미상. 惠公의 별칭인지도 모른다는 주석이 있다.

**147** 원문 倉有悶悶之心 – 悶悶은 不悅(불열, 不說). 속이 답답한 모양. 고민하는 모양. 憂也.

**148** 원문 宋君奪民時以爲臺 – 宋君은 平公(재위 前 575 – 532년). 臺는 靑陵臺,《春秋 魯襄公》17年(前 556년) 條 참고,

**149** 司城子罕(사성자한) – 司城은 관직명. 子罕(자한, 드물 한)은 字. 名은 樂喜.

**150** 宮中九市, 女閭七百 – 九市(七市)는 여인 전문용품점이라 생각할 수 있고, 女閭七百은 公娼(공창) 7百戶라 할 수 있다. 閭는 里門 여.

**151** 管仲(관중)과 鮑叔牙(포숙아)의 '管鮑之交(관포지교)'는 美談 중의 미담이다.《論語 八佾》子曰, "管仲之器小哉!" 或曰, "管仲儉乎?" 曰, "管氏有三歸, 官事不攝, 焉得儉?" ~. 참고.

**152** 원문 以掩桓公 – 掩은 가릴 엄. 덮어주다.

명예를 얻으려던 자였습니다. 그래서 大臣이 칭송을 듣는다면 나라에 좋지 않습니다. 그래서 무리가 많아지면 세력이 커지고, 작은 것이 모여 산을 이루게 됩니다."

周君은 끝내 呂倉(여창)을 면직하지 않았다.

## 012/ 溫人之周

{原文} 溫人之周, 周不納.

問曰, "客耶?" 對曰, "主人也."

問其巷而不知也, 吏因囚之. 君使人問之曰,

"子非周人, 而自謂非客何也?"

對曰, "臣少而誦《詩》,《詩》曰, 「普天之下, 莫非王土. 率土之濱, 莫非王臣.」今周君天下, 則我天子之臣, 而又爲客哉? 故曰主人."

君乃使吏出之.

## 溫땅 사람이 周에 가다.

{국역} 溫(온)에 사는 사람이 周(주)에 갔는데,[153] 周에서 받아주지

---

153 원문 溫人之周 - 溫은 西周의 邑名. 魏邑이라는 주석도 있다. 漢代의 河

않았다.

"客人인가?" 라고 묻자 "主人이다." 라고 말했다.

사는 마을을(巷) 물었으나 모르고 있어[154] 관리가 옥에 가두었다. 周君이 사람을 시켜 물었다.

"그대가 周人도 아니면서, 왜 客人이 아니라고 했는가?"

그가 대답했다.

"臣이 젊어서부터 《詩》를 외웠는데, 《詩 小雅 北山》에 「온 하늘 아래 王의 땅 아닌 곳이 없다. 온 땅 물가까지 王의 신하 아닌 자가 없다.」고[155] 하였습니다. 지금 周君의 天下이니, 나는 天子의 臣民인데, 거기에다 客人이 되어야 합니까?[156] 그래서 主人이라 했습니다."

周君은 관리를 시켜 풀어주었다.

## 013/ 或爲周最謂金投

{原文} 或爲周最謂金投曰,

---

內郡 溫縣. 今 河南省 북부 焦作市(초작시) 관할 溫縣. 司馬懿(사마의), 司馬昭, 司馬炎(晉 武帝) 일족이 모두 溫縣 출신이다. 之는 갈 지. 가다.

154 원문 問其巷而不知也 – 巷은 거리 항. 마을의 안 길. 골목.

155 원문 普天之下, 莫非王土. 率土之濱, 莫非王臣 –《詩經 小雅 北山》의 구절. 普는 넓을 보. 두루(遍也). 率은 좇을 솔. 從也 ~로부터.

156 원문 而又爲客哉? – 又는 또 우. 有와 通. 而又는 거기에다가.

"秦以周最之齊疑天下, 而又知趙之難予齊人戰, 恐齊,韓之合, 必先合於秦. 秦,齊合, 則公之國虛矣. 公不如收齊, 因佐秦而伐韓,魏, 上黨,長子, 趙之有已. 公西收寶於秦, 南取地於韓, 魏因以困, 徐爲之東, 則有合矣."

## 或者가 周最(주최)를 위해 金投(금투)에게 말하다.

{국역} 어떤 사람이 周最(주최)를 위해 趙(조)나라 장수 金投(금투)에게 말했다.[157]

"秦(진)은 周最(주최)가 齊에 가려 하자 天下 정세를 의심하였고,[158] 또 趙(조)가 齊(제)와 싸울 경우 이기기 어렵다는 사실도 알고 있으며, 혹시 齊와 韓이 합종한다면 趙는 반드시 秦과 합종할 것이라고 알고 있습니다. (그러나) 秦과 齊가 합종한다면, 公의 나라는(趙) 공허해질 것입니다. (그러니) 公은 齊를 끌어들여(收齊) 秦과 한 편이 되어(佐秦) 韓과 魏를 정벌하면, 上黨(상당)과 長子(장자)의 땅을 趙가 영유하게 될 것입니다.[159] (그렇게 되면) 公은 西쪽으로는 秦의 보화를 받아낼 수 있고, 남쪽으로는 韓의 땅을 취할 수 있으

157 원문 或爲周最謂金投 – 或은 或者. 아마도 齊에 감정을 가진 趙人일 것이라는 주석이 있다. 金投(금투)는 人名. 문맥으로 보아 趙나라 장수. 《史記 孟嘗君列傳》에 나오는 金受(금수)일 것이라는 주석도 있으나 無考.

158 周가 周最를 齊에 보내 齊와 合從하여 秦에 대항할까 의심한다는 주석이 있으나 확실치 않다.

159 上黨,長子 – 둘 다 地名. 上黨(상당)은 漢代의 郡名. 治所는 長子縣, 今 山西省 동남부 長治市 관할 長子縣. 당시 韓의 관할 영역이었다.

며,[160] 魏는 이로부터 곤궁할 것이니, 서서히 동쪽으로(齊를 향하여) 진출하는 것이 합당할 것입니다."[161]

## 014/ 周最謂金投

{原文} 周最謂金投曰,

"公負合秦與强齊戰. 戰勝, 秦且收齊而封之, 使無多割而德天下. 之戰不勝, 國大傷, 不得不聽秦. 秦盡韓,魏之上黨太原之西, 秦之有已, 秦地天下之半也, 制齊,楚,三晉之命, 復國, 且身危. 是何計之道也."

## 周最(주최)가 金投(금투)에게 말하다.

{국역} 周最(주최)가 趙(조)나라 장수 金投(금투)에게 말했다.

"公은 지금 秦과의 연합(合秦)을 믿고 있기에(負) 강한 齊(强齊)와의 전쟁을 주장하고 있습니다. (秦이) 戰勝하면, 秦(진)은 일단 齊

160 당시 魏와 韓은 서로 이웃한 나라로 脣齒(순치, 입술과 치아)의 관계였고 강국 秦과 趙 사이에 낀 弱者였다.

161 원문 南取地於韓, 魏因以困, 徐爲之東, 則有合矣. – 韓과 魏를 붙여 읽느냐, 魏를 떼어 읽느냐? 또 魏因以困의 困이 因의 착오인가? 아닌가? 徐를 서서히, 점진적으로의 뜻이냐? 아니면 徐를 徐州의 지역 명칭으로 보느냐 등 논란과 주석이 많다.

의 땅을 거두어(收齊) 분할하겠지만(封之) 넓은 땅을 분할하여 천하에 베풀지는 않을 것입니다.[162] 싸움을 벌려 이기지 못하면 (趙國은) 큰 상처를 입으면서 秦의 요구를 들어주지 않을 수 없습니다. 秦이 韓과 魏의 上黨(상당)이나 太原(태원)의 서쪽을 秦의 소유로 차지하면, 秦地는 天下의 절반이며, 齊와 楚, 그리고 三晉을 제압하려 한다면,[163] 나라는 없어지고 (당신의) 신변도 위험할 것입니다. 그렇다면 이것이 무슨 도리이겠습니까?"[164]

---

**162** 원문 使無多割而德天下 - 齊가 敗戰할 경우 秦은 齊에게 割地를 요구하고 齊가 할양하고 휴전하더라도 많을 땅을 분할하지는 않을 것이다. 참전한 나라에 큰 도움이 안될 것이라는 뜻. 또 秦이 齊를 멸망시킨다 하여도 秦을 도왔던 약소국에 대하여 많은 땅을 분할하여(封) 천하에 인심 쓰지는(德天下) 않을 것이다.

齊와 秦은 당시 東西의 강국이었다. 예를 들어, 북쪽의 趙가 秦의 齊 침략을 도왔다 하여 秦이 趙에게 땅을 할양한다 하니 얼마나 할양하겠는가? 절대로 많지 않을 것이다. 이를 보면 周最의 識見이 金投보다 합리적이었다.

**163** 원문 制齊,楚,三晉之命 - 秦이 천하의 절반을 차지한 상태라면, 동쪽의 齊와 남쪽의 楚를 하나씩 격파할 경우 齊와 楚는 力不足일 것이다. 三晋은 晉을 분할한 韓, 魏, 趙를 지칭하는데, 그 당시 韓과 魏는 크게 약화된 상태였다. 趙가 秦과 떨어진 상태에서 전면전을 벌린 적이 없었지만, 만약 韓과 魏가 秦에 합병되면 趙도 버티기 어려울 것이다. 周最는 이를 예견하였다.

**164** 원문 復國, 且身危. 是何計之道也. - 復國은 覆(뒤집힐 복)으로 된 판본도 있다. 復은 覆과 通. 國은 趙國. 且는 또 차. 身危의 身은 金投를 지칭. 是何計之道也는 非計라는 뜻. 바른 계책이 아니다.

## 015/ 右行秦謂大梁造

{原文} 右行秦謂大梁造曰, "欲決霸王之名, 不如備兩周辯知之士."

謂周君曰, "君不如令辯知之士爲君爭於秦."

## 右行秦(우행진)이 大梁造(대량조)에게 말하다.

{국역} 周(주)의 신하 右行秦(우행진)[165]이 秦(진)나라 大梁造(대량조)[166]에게 말했다.

"(秦이) 霸王(패왕)의 名號를 빨리 얻고자 한다면, 兩周(西周, 東

165 右行秦(우행진) – 石行秦, 右行楚로 된 판본도 있다. 관직을 가진 周人. 右行은 秦의 官職名.

166 大梁造(대량조) – 秦의 작위 명칭. 大良造로도 표기. 秦 孝公 때 衛霸(위왕), 惠文王 때 公孫衍(공손연), 昭襄王 때 명장 白起(백기) 등이 이 작위를 받았다.

秦漢代의 일반 백성(평민)은 신분상 등급이 있었고, 漢은 秦의 작위 자체를 그대로 답습했다. 20등급 중 최하 1등급(公士) 부터 8등급(公乘, 공승)까지는 일반 백성의 등급이다. 9등급 五大夫부터 18등급 大庶長까지는 관리의 등급으로 요역이 면제된다. 19등급 關內侯와 20등급 徹侯(列侯)는 爵位(작위)이다. 20등급의 명칭은 아래와 같다. (最低) (1급) 公士 – 上造 – 簪裊(잠요) – 不更 – 大夫 – (6급) 官大夫 – 公大夫 – 公乘 – 五大夫 – 左庶長 – (11급) 右庶長 – 左更 – 中更 – 右更 – 少上造 – (16급) 大上造 – 駟車庶長 – 大庶長 – (19급) 關內侯 – (20급) 徹侯(列侯)(最高). 백성은 작위를 사고팔았으며 일정 작위를 보유하면 사형을 면할 수 있었다. 국가에 경사가 있으면 수시로 백성에게 작위를 하사하였다.

周)의 辯才(변재)가 뛰어난 士人을 잘 대우해야 합니다."[167]

(그리고, 우행진이) 周君에게도 말했다.

"主君께서는 辯知가 있는 士人을 시켜 秦王에게 周君을 변호하게 하는 것이 좋습니다."

## 016/ 謂薛公

{原文} 謂薛公曰,

"周最於齊王厚也而逐之. 聽祝弗, 相呂禮者, 欲取秦. 秦, 齊合, 弗與禮重矣. 有用齊, 秦必輕君. 君弗如急北兵趨趙以奏,魏, 收周最以爲厲行, 是反齊王之信, 又禁天下之變. 齊無秦, 天下謀, 弗必走, 齊王誰與爲其國?"

### 薛公(설공)에게 말하다.

{국역} (或者가) 薛公(설공, 薛君 / 田文)에게 말했다.[168]

---

167 원문 不如備兩周辯知之士 – 備는 삼가, 조심스레 대우하다(謹待之).

168 원문 謂薛公曰 – 말한 사람이 누구인지 설명이 없다. 혹자는 蘇秦의 아우 蘇代로 되어 있다. 薛公은 孟嘗君(맹상군) 田文(전문). 陳 胡公의 후손 公子 陳完이 國亂에 姜齊에 피난하여 大夫가 되었고 田氏로 改姓하였다. 田和에 이르러 田氏가 齊를 대신하니, 이를 田齊라 하였다. 戰國 시대에 田嬰(전영)이 공을 세워 薛國(설국)의 故地(今 山東省 남부 棗莊市

"周最(주최)는 齊王[169]의 厚待(후대)를 받다가 방축되었습니다. (齊王이, 齊의 說客) 祝弗(축불)[170]의 말을 들어 (秦의 亡將) 呂禮(여례)를 相으로 삼은 것은 秦의 환심을 사려는 뜻이었습니다. 秦과 齊가 연합한다면, 祝弗(축불)과 呂禮(여례)는 중용될 것입니다. (두 사람이) 齊에서 중용된다면 秦에서는 틀림없이 君(孟嘗君)을 경시할 것입니다. 君께서는 서둘러 北으로 出兵하여 趙에 가서 魏와 결합하라고 상주하고, 周最(주최)를 불러 후하게 대우한다면, 이는 齊王의 (당신에 대한) 신임을 되돌리며, 천하의 轉變(전변)을 막을 수 있습니다. 齊王에게 秦의 도움이 없다면 천하의 인재는 齊에 모여들고 祝弗(축불)은 달아날 것이니, 그때에 齊王은 누구와 함께 齊를 다스리겠습니까?"[171]

## 017/ 齊聽祝弗

{原文} 齊聽祝弗, 外周最. 謂齊王曰,

---

조장시 관할 滕州市)에 封해졌고, 그 전영의 아들이 孟嘗君 田文(전문)이다. 孟嘗君(맹상군, ? - 前 279)은 田齊의 왕족. 嬀(규)는 姓. 田氏. 名은 文. 養士를 잘했다는 戰國 四公子의 한 사람. 식객 3천 명. '鷄鳴狗盜(계명구도)', '狡兔三窟(교토삼굴)', '高枕爲樂(고침위락)' 故事의 주인공. 秦이 六國을 멸망시킨 이후 孟嘗君의 후손은 薛氏(설씨)가 되었다.

169 齊王 - 齊 閔王(민왕), 재위 前 300 - 284년.

170 祝弗(축불) - 齊의 說客.《史記 孟嘗君列傳》에는 親弗(친불).

171 틀림없이 田文(孟嘗君)을 중용할 것이다.

"逐周最,聽祝弗,相呂禮者, 欲深取秦也. 秦得天下, 則伐齊深矣. 秦,齊合, 則趙恐伐, 故急兵以示秦. 秦以趙攻, 與之齊伐趙, 其實同理, 必不處矣. 故用祝弗, 卽天下之理也."

## 齊王이 祝弗(축불)의 말을 따르다.

{국역} 齊王(閔王)은 祝弗(축불)의 말을 따르며, 周最(주최)를 放逐(방축)했다. 이에 或者(혹자)가 齊王에게 말했다.

"周最(주최)를 방축하고, 祝弗(축불)의 건의를 받아들이며, 呂禮(여례)를 相에 등용한 것은 (强한) 秦의 환심을 사려는 깊은 뜻입니다. (그러나) 秦이 天下를 차지한다면, 齊를 완전히 꺾어버릴 것입니다.[172] 秦과 齊가 합세한다면 趙는 정벌을 두려워하며 서둘러 군사를 내어 (齊를 공격하여) 秦에 항거의 뜻을 내보일 것입니다. 秦은 趙가 공격했다는 이유로 秦이 齊와 함께 趙를 공격하는 것은 당연한 이치이니 (齊는) 틀림없이 불안할 것입니다. 그러니 齊가 축불의 말을 따른 것은 천하의 定理입니다."[173]

---

**172** 원문 則伐齊深 - 秦이 齊를 차지하면, 곧 천하를 차지하는 것과 같다. 그러면 秦은 더욱 강대하기에 齊의 어느 세력도 남겨놓지 않고 齊를 뿌리째 뽑을 것이다.

**173** 결국 强者 앞에 서있는 약자는 강자의 환심을 얻어 얼마라도 존속하려고 한다. 이는 屈從(굴종)에 의한 생존 도모일 것이다. 차라리 죽을지언정 굽힐 수는 없다(寧死不屈). 차라리 몸을 잃을지언정(寧可失身) 의리를 버릴 수 없다(不可失義). 대장부의 뜻은 굽힐 때도 펼 때도 있다(丈夫之志能屈能伸). 이런 말은 개인이건 나라건 힘이 있을 때의 말이다. 힘이 없다면 굴종을 따를 수밖에 없다. 그래서 自彊(자강)이 중요하다.

## 018/ 蘇厲爲周最謂蘇秦

{原文} 蘇厲爲周最謂蘇秦曰, "君不如令王聽最, 以地合於魏, 趙必恐, 合於齊. 是君以全齊與强楚, 事産于君. 若欲困最之事, 則合齊者, 君也. 割地者, 最也."

## 蘇厲爲周最謂蘇秦

{국역} (蘇秦의 동생인) 蘇厲(소려)가 周最(주최)에게 蘇秦(소진)의 뜻을 이야기 해주었다.[174]

---

174 사실 對面하고 對話하면 말뜻을 쉽게 파악할 수 있다. 그러나 그 대화를 그대로 기록했다 하여 뒷날 그 기록을 읽고 '사실대로 이해' 할 수 있다고 말할 수 없다. 대화 중에 '그 사람' 이라고 말했다. 對話者는 그 사람을 알고 있으니 對話가 계속된다. 그러나 후세에는 '그 사람' 이 누구인지 정확히 알 수가 없다. 여기 기록된 말은 50字이다. 판본에 따라 원문의 글자가 다르다. '怒' 와 '恐' 의 문자가 다른데 번역이 같겠는가? 또 代名詞가 많고, 縮約(축약)이 심해 그 뜻을 정확히 파악할 수 없고, 그러니 주석이 끝도 없이 늘어난다. 가령 紙面이 많아 그 주석을 그대로 모두 다 번역했다면, 중국 고전을 읽을 우리나라 독자는 크게 줄어들 것이다. 여기 나오는 君이 蘇厲(소려)의 형인 蘇秦(소진)인지? 대화를 듣는 周最(주최)인지? 또는 다른 周君이나 齊王인지 금방 알 수가 없다. 文字上 '全齊' 가 '全體 齊' 인가, 아니면 '齊를 保全' 한다는 뜻인지 금방 알 수가 없다. 이를 읽은 사람이 정확하게 파악해서 적었다면 원문 한두 자에 여러 사람의 수십수백 자의 주석이 달릴 이유가 없다. 하여튼 역자가 여러 주석을 참고로 文理가 통하도록 문장을 꾸미지만, 과연 정확한 뜻인지는 알 수가 없다. 물론 '번역자의 실력' 이라고 말한다면 할 말

"君(蘇秦)은 王(齊 閔王)에게 周最(주최)의 건의에 따라, 주나라의 국토를 떼어주면서 魏에 합치면, 趙는 틀림없이 두려워하며 齊와 合縱(합종)하고 그것이 가장 좋을 것이라 말했습니다.[175] 이는 君(蘇秦)이 齊를 보전하며 强한 楚와 합종하는 것이니, 이 일은(事) 君(蘇秦)이 생각해낸 것입니다. 만약 周最의 일을 막으려 하여도 齊의 합종은 君(蘇秦)의 성과이며, 魏(위)에 대한 割地(할지: 땅을 떼어준다)는 당신(周最) 책임일 것입니다."

## 019/ 謂周最曰仇赫之相宋

{原文} 謂周最曰, "仇赫之相宋, 將以觀秦之應趙,宋, 敗三國. 三國不敗, 將與趙,宋合於東方以孤秦, 亦將觀韓,魏之於齊也. 不固, 則將與宋敗三國, 則賣趙,宋於三國. 公何不令人謂韓,魏之王曰, '欲秦,趙之相賣乎? 何不令周最兼相, 視之不可離. 則秦,趙必相賣以合於王也.'"

---

이 없다. 그렇다면 經典의 한 구절에, 史書의 한 문장에 왜 그렇게 많은 사람의 주석이 있어야 하는가? 역자의 솔직한 심정을 적었다.

175 이 구절은 蘇秦(소진)이 죽은 뒤의 일이며, 蘇厲(소려)와 周最(주최)가 齊에 있을 때의 대화이고, 여기 王은 齊 閔王이며, 그때 周最는 魏에서 돌아왔고, 그때, 혹시 楚가 齊에 배반할 수가 있어 齊王에게 땅을 들어 魏와 합종하라고 건의했다는 내용의 주석이 있다.

## 周最에게 '仇赫(구혁)이 宋의 相이 되었다.' 고 말하다.

{국역} (或者가) 周最(주최)에게 말했다.

"仇赫(구혁)[176]이 宋나라[177]의 相이 되었는데, 秦은 趙와 宋의 대응을 관찰하다가 三國(韓 · 魏 · 齊)을 패망케 할 것 같습니다.[178] 설령 三國이 不敗한다면 趙와 宋은 東方(三國)과 결합하여 秦을 고립시킬 것입니다. 이때도 역시 韓과 魏가 어떻게 齊에 대응하는가를 볼 것입니다. 만약 (韓, 魏와 齊의) 관계가 견고하지 않다면, 秦은 宋과 결합하여 三國을 패퇴시킬 것이니, 이때 趙와 宋을 三國에 팔아버리듯 이용할 것입니다.[179] (그렇다면) 公은 왜 사람을 韓과 魏王에[180] 보

---

176 仇赫(구혁) - 人名. 仇는 원수 구. 짝. 성씨. 《史記》에서는 機郝(기학).

177 宋國 - 周朝의 제후국. 國君은 子姓, 今 河南省 중동부 商丘市와 安徽省 북단 淮北市 일대. 帝辛(紂王)의 庶兄 微子啓(미자계)를 봉한 나라이다. 그 위치가 중원의 요충지에 해당하여 富商과 巨賈들이 운집하는 곳. 宋人은 經商으로 유명. 前 286年 齊에 병합 멸망한 나라.

178 敗三國 - 삼국은 韓, 魏, 齊를 지칭.

179 원문 則賣趙,宋於三國 - 여기 賣는 자신의 이익을 위하여 다른 사람을 속여거나 이용하다는 것을 뜻한다. 賣(mài)는 팔아먹다. 배반하다. 속이다(欺也). 賣友求榮이라면 '친구를 팔아 영화를 얻다.' 라는 뜻

180 당시 韓은 襄王(재위 前 311 - 296년). 魏는 襄王(양왕, 재위 前 318 - 296년)이 재위 중이었다. 《史記》에 魏 哀侯는 名은 政이고, 魏 襄侯(양후)의 아들로 기록되었다. 魏는 惠王 36년(前 334)에 稱王하며 紀年을 바꿨는데, 司馬遷은 魏 惠王이 재위 36년에 죽은 것으로 착각했다는 주석이 있다. 나중에 《竹書紀年》을 통하여 魏 哀王이, 곧 魏 襄王이라는 사실이 증명되었다. 魏 惠王(재위 前 369 - 319년)은 《孟子》에 나오는 梁惠王이다.
※《竹書紀年》- 西晉 武帝 太康 2년(서기 279) 汲郡(급군) 사람 不准(부준)이 魏 襄王의 墓(或 安釐王 塚)을 도굴하여 竹書 수십 車를 얻었다.

내 '秦과 趙가 (韓과 魏를) 서로 이용해 먹기를 원하십니까? 왜 周最(주최)를 韓과 魏의 相을 겸직케 하여 (韓, 魏를) 분리시킬 수 없다는 사실을 과시하지 않으십니까? 그러면 秦과 趙는 틀림없이 서로 상대방을 이용하면서 왕과 결합하려 할 것입니다.' 라고 말하게 시키지 않습니까?"

## 020/ 爲周最謂魏王

{原文} 爲周最謂魏王曰,

"秦知趙之難與齊戰也, 將恐齊,趙之合也, 必陰勁之. 趙不敢戰, 恐秦不己收也, 先合於齊. 秦,趙爭齊, 而王無人焉, 不可. 王不去周最, 合與收齊, 而以兵之急則伐齊, 無因事也."

### 周最(주최)를 위하여 魏王에게 말하다.

{국역} (或者가) 周最(주최)를 위하여 魏王(위왕, 哀王 = 襄王)에게 말했다.[181]

---

그 竹書에는 魏 襄王 시기에 魏國人이 편찬한 史書《竹書紀年》및《穆天子傳》,《瑣語(쇄어)》등 서적이 출토되었다.《竹書紀年》은 前漢 司馬遷의《史記》보다 더 정확하다는 평가도 있다.

181 이는 周 赧王(난왕) 29년(前 286)의 일로 알려졌다.

"秦(진)은 趙나라가 齊와 싸우기를 주저한다고 알면서,[182] 齊와 趙의 결합을 걱정하기에 틀림없이 은밀히 (趙를 도와) 강하게 만들 것입니다.[183] 趙는 (齊와) 전투를 개시하진 못하면서, 秦이 끝까지 밀어주지 않을 것이니, (趙가) 먼저 齊와 결합하려고 합니다. 秦과 趙가 齊와의 결합을 서두르는데 大王(魏)께서는 (齊에 보낼만한) 사람도 없으니,[184] 이는 어찌할 수가 없습니다. 王께서 周最(주최)를 보내 齊와 연합하지도 못하면서, 서둘러 급하게 齊를 공격하려 하시는데, 이는 그럴만한 이유가 없습니다."[185]

## 021/ 謂周最曰魏王以國與先生

{原文} 謂周最曰,

"魏王以國與先生, 貴合於秦以伐齊. 薛公故主, 輕忘其薛, 不顧其先君之丘墓. 而公獨脩虛信, 爲茂行, 明群臣, 據故主, 不與伐齊, 產以忿强秦, 不可. 公不如謂魏王,薛公曰, '請爲王入齊, 天下不能傷齊.' 而有變, '臣請爲救之, 無變,

182 원문 秦知趙之難與齊戰也 - 難은 두려워하며 걱정하다(畏阻).

183 원문 必陰勁之 - 陰은 은밀히. 몰래. 勁은 굳셀 경. 강하게 하다. 勁이 아니고 助로 된 판본도 있다.

184 원문 而王無人焉 - 齊와의 협상을 주관할만한 사람이 없다.

185 원문 無因事也 - 魏가 齊에 대한 秦의 공격을 도울 이유가 없다는 뜻. 齊는 그동안 魏의 與國(友好國)이었다.

王遂伐之. 且臣爲齊奴也, 如累王之交於天下, 不可. 王爲臣賜厚矣, 臣入齊, 則王亦無齊之累也.'"

## 周最에게 魏王이 국정을 선생에게 맡긴 이유를 말하다.

{국역} (或者가) 周最(주최)에게 말했다.[186]

"魏王(襄王, 재위 前 318-296年)께서 國政을 先生(周最)에게 맡긴 것은 선생을 통하여 秦과 연합하여 齊를 정벌하려는 뜻입니다.[187] 薛公(설공, 孟嘗君, ?-2前 279)은 薛의 故主(王族)이나[188] 옛 薛을 경망하게 버려두고 그 先君의 묘소도(丘墓) 돌보지 않고 있습니다. 지금 公(周最)은 홀로 (齊에 대한) 옛 약조(虛信)를 지키고 德行(茂行)을 실천하며, 群臣 앞에 충성을 表明하고, 故主(齊)와의 인연 때문에 齊 정벌에 나서지 않아 强한 秦의 분노를 사고 있는데, 이는 不可합니다. 公은 魏王과 薛公에게 '王을 위하여 入齊하여, 天下가 齊를 침략하지 못하게 하겠다.' 고 주청해야 합니다. 그러면서 '만약 (秦이 齊를 공략하는) 변고가 있다면, 臣(周最)이 (魏에) 구원을

186 이는 周 赧王 27년(前 288), 또는 29년(前 286)의 일이라는 주석이 있다. 呂禮(여례)는 罷相하자 入秦했고, 평소 親齊 방책을 주장하는 周最가 魏의 相位에 올랐다.

187 원문 以國與先生, 貴合於秦以伐齊. - 國은 國政. 與는 相으로 임명하다. 先生은 덕행이나 연령이 앞선 사람에 대한 존칭. 貴는 하려 하다(欲也).

188 원문 薛公故主 - 薛公은 孟嘗君(맹상군)을 지칭한다. 다른 판본에 背를 추가하여 해석하며 故主를 재위 중인 齊 湣王(민왕, 재위 300-284)으로 설명한 판본도 있으나 옳지 않다고 생각한다.

요청할 것이며, 변고가 없다면 왕께서는 秦을 정벌할 수 있을 것입니다. 그리고 臣(周最)은 齊의 신하였었지만(齊奴) 왕께서(魏 襄王) 천하의 여러 나라와의 외교에 累(누)를 끼쳐서도 안 됩니다. 그간 왕께서는 臣에게 후하게 하사하셨습니다. 臣이 入齊한다 하여도 王께서는 齊 때문에 뜻하는 일에 累(누)가 되지 않을 것입니다.' 라고[189] 말씀드려야 합니다."[190]

## 022/ 趙取周之祭地

{原文} 趙取周之祭地, 周君患之, 告於鄭朝.

鄭朝曰, "君勿患也, 臣請以三十金, 復取之."

周君予之, 鄭朝獻之趙太卜, 因告以祭地事. 及王病, 使卜之. 太卜譴之.

曰, "周之祭地爲祟." 趙乃還之.

---

189 원문 則王亦無齊之累也. - 累는 걱정하다. 患難.

190 전체적으로 이 說客은 周最에게 그간 齊와의 관계나 축적한 信義를 버려두고 入齊하여 二重 辨說을 권유하고 있다. 곧 지금 국정을 담당하는 相의 입장에서 국익을 위해서라면 당연히 배신하라는 방책을 말하고 있다.

## 趙가 周室의 제사 터를 차지하다.

{국역} 趙에서 周室의 祭地를 점유하자, 周君이 이를 걱정하며 신하인 鄭朝(정조)에게 말했다.[191] 이에 鄭朝가 대답했다.

"主君께서는 걱정하지 마십시오. 제가 三十金으로[192] 다시 찾아오겠습니다."

周君이 金을 내주자, 鄭朝는 이를 趙나라의 太卜(태복, 卜官之長)에게 건네고 祭地의 일을 말했다. 뒷날 趙王이 病에 걸리자, 태복을 불러 점치게 하였다.

太卜은 이를 책망하며 말했다.

"周의 祭地가 병환의 빌미가 되었습니다."[193]

趙는 땅을 반환하였다.

---

191 원문 告於鄭朝 – 鄭朝는 인명. 周臣. 鄭나라 출신으로 추정. 주석에는 이 일이 周 赧王(난왕) 29년(前 286년)으로 추정했다. 또 다른 주장은 周顯王 2년의(前 367년) 韓과 趙가 周를 공격할 때의 일로 설명하였다. 趙卜人(복인)의 행태를 보면, 占卜은 평소 副收入을 챙기는 수단이었음을 알 수 있다.

192 三十金 – 여기 金은 靑銅이다. 순금은 黃金, 銀은 보통 白金이라 표기한다. 一斤을 一金이라 한다. 秦에서는 一鎰(일, 20근 또는 24근)을 一金이라 했다 漢代 1鈞(균) = 30斤, 1斤(248g) = 16兩. 1兩(15.6g) = 24銖(수). 1銖 = 0.65g.

193 周之祭地爲祟 – 祟는 빌미 수. 神禍의 근원, 이유.

## 023/ 杜赫欲重景翠於周

{原文} 杜赫欲重景翠於周, 謂周君曰,

"君之國小, 盡君之重寶珠玉以事諸侯, 不可不察也. 譬之如張羅者, 張於無鳥之所, 則終日無所得矣. 張於多鳥處, 則又駭鳥矣. 必張於有鳥無鳥之際, 然後能多得鳥矣. 今君將施於大人, 大人輕君, 施於小人, 小人無可以求, 又費財焉. 君必施於今之窮士, 不必且爲大人者, 故能得欲矣."

## 杜赫(두혁)이 周에서 景翠(경취)를 重用하라고 권유하다.

{국역} 杜赫(두혁)이 (楚 武人) 景翠(경취)를 周에서 중용하라면서[194] 周君에게 말했다.

"主君의 나라는 작아서, 주군의 重寶와 珠玉을 다 뿌려가며 諸侯를 섬겨야 하니, 재물을 살피지 않을 수 없습니다. 새를 잡으려 그물을 치는 사람에(張羅者) 비유하자면, 새가 없는 곳에 그물을 치면(張) 종일토록 얻는 것이 없습니다. 새가 많이 모이는 곳에 그물을 친다면 새가 놀라 날아가버립니다(駭鳥, 駭는 놀랄 해). 그러니 필히 새가 많이 모이는 곳에, 새가 없는 시간에 미리 그물을 쳐야 많이 잡을 수 있습니다. 지금 주군께서 大人에게 재물을 베풀면 (등용하려

194 원문 杜赫欲重景翠於周 – 杜赫은 인명. 周人, 또는 楚 出身 說客. 重은 重用, 景翠(경취)는 楚 출신 武將. 002 〈秦攻宜陽〉 참고.

해도) 大人은 주군을 경시하고, 小人은 구할 필요가 없고 재물만 허비하게 됩니다. 주군께서는 지금 가난한 士人(선비)에게 재물을 베풀면 꼭 大人이 될지는 모르지만,[195] 그래도 얻으려는 사람을 얻을 수 있을 것입니다."[196]

## 024/ 周共太子死

{原文} 周共太子死, 有五庶子, 皆愛之, 而無適立也.

司馬翦謂楚王曰, "何不封公子咎, 而爲之請太子?"

左成謂司馬翦曰, "周君不聽, 是公之知困而交絶於周也. 不如謂周君曰, '孰欲立也?' 微告翦, 翦今楚王資之以地. 公若欲爲太子, 因令人謂相國御展子,廧夫空曰, '王類欲令若爲之', 此健士也, 居中不便於相國."

相國令之爲太子.

## 周室의 共太子가 죽었다.

{국역} 東周(동주)의 共(공) 太子가 죽었는데,[197] 東周(동주)의 武公

---

195 원문 不必且爲大人者 - 不必은 알 수는 없지만 끝내 窮(궁)할 사람일지 알 수는 없지만, 또는 대인이 될지는 모르지만. 景翠(경취)를 지칭함.

196 원문 故能得欲矣 - 故能의 故는 이에. 乃의 뜻.

(무공)에게는 5명의 庶子가 있어 모두를 사랑하였으나, 후사를 정하지 못했다.[198]

(楚의 卿) 司馬翦(사마전, 翦은 자를 전)이 楚王에게 말했다.

"왜 公子인 咎(구, 武公之子, 一作 右)를 태자로 정하도록 주청하지 않습니까?"

이에 左成(좌성, 人名. 說客)이 司馬翦(사마전)에게 말했다.

"(만약) 東周君이 不聽하면, 이는 公(사마전)의 생각이 막히는 것이고(困) 동주가 絶交할 수도 있습니다. 그러니 周君에게 '누구를 태자로 정하시렵니까?[199] 저(사마전)에게 은밀히 말씀해 주시면 제가 楚王에게 (정해진 태자를 위해) 땅을 내주도록 말하겠습니다.' 라고 말하는 것만 못합니다. 公(사마전)이 원하는 사람이 태자가 되기를 원한다면 (동주국) 마부인 展子(전자)와 廧夫(장부, 하급 관직명)인 空(공)을 시켜 상국에게 '왕께서는 저희들이 태자를 모시도록 원하는 것 같습니다.' 라고 말하게 시키십시오. 그 두 사람은 건장한 武士라서 상국 곁에 있는 것이 상국에게 불편할 것입니다."

(동주의) 相國은 두 사람이 태자를 모시게 했다.

---

197 《史記 周本紀》에는 제후국 西周國 4代가 武公(무공)인데, 名과 재위 연도 모두 미상이다. 武公의 태자가 共太子라 하였다. 《史記索隱》에서는 《戰國策》을 인용하고 여러 근거로, 이는 제후국 東周 惠公(名은 班)의 아들인 東周國 2代 武公의(名은 미상. 재위 연도 미상. 여러 사료로 볼 때, 秦 惠文王, 재위 前 337－311년 시기로 추정.) 長子가 共太子라 하였다. 제후국 동주 혜공의 아들이 공태자라는 주석도 있다. 이는 赧王(난왕) 初年의 일로 추정한다.(前 315－314년)

198 원문 而無適立也－適은 정하다. 定也.

199 원문 孰欲立也?－孰은 누구 숙.

## 025/ 三國隘秦

{原文} 三國隘秦, 周令其相之秦, 以秦之輕也, 留其行.

有人謂相國曰, "秦之輕重, 未可知也. 秦欲知三國之情, 公不如遂見秦王曰, '請爲王聽東方之處.' 秦必重公. 是公重周, 重周以取秦也. 齊重故有周, 而已取齊, 是周常不失重國之交也."

### 三國(韓, 魏, 趙)이 秦을 저지하다.

{국역} 三國이 秦을 저지하였는데,[200] 周王은 相國(재상)을 진나라에 가게 하였지만, 상국은 秦에 무시당할 것이라 생각하여 출발을 유보하고 있었다.

어떤 사람이 相國에게 말했다.

"秦이 輕視 아니면 重視할 것인가를 아직 알 수 없습니다. 秦은 三國 내부 사정을 알고 싶어 하니, 公이 秦王[201]을 알현하면서 '우리 周가 대왕께서 東方(三國) 소식을 들을 수 있는 곳이 되기를 자청합니다.'[202]라고 말하십시오. 그러면 秦은 틀림없이 공을 重히 생각할

---

200 원문 三國隘秦 - 三國은 三晋(韓, 魏, 趙). 隘는 좁을 애. 막다. 不通. 隔絕(격절)하다. 隘는 阨(좁을 애)와 同. 이는 赧王 18년(前 297년)의 삼국이 함곡관에서 秦을 공격하여 패퇴시킨 사건이었다.

201 秦王 - 昭襄王(소양왕, 재위 前 306 - 251년).

202 원문 爲王聽東方之處 - 聽은 소식을 듣다. 探聽(탐청)하다. 정찰하다.(偵

것입니다. 이는 周를 重視하도록 公이 만든 것이고, 周를 중시한다는 것은 秦의 인정을 받는 것입니다. 齊는 이전부터 周를 중요시 하였으니 이미 齊의 신임을 받은 것이며, 이로써 周室은 중요한 나라로서 외교적 地位를 잃지 않는 나라가 될 것입니다."[203]

## 026/ 昌他亡西周

{原文} 昌他亡西周之東周, 盡輸西周之情於東周. 東周大喜, 西周大怒.

馮且曰, "臣能殺之." 君予金三十斤. 馮且使人操金與書, 間遺昌他書曰, "告昌他, 事可成, 勉成之, 不可成, 亟亡來亡來. 事久且泄, 自令身死."

因使人告東周之候曰, "今夕有姦人當入者矣."

候得而獻東周, 東周立殺昌他.

## 昌他(창타)가 西周에서 망명하다.

{국역} 昌他(창타)가 西周에서 東周로 망명하여,[204] 西周의 內情을

---

候). 東方은 三國也. 處는 그런 곳. 정탐 기지가 되겠다는 뜻.

203 원문 是周常不失重國之交也 – 重國은 大國. 大國之交의 지위를 잃지 않다.

東周에 모두 말했다.[205] 東周에서는 크게 기뻐했고, 西周는 大怒(대노)했다.

서주의 馮且(풍저)[206]가 말했다.

"臣이 昌他를 죽일 수 있습니다."

이에 (西周) 君이 金 30근을 (풍저에게) 주었다. 풍저는 사람을 시켜 靑銅(金)과 서신을 가지고(操) 샛길로(間) 창타에게 서신을 전하라고 말했다. 서신은 다음과 같았다.

「昌他에게 말하노라, 일을 성취할 수 있으니 힘써 성공시키고, 성공할 수 없으면 서둘러 도망쳐 오라.[207] 일을 오래 끌어 누설될 경우에 자결토록 하라.」[208]

그러면서 다른 사람을 보내 東周의 門候(문후, 문지기)에게 말했다.

"오늘 밤에 간악한 자가 틀림없이 찾아올 것입니다."

문지기가 (使人이 갖고 있던) 서신을 가지고 오는 자를 잡아 조정에 알렸고, 동주 조정에서는 즉시 창타를 죽여 버렸다.[209]

---

**204** 원문 昌他亡西周之東周 – 昌他(창타)는 인명. 宮他로도 표기. 죄를 짓고 나라를 떠나간 것이 亡이다. 逃亡(도망, 달아날 도). 亡命.

**205** 원문 盡輸西周之情於東周 – 盡은 다할 진. 輸는 나를 수. 운반하다. 獻과 通. 盡輸는 말로(言) 알려주다.

**206** 馮且(풍저) – 人名. 西周의 臣. 馮은 성 풍. 탈 빙. 且는 또 차. 도마 저. 且는 雎(물수리 저)의 생략이라는 주석이 있다. 이는 趙를 '肖', 齊를 立으로 표기하는 것과 같다. 《史記》에는 馮雎(풍저). 睢(눈 부릅뜰 휴)는 다른 글자.

**207** 원문 亟亡來亡來 – 亟은 빠를 극. 急也. 亡來亡來는 강조의 뜻.

**208** 원문 事久且泄, 自令身死 – 久는 오랠 구. 泄은 샐 설. 漏泄(누설), 自令身死는 자결하다. 물론 이 서신은 反間計(반간계)이다.

**209** 東周立殺昌他 – 立은 곧. 즉시. 立卽. 副詞로 쓰였다.

## 027/ 昭翦與東周惡

{原文} 昭翦與東周惡, 或謂昭翦(照翦)曰, "爲公畫陰計."

昭翦曰, "何也?"

"西周甚憎東周, 嘗欲東周與楚惡. 西周必令賊賊公, 因宣言東周也. 以西周之於王也善."

照翦曰, "善." 又恐東周之賊己而以誣西周惡之於楚, 遽和東周.

## 昭翦(소전)과 東周의 관계 악화

{국역} 昭翦(소전, 人名)과 東周의 관계가 악화되었을 때,[210] 或者가 昭翦에게 말했다.

"公을 위한 陰計(음계)를 꾸밀 수 있습니다."[211]

소전이 물었다. "무엇인가?"

"西周는 東周를 매우 미워하면서 이전부터 東周와 楚의 관계가 악화되기를 바라고 있기에 西周에서는 틀림없이 도적을 시켜 公을 해치고서[212] 동주의 짓이라고 선언할 것입니다. 그러면서 서주와 楚

---

210 원문 昭翦與東周惡 – 昭翦(소전)은 照翦(조전)으로도 표기. (楚의 卿) 司馬翦(사마전, 翦은 자를 전)으로 추정. 024 〈周共太子死〉 참고. 惡은 악화되다. 사이가 나쁘다.

211 원문 爲公畫陰計 – 畫는 그림 화. 그을 획. 꾀하다. 계책. 계략. 劃과 同. 劃策하다(爲人謀者, 畫之以籌).

王의 관계를 개선하려 할 것입니다."[213]

소전이 말했다. "옳은 말이요."

그리고 東周가 자신을 해치고 서주의 짓이라고 속여 楚와 관계를 악화시킬 것을 걱정하여 서둘러 동주와 화해하였다.[214]

## 028/ 嚴氏爲賊

{原文} 嚴氏爲賊, 而陽豎與焉. 道周, 周君留之十四日, 載以乘車駟馬而遣之. 韓使人讓周, 周君患之.

客謂周君曰, "正語之曰, '寡人知嚴氏之爲賊, 而陽豎與之, 故留之十四日以待命也. 小國不足, 其以容賊? 君之使又不至, 是以遣之也.'"

## 嚴氏의 역적 행위

{국역} 嚴氏(엄씨, 嚴仲)의 반역에 陽豎(양수, 陽堅)도 한패였었

---

212 원문 西周必令賊賊公 – 西周必令賊의 賊은 도둑 적. 賊人. 賊公의 賊은 해칠 적. 해치다. 살해하다.

213 원문 以西周之於王也善 – 西周가 아닌 '以惡'으로 된 판본도 있다. 당시 楚는 楚 懷王(회왕, 在位 前 328 – 299년). 秦에 속아 秦에서 억류되었다가 거기서 죽었다.

214 원문 遽和東周 – 遽는 갑자기 거. 急遽(급거). 和는 和解.

다.[215] 이들이 (망명하며) 周에 들렀는데,[216] (東) 周君은 그들을 14일간 머무르게 한 뒤에 말 4마리가 끄는 수레에 태워 보내주었다. 韓에서는 사람을 보내 東周를 책망하자,[217] 周君이 걱정하였다(患之).

이에 說客이 周君에게 말했다.

"곧바로 韓使에게 '寡人은[218] 嚴氏가 반역했고 陽豎(양수)가 한편인 것을 알았기에 그들을 14일이나 머무르게 하면서 (韓의) 명령을 기다렸소. 小國이라 부족한데 역적을 수용하겠소? 韓의 사자도 오지 않았기에 그들을 보냈을 뿐이요.' 라고 말하십시오."

---

215 원문 嚴氏爲賊, 而陽豎與焉 – 嚴氏는 韓의 大臣 嚴遂(엄수, 생졸년 미상, 字는 仲子). 韓의 宰相 韓傀(字는 俠累)와 사이가 안 좋았다. 刺客 聶政(섭정)을 고용하여 韓傀를 죽였다. 刺客 聶政(섭정)은《史記 刺客列傳》에 입전된 有名人. 섭정은 엄수의 부탁을 받고 韓 哀侯 6년 前 371년에 韓의 相인 韓傀(한괴)를 살해했다. 韓傀(한괴)의 字는 俠累(협루). 韓 景侯의 동생, 韓 烈侯의 숙부. 正道가 아닌 일로 저지른 살인자를 賊(해칠 적)이라 한다. 陽豎(양수)는 人名. 〈韓策 二〉에는 陽堅(양견)으로 표기되었다.

216 원문 道周 – 出亡하며 過周하다. 周에 들리다.

217 원문 使人讓周 – 讓은 사양할 양. 꾸짖다(譙責也). 제후들 사이에 東周는 그저 소국에 불과했다.

218 寡人 – 王侯의 자칭. 孤, 寡(적을 과, 寡德之人), 不穀(불곡, 不善의 뜻).

# 2.《戰國策》卷二 西周策

## ※ 제후국 西周

쇠락하고 몰락하는 가문에 족보가 제대로 기록될 수 있겠는가? 외적에 쫓겨 본거지를 떠나 겨우 이름만 남은 東周 王室 - 春秋戰國時代 - 특히 戰國時代 말기에 이 周 왕실은 다시 東, 西周로 갈라진다.

東周에도 惠公이, 西周에도 惠公이라는 시호가 있으니, 이를 어떻게 구분하겠는가? 제후국으로 東周와 西周, 그들 主君의 이름과 在位 연대조차 알 수 없으니 우리나라 독자에게는 참 어려운 대목이다. 독자의 이해를 돕기 위하여 여기 설명을 보충한다.

기원 전 12세기 말, 周 武王은 殷을 정벌하고 九鼎을 옮겨갔고, 周公(주공, 旦)이 도읍을 설계하니, 이곳이 周의 正都인 鎬京(호경)이고 王城이었다. 洛陽(낙양)은 周公이 경영한 下都(副都)라 할 수 있는데, 周朝에 반항적인 頑民(완민)을 이주시켰고 당시에 成周(성주)라 불렀다. 세월이 흘러 犬戎(견융)에 쫓긴 平王(평왕)이 東遷하여 成周(雒邑, 洛邑, 王城으로도 호칭)에 遷都(천도)하였다.

平王의 東遷 이후로 이른바(후세 史家에게) 西周는 도읍이 豐鎬(풍호)이었고, 東周라면 東都(洛邑)를 의미했다.

周 敬王(경왕, 재위 前 519–477년)은 王子 朝(조)의 반란을 평정한 뒤에 왕궁을 약간 동쪽으로 옮겨 定都하며, 옛 도읍을 王城(왕성), 신 도읍을 成周(성주)라고 부르게 했다.

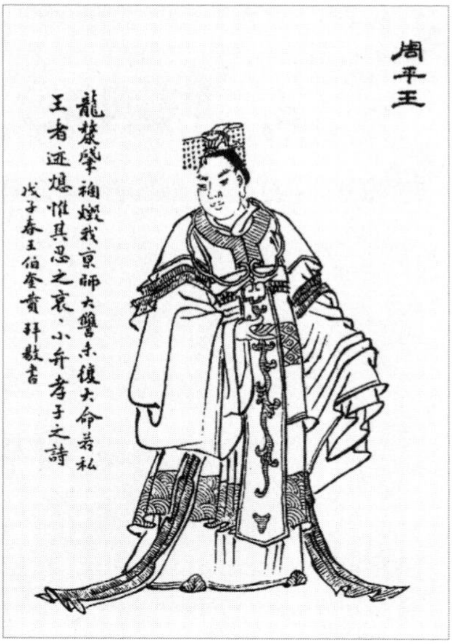

周 平王(재위 前 770–720년)
낙읍으로 천도–東周의 시작

周 貞定王(정정왕, 재위 前 468–441년)이 재위 28년에 죽고, 그 아들(哀王)이 즉위했으나 재위 3개월뿐이었다. 정정왕의 다른 아들–哀王이 동생이 즉위하나(思王), 재위 5개월에 思王은 그 동생에게 피살되었고, 형을 죽인 그 동생이 考王(고왕, 재위 前 440–426)으로 즉위한다.

考王은 자신의 다른 동생 揭(게)를 河南에 제후로 봉했는데, 이가 河南 桓公(환공)이며, 西周의 첫 번째 제후이다. 秦代 三川郡에 속한 河南縣, 곧 郟鄏(겹욕, 地名)이 근거지였고 현 행정 구역상 낙양시의 일부이다.

《漢書 地理志》에 河南, 洛陽, 穀城(곡성), 平陰, 偃師(언사), 鞏(공), 緱氏縣(구씨현)이 모두 周 왕실의 관할 지역이라(周地) 했으니, 솔직히 말해 漢代 1개 郡보다 훨씬 좁은 땅이었다.

周室 考王의 아들 威烈王(위열왕, 재위 前 425–402년) 이후, 西周라

고 말하면 河南縣(今 洛陽市)이었고, 東周 역시 지금 행정 구역상 河南省 鞏義市(공의시) 일대가 그 근거지였다.

河南을 西周란 호칭은 洛陽에서 옛 王城을 보면 서쪽에 있기 때문이고, 洛邑을 東周라 한 것은 河南의 옛 王城에서 成周를 보면 동쪽에 있기 때문이었다. 사실 이런 설명을 하면서도, 그 당시 사람들은 아무런 혼동이 없었지만 지금 사람이 읽으면 동주나 서주는 그 말이 그 말이다.

河南 桓公이 죽고, 아들 威公(위공)이 즉위하였으며, 威公이 죽고 아들 惠公이 즉위하였다. (周室) 考王 15년(前 426년)에, 河南 惠公은 다시 그 少子 班(반)을 鞏(공, 今 河南省 중부 鄭州市 관할 鞏義市 서남. 洛陽市에서는 동쪽)에 봉하여 왕실을 받들게 하면서 東周라 하였고, 班(반)이 죽자, 시호는 역시 惠公이었다. 이때까지 東, 西周가 分治하지는 않았다.

河南 惠公은 주 왕실을 받드는 諸侯를 東周라 하였기에 자신은 西周라 불렀다. (周室) 顯王(현왕, 재위 前 368 - 321년) 2년(前 367), 七雄 중, 낙양 인근의 趙國과 韓國이 두 제후국을 완전히 분리시켜 버렸다. 이제 동주와 서주는 그냥 약소 제후국일 뿐이었다. 顯王(현왕)이 東周에 있었으나 그냥 虛名뿐이었다. 周王은 다른 제후들에게 제사를 지낸 뒤에 祭肉이나 나눠줄 뿐이었다.

征伐(정벌)이나 謀策(모책)에서 東周, 西周하는 君은 모두 허수아비 周王의 제후였고, 이들을 二周라 통칭하였다. 《史記 周本紀》에서는 赧王(난왕, 隱王) 때, 東, 西周가 分治했다지만 그렇지 않았다. 赧王 때 周室은 西周에 있었다.

高誘(고유, 생몰 연대 미상, 後漢 말 獻帝 연간에 여러 관직 역임)의 주석에 따르면, 西周의 王城은 今(後漢) 河南縣(今 河南省 洛陽市)이고, 東周 곧 成周는, 今 洛陽市와 鄭州市 중간 鞏義市(공의시)이었다.

西周 桓公(환공, 名 揭)은 河南에 居했고, 東周 惠公(名은 班)은 洛邑이 도성이었다. 鮑彪(포표)의 주석은 不精하여 西周를 王으로 생각하며 正統이라 했고, 東周는 西周보다 앞설 수 없다 하여《戰國策》의 次序를 바꿔 〈西周策〉을 앞에 배치하였으니, 이는 開卷하는 첫 번 째 오류였다.

## 029/ 薛公以齊爲韓魏攻楚

{原文} 薛公以齊爲韓,魏攻楚, 又與韓,魏攻秦, 而藉兵乞食於西周.

韓慶爲西周謂薛公曰, "君以齊爲韓,魏攻楚, 九年而取宛, 葉以北, 以强韓,魏, 今又攻秦以益之. 韓,魏南無楚憂, 西無秦患, 則地廣而益重, 齊必輕矣. 夫本末更盛, 虛實有時, 竊爲君危之. 君不如令弊邑陰合於秦, 而君無攻, 又無藉兵乞食. 君臨函谷而無攻, 令弊邑以君之情謂秦王曰, '薛公必不破秦以張韓,魏, 所以進兵者, 欲王令楚割東國以與齊, 而秦王出楚王以爲和.' 君令弊邑以此德秦, 秦得無破, 而以楚之東國自免也, 必欲之. 楚王出, 必德齊, 齊得東國而益强, 而薛世世無患. 秦不大弱, 而處之三晉之西, 三晉必重齊."

薛公曰, "善." 因令韓慶入秦, 而使三國無攻秦, 而使不藉兵乞食於西周.

## 薛公(설공)이 韓과 魏를 위해 齊 군사로 楚를 공격하다.

{국역} 齊(제)의 薛公(설공)[219]이 韓과 魏를 위하여 齊의 군사로 楚를 공격했었고,[220] 또 韓, 魏와 함께 秦을 공격하면서[221] 西周에 군사와 군량 지원을 요청했다.[222]

韓慶(한경)[223]이 西周를 위하여 薛公(孟嘗君)에게 말했다.

"君께서는 韓과 魏를 위하여 齊의 군사로 楚를 공격하여 9년이 지나 宛(완)과 葉(섭)의[224] 이북을 차지하여 韓과 魏를 강하게 했고, 이번에 또 秦을 공격하여 도와주려고 합니다. 韓과 魏는 남쪽 楚나

---

219 薛公(설공) – 孟嘗君(맹상군)인 田文. 薛(설)은 齊의 邑名. 齊 公子 田嬰(전영)을 봉한 땅. 전영의 아들이 孟嘗君이다. 전영은 靖郭毛君(정곽모군)으로도 불린다. 맹상군은 부친 작위 세습.

220 이는 楚 懷王 26년, 周 赧王 12년(前 303)이었다.

221 이를 齊 閔王 26년, 周 난왕 17년(前 298)이라는 주석이 있고, 또 다른 주석도 있다.

222 원문 而藉兵乞食於西周 – 藉는 빌리다. 借用. 食은 軍糧 糧也.

223 韓慶(한경) – 西周 臣下也. 韓人이나 周에 출사. 대개 출신 나라의 입장을 지지 또는 변호했다.

224 宛(완)은 南陽郡의 현명 – 南陽郡의 治所. 전한에서도 주요한 군이었지만 後漢의 건국자 光武帝 劉秀(유수)가 南陽郡 출신이고, 그 황족이 남양군에 많아서 아주 주요하고 번성한 郡이었다. 今 河南省 서남부 南陽市. 葉縣(섭현)은, 今 河南省 중부 平頂山市 관할 葉縣(舒涉反).

라에 대한 걱정을 없애주었고, 서쪽으로 秦에 대한 患難을 덜어주었으며 땅도 넓혔으니, (韓, 魏는) 막중한 나라가 되었으나 齊는 그만큼 비중이 경시되었습니다.[225] 대체로 本末(본말)의 번성은 뒤바뀌고, 虛와 實은 때에 따라 달라지니, 아마 지금의 이런 상황은 君에게(孟嘗君) 위기가 될 수도 있을 것입니다.[226] 君은 지금 弊邑(폐읍, 周也)으로 하여금 은밀히 秦과 연합하게 하면서 秦을 공격하지도 않고, 또 西周로부터 군사나 군량을 빌려 달라고 요구하지 마십시요.[227] 君께서 函谷關(함곡관)을 지키나 (秦을) 공격하지 않으면서[228] 우리 西周의 主君이 君의 뜻을 秦王(昭襄王)에게 전하되 '薛公은 秦을 격파하여 韓과 魏를 키워주지 않을 뜻이 있지만, 이번에 출병한 것은 秦王이 楚王에게 동쪽 땅을 일부 齊에 할양토록 압력을 가하라는 뜻입니다.' 라고 말하게 하는 것이 더 나을 것입니다. 그러면 秦

---

225 則地廣而益重, 齊必輕矣 – 맹상군이 韓, 魏에서 존중받고 齊에서 輕視된다는 뜻이 아니라 제후국 사이에서 比重의 輕重을 언급한 것이다.

226 本末更盛, 虛實有時, 竊爲君危之 – 更盛의 更은 뒤바뀌다. 迭也. 虛實은 有時하다. 곧 때에 따라 달라진다. 竊(절)은 아마도. 혹시나. 잘은 모르지만. 君은 맹상군. 危之는 불안하다. 지금이야 齊에서도 좋게 평가하나 韓, 魏가 강성해진다면 齊에게는 危害가 될 수 있다.

227 원문 又無藉兵乞食 – 西周가 군량을 빌려주면 언제 돌려받겠나? 이 뜻은 秦에 병력과 군량이 부족한 사실을 알게 하지 말라는 뜻이지만, 周의 손실을 막으려는 의미이다.

228 원문 君臨函谷而無攻 – 君은 孟嘗君. 臨은 鎭守하다. 函谷關(함곡관)은 관문 이름. 關東 세력의 關中 진출을 막는 요새중의 요새. '路在谷中, 深險如函' 하여 득명, '車不方軌, 馬不並轡' 한 험로. 今 河南省 서부 三門峽市 관할 靈寶市 소재.

王은 楚王(懷王)을 풀어주고 강화하며,[229] 君은 弊邑(西周)으로 하여금 秦에 덕을 베풀어준 셈이고, 秦은 격파당하지 않았으며, 楚는 동쪽 변두리 땅을 내주고 화를 면할 수 있으니 틀림없이 따를 것입니다. 楚王이 억류에서 풀려 돌아가면 틀림없이 齊를 고맙게 여길 것이고(必德齊), 齊는 (楚) 동쪽의 땅을 얻어 더욱 강성해지기에, 薛(설, 孟嘗君의 領地)은 대대로 걱정이 없을 것입니다. 그렇더라도 秦은 크게 약해지지도 않으면서 三晉의 서쪽을 차지하고 기다리며, 이에 三晉은 齊를 중히 여길 것입니다."[230]

이에 薛公은 "좋습니다."라면서 바로 韓慶(한경: 西周의 신하)을 秦에 들어가게 했고, 三國으로 하여금 秦에 대한 공격을 멈추게 했으며, 西周에 병력과 군량을 차용하지 않았다.

## 030/ 秦敗魏將犀武軍於伊闕

{原文} 秦敗魏將犀武軍於伊闕, 進兵而攻周. 爲周最謂李

229 원문 而秦王出楚王以爲和 – 이때 張儀(장의)는 楚 懷王을 회유하여 秦으로 불러들였고 秦은 楚王을 人質로 잡고 있었다. 出은 돌려보내다(歸也). 歸楚王하여 講和하다. 이는 楚 懷王 30년. 周 赧王 16년(前 299)의 일이었다.

230 원문 三晉必重齊 – 秦은 三晉의 서쪽을 차지하고 있으니 기회를 기다릴 수 있고 三晉은 약해지지 않기에 齊에 감사하나, 秦이 두렵기에 齊를 중히 여길 것이다.

兌曰,

“君不如禁秦之攻周. 趙之上計, 莫如令秦,魏復戰. 今秦攻周而得之, 則衆必多傷矣. 秦欲待周之得, 必不攻魏. 秦若攻周而不得, 前有勝魏之勞, 後有攻周之敗, 又必不攻魏. 今君禁之, 而秦未與魏講也, 而全趙令其止, 必不敢不聽, 是君卻秦而定周也. 秦去周, 必復攻魏, 魏不能支, 必因君而講, 則君重矣. 若魏不講, 而疾支之, 是君存周而戰秦,魏也. 重亦盡在趙.”

## 秦이 魏將 犀武(서무)의 군사를 伊闕(이궐)에서 패퇴시키다.

{국역} 秦나라가 魏將 犀武(서무)의 군사를 伊闕(이궐)에서 敗退시키고,[231] 군사를 몰아 周를 공격하였다.

(或者가) 周最(주최)[232]를 위하여 (趙의 장수) 李兌(이태)[233]에게 말

231 원문 秦敗魏將犀武軍於伊闕 – 犀武(서무)는 人名. 犀는 물소 서. 犀武로 된 판본도 있는데, 犀는 犀의 別體字. 伊闕(이궐)은 지명. 河南縣 부근. 洛陽 서남 60리. 伊闕의 전투는 秦 昭襄王 14년, 곧 周 赧王 22년(前 293年)에 있었다. 秦은 韓과 魏의 20여만 명을 패퇴시킨 큰 전투였다.

232 周最(주최) – 戰國 시대 제후국 西周의 公子. 생졸년 미상. 활동 시기는 대략 周王 愼靚王(신정왕)과 周 마지막 천자 赧王(난왕, 名은 赧은 얼굴 붉힐 난 / 隱王) 초기로 추정. 太子를 옹립하려다 실패했는데, 제후국 西周와 東周, 魏國, 齊國의 상국을 역임했으며 秦國, 齊國, 魏國, 楚國, 韓國을 돌아다닌 縱橫家(종횡가)이었다. 주최는 合縱(합종)을 주장하고 連橫(연

했다.

"君(李兌)께서는 秦의 周에 대한 공격을 막아야 합니다. 趙나라의 최고의 계책은 秦과 魏가 다시 싸우게 하는 것입니다.[234] 지금 秦이 주나라를 공격하여 승리하더라도 틀림없이 많은 군사가 다칠 것입니다.[235] 秦은 周 점령을 기다리는 동안, 절대로 魏를 공격하지 않을 것입니다. 秦이 周를 공격하였지만 차지하지 못한다면, 앞서 魏와 싸워 고생하며 이겼어도, 뒤에 周를 공격하여 이기지 못했다 하여, 다시 魏를 공격하지 않을 것입니다. 지금 당신이 秦의 (周) 공격을 막고, 秦이 魏와 講和하기 전에, 趙를 온전히 보전하면서 秦의 진격을 막아준다면, 秦은 따르지 않을 수 없으니, 이는 장군이 秦을 물리치고[236] 周를 安定시킨 것입니다. 秦은 周에서 물러 나가면서 틀림없이 魏를 다시 공격할 것이고, 魏는 秦을 막을 수가 없어[237] 틀림없이 장군을(李兌) 통해 講和하려 할 것이니, 장군은 더욱 존중받을

---

횡)에 반대하며 周王室을 보존하여 애를 썼다.

**233** 李兌(이태, 생졸년 이상) - 戰國 시대 趙國 惠文王 시기의 相國. 趙 武靈王(재위 前 325 - 299)은 아들 惠文王(재위 前 298 - 266)에게 양위하고 자칭 主父(주부)라 하였다. 前 295年에, 前 武靈王의 長子 安陽君 趙章(조장)과 相 田不禮(전불례)가 沙丘之亂을 일으키자, 李兌(이태)가 진압하였다. 이태는 무령왕의 식사량을 억지로 줄여 1백일 만에 아사시켰다(惠文王 4년).

**234** 원문 莫如令秦,魏復戰 - 莫如는 ~만한 것이 없다. 趙는 魏의 이웃이니, 秦이 위와 싸우는 동안 趙는 무사할 것이다.

**235** 원문 今秦攻周而得之 - 得之의 得은 승리하다.

**236** 원문 是君卻秦而定周也 - 卻은 물리칠 각. 退也.

**237** 원문 魏不能支 - 支는 막아내다(拒也).

것입니다.[238] 만약 魏가 강화하지 않으면서 억지로라도 버틸 수 있다면, 이로써 장군을 周를 지켜주며 秦과 魏의 싸움을 붙인 것입니다. 그러니 장군은 趙에서 여전히 중요할 것입니다."

## 031/ 秦令樗里疾以車百乘入周

{原文} 秦令樗里疾以車百乘入周, 周君迎之以卒, 甚敬. 楚王怒, 讓周, 以其重秦客. 游騰謂楚王曰,

"昔智伯欲伐厹由, 遺之大鍾, 載以廣車, 因隨入以兵, 厹由卒亡, 無備故也. 桓公伐蔡也, 號楚. 今秦者, 兼有吞周之意, 使樗里疾以車百乘入周, 周君懼焉, 以蔡,厹由戒之, 故使長兵在前, 强弩在後, 名曰衛疾, 而實囚之也. 周君豈能無愛國哉? 恐一日之亡國, 而憂大王."

楚王乃悅.

## 秦은 樗里疾(저리질)을 百乘의 수레로 入周하게 하다.

{국역} 秦은 樗里疾(저리질)에게 百乘의 수레로 周에 들어가게 하였

238 원문 則君重矣 – 여기 重은 다른 사람에게 통제당하지 않고 다른 사람을 통제할 지위나 위치에 있다는 뜻.

는데,[239] 周君은 병졸을 내어 맞이하면서 아주 공경스러웠다. 楚王(楚 懷王)은 이를 듣고 화를 내면서 秦客을 너무 높이 대접한다며 周를 책망하자(讓周), 주나라 신하 游騰(유등)[240]이 楚王에게 말했다.

"옛날 智伯(지백)[241]이 厹由(구유)를 정벌하려고[242] 큰 鍾(종)을 廣車(큰 수레)에 실어 보내면서 군사가 따라가게 하였는데, 厹由(구유)가 결국 멸망한 것은 (내침에 대한) 대비가 없었기 때문입니다.[243]

---

239 원문 秦令樗里疾 - 樗는 가죽나무 저. 樗里는 마을 이름. 그 살던 곳이 陰鄕 樗里, 마을에 큰 가죽나무가 있었다는 주석이 있다. 疾(질)은 이름. 樗里子(저리자)라 통칭. 秦 孝公의 아들. 秦 惠文王(在位 前 338 - 311년)의 아우. 뒷날 武王(悼武王, 재위 前 310 - 307年)의 相이 되었다. 外交, 軍事에 큰 업적. 秦 武王이 張儀(장의)를 방축한 뒤에 樗里子는 右丞相이 되어 韜略(도략)에 정통한 甘茂(감무)를 左丞相으로 천거. 2인이 협력하여 戰爭을 치루며 판도를 확장하여 秦 발전의 토대를 구축하였다. 司馬遷《史記 太史公自序》에서「秦이 동방의 제후 세력을 물리치는데 樗里와 甘茂의 방책에 힘입었다.」고 기록했다. 〈樗里子甘茂列傳 第十一〉이 있다. 저리자는 足智多謀하여 '智囊(지낭)' 이라는 별호가 있다. 전설에 의하면, 預言과 風水에 밝아 뒷날 風水家의 시조로 추앙받아 '樗里先師' 로 불렸다.

240 游騰(유등, 游勝) - 周臣.

241 知伯(智伯) - 知氏, 智氏. 子는 姓, 晋國의 世族, 六卿之一. 晉卿 智襄子의 손자. 前 453년의 晉陽之戰에서 그 영역이 韓氏, 魏氏, 趙氏 三家의 공격을 받아 敗亡, 一門이 멸족되었다. 지백에게 충성을 다한 사람이 豫讓(예양)이다. 豫讓(예양, ? - 前 445년, ?)은 春秋 말기 晉國人. 晉國 中軍將 智伯(지백)의 가신, 의리를 지킨 刺客(자객)이다.

242 원문 欲伐厹由 - 厹는 세모진 창 구. 기승을 부리다. 厹由, 仇繇, 仇猶, 仇首, 狄國(적국)으로 표기. 今 山西省 중동부 陽泉市 관할 盂縣 일대.

243 원문 無備故也 - 厹由(구유)는 大鍾을 선물로 받기에 길을 크게 내었고, 지백은 그 길을 따라 군사를 보내 멸망시켰다.

(齊) 桓公(환공)이 (제후국) 蔡(채)를 정벌할 때 말로는 楚를 정벌한다면서 실제는 蔡를 습격하였습니다.[244] 지금 秦은 虎狼(호랑)과 같은 나라이며,[245] 지금 周를 병탄할 뜻으로 樗里疾(저리질)로 하여금 戰車 1백 량을 거느리고 周에 들어가게 하였으니, 周君은 두려워하며 蔡와 厹由(구유)의 전례를 경계로 삼은 것입니다. 그래서 긴 병기를 든 군사를 앞에 강한 쇠뇌(强弩)의 군사는 뒤에 배치하여 명분은 호위이나(名曰衛) 사실은 저리질 일행을 가둔 것입니다. 周君인들 어찌 애국의 방책이 없겠습니까? 하루아침에 周가 망하고 나면 (다음은) 초나라 대왕께서는 걱정해야 할 일이 생길까 두려울 뿐입니다."

이에 楚王은 그 말에 기뻐하였다.[246]

---

**244** 言伐楚, 其實襲蔡. – 齊 桓公(환공)이 蔡姬(채희)와 뱃놀이를 할 때, 채희가 배를 흔들며 장난을 쳤고, 화가 난 환공은 채희를 본국 蔡로 돌려보냈다. 환공은 채희를 버릴 생각이 없었는데, 蔡에서는 채희를 楚 成王에게 시집보냈다. 이에 환공은 초나라를 정벌한다면서 蔡를 공격하였다. 蔡國은 春秋戰國時代 諸侯國으로 國君은 姬姓이었고, 그 영역은 대체로 지금 河南省 남부 駐馬店市 관할 上蔡縣 일대이었다.

**245** 원문 虎狼之國也 – 虎狼(호랑)은 맹수. 秦은 제후국을 병탄 멸망시키니 탐욕하며 잔혹한 나라라는 뜻(喩其貪殘).

**246** 원문 楚王乃悅 – 이야기를 結束할 때 쉽게 인용할 수 있는 표현이다.

## 032/ 雍氏之役

{原文} 雍氏之役, 韓徵甲與粟於周. 周君患之, 告蘇代.

蘇代曰, "何患焉? 代能爲君令韓不徵甲與粟於周, 又能爲君得高都."

周君大悅曰, "子苟能, 寡人請以國聽."

蘇代遂往見韓相國公中曰, "公不聞楚計乎? 昭應謂楚王曰, '韓氏罷於兵, 倉廩空, 無以守城, 吾收之以飢, 不過一月必拔之.' 今圍雍氏五月不能拔, 是楚病也. 楚王始不信昭應之計矣, 今公乃徵甲及粟於周, 此告楚病也. 昭應聞此, 必勸楚王益兵守雍氏, 雍氏必拔."

公中曰, "善. 然吾使者已行矣."

代曰, "公何不以高都與周?"

公中怒曰, "吾無徵甲與粟於周, 亦已多矣. 何爲與高都?"

代曰, "與之高都, 則周必折而入於韓, 秦聞之必大怒, 而焚周之節, 不通其使, 是公以弊高都得完周也, 何不與也?"

公中曰, "善."

不徵甲與粟於周而與高都, 楚卒不拔雍氏而去.

## 雍氏(옹씨)의 戰役(전역)

{국역} 楚(초)가 韓(한)의 도읍인 雍氏(옹씨)성을 포위했다.[247] 韓은 周에 대하여 甲兵과 군량(粟)을 요구했다. 周君이 걱정하며, 이를 蘇代(소대)[248]에게 말했다.

소대가 대답했다.

"그런 걱정을 왜 하십니까? 이 蘇代가 主君을 위해 韓이 군졸과 군량을 요구하지 못하게 하고, 또 주군을 위해 오히려 高都(고도)[249]의 땅을 받아내겠습니다."

周君이 크게 기뻐하며 말했다.

"그대가 진정 그렇게 해준다면, 寡人(과인)은 國政에 그대 뜻을 따르겠소."[250]

소대는 韓에 들어가 相國인 公中(공중)[251]을 만나 말했다.

---

247 雍氏之役(옹씨지역) – 雍氏(옹씨)는 韓의 別邑, 도읍 陽翟(양책 / 今 河南省 중앙부 許昌市 일원) 근처에 雍氏라는 城이 있다. 楚가 韓을 공격하며, 이 성을 포위했다. 役은 일(事). 소규모 전쟁을 ○○之役이라 한다. 이는 赧王(난왕) 8년(前 307)의 사건이었다.

248 蘇代(소대) – 人名. 洛陽人. 합종책을 주장한 蘇秦의 아우.(兄이라는 주석도 있다.)

249 高都 – 韓邑, 今 上黨郡의 지명. 今 山西省 남부 晉城市. 漢代 上黨郡의 治所는 長子縣, 今 山西省 동남부 長治市 관할 長子縣. 上黨郡에는 上黨關, 壺口關(호구관), 石硏關(석연관), 天井關(천정관) 등의 관문이 많았다.

250 원문 請以國聽 – 聽은 따르다(從也) 國事에 그 뜻을 따르겠다.

251 公中 – 公仲侈(공중치). 公仲(공중)은 韓의 相國인 韓朋(한붕). 韓侈(한치)로도 기록. 《史記》에는 韓馮(한풍)으로 기록되었다. 相國은 秦官이지만 여러 나라에서 모방했다.

"公은 楚의 계책을 듣지 못했습니까? 초나라 장수 昭應(소응)[252]이 楚王(懷王)에게 '韓나라는 지금 전쟁에 지쳤고 倉廩(창름, 倉庫)은 비었으며 守城의 방책도 없으니, 제가 그 굶주린 나라를 한 달이면 틀림없이 점령할 것입니다.' 라고 말했지만, 지금 雍氏(옹씨) 성을 공격한 지 5개월이 넘도록 함락하지 못하고 있으니, 이는 楚가 지쳤다는 뜻입니다. 楚王은 처음부터 昭應의 계책을 믿지 못했는데, 지금 公께서 (周에) 甲兵과 군량을 요구하는 것은 楚나라에 韓의 궁핍을 알려주는 것과 같습니다. 昭應(소응)이 이를 알면 틀림없이 楚王에게 더 많은 군사를 요청하여 옹씨를 포위할 것이니 옹씨성은 틀림없이 점령될 것입니다."

公中이 말했다.

"좋소. 그러나 나의 사자가 이미 출발했습니다."

소대가 말했다.

"公은 왜 高都(고도)를 周나라에 주지 않습니까?"

公中이 화를 내며 말했다.

"내가 周에 군사와 군량을 요구 않는 것으로도 이미 많이 생각해준 것이요. 왜 高都(고도)까지 내줘야 하는가?"

"周에 高都를 할양해주면 周는 틀림없이 굽히면서 韓의 편이 될 것입니다. 그러면 秦이 이를 알고서 틀림없이 大怒하며 周의 符節(부절)[253]을 불사르고, 사신의 왕래를 막을 것이니, 이는 公이 쓸모없

252 昭應(소응) – 楚의 將. 본래 楚의 昭(소), 屈(굴), 景氏가 모두 楚 귀족이었다.

253 符節(부절) – 符信(부신). 사신이 지참하는 信標. 부절을 불태우는 것은 왕래를 단절한다는 뜻.

는(피폐한) 高都(고도)의 땅으로 周에게 완전한 믿음을 얻는 셈인데 어찌 아니 주겠습니까?"

公中이 말했다. "좋습니다."

(韓은) 甲兵과 군량을 周에 요구하지도 않았고 高都(고도)를 周에 내주었으며, 楚의 군사는 雍氏城을 점령하지 못하고 철수했다.

## 033/ 周君之秦

{原文} 周君之秦. 謂周最曰,

"不如譽秦王之孝也, 因以應爲太后養地. 秦王,太后必喜, 是公有秦也. 交善, 周君必以爲公功, 交惡, 勸周君入秦者, 必有罪矣."

## 周君이 秦에 가다.

{국역} 周君이 秦에 갔다.[254] (혹자가 周君을 수행할 周의 公子) 周最(주최)에게 말했다.

"秦王의 孝行을 칭송하면서, 周(주)의 應(응) 땅을 (秦) 太后의 奉養地로 내주는 것이 좋을 것입니다.[255] 秦王과 太后는 틀림없이 기

254 이는 周赧王 45년(前 270)의 일이었다.

255 應(응) - 原(邑)으로 된 판본도 있다. 太后는 秦 昭王의 母이다. 秦 昭襄

뻐할 것이니, 이는 公이 秦의 환심을 얻는 것입니다. 관계가 좋아지면 周君은 틀림없이 公의 功이라 생각하지만, 교섭이 악화되면 周君에게 진나라로 가도록 권유한 公은 틀림없이 허물로 죄를 받을 것입니다."

## 034/ 蘇厲謂周君

{**原文**} 蘇厲謂周君曰,

"敗韓,魏, 殺犀武, 攻趙, 取藺,離石,祁者, 皆白起是攻用兵, 又有天命也. 今攻梁, 梁必破, 破則周危, 君不若止之. 謂白起曰, '楚有養由基者, 善射, 去柳葉者百步而射之, 百發百中. 左右皆曰善. 有一人過曰, 善射, 可教射也矣.' 養由基曰, '人皆善, 子乃曰可教射, 子何不代我射之也?' 客

---

王(名은 稷, 簡稱 秦昭王. 재위 前 306 – 251년) – 秦 惠文王의 子, 秦 悼武王(간칭 武王)의 아우. 在位 56이라는 대 기록. 재위 기간에 范雎(범수)같은 名臣과 白起 같은 무장을 등용했다. 부국강병책 성공, 증손 진시황의 통일 기반을 닦아 주었다. 특히 前 260년 長平之戰에서 趙에 대승을 거두었다. 前 256年에 昭王은 주 왕실 東周를 멸망케 했다. 前 251년, 소양왕은 75세에 죽었다. 范雎(범수, ? – 前 255年) – 字는 叔. 戰國시대 전략가. 秦 昭襄王의 宰相. 《史記 范雎蔡澤列傳》에는 雎〔音은 '雖(수)' 目字部〕. 《韓非·外儲說》에는 范且(범저, 范且, 范雎也. 且는 雎 同字)로 기록되었다.

曰, '我不能教子支左屈右. 夫射柳葉者, 百發百中, 而不已善息, 少焉氣力倦, 弓撥矢鉤, 一發不中, 前功盡矣.' 今公破韓,魏, 殺犀武, 而北攻趙, 取藺,離石,祁者, 公也. 公之功甚多. 今公又以秦兵出塞, 過兩周, 踐韓而以攻梁, 一攻而不得, 前功盡滅, 公不若稱病不出也."

## 蘇厲(소려)가 周君에게 말하다.

{국역} 蘇厲(소려, 蘇秦의 동생)가 周君에게 말했다.[256]

"(秦이) 韓과 魏(위)를 격퇴하고 (魏將) 犀武(서무)를 죽인 뒤, 趙를 공격하여 藺(인), 離石(이석), 祁(기) 땅을 빼앗은 사람은 秦(진)나라 장군 白起(백기)[257]입니다. 그는 用兵에도 뛰어났지만 天命도 그를 도왔습니다.[258] 지금 (魏都) 大梁을 공격 중인데, 틀림없이 격파할 것이고, 大梁이 격파되면 周가 위험하니 主君께서는 그 공격을 멈추

256 이는 周 赧王 34년(前 281)의 일로 알려졌다.

257 白起 - 白起는 伊闕(이궐)의 전투에서 犀武(서무)를 죽였다. 藺(인)은 골풀 인. 지명. 離石(이석)은 西河郡의 지명. 祁(기)는 太原의 지명. 白起(백기, 前 332 - 257)는 公孫起(공손기)로도 표기. 秦國의 名將, 兵家의 代表 人物. 30여 년간 70여 성을 탈취했고 적군 100만을 죽이면서 한 번도 패배하지 않았다. 伊闕之戰, 鄢郢之戰(언영), 華陽之戰(화양), 陘城之戰(형성), 長平之戰(장평) 등의 전투가 대표적. 《千字文》에 白起와 王翦, 廉頗와 李牧을 戰國 四名將으로 기록(起翦頗牧, 用軍最精).

258 원문 是攻用兵, 又有天命也 - 是는 실제로. 사실(實也). 攻은 功, 工과 通. 工巧하다. 교묘하다(巧玄也). 白起의 用兵은 天命의 도움도 있었다.

게 하는 것이 좋을 것입니다. (主君께서) 白起(백기)에게 말해야 합니다." 곧,

"楚에 활을 잘 쏘는 養由基(양유기)란 사람이 있었습니다.[259] 1백보 떨어진 곳에서 버들잎을 쏘아 화살 백 발을 쏘면 백 번 명중하였습니다. 좌우에서 모두가 잘 쏜다고 칭송하였지만 지나가던 어떤 사람이 말했습니다. '활을 잘 쏘니, 활쏘기를 가르칠 만하구나!' 이에 양유기가 말했다. '모든 사람이 잘 쏜다고 칭찬합니다. 그런데 당신은 나를 가르칠만하다고 말하니, 그렇다면 나를 대신하여 활을 한 번 쏘지 않겠습니까?' 객인이 말했습니다. '나는 당신에게 왼팔에 힘을 주어 버티고 오른팔을 구부리라고 가르치지 않습니다.[260] 대체로 버들잎

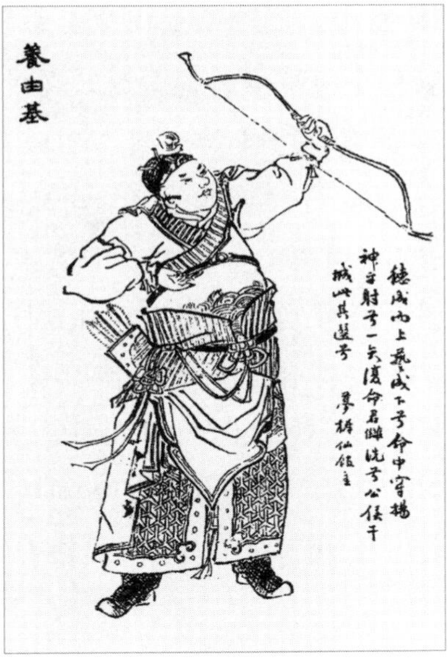

名弓 養由基(양유기)

259 養由基(?－前 559년)－嬴(영)은 姓, 養氏, 名은 由基(유기), 春秋시대 楚國 共王(재위 前 590－560년)의 장군. 名弓 神射. 1백 보 떨어진 곳에서 표시해 둔 버드나무 잎을 百發百中한 사람. 成語 百發百中과 百步穿楊(백보천양)의 주인공. 양유기를 보면 겁에 질린 원숭이가 울지도 못했다는 전설이 있다.

260 원문 支左屈右(지좌굴우)－이는 활쏘기의 기본자세이다. 예를 들면, 왼손으로 상대를 막아내듯 힘차게 잡고 오른손으로 나뭇가지를 휘어당기듯 하면서 오른손으로 화살을 쏠 때 왼손이 모르게 한다.

을 쏠 때, 百發百中하더라도 숨을 멈춰야 할 때 멈추지 않으면, 곧 氣力이 지쳐 활이 흔들리고 화살 조준이 틀려져[261] 한 발도 명중하지 못할 것이니 앞서 잘 쏘았던 것이 모두 없어지는 것이요.' 지금 公(白起)이 韓과 魏를 격파하고 犀武(서무)를 죽였으며, 北으로 趙를 공격하여, 藺(인)과 離石(이석), 祁(기)를 점령한 것 또한 公입니다. 이처럼 公의 功이 매우 큽니다. 지금 공이 또 秦의 군사를 거느리고 국경을 나와 兩周(東周와 西周)를 지나 韓을 짓밟고(踐) 梁을 공격하지만, 공격이 성공하지 못하면 앞에 세웠던 공은 모두 없어지는 것이니, 公(白起)은 稱病(칭병)하며 원정에 나서지 않는 것만 못할 것입니다. 이렇게 설득하시기 바랍니다."[262]

## 035/ 楚兵在山南

{原文} 楚兵在山南, 吾得將爲楚王屬怒於周. 或謂周君曰,
"不如令太子將軍正迎吾得於境, 而君自郊迎, 令天下皆知君之重吾得也. 因泄之楚, 曰, '周君所以事吾得者器, 必

261 원문 少焉氣力倦, 弓撥矢鉤 - 少焉은 잠시 후. 조금 있으면, 금방. 倦은 지칠 권. 撥은 다스릴 발. 튀기다. 바르지 않다. 鉤는 갈고리 구. 움직이다.

262 白起는 그간 큰 공이 많았으니, 이번에는 병을 핑계로 쉬는 것이 유리하다고 설득하라는 뜻이다. 그 설득의 사례로 楚의 神宮 養由基를 들었다. 상황에 맞는 적절한 비유는 설득의 요점이다. 그런 비유와 근거를 많이 알려면? 결국 독서와 학문이다.

名曰謀楚.' 王必求之, 而吾得無效也, 王必罪之."

## 楚兵이 山南에 주둔하다.

{국역} 楚兵이 (周의) 山南에 주둔하며,[263] 초의 장수 吾得(오득)[264]은 楚王(頃襄王, 재위 前 298 - 263년)을 위하여 周의 원한을 촉발시키려 했다.[265] 이에 혹자가 周君에게 말했다.

"(周) 太子로 하여금 軍正(將校)을 거느리고(將軍正) 국경에서 吾得(오득)을 영접케 하고, 主君께서 직접 郊外에 나가 맞이하여 온 세상에 주군께서 오득을 중시한다는 것을 알리는 것이 좋을 것입니다. 그리고 楚에 대해서는 '周君이 오득을 접대하며 器物을 주어 楚에 무엇인가 일을 꾸몄다.' 고 일부러 말을 흘리십시오. 그러면 楚王은 (받은 기물을) 요구할 것이나 오득은 바칠 것이 없기에[266] 楚王은 吾得을 처벌할 것입니다."[267]

---

263 楚兵在山南 - 周 赧王 11년(前 304)이라는 주석이 있다. 山南은 山의 남쪽인데, 당시 周室의 영역으로 偃師縣(언사현)이나 鞏縣(공현)의 山일 것이나 주석마다 다르다.

264 吾得(오득) - 人名. 楚의 장수. 伍得(오득)이 되어야 한다는 주석이 있다.

265 원문 吾得將爲楚王屬怒於周 - 屬怒의 屬(촉)은 이을 촉. 잇다(連也). 연결하다(結也). 침략할만한 핑계를 만들려 하다. 觸怒(촉노, 분노나 악감정을 건드리다. 유발하다)와는 어감이 좀 다르다. 屬文(속문)은 글을 엮다. 글을 짓다.

266 원문 而吾得無效也 - 效는 본받을 효. 여기서는 내다. 바치다(致也).

267 이는 正道가 아닌 僞計이다. 그러나 이도 國難 해결의 한 방법이라는 주석이 있다. 물론 그 효과가 어떠했는지는 알 수가 없다.

## 036/ 楚請道於二周之間

{原文} 楚請道於二周之間, 以臨韓,魏, 周君患之. 蘇秦謂周君曰,

“除道屬之於河, 韓,魏必惡之. 齊,秦恐楚之取九鼎也, 必救韓,魏而攻楚. 楚不能守方城之外, 安能道二周之間. 若四國弗惡, 君雖不欲與也, 楚必將自取之矣.”

## 楚가 二周 사이의 길을 빌리려 하다.

{국역} 楚가 東周와 西周 사이의 길을 빌려 달라 요청하며[268] 韓과 魏를 정벌하려 하자,[269] 周君이 걱정하였다. 이에 蘇秦(蘇子)이 周君에게 말했다.[270]

“길을 치워(除道) 河水까지 통할 수 있어도[271] 韓과 魏는 틀림없이 楚를 증오할 것입니다. 齊와 秦은 楚가 (周室의) 九鼎(구정)을 가져갈까 걱정하면서 틀림없이 韓과 魏를 도와 楚를 공격할 것입니다.

그러면 楚는 方城(방성) 이북도 지키지 못할 것인데,[272] 어찌 二周

---

268 원문 請道於二周之間 – 假道(가도)를 요청하다.

269 원문 以臨韓,魏 – 臨은 정벌하다.

270 원문 蘇秦謂周君曰 – 蘇秦의 字는 季子인데, 그가 죽었을 때 東, 西周는 未分하였기에 여기서는 그 동생인 蘇代나 蘇厲(소려)일 것이다.

271 원문 除道屬之於河 – 除道는 길을 치우다. 除는 더러운 것을 쓸어내다. 청소하다. 屬은 至也. 通也.

의 샛길에 나설 수 있겠습니까? 만약 四國(齊, 秦, 韓, 魏)이 (楚를) 미워하지 않는다면, 主君께서 九鼎을 아니 내주려고 하여도 楚는 스스로 탈취할 것입니다."[273]

## 037/ 司寇布爲周最謂周君

{原文} 司寇布爲周最謂周君曰,

"君使人告齊王以周最不肯爲太子也, 臣爲君不取也. 函冶氏爲齊太公買良劍, 公不知善, 歸其劍而責之金. 越人請買之千金, 折而不賣. 將死而屬其子曰, '必無獨知.' 今君之使最爲太子, 獨知之契也, 天下未有信之者也. 臣恐齊王之爲君實立某而讓之於最, 以嫁之齊也. 君爲多巧, 最爲多詐, 君何不買信貨哉? 奉養無有愛於最也, 使天下見之."

---

272 원문 楚不能守方城之外 - 方城은 楚의 변경 요새의 이름. 南陽 葉縣 일대, 또는 漢水 以北이라는 주석이 있다. 外는 북쪽(北也).

273 여하튼 二周 사이의 길로 楚에서 河水에 이를 수 있지만, 楚가 方城 以北을 지킬 수 없다는 말은 事理가 맞지 않기에 후인의 擬托(의탁)일 것이라는 설명도 있다.

# 司寇인 布(포)가 周最를 위해 周君을 설득하다.

{국역} 司寇(사구, 관직명)인 布(포)가 周最(주최)를 위하여 周君을 설득하였다.[274]

"主君께서 사람을 시켜 齊王에게 周最(주최)가 태자가 되는 것을 원치 않는다고 하셨다는데, 臣은 主君을 위해서라도 따를 수 없습니다. 옛날 函冶氏(함야씨)가 齊 太公(태공)을 위해[275] 良劍을 구매하였는데, 太公은 그 良劍을 알아보지 못하고, 칼을 내주고 값을 돌려받았습니다. 越人이 그 칼을 千金에 사려고 했으나 (함야씨는) 값이 싸다고 팔지 않았습니다. 함야씨는 죽으면서(將死) '혼자만 알고 있지 말라!' 고[276] 그 아들에게 부탁하였습니다(屬). 지금 主君께서는 周最(주최)가 태자가 되어야 한다는 사실을 혼자만 알고 계시기에,

---

274 司寇布 - 司寇(사구)는 周官名, 司法. 치안 유지. 布는 人名. 周臣. 周의 六官(六卿)은 宰相이나 三公 다음의 실무를 담당하는 高級 大臣을 지칭하는데, 史書에 따라 그 지칭이 다르다. 일반적으로 周朝의 六卿은《周禮》에 의거 冢宰(총재), 司徒(사도), 宗伯, 司馬, 司寇(사구), 司空(사공, 토목공사 담당)인데 天官, 地官, 春官, 夏官, 秋官, 冬官으로도 불린다. 이는 隋唐 이후 吏部, 戶, 禮, 兵, 刑, 工의 六部의 모체가 되었다.

275 원문 函冶氏爲齊太公 - 函(상자 함)이 姓. 冶(쇠 불릴 야. 冶鐵)는 官名. 관직명이 氏가 되었다. 鑄冶(주야)와 鐵理에 밝아 劍을 잘 감별하였다. 太公은 田齊의 田和(전화, 재위 前 386 - 383년)이다. 呂氏를 대신하여 齊侯가 되면서 太公이라 호칭했다. 太公은 그 좋은 칼을 알아보지 못하고, 칼을 돌려주고 환불을 요청했다.

276 원문 必無獨知 - 두 가지로 해석할 수 있다. 곧 '다른 사람에게 말하지 말고, 혼자 알고 있어라(必無以語人, 獨知其利).' 다른 하나는 '그 좋은 점을 널리 알려, 혼자만 알고 있지 말라(必使衆知其良, 不可獨知也).'

천하에는 이를 믿고 있는 사람이 없습니다. 臣은 齊王이 '主君께서 다른 사람을(某) 세우고 싶으면서도 周最(주최)를 내세워(讓) 齊를 속이려 한다(嫁).'[277] 생각할까 두렵습니다. 그렇게 되면 主君은 巧詐(교사)가 많은 것이고, 周最(주최) 역시 속내를 감추고 말하지 않는 사람이 되는데,[278] 主君께서는 어찌 진심을 말하지 않으시렵니까?[279] 奉養(봉양)에 周最만 한 사람이 없으니,[280] 이는 천하 모두가 알아야 합니다."[281]

## 038/ 秦召周君

{原文} 秦召周君, 周君難往. 或爲周君謂韓王曰,

---

**277** 원문 而讓之於最, 以嫁之齊也. - 讓은 꾸며 말하다(飾說也). 핑계로 내세우다. 嫁(시집갈 가. 시집보내다)는 여기서 賣也. 곧 속이다(欺也).

**278** 원문 君爲多巧, 最爲多詐 - 多巧는 巧詐(교사, 교묘하게 꾸며댄 거짓말)가 많다. 多詐의 詐는 적극적인 거짓이 아니라 진심이나 속내를 드러내지 않는 것. 마음의 욕구를 감추고 말하려 하지 않다(心欲之而言不肯).

**279** 원문 君何不買信貨哉? - 직역하면 主君은 왜 믿을만한 物貨를 사려고 하지 않습니까? 可信之貨는 혼자만 아는 것이 아니다(非獨知也). 다른 사람도 다 알 수 있다. 왜 진심을 말하지 않으십니까?

**280** 원문 奉養無有愛於最也 - 여기 愛는 아까워하다. 인색하다. 주군 奉養에 周最는 인색함이 없다, 곧 周最만큼 봉양을 잘할 사람이 없다.

**281** 이 章의 시기는 미상이다. 周最는 齊나 魏 등 여러 나라를 떠돌았고 끝내 태자가 되지 못했다.

"秦召周君, 將以使攻王之南陽. 王何不田於河南? 周君聞之, 將以爲辭於秦而不往. 周君不入秦, 秦必不敢越河而攻南陽."

## 秦이 周君을 소환하다.

{국역} 秦이 周君을 오라고 했지만, 周君은 秦에 들어가려고 하지 않았다. 이에 혹자가 周君을 위하여 韓王에게[282] 말했다.

"秦나라에서 周君을 소환한 것은 장차 王의 南陽(남양) 땅을 공격하려는 뜻입니다. 왕께서는 왜 (周의) 河南에 사냥을 가지 않으십니까? 周君이 이 소식을 들으면 (秦에) 들어가지 않을 것이고, 周君이 入秦하지 않으면, 秦에서는 틀림없이 河水를 넘어 南陽을 공격하지 못할 것입니다."

## 039/ 犀武敗於伊闕

{原文} 犀武敗於伊闕, 周君之魏求救, 魏王以上黨之急辭之. 周君反, 見梁囿而樂之也.

綦母恢謂周君曰, "溫囿不下此, 而又近. 臣能爲君取之."

282 韓王 - 韓 釐王(희왕, 僖王, 재위 前 295 - 273년). 韓 襄王의 子, 名은 咎(구).

反見魏王, 王曰, "周君怨寡人乎?"

對曰, "不怨. 且誰怨王? 臣爲王有患也. 周君, 謀主也. 而設以國爲王扞秦, 而王無之扞也. 臣見其必以國事秦也, 秦悉塞外之兵, 與周之衆以攻南陽, 而兩上黨絶矣."

魏王曰, "然則柰何?"

綦母恢曰, "周君形不利事秦而好小利. 今王許戍三萬人與溫囿, 周君得以爲辭於父兄百姓, 而利溫囿以爲樂, 必不合於秦. 臣嘗聞溫囿之利, 歲八十金, 周君得溫囿, 其以事王者, 歲百二十金, 是上黨無患而贏四十金."

魏王因使孟卯致溫囿於周君而許之戍.

## 犀武(서무)가 伊闕(이궐)에서 패한 뒤에

{국역} 魏(위)나라 장수 犀武(서무)가 伊闕(이궐)에서 (秦軍에) 패전하자,[283] 周君은 魏에 가서 구원을 요청하였으나[284] 魏 昭王(재위 前 295-277년)은 上黨이 위급하다며 구원을 거절하였다. 周君이 돌

---

283 〈東周策〉 030 秦敗魏將犀武軍於伊闕 참고. 犀武(서무)는 人名. 犀는 물소 서. 魏나라 장수. 伊闕(이궐)은 지명. 河南縣 부근. 洛陽 서남 60리. 伊闕(이궐)의 전투는 秦 昭襄王 14년, 곧 周 赧王 22년(前 293年)에 있었다. 秦은 韓과 魏의 20여만 명을 패퇴시킨 큰 전투였다.

284 秦將 白起(백기)는 魏將 犀武(서무)를 패퇴시킨 뒤에 西周도 韓과 魏를 도왔다 하여 분노하며 進攻하였다.

아오면서 大梁의 苑囿(원유)를 보고서는 즐거워하였다(부러워하였다).[285]

綦母恢(기모회)가[286] 周君에게 말했다.

"(魏의) 溫邑(온읍)에 있는 苑囿(원유)는 이보다 나쁘지 않고 또 周에서 가깝습니다. 제가 主君을 위하여 얻어오겠습니다."

기모회가 돌아가 魏王을 만났다. 위왕이 물었다.

"周君이 寡人(과인)을 원망하는가?"

대답하기를, "원망하지 않는다면 누가 대왕을 원망하겠습니까? 臣은 대왕에게 걱정되는 일이 있어 왔습니다. 周君은 여러 제후 방책의 主體이나[287] (天子이면서) 온 나라를 들어 대왕을(魏王) 秦으로부터 막아주었지만,[288] 大王은 지금 秦의 周 공격을 막아주지 않았습니다. 臣이 볼 때, 아마 周는 秦을 섬겨야 할 것 같고, 秦은 塞外(새외)의 군사를 동원하여 (魏邑) 南陽을 공격할 것이고, 그러면 韓과 魏가 함께 방어하는 上黨 땅과는 단절될 것입니다."[289]

魏王이 "그렇다면 어떻게 해야 하는가?"라고 물었다.

---

285 원문 見梁囿而樂之也 – 梁은 魏 惠王이 천도한 곳. 囿는 동산 유. 鳥獸를 사육하는 곳. 苑囿(원유). 숲과 연못이 있으면 園이라 하였다.

286 綦母恢(기모회) – 綦母(기모, 綦毋 기무)는 복성. 기모회는 周臣.

287 謀主 – 周는 天子이다. 魏, 韓, 周가 秦에 항거할 때, 周 天子가 謀策의 주체란 뜻.

288 원문 設以國爲王扞秦 – 設은 陣을 치다. 扞(막을 한)은 보위하다(衛也). 방어하다(禦也).

289 원문 而兩上黨絶矣 – 만약 周가 秦에 협조하며 南陽을 공략한다면, 魏는 남양과 상당을 모두 구원해야 하고 결국 上黨은 단절되었다가 잃게 된다는 뜻.

綦母恢(기모회)가 말했다.

"周君은 형세가 불리하여 秦을 섬겨야 하지만, 小利를 좋아합니다.[290] 지금 王께서 3萬 군사로 周를 지켜주며, 溫(온)의 苑囿(원유)를 周君에게 내어준다면, 주군은 이를 父兄이나 백성에 알리고, 또 溫(온)의 원유에서 즐길 것이니, 틀림없이 秦과 연합하지 않을 것입니다. 臣이 일찍이 알기로, 溫邑 원유의 이득이 1년에 80金이라지만, 周君이 溫邑 원유를 얻어 大王의 편이 되어 준다면, 아마 1년에 120金은 드리게 될 것이니 上黨의 후환도 없어지고 1년에 40金의 이득이 더 있을 것입니다."[291]

魏王은 孟卯(맹묘)를 시켜 溫(온) 땅의 원유를 周君에 넘겨주었고 진나라의 공격으로부터 周室의 방위를 지킬 것을 수락하였다.[292]

---

290 원문 周君形不利事秦而好小利 - 周의 形勢가 불리하여 强秦을 섬기지 않을 수 없다. 그런 不利 속에서 작은 이득이라도 얻을 수 있다면 얻으려 한다. 사실 글자를 어디서 끊어 읽느냐에 따라 해석이 전혀 달라진다. 기모회가 돌아와 魏王에게 유세하는 자체가 魏의 군사적 구원을 바랬던 큰 목적은 이미 실패했지만, 대신 작은 것이라도 챙길 수 있다면 마다할 이유가 없을 것이다.

291 원문 而贏四十金 - 贏은 利가 남을 영. 내기에서 이기다. 반대는 輸(수). 내기에서 지다.

292 원문 因使孟卯致溫囿於周君而許之戍 - 孟卯(맹묘)는 人名. 齊人. 致는 보내주다(送也). 周君은 賢君이라 할 수 없다. 秦軍이 영역 내에 주둔하고 있는데, 河水를 건너 溫邑에 있는 苑囿를 얻었다 하여 즐기다니!
禍不單行(화불단행)이란 말도 있고, '운수가 사납고 시운도 쇠하니 잡귀가 문을 두드린다(運敗時衰鬼叫門).' 고 했다. 일을 성공케 하는 소하(成也蕭何), 일을 망치는 사람도 소하(敗也蕭何)라고 하지만 家長이나 主君의 식견이나 眼目은 가문이나 나라의 흥패에 절대적이다. 지금 이런 주군 아래에서 아무리 유능해도 무슨 일을 할 수 있겠나?

## 040/ 韓魏易地

{原文} 韓,魏易地, 西周弗利. 樊餘爲周謂楚王曰,

"周必亡矣. 韓,魏之易地, 韓得二縣, 魏亡二縣. 所以爲之者, 盡包二周, 多於二縣, 九鼎存焉. 且魏有南陽,鄭地,三川而包二周, 則楚方城之外危. 韓兼兩上黨以臨趙, 卽趙羊腸以上危. 故易成之曰, 楚,趙皆輕."

楚王恐, 因趙以止易也.

## 韓과 魏가 땅을 교환하다.

{국역} 韓과 魏나라가 땅을 교환하려 했는데, 西周에는 이로울 것이 없었다.[293] 樊餘(번여, 周의 臣)가 周를 위해 楚王(懷王)에게 말했다.

"周는 必亡할 것입니다. 韓과 魏의 易地(역지)에서, 韓은 二縣을 얻을 것이지만 魏는 二縣을 잃을 것입니다. (魏가) 그렇게 하려는 것은 (魏가) 二周를 병합한다면 (그 자체가) 二縣보다 크고, 또 九鼎을 보유할 수 있기 때문입니다. 거기다가 魏는 南陽과 鄭地[294]와 三川[295]에 二周를 포함한다면 楚의 方城(방성) 북쪽도 위험할 것입니

293 西周弗利 – 이는 周赧王 47년의 일이다. 韓과 魏가 당사자이나 그런 교환이 西周에게는 유리하지 않았다. 弗利는 不便. 得이 될 일이 없다.

294 鄭地 – 今 河南省 중부 鄭州市, 開封市 일원.

295 三川 – 秦代의 郡名. 涇水(경수), 渭水(위수), 洛水(낙수) 유역을 지칭. 張儀도 이 지역을 '天下朝市'라 할 정도로 천하의 물자가 모이는 곳이었

다. 韓은 양쪽의 上黨을 차지하고 趙와 접경하게 되면 趙의 羊腸(양장) 이북이 위험할 것입니다.[296] 그래서 교환이 이뤄지는 날에 楚와 趙는 모두 그 비중이 가벼워질 것입니다."

楚王은 걱정하면서 趙와 함께 한 · 위 두 나라의 토지 교환을 중지시켰다.

## 041/ 秦欲攻周

{原文} 秦欲攻周, 周最謂秦王曰,

"爲王之國計者, 不攻周. 攻周, 實不足以利國, 而聲畏天下. 天下以聲畏秦, 必東合於齊. 兵弊於周, 而合天下於齊, 則秦孤而不王矣. 是天下欲罷秦, 故勸王攻周. 秦與天下俱罷, 則令不橫行於周矣."

### 秦이 周를 공격하려 하다.

{국역} 秦이 周를 공격하려 하자,[297] 周最(주최)가 秦 昭襄王(소양왕)

---

다. 今 河南省 洛陽市 일원.

296 趙 羊腸(양장)은 趙의 험준한 요새의 명칭. 今 山西省 太原과 晉陽의 서북 일대. 上黨 壺關에 羊腸阪(양장판)이라는 지명도 있다.

297 秦欲攻周 – 이는 周 赧王 45년(前 270). 이때 周는 극도로 쇠약했고 周

에게 말했다.

"대왕을 위한 秦 방책은 周 공격을 하지 말아야 합니다. 주나라를 공격하여도 나라에 실익은 없고, 천하를 공포로 몰아간다는 악명이 있을 뿐입니다.[298] 천하가 秦을 두려워한다면, 틀림없이 동쪽 齊를 중심으로 뭉칠 것입니다. (秦의) 군사만 지치게 되고 천하가 齊를 중심으로 동맹한다면, 고립된 秦은 천하의 王者가 될 수 없습니다. 천하가 秦을 지치게 몰아가려고 대왕에게 周室 공격을 권고하는 것입니다. 秦과 천하와 모두 피폐해진다면, 秦의 명령은 동쪽에서 더 이상 통하지 않을 것입니다."[299]

## 042/ 宮他謂周君

{原文} 宮他謂周君曰,

"宛恃秦而輕晉, 秦飢而宛亡. 鄭恃魏而輕韓, 魏攻蔡而鄭亡. 邾,莒亡於齊, 陳,蔡亡於楚. 此皆恃援國而輕近敵也. 今

---

最(주최)의 방책은 겨우 연명책에 불과했다.

298 而聲畏天下 - 聲은 名聲, 周는 天子의 나라이다. 周가 공격당하면 천하가 秦을 두려워하고, 秦은 천하를 두려움에 떨게 한다는 악명만 얻을 것이다.

299 則令不橫行於周矣 - 橫行은 東行, 즉 秦 동쪽, 周를 포함한 동쪽에서 통하지 않다.

君恃韓,魏而輕秦, 國恐傷矣. 君不如使周最陰合於趙以備秦, 則不毁."

## 宮他(궁타)가 周君에게 말하다.

{국역} 宮他(궁타, 周王之臣)가 周君에게 말했다.[300]

"宛(완)은 秦에 의지하며 晉(진)을 경시하였지만, 秦에 饑饉(기근)이 들며 (宛을 돌볼 겨를이 없자) 宛은 晉에게 병합 멸망되었습니다.[301] 鄭은 魏를 믿고 韓을 경시하였는데, 魏가 蔡國을 공격할 때 鄭은 (韓에게) 멸망하였습니다.[302] 邾(주)와 莒(거)[303]는 齊에 망했고, 陳(진)과 蔡(채)는 楚에 멸망하였습니다.[304] 이런 나라들은 모두

---

300 이는 秦이 伊闕(이궐) 공격(前 293년) 이전의 일이었다. 周王은 韓과 魏를 믿고 秦을 경시하였기에 宮他(궁타)의 말을 받아들이지 않았다.

301 원문 宛恃秦而輕晉 – 宛(완)은 南陽에 속한, 故 申伯國이었다. 춘추시대에 秦에 기근이 들어 宛을 돌볼 겨를이 없자, 晉이 宛을 멸망시켰고, 晉이 三晉으로 분할 멸망할 때에 韓에 속했다. 韓 釐王(희왕) 5년, 秦은 宛을 점령해버렸다. 漢代에는 南陽郡 치소 宛縣, 今 河南省 서남부 南陽市.

302 원문 魏攻蔡而鄭亡 – 韓 哀侯(재위 前 376 – 371년)는 鄭을 병합했다(前 375年. 망국 군주는 鄭 康公 姬乙).

303 邾(주), 莒(거) – 邾(주, 邾婁國, 鄒國)는, 今 山東省 서남부 鄒城市, 滕州市 등 曲阜의 서남부에 위치. 莒國(거국)은 己姓(기성). 前 431年 楚에게 멸망. 단 거국의 영토 대부분은 齊國이 佔領. 莒(거)는, 今 山東省 동남부 日照市 관할 莒縣.

304 陳(진)은 舜의 후손을 봉한 나라. 楚 惠王(재위 前 489 – 前 432년) 10년에 陳 멸망, 前 442년에 蔡를 멸망시켰다.

후원국을 믿고 가까운 적국을 경시하였습니다. 지금 主君께서는 韓과 魏에 의존하면서 秦을 경시하는데 나라가 危害(위해)를 당할까 걱정입니다. 주군께서는 周最(주최)를 보내어 은밀히 趙와 연합하면서 秦에 대비해야 하며, 그러면 나라가 害를 입지 않을 것입니다."

## 043/ 謂齊王

{原文} 謂齊王曰,

"王何不以地賚周最以爲太子也." 齊王令司馬悍進周最於周.

左尙謂司馬悍曰, "周不聽, 是公之知困而交絶於周也. 公不如謂周君曰, '何欲置? 令人微告悍, 悍請令王進之以地.'"

左尙以此得事.

## 어떤 사람이 齊王에게 말했다.

{국역} (或者가) 齊 閔王에게 말했다.[305]

305 謂齊王曰 - 여기 제왕은 齊 閔王(湣王, 재위 前 300 - 284년), 田氏, 名은

"王께서는 왜 周最(주최)에게 땅을 내주어 주나라 태자가 되게 하지 않습니까?"[306]

齊王은 땅을 떼어 주최에게 주도록(進) 司馬悍(사마한, 齊人)을 周에 보냈다. (齊人) 左尙(좌상)이 司馬悍(사마한)에게 말했다.

"周가 不聽하면 公의 계획은 막히고 오히려 周와의 교류가 단절될 수도 있습니다. 그보다는 公이 周君에게 '누구를 태자로 세우시렵니까? 다른 사람을 통해서라도 저에게 말씀해 주시면 땅을 내주도록 제가 (齊王에게) 주청하겠습니다.' 라고 말하는 것만 못합니다."

左尙은 그렇게 일을 성사시켰다.

## 044/ 三國攻秦反

{原文} 三國攻秦反, 西周恐魏之藉道也. 爲西周謂魏王曰,

"楚,宋不利秦之德三國也, 彼且攻王之聚以利秦."

魏王懼, 令軍設舍速東.

---

地. 武功이 많았으니 秦, 燕 등을 격파하고, 楚를 제압하고 宋을 멸망시켰다. 周最(주최)는 周王의 庶子라는 신분적 약점이 있었으나 각국 사이에 왕래가 많았고, 특히 齊와 우호적이었기에 齊王은 주최의 후원자였다.

306 何不以地齎周最以爲太子也 – 齎는 재물을 주다. 보내다. 持遺也.

# 三國이 秦을 공격하고 돌아올 때,

{국역} 三國이 秦을 공격하고서 돌아올 때,[307] 西周에서는 魏가 돌아갈 길을 내달라 요구할까 걱정하였다.[308] (어떤 사람이) 西周를 위하여 魏王(위왕)[309]에게 말했다.

"楚와 宋은 秦이 三國(魏, 韓, 齊)에게 땅을 내주고 강화한 것을(德三國也) 불리하다고 생각하고 있습니다. 저들이 魏의 마을을 공격하여[310] 秦을 이롭게 할 수도 있습니다."

魏王은 두려워하며 (자기 군사를) 하루 숙영한 뒤에, 서둘러 동쪽으로 귀국하라 지시했다.[311]

---

307 원문 三國攻秦反 – 三國은 魏, 韓, 齊國也. 反은 돌아오다(還國也). 이는 周 赧王(난왕) 19년(前 296년)의 일이었다.

308 원문 西周恐魏之藉道也 – 藉道(자도)는 借道. 藉는 깔개 자. 제물을 올려놓는 깔 개. 빌리다. 핑계 삼다. 빈약한 周室은 魏에게 길을 내줄 뿐만 아니라 군량을 공급하지 않을 수 없기에 걱정이었다.

309 魏王 – 魏 襄王(양왕, 재위 前 318 – 296년) – 姬姓, 魏氏, 名은 嗣. 魏 惠王의 子. 襄王 元年(前 318) 魏, 韓, 趙, 楚, 燕 五國이 合縱하고 秦을 공격하였으나 이기지 못하고 돌아왔다. 재위 마지막 해, 23년(前 296年)에도 다시 합종으로 齊, 韓, 趙, 魏 등이 秦을 공격하자, 秦은 땅을 할양하고 강화했다. 이 해에 魏 양왕이 죽었다.

310 원문 彼且攻王之聚 – 聚는 모일 취. 邑落(읍락). 예 陽人聚(양인취). 우리나라에서도 농어촌의 마을을 聚落이라 부른다.

311 원문 令軍設舍速東 – 舍(집 사)는 군사가 야영하다. 본래 군사가 행군 중 1일 머무는 것을 舍(사), 2일 머무는 것을 信(신), 3일 이상 주둔을 次(차)라 한다.

## 045/ 犀武敗

{原文} 犀武敗, 周使周足之秦. 或謂周足曰,

"何不謂周君曰, '臣之秦, 秦,周之交必惡. 主君之臣, 又秦重而欲相者, 且惡臣於秦. 而臣爲不能使矣. 臣願免而行. 君因相之, 彼得相, 不惡周於秦矣.' 君重秦, 故使相往, 行而免, 且輕秦也, 公必不免. 公言是而行, 交善於秦, 且公之成事也. 交惡於秦, 不善於公者且誅矣."

### 犀武(서무)가 패전하자,

{국역} 犀武(서무)가 (伊闕이궐의 전투에서) 패하자, 周王은 (周相인) 周足(주족, 人名)을 秦에 들어가게 했다. 어떤 자가 周足에게 말했다.

"周君에게 왜 말하지 않습니까? '臣이 入秦하면, 秦과 周室의 관계는(交) 틀림없이 나빠질 것입니다(必惡). 主君(周王을 지칭)의 신하 중에서 秦의 신임을 받으면서 (周나라의) 國相이 되려는 자는 이 기회에 秦에 대하여 저를 헐뜯을 것입니다. 그러니 臣은 (秦에) 사신으로 갈 수가 없습니다. (그래서) 臣은 (周相에서) 면직한 뒤에 사신으로 들어가고 싶습니다. 主君께서 이 기회에 周相을 새로이 임명하십시오. 그러면 새로 相이 된 사람은 秦에 대하여 周를 헐뜯지 않을 것입니다.' 그래도 周君은 秦과의 외교를 중하게 여겨 相의 직분으로 들여보내지만, 相을 면직시키고 보내면 이는 秦을 경시하는 뜻이기에 당신은 결코 면직되지 않습니다. 그리고 당신의 말대로 진행되어 秦과 외교가 잘 되면, 이는 당신이 成事시킨 것입니다. 秦과 관계가 악화되면, 이는 당신을 헐뜯은 자들 때문이니 그들이 벌을 받게 될 것입니다(且誅矣)."

# 3.《戰國策》卷三 秦策 一

## ※ 秦의 역사 개관

秦(진)은 春秋戰國시대의 제후국으로, 嬴姓(영성)에 趙氏(조씨)인데, 少昊氏(소호씨)의 후예라는 기록이 있다. 秦의 先祖 非子(비자)가 馬를 잘 길러 周 孝王(8대, 재위 前 891－886년 ? 추정) 때 秦邑(今 甘肅省 남부 天水市 관할 淸水縣)을 봉토로 받아 周朝의 附庸國(부용국)으로 출발하였다. 그 이후 秦人은 西戎(서융)의 여러 종족과 잔혹한 투쟁을 계속하면서 성장하였다.

前 770년, 秦 襄公(양공, 재위 前 778－766년)은 犬戎(견융)의 침략에 쫓긴 周 平王을 동쪽으로 호송하고 지켜준 功으로 伯爵(백작)의 작위를 받았고, 今 甘肅省(감숙성) 동남부와 陜西省(섬서성) 서남부 일부를 봉토로 받아 정식 제후국이 되었다.

前 677년부터 秦國은 雍(옹, 陜西省 서남부 寶雞市 관할 鳳翔縣)에 定都하고 근 300년간 甘肅省 天水市에서 隴南市, 陜西省 서남부 일대를 통치하였다. 秦 穆公(목공, 재위 前 659－621년) 때 서융의 12개 소국을 모두 병합하여 春秋 4强의 기초를 다졌다.

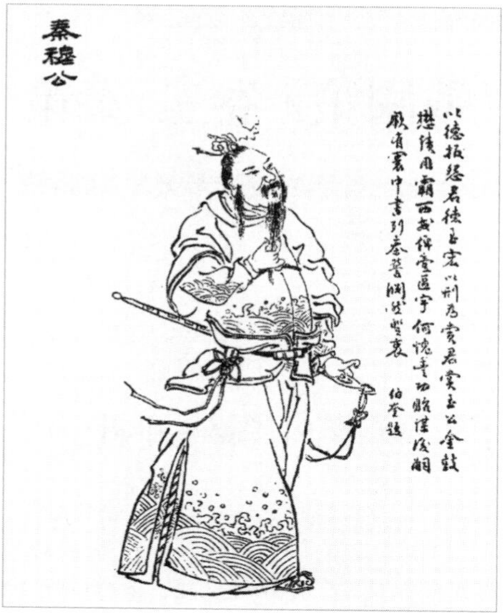


秦 穆公(진 목공, 재위 前 659 – 621년)

戰國시대 초기에는 강성한 魏國의 공격으로 河西 일대의 영역을 빼앗기는 등 한때 위축되었지만, 秦 孝公(재위 前 361 – 338년)이 前 356년에 商鞅(상앙)의 變法(변법)을 채택하면서 富國强兵의 大路를 닦았고, 前 350년에는 咸陽(함양)으로[312] 천도하였다.

秦 惠文王은 前 325년에 稱王(칭왕)했고, 昭襄王(소양왕, 재위 前

312 咸陽市(함양시)는 陝西省 중서부 渭河(위하, 渭水)에 자리 잡았다. 동북으로는 延安市, 동쪽으로 銅川市와 渭南市, 동남으로 西安市, 서쪽으로 寶雞市, 서북쪽으로는 甘肅省의 平涼市, 북쪽으로는 甘肅省 慶陽市와 연접했다. 關中 황토 평원과 분지, 황하 최대의 지류는 渭河, 그리고 涇河(경하) 등이 흘러 一國의 도읍으로 손색이 없는 땅으로, 今 인구 5백만 이상의 대도시이다. 장안으로 통칭되는 西安市와는 40km 거리이다.

306－251년) 때 본격적인 전쟁을 벌였는데, 伊闕(이궐), 鄢郢(언영), 華陽(화양), 長平(장평)의 四大 戰役(전역, 전투)을 통하여 山東 6國의 1백만 군대를 죽이면서 통일의 기초를 다졌다. 결국 秦王 嬴政(영정)은 前 221년 六國을 멸하고 최초로 중국을 통일한 왕조를 개창한다.

秦始皇은 전국에 폭 50m의 馳道(치도)를 정비하여 군사의 신속한 이동과 물자 공급의 편의를 도모하였는데, 이는 秦 천하 통일의 기초가 되었다. 그리고 萬里長城의 구축으로 북방 유목민족과의 경계를 분명하게 그었다. 물론 阿房宮(아방궁)과 驪山陵(여산능)에 과도한 국력을 낭비하여 멸망의 한 원인이 되었다. 문자와 도량형의 통일은 이후 중국 발전의 토대가 되었지만, 분서갱유 등 제자백가의 탄압 등은 치적 이상의 失政이라 평가받을 만하다. 그리고 郡縣制의 전국적 실시 또한 중국 정치제도의 발전에서 큰 의미를 가진다.

시황제는 前 211년 5차 순행 중 沙丘(사구, 今 河北省 남부)에서 50세를 일기로 병사한다. 이어 小子 胡亥(호해)가 2세 황제로 즉위한다.

그러나 陳勝(진승, ?－前 208年)의 봉기(前 209년) 이후 前 207년, 漢 高祖 劉邦이 入關하여 秦王 子嬰(자영)의 투항을 받았고, 秦朝는 멸망한다.

## ※ 秦代 史實 이해의 기초

《戰國策》 33卷은 사실상 秦과 다른 6國과의 경쟁 관계에서 이기기 위한 策謀(책모)를 서술하였다. 국가 간 전쟁의 승리는, 곧 國力의 경쟁이고, 국력은 사회와 경제적 틀을 바탕으로 한 政治(法家)와 外交(從橫家), 그리고 軍事(兵家)에서 그 능력의 總和였다.

譯者는 독자의 이해를 돕기 위한 방편으로 秦國 관련 여러 가지를 요약 정리하였다.

○ 우선 秦이 자리 잡은 지역은 중국 고대 역사의 본 무대인 中原이 아닌, 그리고 崤山(효산)과 函谷關(함곡관)으로 구분되는 關中(관중)에서도, 그 서쪽의 변방이었다. 그만큼 역사적 전통과 전통에 따른 제약이 없는, 곧 혁신을 저해하는 요소가 六國에 비하여 적거나 거의 없었던 新天地였다. 이는 마치, 신대륙에서 美國의 독립과 발전 과정에서 나타나는 각 방면에 걸친 다양한 活力을 연상할 수 있다. 이런 환경에서 商鞅(상앙)의 變法(변법)은 성공할 수 있었다.

○ 상앙의 1차 변법은 什伍制(십오제)를 중심으로 한 連坐制(연좌제)의 채택이었다. 이는 상벌에 의한 공동체의 형성이고, 이를 통한 국가 권력의 효율적 집행이었다. 그리고 가족제도의 개혁은, 곧 成人의 分家를 통한 인구 증대와 생산력 증강의 효과를 거두었다. 또한 軍功을 장려하기 위하여 백성과 관리에게 20등급의 爵位(작위)를 수여하였다. 이 20작위 제도는 漢代에도 계속 시행되었다. 그리고 농업 장려인데, 이를 통해 나라의 경작지 확대와 군량의 자체 공급이 가능했다.

○ 그 10년 뒤, 상앙의 2차 변법의 요체는 咸陽 천도와 郡縣制(군현제)의 채택을 통한 중앙 집권의 강화였다. 동시에 度量衡(도량형)의 통일은 국가 경제발전에서 상당히 중요한 작용을 했다. 이런 상앙의 변법에 나름대로 귀족 내부의 반발이 있었지만 孝公의 강력한

개혁 의지를 바탕으로 성공할 수 있었다. 여기서 다시 한 번 지도자의 결단과 능력을 생각해야 한다.

○ 서쪽에 치우친 秦에서 變法의 성공과 自强이 진행되는 동안 6國의 관계와 세력 역시 계속 바뀌었으니, 그 요점은 언제나 '변화의 進展' 이었다.

魏(위)의 강성에 따른 秦의 위축도 있었으나 魏는 곧 쇠약해졌고, 韓은 강국 사이에서 힘을 펼 여건이 되지 않았으며, 趙는 中原의 북동에서 서북에 걸친 강국으로 많은 名將을 배출했지만 國運의 부침은 마찬가지였다. 한때 西帝를 자처했던 齊(제)도 燕(연)의 침략에 국가 체제가 흔들리고 영토를 할양해야만 했었다. 楚는 중원 남방의 大國으로 齊와 趙, 韓, 魏 및 秦과 세력을 다투며 경쟁을 계속했다.

○ 이런 戰國 七雄의 세력 다툼은 각국의 富國强兵의 채택으로 연결되었다. 그 富國과 强兵의 요체는 인재 등용이었고, 인재 등용은 身分이 아닌 能力의 존중이었다. 따라서 諸子百家의 出現은 春秋시대였지만 현실 적용, 곧 實用化는 戰國시대였다. 그 실용화는 곧 百花齊放(백화제방)이라 표현한다.

○ 전국 말기 六國의 사정을 요약하면, 韓과 魏는 秦과 다툼에서, 齊는 북쪽으로 燕, 남쪽으로 楚와 경쟁하였는데 이 삼국의 국력은 이제 거의 고갈되어 秦과 비교할 때 경쟁 상대가 되지 못했다.

楚는 그 광대한 영토를 자랑하지만 사실 長江 이남은 전부 미개지였다. 물론 秦도 巴(파)와 蜀(촉)이 미개발지였지만 楚의 江南과는 달랐다. 따라서 楚는 淮水(회수) 유역이 국토의 중심이었지만, 秦과 경쟁에서 밀리는 형세였고, 세력이 강대한 중앙 귀족은 국가 발전의 장애물이었다.

북방의 趙는 秦과 長平戰에 패배하면서 국력은 크게 위축되었다. 長平之戰은, 今 山西省 동남부 晋城市 관할 高平市에서 前 262 – 260년 걸친 전투였는데, 秦의 名將 白起(백기)는 승리를 거두면서 趙의 降卒 40萬을 생매장했다.

○ 전국시대 이런 국제 관계와 세력의 변화에서 중요한 것은 협력과 동맹이고, 이를 주장하며 설득하는 과정에서 從橫家(종횡가)가 활약한다. 그런 종횡가의 대표적 인물이 蘇秦(소진)과 張儀(장의)인데, 소진과 장의는《戰國策》全篇의 중심인물이다.[313]

○ 秦의 六國 통일 과정은 卷頭의 〈一. 중국 古代史의 전개〉를 참고하기 바란다.

※ 春秋時期(前 7701 – 前 5世紀)와 戰國時期(前 5세기– 221년), 그리고 秦朝時期(前 221 – 207년)의 〈秦國 君主 年表〉는 다음과 같다.

313 餘談이지만, 역자가 어렸을 때, 어린아이들 또래끼리 놀면서 말을 잘하면, 시골 노인들이 "그 녀석 쇠진쟁이처럼 말 잘하네!" 라고 하였다. 그 말을 쇠를 다루는 대장간 대장쟁이가 말을 잘한다는 뜻으로 알아들었다. 그런데 쇠진쟁이가 '蘇秦과 張儀' 라는 사실을 나중에야 알았다.

秦國 君主 世系(一) 春秋時代

| 칭호 | 재위 연도 | 비고 |
|---|---|---|
| 1. 秦 襄公 | 前 777 – 766년 | 秦 莊公次子<br>秦 國 正式被列爲諸侯 |
| 2. 秦 文公 | 前 765 – 716년 | 秦 襄公子 |
| 3. 秦 憲公 | 前 715 – 704년 | 秦 靜公子 |
| 4. 秦 出子 | 前 703 – 698년 | 秦 憲公少子, 秦 武公, 秦 德公之弟. |
| 5. 秦 武公 | 前 697 – 678년 | 秦 憲公長子 |
| 6. 秦 德公 | 前 677 – 676년 | 秦 憲公次子, 秦 武公之弟 |
| 7. 秦 宣公 | 前 675 – 664년 | 秦 德公長子 |
| 8. 秦 成公 | 前 663 – 660년 | 秦 德公次子, 秦 宣公之弟, 秦 穆公之兄 |
| 9. 秦 穆公 | 前 659 – 621년 | 秦 德公少子, 秦 宣公, 秦 成公之弟. 雍 |
| 10. 秦 康公 | 前 620 – 609년 | 秦 穆公子 |
| 11. 秦 共公 | 前 608 – 605년 | 秦 康公子 |
| 12. 秦 桓公 | 前 604 – 577년 | 秦 共公子 |
| 13. 秦 景公 | 前 576 – 537년 | 秦 桓公子 |
| 14. 秦 哀公 | 前 536 – 501년 | 秦 景公子 |
| 秦 夷公 | 未卽位 | 秦 哀公子 |
| 15. 秦 惠公 | 前 500 – 491년 | 秦 夷公子 |
| 16. 秦 悼公 | 前 490 – 477년 | 秦 惠公子 |
| 17. 秦 厲共公<br>秦 利龔公 | 前 476 – 443년 | 秦 悼公子 |
| 18. 秦 躁公 | 前 442 – 429년 | 秦 厲共公子 |
| 19. 秦 懷公 | 前 428 – 425년 | 秦 厲共公子, 秦 躁公弟 |
| 20. 秦 靈公 | 前 424 – 415년 | 秦 懷公孫 |

秦國 君主 世系(二) 戰國時代, 그 이후

| 칭호 | 재위 연도 | 비고 |
|---|---|---|
| 21. 秦 簡公 | 前 414 – 400년 | 秦 懷公之子 |
| 22. 秦 惠公 | 前 399 – 387년 | 秦 簡公子 |
| 23. 秦 出公 | 前 386 – 385년 | 秦 惠公子 |
| 24. 秦 獻公 | 前 384 – 362년 | 秦 靈公子 |
| 25. 秦 孝公 | 前 361 – 338년 | 秦 獻公子 |
| 26. 秦 惠文王 (惠王) | 前 337 – 311년 | 秦 孝公子<br>前 324年 改元 |
| 27. 秦 武王 (悼武王) | 前 310 – 307년 | 秦 惠文王子 |
| 28. 秦 昭襄王 (昭王) | 前 306 – 251년 | 秦 惠文王子, 秦 武王弟 |
| 29. 秦 孝文王 | 前 250년 | 秦 昭襄王子. 3일 재위. |
| 30. 秦 莊襄王 (莊王) | 前 249 – 247년 | 名 異人, 改名 子楚.<br>秦 孝文王子 |
| 31. 秦 始皇 | 前 246 – 222년<br>前 221 – 210년 | 稱皇帝前 作 秦王 政. 前 221. 六國統一, 始皇帝<br>秦 莊襄王子 |
| 32. 秦 二世 | 前 209 – 207년 | 秦 始皇子 |
| 33. 秦王 子嬰 | 207년(약 50일) | 胡亥의 姪子. 始皇 嬴政의 姪子? |

## 046/ 衛鞅亡魏入秦

{原文} 衛鞅亡魏入秦, 孝公以爲相, 封之於商, 號曰商君. 商君治秦, 法令至行, 公平無私, 罰不諱强大, 賞不私親近, 法及太子, 黥劓其傅. 期年之後, 道不拾遺, 民不妄取, 兵革大强, 諸侯畏懼. 然刻深寡恩, 特以强服之耳.

## 衛鞅(위앙)이 魏에서 秦으로 망명하다.

{국역} 衛鞅(위앙)[314]이 魏에서 망명하여 秦(진)나라로 들어갔는데,[315] 秦(진) 孝公이 相으로 삼아 商에 봉했기에 商君(상군)으로도 불린다.[316]

---

314 衛鞅(위앙, 商鞅, 商鞅. 公孫鞅. 前 390 - 338년) - 戰國 시대 정치가, 법가 사상의 대표자. 衛國 왕족 출신이라서 衛鞅 또는 公孫鞅(공손앙)이라 했다. 公孫은 衛公의 孫子라는 뜻. 庶孽公子(서얼 공자)라는 말은 직명이 中庶子였기에 이런 기록이 생겼는지도 모른다는 주석이 있다. 秦에서 戰功으로 商에 봉해졌기에 商君, 또는 商鞅으로 통칭한다. 商鞅變法(상앙변법)으로 秦國을 강국으로 발전케 했다. 革法明敎(혁법명교)로 국가의 기강을 세웠고 盡公不私한 정치인이었으며, 군사적 능력을 발휘한 전략가였다. 秦 孝公의 相을 역임. '徙木立信(사목입신)' 의 故事가 유명. 그러나 人性이 각박했고 秦에서 貧富의 차를 극대화 했으며 酷刑(혹형)을 남발했고, 愚民(우민) 정책으로 儒家學說을 반대했다. 秦 孝公이 죽고 아들 惠文君이 繼位한 뒤 참소를 받았고 자신이 만든 법에 걸려 車裂刑으로 죽었다. 《史記 商君列傳》에 입전. 저서 《商君》 29편 - 今 일부분 存.

315 衛鞅(위앙)은 본래 衛國의 公子 叔座(숙좌)의 아들(庶子)이었다. 숙좌는 魏에 출사했고 魏惠王(梁惠王)의 相이었다. 양혜왕이 숙좌에게 물었다. "당신이 병사한다면, 누구에게 나라를 맡길 수 있겠는가?" 그러자 숙좌가 말했다. "臣의 庶子 鞅(앙)이 괜찮을 것입니다." 그러나 왕은 따르지 않았다. 이에 숙좌가 말했다. "王께서 만약 등용할 수 없다면, 鞅을 죽여서 다른 나라에서 등용치 못하게 하십시오." 이에 鞅은 魏에서 망명하여 秦으로 왔다.

316 商은 弘農郡의 지명. 商州는, 今 陝西省 동남부 商洛市 商州區.

商君이 진나라를 다스릴 때, 法令을 철저하게 시행하였고[317] 公平에 無私하였으며, 징벌에 强宗大族이라 하여 그 집행을 면하지 않았고, 친근하다 하여 상을 주지도 않았다.[318] 太子가 法을 어기자, 그 사부를 墨刑(묵형, 黥경)에 처하고 코를 베는 형벌(劓)에 처하였다.[319] 1년 뒤에 길에 떨어진 물건을 마음대로 집어 갖는 자가 없었다.[320] 兵革(兵甲, 군사력)이 막강하자, 諸侯(제후)들은 (秦을) 두려워했다. 그러나 (법 집행이) 엄격하고 관용이 없어 (백성은) 다만 억지로 복종할 뿐이

商君〔衛鞅(위앙), 前 390 – 338년〕

317 원문 法令至行 – 至行의 至는 大也. 철저하게(極也).

318 罰不諱强大 – 罰은 懲罰(징벌). 諱는 避(피)하다. 법을 적용하지 않다. 强大는 强宗大族.

319 원문 法及太子 黥劓其傅 – 太子가 犯法하자, 형을 면할 수 없기에 法이 태자에 해당되었다고 표현했다. 그 태자가 뒷날 秦 惠王(재위 前 399 – 387년)이었다. 黥은 묵형할 경. 이마에 죄명을 새기다(刻其額, 以墨實其中). 劓는 코를 벨 의(截其鼻), 傅는 師傅(사부). 師인 公孫賈(공손가)의 코를 베고, 傅인 公子虔(공자건)을 黥刑에 처했다.

320 道不拾遺 民不妄取 – 길에 떨어진 물건을(遺物) 줍거나 마음대로 가져가지 않았다. 拾은 주울 습. 遺 는버릴 유. 잃다. 妄은 허망할 망. 함부로.

었다.[321]

{原文} 孝公行之八年, 疾且不起, 欲傳商君, 辭不受. 孝公已死, 惠王代後, 蒞政有頃, 商君告歸.

人說惠王曰, "大臣太重者國危, 左右太親者身危. 今秦婦人嬰兒皆言商君之法, 莫言大王之法. 是商君反爲主, 大王更爲臣也. 且夫商君, 固大王仇讎也, 願大王圖之."

商君歸還, 惠王車裂之, 而秦人不憐.

{국역} 孝公이 (변법을) 시행한 지 8년(18년)에,[322] 병으로 일어나지 못하자, (왕위를 위앙에게) 전위하려 했으나[323] 사양하며 받지 않았다. 孝公이 죽고 惠王이 뒤를 이었으며, 정치에 임한 지 얼마 뒤에[324] 商君은 사직을 청했다.[325]

---

321 원문 然刻深寡恩, 特以强服之耳 – 刻은 새길 각. 急迫(급박)하다. 深은 깊을 심. 무겁다. 엄중하다. 深重하다. 寡는 적을 과(少也). 寡恩은 少恩仁也. 特은 다만.

322 원문 孝公行之八年 – 8년이 아니라 18년이다. 孝公 원년에 위앙이 入秦하였고, 3년에 孝公에게 변법을 설명했으며, 5년에 左庶長이 되었고, 10년에 大良造, 22년 商君에 封해졌고, 24년에 효공이 죽었으니 18년이어야 한다는 주석이 있다.

323 원문 欲傳商君 – 傳은 禪, 禪位, 傳位는 넘겨주다.

324 원문 蒞政有頃 – 蒞는 다다를 리(臨也). 莅의 속자. 왕으로서 군림하다. 有頃(유경)은 오래지 않아(未久).

325 원문 商君告歸 – 사직을 청하다. 魏나라로 돌아가려 하다. 封地인 商으로 돌아가려 하다. 사실 誅殺당할까 두려웠을 것이다.

어떤 사람이 惠王에게 말했다.

"大臣의 그 권한이 아주 강하다면 나라가 위태롭고, 측근으로 너무 가까운 자는 主君에게 위험합니다. 지금 秦의 婦人이나 嬰兒(영아)[326]조차 모두 商君의 法이라 말하지 大王의 法이라 말하지 않습니다. 이는 商君이 거꾸로 人主이고 大王은 신하로 바뀐 것입니다. 그렇다면 商君은 정말 大王의 원수가 된 것이니 대왕께서 처리하시길 바랍니다."[327]

商君이 돌아오자,[328] 惠王은 상군을 車裂刑(거열형)에 처했는데, 秦人은 불쌍히 여기지 않았다.

## 047/ 蘇秦始將連橫

{原文} 蘇秦始將連橫, 說秦惠王曰,

"大王之國, 西有巴,蜀,漢中之利, 北有胡貉,代馬之用, 南有巫山, 黔中之限, 東有肴,函之固. 田肥美, 民殷富, 戰車萬乘, 奮擊百萬, 沃野千里, 蓄積饒多, 地勢形便, 此所謂天

---

326 嬰兒(영아) - 갓난아이 영(人始生曰嬰). 여자아이는 嬰, 男兒는 兒라는 주석도 있다.

327 원문 固大王仇讎也 願大王圖之 - 固는 굳을 고. 진실로. 사실. 仇讎(구수)는 怨讐(원수). 敵讎(적수). 圖는 謀也. 도모하다. 처리하다.

328 歸還(귀환) - 상앙이 商에서 魏로 가지 못하고 秦으로 돌아왔다는 주석이 있다.

府, 天下之雄國也. 以大王之賢, 士民之衆, 車騎之用, 兵法之教, 可以幷諸侯, 呑天下, 稱帝而治. 願大王少留意, 臣請奏其效."

## 蘇秦(소진)은 처음에 連橫策(연횡책)으로~

{국역} 蘇秦(소진)은 連橫策(연횡책)으로[329] 秦 惠王(혜왕, 惠文王, 재위 前 338-311년)[330]에게 遊說(유세)하였다.

"大王의 나라는 서쪽으로 巴(파)와 蜀(촉), 漢中(한중)의 풍요로운 땅이 있고,[331] 북쪽으로는 胡貉(호맥)과 代馬(대마) 지역에서 用武할 수 있으며,[332] 남쪽으로는 巫山(무산)과 黔中郡(검중군)의 험한 지형

---

329 원문 始將連橫 - 南北을 從(좇을 종, 세로. 縱), 東西를 橫(횡, 가로)이라 한다. 또 關東의 통합을 從, 秦과 相通을 連橫이라 한다. 통합의 利를 강조하면 從, 威勢로 서로를 위협하는 것을 橫이라 한다. 또 關中과 연합을 橫, 關東의 연합을 從이라 한다.

330 秦 惠王(혜왕, 재위 前 338-311년) - 孝公의 아들. 작위는 伯爵. 시호 惠文王, 惠公은 재위 13년(周 顯王 14년, 前 325년)에 稱王하였다. 이후 韓, 趙, 燕, 中山國과 宋까지 5국이 칭왕하니, 이를 五國相王이라 한다. 樗里疾(저리질), 嬴華(영화), 張儀(장의) 등을 등용하였다. 소진이 혜왕에 유세할 때는 재위 초기이기에 그때는 王이 아니었다.

331 원문 巴,蜀,漢中之利 - 利는 풍요로움(饒也, 넉넉할 요). 巴, 蜀, 漢中의 三郡은 漢代에 益州刺史部 관할이었다. 巴는 지금의 重慶市 일원, 蜀은 今 四川省, 漢中은 今 陝西省 서남부를 지칭한다.

332 원문 胡貉代馬之用 - 胡貉(호맥)과 代馬는 모두 지명이다. 胡는 樓煩(누번)이나 林胡(임호). 代馬는 代郡의 馬邑을 의미. 貉은 오랑캐 맥. 狐(여우

이 막아주며,[333] 동쪽으로는 肴山(효산)과 函谷關(함곡관)이 굳게 지켜주고 있습니다.[334] 전답은 비옥하고 백성은 많고도 부유하며, 戰車 1萬 乘(승)은 백만 군사를 격파할 수 있고, 沃野(옥야)가 1천 리에 蓄積(축적)이 풍요하고 많으며, 地勢는 攻守(공수)에 모두 유리하니 이는 하늘이 내려준 땅으로[335] 천하의 강국입니다. 현명하신 大王과 많은 士民, 車馬와 騎兵, 兵法의 敎習으로 諸侯를 집합시켜 천하를 차지하고[336] 稱帝(칭제)하여 통치할 수 있습니다. 바라건대, 大王께서 조금 留意하시면 제가 그 효과적 방책을 아뢰고자 합니다."[337]

{原文} 秦王曰, "寡人聞之, 毛羽不豐滿者不可以高飛, 文章不成者不可以誅罰, 道德不厚者不可以使民, 政敎不順者不可以煩大臣. 今先生儼然不遠千里而庭敎之, 願以異日."

蘇秦曰, "臣固疑大王之不能用也. 昔者神農伐補遂, 黃

---

호)와 비슷한 동물. 代馬는 代郡에서 얻을 수 있는 말(馬)을 뜻하지 않는다. 代馬之用의 用은 用武. 곧 군사상 要衝地(요충지).

333 南有巫山, 黔中之限 – 巫山縣(무산현)은, 今 重慶市 동부. 湖北省과 접경. 黔中(검중)은 지명. 뒷날 武陵郡. 之限은 험한 지형이 막아준다는 뜻.

334 東有肴,函之固 – 肴(안주 효)는 殽(섞일 효), 崤(산 이름 효). 函은 函谷關. 固는 牢堅(뇌견). 단단하게 둘러싸다. 難攻(난공)하나 易守(이수)한 지형.

335 원문 此所謂天府 – 府는 모으다. 모이다(聚也). 넉넉하고 부유한 것은 하늘이 준 것으로, 人力으로는 할 수 없다는 뜻.

336 呑天下 – 呑은 삼킬 탄. 滅(멸하다).

337 원문 臣請奏其效 – 奏는 아뢸 주. 섬기다. 진언하다. 效는 징험. 효과 있는. 功也.

帝伐涿鹿而禽蚩尤, 堯伐驩兜, 舜伐三苗, 禹伐共工, 湯伐有夏, 文王伐崇, 武王伐紂, 齊桓任戰而伯天下. 由此觀之, 惡有不戰者乎? 古者使車轂擊馳, 言語相結, 天下爲一. 約從連橫, 兵革不藏, 文士並飾, 諸侯亂惑, 萬端俱起, 不可勝理. 科條旣備, 民多僞態, 書策稠濁, 百姓不足, 上下相愁, 民無所聊, 明言章理, 兵甲愈起, 辯言偉服, 戰攻不息. 繁稱文辭, 天下不治, 舌弊耳聾, 不見成功, 行義約信, 天下不親. 於是, 乃廢文任武, 厚養死士, 綴甲厲兵, 效勝於戰場. 夫徒處而致利, 安坐而廣地, 雖古五帝,三王,五伯, 明主賢君, 常欲坐而致之, 其勢不能, 故以戰續之. 寬則兩軍相攻, 迫則杖戟相橦, 是故兵勝於外, 義强於內, 威立於上, 民服於下. 今欲幷天下, 凌萬乘, 詘敵國, 制海內, 子元元, 臣諸侯, 非兵不可! 今之嗣主, 忽於至道, 皆惛於教, 亂於治, 迷於言, 或於語, 沈於辯, 溺於辭. 以此論之, 王固不能行也."

{국역} 秦王이 말했다.

"寡人(과인)이 알기로, 毛羽(모우, 깃털)가 豐滿(풍만)하지 않다면 높이 날 수 없고, 文章(法令)이 갖춰지지 않으면 (죄인을) 誅罰(주벌)할 수 없으며,[338] 道德이 높지 않으면 백성을 다스릴 수 없고, 政教가

338 원문 文章은 法令. 깃발의 색깔. 青과 赤色을 文, 赤과 白을 章이라 하였고 그 색에 따른 의미나 지시를 달리했다.

不順하다면 大臣을 부릴 수 없다고 하였습니다.[339] 지금 先生께서는 엄숙한 모습으로(儼然)[340] 千里를 멀다 하지 않고 찾아오셔서 깨우쳐주시려 하나, 다른 날 뵙고 싶습니다."[341]

蘇秦(소진)이 말했다.

"臣은 大王께서 臣을 등용하지 않을 것이라 정말 의심하였습니다. 옛날에(昔者) 神農氏(신농씨)는 補遂國(보수국)을 정벌하였고,[342] 黃帝(황제)는 涿鹿(축록)을 정벌하였으며, 또 蚩尤(치우)를 사로잡았고,[343] 堯(요)는 驩兜(환두)를 정벌하였으며,[344] 舜(순)은 三苗(삼묘)를 정벌하였고,[345] 禹(우)는 共工(공공)을 정벌하였으며,[346] 湯王(탕왕)은 夏(하)를, 文王은 崇侯(숭후)를, 武王은 (殷의) 紂王(주왕)을 정벌하였

---

339 원문 不可以煩大臣 – 煩은 괴로워할 번. 힘들여 일하게 하다(勞也).

340 儼然(엄연) – 儼은 의젓할 엄. 당당하고 자신 있는(矜莊) 모습(貌).

341 원문 不遠千里而庭教之, 願以異日 – 千里之道를 멀다고 생각하지 않고 秦의 조정을 찾아오셨지만 寡人은 他日에 가르침을 받고자 한다(敬承之也). 異日은 他日. 商鞅(상앙)을 처형한 지 얼마 되지 않아 辯士를 싫어하며 채용할 뜻이 없다는 뜻.

342 원문 神農伐補遂 – 神農은 炎帝(염제)의 別號. 少典의 子. 補遂(보수, 輔遂)는 國名.

343 원문 黃帝伐涿鹿而禽蚩尤 – 涿鹿(탁록)은 漢代의 上谷郡(상곡군) – 지금 河北省 서북부와 北京市 서북부 지역. 禽은 擒(사로잡을 금). 蚩尤(치우)는 九黎族(구려족)의 首領.

344 원문 堯伐驩兜 – 堯(요)는 聖君의 대명사. 驩兜(환두)는 堯의 臣. 四凶의 한 사람. 崇山(숭산)에 방축했다.

345 원문 舜伐三苗 – 三苗(삼묘)는 國名. 今 湖南省 지역 苗族의 조상.

346 원문 禹伐共工 – 禹는 夏의 건국자. 치수의 공적이 있어 舜의 禪讓(선양)을 받았다. 共工은 部落 이름. 官名이라는 주석도 있다.

고,[347] 齊 桓公(환공)은 전쟁을 통하여 天下의 覇者(패자, 伯)가 되었습니다.[348] 이를 본다면 전쟁을 겪지 않은 자가 어디 있었겠습니까? 古者에 서로 사자를 보내니 수레가 (길에서) 서로 부딪치고, 使者의 언어가 서로 이어지면서 天下가 하나로 합쳐지기도 했습니다. 그 이후로 합종이나 연횡의 약속을 통하여 무기를 감춰둘 수 없었고, 文士들은 교묘한 말을 지어냈으며,[349] 諸侯들은 이런 저런 말에 현혹되었고 온갖 사단이 생기면서 나라를 다스릴 수가 없었습니다.[350] 여러 법조문이 늘어나고 완비되었지만 백성은 더욱 거짓이 많았고, 書策(文書)이 많아지면서 백성은 더욱 궁핍해졌으며,[351] 上下(君臣) 모두가 근심 속에 백성은 의지할 곳이 없었고,[352] 언사가 명확하고 사리가 분명한데도 분쟁은 더 많이 일어났으며,[353] 사자의 言辯이나 위엄을 갖춘 복장에도 전쟁은 그치지 않았습니다. 번잡한 文辭로도 天下는 다스려지지 않았고 (辯士의) 혀가 닳고 듣는 자의 귀가 먹어도

---

347 원문 湯伐有夏, 文王伐崇, 武王伐紂 – 夏의 桀王(걸왕). 崇(숭)은 崇侯 虎. 紂王의 卿士. 紂의 악행을 도왔다.

348 원문 齊桓任戰而伯天下 – 齊 桓公(환공) 名 小白, 僖公의 子. 兵戰하면서도 仁義를 숭상하였고 諸侯를 거느리고 天子에 入朝하여 伯天下하였다. 任은 用也.

349 원문 文士並飾 – 飾은 꾸밀 식. 교묘하게 꾸며대다. 飾은 말로 꾸미다.

350 원문 不可勝理 – 理는 다스리다(治也).

351 원문 書策稠濁 – 策은 木簡, 서류. 稠는 빽빽할 조. 많다. 濁(탁)은 어지럽다. 혼란하다.

352 원문 民無所聊 – 刑罰(형벌)이 失中하자 백성은 의지할 곳이 없다. 聊는 귀가 울 료. 의지하다(賴也. 힘입을 뢰).

353 원문 明言章理, 兵甲愈起 – 章理의 章은 明也. 兵甲은 전쟁. 나라와 나라 사이의 분쟁. 愈는 더욱 유. 益也.

(韙) 功을 이룰 수 없었으며, 大義를 지키고 信義를 약속해도 천하는 서로 和親하지 못했습니다. 이렇게 되자, 文治 敎化를 폐지하고 武勇으로 治國하며, 決死할 勇士를 후하게 대우하고 갑옷을 만들며, 兵器를 연마하여 戰場에서 효과적인 승리를 추구하였습니다.[354] 대체로 아무런 조처도 없이 나라의 이득을 구한다든지 편히 앉아서 땅을 넓히려 한다면,[355] 비록 고대의 五帝나 (三代의) 三王, 그리고 (춘추시대) 五伯(오패, 五霸)라도, 또 明主나 賢君일지라도 그 형세는 불가능하기에 전쟁만이 그 형세를 유지할 수 있을 것입니다.[356] (양국 군대가) 떨어져 있다면(寬), 兩軍이 서로 공격하고 접근했다면(迫) 창으로 찌르고 손으로 때려치워야만[357] 큰 공을 세울 수 있습니다. 이리하여 밖에서는 싸워 이기고, 내부에서는 仁義를 실천하여 위에서 위엄을 세우면 백성은 아래서 복종하게 됩니다. 지금 天下를 병합하고 萬乘의 대국을 짓누르며, 敵國을 굴복시키고 海內를 제압하여 백성을 지켜주며,[358] 諸侯를 臣(신)으로 복종시키려면 전쟁이 아니면 불

354 원문 綴甲厲兵, 效勝於戰場 – 綴甲은 갑옷을 짓다. 厲兵(여병)은 병기를 날카롭게 갈다. 厲는 갈 려. 숫돌에 갈다. 效勝은 전투에서 승리하다. 效는 致其功也. 功을 이루다. 성공하다.

355 夫徒處而致利, 安坐而廣地 – 徒處(도처)나 安坐(안좌)는 전쟁 준비나 실전. 徒處의 徒는 空也. 아무것도 하지 않다. 전쟁 준비나 전쟁이 없이는 利國이나 廣地를 기대할 수 없다.

356 원문 故以戰續之 – 續은 유리한 형세를 이어갈 수 있다.

357 원문 寬則兩軍相攻, 迫則杖戟相樟 – 迫(박)은 접근하다. 밀착하다. 杖戟(장극)은 창을 잡다(持執也). 戟은 가지가 달린 창(支矛). 相樟(상동)은 相撞. 撞은 칠 당. 손으로 내리찧다(手擣也). 때리다.

358 원문 制海內, 子元元 – 子는 사랑하다(愛護). 元元은 백성. 이때 元은

가합니다. 지금 이 시대를 이끌어갈 主君들은 至道(大道)를 소홀히 하거나 明教에 昏暗(혼암)하고 治道에 혼란하며, 언어에 미혹되고 변론에 빠졌으며, 文辭(문사)만을 탐닉하고 있습니다. 이렇게 論하더라도 왕께서는 틀림없이 패권을 이루지 못할 것입니다."[359]

{原文} 說秦王書十上而說不行. 黑貂之裘弊, 黃金百斤盡, 資用乏絕, 去秦而歸.

羸縢履蹻, 負書擔橐, 形容枯槁, 面目犁黑, 狀有愧色. 歸至家, 妻不下紝, 嫂不爲炊, 父母不與言. 蘇秦喟歎曰, "妻不以我爲夫, 嫂不以我爲叔, 父母不以我爲子, 是皆秦之罪也."

乃夜發書, 陳篋數十, 得太公陰秘之謀, 伏而誦之, 簡練以爲揣摩. 讀書欲睡, 引錐自刺其股, 血流至足.

曰, "安有說人主不能出其金玉錦繡, 取卿相之尊者乎?"

期年揣摩成, 曰, "此眞可以說當世之君矣!"

{국역} 이렇게 소진은 秦王을 설득하는 글을 열 번 이상 올렸지만 설득이 통하지 않았다. 검은 담비 가죽의 갖옷은 다 낡아 해졌고[360]

---

善의 뜻.

359 원문 王固不能行也 - 固는 必也. 틀림없이 霸事(패사)를 성취할 수 없을 것이다. 나를 등용하지 못하니, 결국 왕의 능력이 모자랄 것이라는 뜻이 들어있다.

360 원문 黑貂之裘弊 - 貂는 담비 초. 鼠屬. 黑色이 더 고급. 裘는 갖옷 구. 일종의 外套(외투). 弊는 해질 폐. 낡아 못 입게 되다(壞也).

黃金 1백 斤도 다 써버렸다.[361] 資用이 다 떨어지자〔乏絶(핍절)〕 蘇秦은 秦을 떠나 (洛陽으로) 귀가했다. 천으로 발을 싸매고 짚신을 신었으며,[362] 책을 짊어지고 전대를 메었으며,[363] 비쩍 마른 形容(형용)에 검은 얼굴로[364] 부끄러운 기색이 완연했다.[365]

집에 돌아왔지만 妻는 베틀에서 내려오지도 않았고,[366] 형수는 밥도 해 주지 않았으며, 父母는 말도 하지 않았다. 蘇秦이 크게 탄식하며 말했다.[367]

"妻는 나를 지아비로 생각하지 않고, 형수는 나를 시동생으로 여기지 않으며, 부모는 나를 자식으로 보지도 않는 이 모든 것이 秦나라의 허물이다."[368]

그리고 밤이 되자 책을 꺼내고, 책 상자에서 수십 권을 늘어놓고, 太公(태공)의 陰符經(음부경)의 책모를 찾아[369] 엎드려 외우거나 가려

---

361 이는 蘇秦이 趙에 출사하며 趙王으로부터 받은 담비 갖옷이었고 황금이었다.

362 원문 羸縢履蹻 – 羸는 여윌 리. 縢은 봉할 등. 묶다. 緘(봉할 함)也. 천으로 감싸다. 履는 신 리. 신다. 밟다. 蹻는 발돋움 할 교. 짚신(草履也). 나막신(屐也, 나막신 극).

363 원문 負書擔橐 – 負書는 책을 등에 짊어지다. 擔은 멜 담. 橐은 전대 탁.

364 원문 面目犁黑 – 犁는 얼룩소 리. 黧(검은 려)와 通. 黑色.

365 원문 狀有愧色 – 愧는 부끄러울 괴. 愧는 慚(부끄러울 참)也.

366 원문 妻不下紝 – 紝은 베를 짤 임. 베틀(機縷也).

367 원문 蘇秦喟歎曰 – 喟는 한숨 위. 太息也. 歎은 탄식할 탄.

368 원문 是皆秦之罪也 – 秦나라에 대한 원한이 들어있다.

369 원문 得太公陰符之謀 – 陰符(음부)는 太公兵法. 太公은 太公望(태공망, 생졸년 미상)으로 姜은 姓. 呂는 氏. 名은 尙. 字는 子牙. 周 文王과 周 武王

뽑아 연습하며 숙달하였다〔揣摩(췌마)〕.[370] 讀書하면서 졸음이 오면 송곳을 꺼내 허벅지를 찔러 그 피가 발까지 흘러내렸다.[371] 그러면서 소진이 말했다.

"人主에게 유세하여 金玉이나 비단을(錦繡) 내놓게도 못하면서 어찌 卿相의 존귀한 자리를 차지할 수 있겠는가?"

1년이 지나 揣摩(췌마)의 기술이 완성되자, 소진이 말했다.

"이를 가지고 當世의 君主를 설득할 수 있다!"

---

의 軍師였다. 보통 姜尙, 姜子牙, 呂尙, 呂望(여망)으로 부르며 姜太公, 呂太公, 齊太公, 太公, 太公望, 尙父(상보), 師尙父(사상보)는 별칭이다. 師尙父(사상보)는 師傅(사부)이며 존경받고(尙) 부친과도 같다(父)는 뜻으로, 태공의 모든 것을 종합한 말이다. 太公望은 周朝를 도와 殷商을 토벌하는데 有功하여 齊國에 봉해졌다.(姜齊의 始祖) 殷을 멸망시킨 戰功으로 武聖, 兵家之聖으로 칭송된다. 唐初에 武成王廟를 세워 제사하며 文廟(孔子)와 동격으로 숭배했다. 강태공이 渭水(위수)에 낚시를 할 때, 긴 낚싯대에 짧은 줄, 구부리지 않은 곧은 낚싯바늘에, 뒤로 돌아앉아 낚시를 했다. 여기서 '姜太公이 낚시를 한다(姜太公釣魚). - 그래도 원하는 자는 걸려든다(願者上鉤).' 라는 俗諺(속언, 정확히는 歇後語 헐후어)이 생겼다. 중국인들은 만사가 잘 풀릴 때 '太公在此(태공이 여기에 있다).' 라고 말한다.

**370** 원문 簡練以爲揣摩 - 簡은 주요 내용을 요약하다. 練은 연습하다. 숙련하다. 揣摩(췌마)는 주요 내용을 요약하거나 합성하다. 揣는 잴 췌. 정하다. 헤아리다. 定也. 摩는 갈 마. 合也. 硏也. 游說(유세)하는 기술이나 내용을 연마하다. 人主의 심리와 정세나 時勢를 헤아리고 요약하거나 하나로 종합하다.

**371** 원문 引錐自刺其股 - 錐는 송곳 추. 바늘 같은 것(鍼之類. 바늘 침). 刺는 찌를 자. 股는 넓적다리 고.

{原文} 於是乃摩燕烏集闕, 見說趙王於華屋之下, 抵掌而談.

趙王大悅, 封爲武安君. 受相印, 革車百乘, 綿繡千純, 白璧百雙, 黃金萬溢, 以隨其後, 約從散横, 以抑强秦.

{국역} 이어 (蘇秦은) 까마귀들이 모여든 요새〔闕(궐)〕에서[372] 趙王(肅侯, 재위 前 349 – 326년)과 크고 멋진 집에서 만나 유세하였는데,[373] 손바닥을 서로 마주 잡고 대담하였다.[374] 趙王은 大悅(대열)하며 (소진을) 武安君(무안군, 武安은 趙邑)에 봉하였고 재상의 인수를 주었으며(受相印), 革車(혁거, 兵車) 1백 乘(승), 綿繡(면수) 1천 純(순, 純은 束也), 그리고 白璧(백벽, 璧은 璧, 玉環也) 1백 雙(쌍), 黃金 1만 溢(일)을 주어 소진을 수행케 하였는데,[375] (소진의 활약으로) 合從을 약속하고 連横論을 흩어버렸으며 강력한 秦을 억제하였다.[376]

---

372 원문 於是乃摩燕烏集闕 – 於是는 이에. 摩는 문지를 마, 헤아릴 마. 자연스레 모이다(順也). 아주 가까이 지나가다(切近過之). 燕을 나라 이름으로 풀이하면 지리적으로 안 맞는다. 闕은 대궐이란 뜻이 아니고 요새 이름(塞名)이라는 주석이 있다.

373 원문 見說趙王於華屋之下見說 – 華屋의 華는 높고 美麗하다. 華屋을 夏屋, 여름 별장, 또는 山名이라는 주석도 있다. 見說(견세)를 만나 유세하다.

374 원문 抵掌而談 – 抵는 미칠 저. 손을 잡다.(據也). 抵는 옆을 치다. (側擊也).

375 원문 黃金萬溢 – 萬溢(만일)은 萬金也. 20兩이 一溢, 溢은 鎰 중량 일. 무게 단위. 40냥이라는 주석도 있다.

376 원문 約從散横, 以抑强秦. – 關東 六國을 통합하여 따르게 하며 서로 화

{原文} 故蘇秦相於趙而關不通. 當此之時, 天下之大, 萬民之衆, 王侯之威, 謀臣之權, 皆欲決蘇秦之策. 不費斗糧, 未煩一兵, 未戰一士, 未絶一絃, 未折一矢, 諸侯相親, 賢於兄弟.

夫賢人在而天下服, 一人用而天下從. 故曰, 式於政, 不式於勇, 式於廊廟之內, 不式於四境之外. 當秦之隆, 黃金萬溢爲用, 轉轂連騎, 炫熿於道, 山東之國, 從風而服, 使趙大重. 且夫蘇秦特窮巷掘門, 桑戶棬樞之士耳, 伏軾撙銜, 橫歷天下, 廷說諸侯之王, 杜左右之口, 天下莫之能伉.

{국역} 그리하여 蘇秦(소진)이 趙國의 相이 되면서 函谷關은 不通하였다.[377] 이 시기에 천하 대국이나 萬民의 백성, 王侯의 권위, 謀臣의 권력이 모두 소진의 책모에 따라 결정되었다. 一斗의 군량 소비나 一兵의 수고나 싸움도 없이 끊어진 활시위 하나, 부러진 화살 하나도 없었지만, 諸侯는 서로 친하게 되였고 형제보다도 더 우애가 있었다.[378]

대체로 賢人이 있으면 그 현인에 천하가 복종하고, 賢人 一人을 등용하면 천하 사람이 따르게 된다. 그래서 政事에 현인을 등용하고[379]

---

친하게 하다. 關中의 連橫論을 무력화 시키고 秦을 賓服(빈복)케 하다.

377 六國의 關門이 秦과 불통하다. 곧 秦의 군사가 函谷關 밖을 넘보지 못했다.

378 원문 賢於兄弟 – 형제처럼 우애로웠다. 賢은 厚(두터울 후)也.

379 원문 式於政 – 式은 등용하다. 채택하다.

勇戰에는 현인을 등용할 일이 없었고, 조정의 정사나 종묘 제사에 현인의 말을 따르지만,[380] 四境의 外 전쟁에서는 등용할 일이 없었다. 蘇秦의 권위가 높았을 때 黃金 1만 溢(일, 鎰)을 비용으로 쓰고, 사자의 수레와 연락 기병의 화려한 모습은 도로에서 빛이 났으며, 山東 6國은[381] 바람에 쏠리듯 소진에 복종하였고 趙의 국위는 크게 떨쳤다.[382]

본래 蘇秦은 구석진 마을〔陋巷(누항)〕 궁색한 집에 살던 窮士(궁사)이었지만[383] 수레에 올라 위엄을 뽐내면서 천하를 마음껏 돌아다녔고,[384] 조정에서 諸侯國 王에게 유세할 때는 측근의 입을 다물게

---

380 원문 式於廊廟之內 - 廊은 廊下(낭하). 조정의 건물 내 통로. 정사를 논하는 명당. 廟(묘)는 선조를 제사하는 곳. 주요한 國政은 종묘에 보고하고 시행하였다. 여기 廊廟(낭묘)는 人君의 궁궐과 묘당.

381 山東之國 - 여기 山東은 泰山 동쪽이 아니라 崤山(효산)의 동쪽이다. 곧 전국 7雄 중 秦은 山西이고, 나머지 6국은 山東에 소재하였다.

382 원문 使趙大重 - 重은 尊重. 천하 제후가 모두 趙王을 존중하다.

383 원문 特窮巷掘門, 桑戶棬樞之士耳 - 特은 다만 특. 겨우. 窮巷(궁항)은 마을의 막다른 골목. 掘門(굴문)은 아주 낮은 대문. 굴을 판 것 같은 낮고 좁은 출입문. 桑戶(상호)는 벽을 뚫고 뽕나무를 휘어 만들은 창. 棬樞(권추)는 구부정한 나무를 문지도리로 쓴 출입문. 棬은 휘어진 나무 권. 코뚜레. 樞는 문지도리 추. 문을 열고 닫을 때 회전하는 부분. 정말 가난한 동네에 사는 찢어지게 가난한 사람.

384 원문 伏軾撙銜, 橫歷天下 - 伏軾(복식)은 수레에 타다. 軾은 수레 앞 턱가로 나무 식(車前橫木). 수레 앞의 이 軾(식)을 잡고 서서 탄다. 이 식을 잡고 상체를 숙이는 것이 예를 표하는 방법이다. 軾이 없다면 수레가 아니다. 撙은 누를 준. 銜은 재갈 함. 撙銜(준함)은 수레를 멈추다. 橫歷(횡력)은 橫行(횡행)하다. 마음 내키는 대로 두루 돌아다님.

하였으니, 천하에 그 누구도 소진에 맞설 자가 없었다.[385]

{原文} 將說楚王, 路過洛陽, 父母聞之, 淸宮除道, 張樂設飮, 郊迎三十里. 妻側目而視, 傾耳而聽, 嫂蛇行匍伏, 四拜自跪而謝.

蘇秦曰, "嫂, 何前倨而後卑也?" 嫂曰, "以季子之位尊而多金."

蘇秦曰, "嗟乎! 貧窮則父母不子, 富貴則親戚畏懼. 人生世上, 勢位富貴, 蓋可忽乎哉!"

{국역} 楚 威王(위왕, 재위 前 339-329년)에게 유세하러 가는 길에, 洛陽을 지나가는데, 소식을 들은 父母가 집을 청소하고 길을 치우며 풍악과 음식을 준비하려 30리 밖까지 나와서 맞이하였다.[386] 아내는 곁눈으로 바라보면서 귀로 소진의 말을 들었고,[387] 형수는 뱀처럼

385 원문 天下莫之能伉 - 伉은 짝 항. 맞서다. 當也. 伉과 抗은 古字에 相通.

386 楚王을 유세한 뒤에 蘇秦이 낙양을 지나가게 되자, 周 顯王이 除道하고 교외에 나와 영접하고 위로했다는 기록이 더 합리적이다. 소진의 가족이 어찌 길을 치우고 30리 밖에 나와 풍악과 음식을 준비할 수 있겠는가?

387 출세한 蘇秦은 아내를 어떻게 대했을까? 집이 가난하면 어진 아내를 생각한다(家貧思良妻)고 했다. 소진이 밖으로 떠돌 때, 자식을 키우며 부모를 모신 아내 아닌가? 빈천할 때 사귄 친구를 잊어서는 안 되고(貧賤之知不可忘), 어렵고 미천할 때에 고생을 같이 한 아내를 버릴 수 없다(糟糠之妻不下堂). 아내를 무시하면 일생 동안 곤궁하다(欺妻一世窮).

땅을 기며 4번 절하고 꿇어 앉아 지난 날의 잘못을 사죄하였다. 蘇秦이 물었다.

"형수는 전에는 어찌 그리 거만했고, 지금은 이리 겸손합니까?"

그 형수가 말했다.

"媤叔(시숙)께서 높은 자리에 올라 돈이 많기 때문입니다."

蘇秦이 말했다.

"아! (嗟乎 차호라!) 내가 貧窮(빈궁)하니 父母도 자식으로 여기지 않더니, 부귀하자 친척도 두려워한다. 人生 한 살이에, 힘과 지위와 부귀를 어찌 경시할 수 있겠는가!"[388]

## 048/ 秦惠王謂寒泉子

{原文} 秦惠王謂寒泉子曰,

"蘇秦欺寡人, 欲以一人之智, 反覆山東之君, 從以欺秦. 趙固負其衆, 故先使蘇秦以幣帛約乎諸侯. 諸侯不可一, 猶連雞之不能俱止於棲之明矣. 寡人忿然, 含怒日久, 吾欲使

388 곤궁과 영달이 다 타고난 팔자이고(窮通有命), 부귀는 하늘의 뜻이다(富貴在天). 가난한 부부에겐 온갖 일이 모두 서럽다(貧賤夫妻百事哀). 빈천하면 친척도 떠나지만(貧賤親戚離), 부귀하면 남도 다가온다(富貴他人合). 부자는 깊은 산속에 살아도 먼 친척이 찾아오고(富在深山有遠親), 가난뱅이는 저잣거리에 살아도 인사하는 사람이 없다(貧居鬧市無人問).

武安子起往喩意焉."

寒泉子曰, "不可. 夫攻城墮邑, 請使武安子. 善我國家使諸侯, 請使客卿張儀."

秦惠王曰, "敬受命."

## 秦 惠王이 寒泉子에게 말하다.

{국역} 秦의 惠王(재위 前 338-311년)이 寒泉子(한천자)[389]에게 말했다.

"蘇秦이 과인에게 거짓말을 했고, 소진 한 사람의 지모로, 또 山東의 제후가 거듭 합종하게 하여 우리 秦나라를 무시하였소.[390] 趙나라는 그 백성이 많은 것을 믿고 먼저 소진에게 비단을 주어 제후를 맹약하게 만들었지만, 제후를 결코 한 줄로 세울 수 없나니, 그것은 닭을 한 줄로 세워 재울 수 없는 것처럼 명백한 것이요.[391] 과인은 화가 나도 오래 참았지만. 이제 武安子 白起(백기)를 시켜 제후들을 깨우치려 하오."[392]

389 寒泉子(한천자) - 秦의 處士. 이는 周 顯王 36년(前 333)이라는 주석이 있다.

390 원문 從以欺秦 - 欺는 속일 기. 무시하다. 거짓에 속을 것이라고 업신여기며 거짓말을 할 것이다.

391 야생의 닭도 땅바닥에 잠을 자지 않고 반드시 나뭇가지에 올라가서 잔다. 그래서 농가의 닭장에는 닭이 올라갈 홰가 있다. 한 줄로 묶인 닭은 홰에 올라갈 수 없다.

392 武安子起는 秦의 名將 白起. 往喩의 喩는 諭(깨우칠 유). 알려주다(告也).

寒泉子가 말했다.

"不可합니다. 성을 공격하고 함락시키려면 武安子(白起)를 시킬 수 있습니다. 그러나 제후를 우리 秦에게 우호적으로 만들려면 客卿인 張儀(장의)[393]에게 맡겨야 합니다."

秦 惠王이 말했다. "삼가 가르침을 따르겠소!"

## 049/ 泠向謂秦王

{原文} 泠向謂秦王曰,

"向欲以齊事王, 使攻宋也. 宋破, 晉國危, 安邑王之有也. 燕,趙惡齊,秦之合, 必割地以交於王矣. 齊必重於王, 則向

---

혜왕의 뜻은 백기를 보내 제후국을 침략하여 경고하겠다는 뜻.
張儀는 前 310년에 죽었고, 소진은 前 284년에 죽었다. 白起의 생졸년은 前 332－257년인데, 백기는 秦 昭襄王(재위 前 306－251년) 29년에 武安君에 봉해졌다. 따라서 여기 武安子 起는 白起가 아니라는 주석이 있다.

393 張儀(장의, 前 373－310년)－魏國 安邑人(今 山西省 서남부 夏縣). 戰國시기의 저명한 縱橫家. 蘇秦과 함께 鬼谷子(귀곡자)의 徒弟(도제: 스승한테 학술·기예 등을 배우는 제자)로 수학했다. 楚에서 도적으로 몰려 수백 대를 얻어맞고도 '혀는 남아 있으니 괜찮다.' 고 말했다. 秦과 和親하고 동맹하여 평화를 유지하자는 連橫策(연횡책, 連衡)을 주장하여 秦 惠文王(재위 前 338－311년)에게 중용되었고 蘇秦의 합종책을 해체시켰다. 장의는 惠文王 5년(前 334)에 客卿이 되었다.

之攻宋也, 且以恐齊而重王. 王何惡向之攻宋乎? 向以王之明爲先知之, 故不言."

## 泠向(영향)이 秦王에게 말하다.

{국역} 泠向(영향)이 秦王에게 말했다.[394]

"제가 齊나라가 大王을 섬기고 齊로 하여금 宋을 공격케 만들겠습니다. 宋이 격파되면 晉國(魏)은 위기에 몰리고, 安邑은 대왕의 소유가 될 것입니다.[395] 燕과 趙는 齊와 秦의 연합을 싫어하기에 틀림없이 땅을 할양하며 대왕께 교류를 제의할 것입니다. 그러면 齊에서는 대왕을 중히 여길 것이고, 齊가 宋을 공격하게 하는 이유는 대왕을 중히 여기게 하는 길입니다. 그런데 대왕께서는 제가 송을 공격케 하는 것을 싫어하십니까? 저는 대왕께서 미리 먼저 아실 줄 알고 말씀드리지 않았습니다."

---

**394** 泠向 - 泠은 깨우칠 령. 姓. 向은 名也. 秦의 臣下也.

**395** 晉國危, 安邑王之有也 - 晉國은 魏都 大梁을 지칭한다. 宋이 魏에 동쪽이고 齊가 宋을 공격하여 격파하면 수도 大梁이 위함하고, 秦에 가까운 安邑을 지킬 수 없어 秦의 소유가 될 수 있다는 뜻. 安邑은 漢代 河東郡의 治所인데, 安邑縣(안읍현)은, 今 山西省 서남부 運城市 관할 夏縣 서북에 해당한다.

## 050/ 張儀說秦王

{原文} 張儀說秦王曰,

"臣聞之, 弗知而言爲不智, 知而不言爲不忠. 爲人臣不忠當死, 言不審亦當死. 雖然, 臣願悉言所聞, 大王裁其罪. 臣聞, 天下陰燕陽魏, 連荊固齊, 收餘韓成從, 將西南以與秦爲難. 臣竊笑之. 世有三亡, 而天下得之, 其此之謂乎! 臣聞之曰, '以亂攻治者亡, 以邪攻正者亡, 以逆攻順者亡.' 今天下之府庫不盈, 囷倉空虛, 悉其士民, 張軍數千百萬, 白刃在前, 斧質在後, 而皆去走, 不能死, 罪其百姓不能死也, 其上不能殺也. 言賞則不與, 言罰則不行, 賞罰不行, 故民不死也."

## 張儀가 秦王에게 유세하다.

{국역} 張儀(장의, 前 373 – 310년)가[396] 秦 惠王(재위 前 338 – 311년)에게 말했다.[397]

---

396 張儀가 아니라 韓非(한비)이어야 한다는 주석이 있다. 이 문장이《韓非子 初見秦》에도 실려 있기 때문이다. 따라서 秦王이 누구냐는 분분한 의론이 있다. 秦 惠文王이 아닌 昭襄王(재위 306 – 251)이어야 한다는 주석도 있으나, 이는 張儀의 생몰 연도와 비교하면 맞지 않는다.

397 이 장문의 要旨는 六國의 合從을 격파하고 講和없이 계속 진공하여 秦王의 霸業을 이룩해야 한다는 주장이고, 秦의 통일천하는 그대로 실행되었다.

"臣이 알기로, 잘 알지도 못하며 말을 한다면 그것은 지혜롭지 못한 것이고, 알면서 말하지 않는다면 그것은 不忠입니다.[398] 人臣이 되어 충성스럽지 못하다면 응당 죽어야 하고, 상세히 살피지 않고 말한다면(不智) 역시 죽어야 합니다. 그렇지만 제가 들은 바를 모두 말씀드리오니 大王께서 저의 죄를 판별해주시기 바랍니다."[399]

張儀(장의, 前 373 – 310년)

"臣이 알기로, 天下 合從에 (趙를 중심으로 보면)[400] 燕은 陰이고 魏는 陽이며,[401] 楚와 연결하고 齊와 공고히 하며,[402] 나머지 韓을 끌

---

398 利國 安君의 방책을 알고 있으면서 말하지 않으니 不忠이다.

399 원문 大王裁其罪 – 裁는 마를 재. 裁斷하다. 판단하다.

400 원문 天下陰燕陽魏 – 여기 天下는 일반적 개념의 천하가 아니다. 이하의 문장에 나오는 天下는 文理로 보면 合從策의 天下이다.

401 원문 陰燕陽魏 – 燕은 陰이니, 小이며 北이다. 魏는 陽으로, 大이며 南이다.

402 원문 連荊固齊 – 荊(형)은 형주. 楚를 지칭. 진시황의 부친 莊襄王의 이름이 子楚(자초)이다. 그래서 楚를 荊으로 대체했다. 그렇다면 이 글이 진시황 재위 중에 작성되었다는 뜻이다.

어들여 합종을 이루고[403] 서남쪽으로 진출하여 秦을 상대한다고 하였습니다. 臣은 이를 혼자 비웃었습니다. 세상에 망하는 길이 3가지 있으니, 천하를 차지하려면 그것을 알아야 합니다. 臣이 알기로 '亂國이면서 治國을 공격하면 망하고, 邪惡(사악)으로 正道를 공격하는 자 멸망하며, 逆理로 順理를 공격하면 망한다.' 고 하였습니다. 지금 (六國) 天下의 府庫(부고, 창고)는 차지 않았고,[404] 囷倉(균창: 곡식 저장 창고)은 비었으며(空虛),[405] 모든 士民을 동원한 군사가 數千에서 百萬이라지만 하얀 칼날이 앞에 있고 도끼가 뒤에 있어도[406] 병졸이 모두 도망가니 잡아서 처형할 수도 없고, 그 백성 모두를 죽일 수도 없으며 책임자를 죽일 수도 없습니다. 賞을 준다지만 수여하지 않고, 징벌한다지만 실행할 수 없으니, 백성들은 나라를 위해 죽으려 하지 않습니다."[407]

{原文} "今秦出號令而行賞罰, 有功無功相事也. 出其父母懷衽之中, 生未嘗見寇也, 聞戰頓足徒裼, 犯白刃, 蹈煨炭,

---

403 원문 收餘韓成從 – 韓은 당시에도 약소국이었고 땅을 많이 잃어 약간 남아있었다. 그래서 餘韓이라 했다.

404 원문 府庫不盈 – 본래 府는 文書를 보관하고, 庫는 兵車를 보관하는 용도였다. 지금은 모든 재화를 보관한다는 뜻으로 쓰인다. 盈은 가득 찰 영.

405 원문 囷倉空虛 – 囷은 곳집 균. 둥근 모양의 곡식 저장 창고. 倉은 方形의 창고.

406 斧質在後 – 斧는 도끼 부. 싸우지 않고 도망가는 병졸을 죽이려는 刀斧手(도부수). 質은 모루 질. 도끼 받침.

407 원문 故民不死也 – 백성은 충절을 다 바치고 죽으려 하지 않다.

斷死於前者, 比是也. 夫斷死與斷生也不同, 而民爲之者是貴奮也. 一可以勝十, 十可以勝百, 百可以勝千, 千可以勝萬, 萬可以勝天下矣. 今秦地形, 斷長續短, 方數千里, 名師數百萬, 秦之號令賞罰, 地形利害, 天下莫如也. 以此與天下, 天下不足兼而有也. 是故, 秦戰未嘗不勝, 攻未嘗不取, 所當未嘗不破也. 開地數千里, 此甚大功也. 然而甲兵頓, 士民病, 蓄積索, 田疇荒, 囷倉虛, 四鄰諸侯不服, 伯王之名不成, 此無異故, 謀臣皆不盡其忠也."

{국역} "지금 秦에서는 명령을 내리고 상벌을 하여 유공한 자, 무공한 자를 서로 섬기게 합니다.[408] 父母의 품속에서[409] 태어나 적군을 본 적이 없으면서도 전쟁이라는 말만 들으면 힘차게 뛰고 맨 손에 웃통을 벗고서[410] 하얀 칼날에 대들고, 시뻘건 숯불을 밟으며 앞으로 나아가[411] 결단코 죽을 수 있는 자들입니다.[412] 대체로 결단코 죽

---

408 원문 有功無功相事也 – 秦에서는 전공에 따라 無功者는 유공자의 노예가 되기도 했다. 事는 役使. 부리다. 有功, 無功을 하나하나 가려내다.

409 懷衽之中 – 懷는 품을 회. 衽은 옷깃 임, 懷衽(회임)은 부모의 품속.

410 원문 聞戰頓足徒裼 – 頓은 조아릴 돈. 뛰어나가다. 徒(도)는 맨손도(空手). 裼은 웃통 벗을 석. 袒(웃통 벗을 단)과 同. 어깨를 드러내다(露臂也).

411 원문 犯白刃, 蹈煨炭 – 칼이 날이 서면 하얗게 보인다(白刃). 蹈은 밟을 답. 煨는 불씨 외. 화로에 담긴 숯불(盆中火). 炭은 불타는 숯.

412 斷死於前者, 比是也. – 죽어 목숨을 버리다. 比는 차례, 또는 皆(개: 모두. 두루 미치다. 함께)의 뜻으로 풀이하였다. 전투에 용감했던 것은 틀림없다.

어도 좋다는 마음과 기어코 살겠다는 마음은 같지 않은데,[413] 백성이 그럴 수 있는 것은 그런 용기를 귀하게 알아주기 때문입니다.[414] (그럴 勇氣라면) 하나가 열을 이길 수 있고, 열이 百을, 백이 千을, 천은 萬을, 만은 天下를 이길 수 있습니다. 지금 秦의 地形은 긴 곳을 잘라 짧은 곳에 이으면 사방 수천 리의 땅이고,[415] 용감한 군사가 수백 만에다가 상벌을 장려한 명령, 유리한 지형 등 총체적으로 천하에 이 같은 나라가 또 없을 것입니다.[416] 이로써 (趙의) 天下와 다툰다면[417] 세상은 秦이 다 차지하기에도 부족할 것입니다.[418] 이로써 秦이 싸워 이기지 못하고, 공격해서 빼앗지 못하고, 또 맞서서 격파하지 못한 경우가 없는 이유를 알 수 있습니다.[419] 수천 리 땅을 넓힌 것은 정말 큰 공적입니다. 그러나 甲兵이 피로하고(頓은 넘어질 돈), 士民도 피곤하며(病), 비축 물자는 없어졌고, 경작지는 황폐

---

413 원문 夫斷死與斷生也不同 – 斷은 결단할 단, 한결같을 단. 死生이 같지 않으나, 죽어도 좋다는 마음가짐이 쉽지 않다는 것을 강조한 말.

414 원문 而民爲之者是貴奮也 – 奮은 떨칠 분. 분발. 勇氣, 勇奮, 죽기를 두려워하지 않는 용기(勇奮死也).

415 원문 斷長續短 – 남북으로 긴 국토를 잘라 동서의 짧은 부분을 메워 사각형으로 땅으로 계산해본다는 뜻.

416 원문 地形利害, 天下莫如也 – 利害는 총체적으로 말하다(總言).

417 以此與天下 – 여기 천하는 趙를 중심으로 한 合從의 세계. 與는 경쟁하다. 다투다.

418 원문 天下不足兼而有也 – 趙를 중심으로 한 合從의 여러 나라는 秦이 다 차지해도 (秦에 능력에 비하면) 부족하다. 秦은 천하를 겸병하고도 능력의 여유가 있다는 뜻.

419 원문 所當未嘗不破也 – 當은 상대하다. 맞서다. 겨루다(相値也).

해졌으며,[420] 창고는 비었고 사방의 제후들은 복속하지 않으며, 伯王(패왕)의 명성을 누리지 못하는 것은 다른 이유가 있기 때문이 아니라 (秦의) 謀臣 모두가 그 충성을 다 바치지 않기 때문입니다."

{原文} "臣敢言之, 往者齊南破荊, 中破宋, 西服秦, 北破燕, 中使韓,魏之君. 地廣而兵强, 戰勝攻取, 詔令天下. 濟淸河濁, 足以爲限, 長城,鉅防, 足以爲塞. 齊, 五戰之國也, 一戰不勝而無齊. 故由此觀之, 夫戰者萬乘之存亡也."

{국역} "臣이 감히 말씀드립니다만, 옛날에(往者) 齊는 남으로 楚(荊)를 격파하고 중간의 宋을 격파하였으며, 西쪽으로 秦을 굴복시켰고,[421] 北으로 燕을 격파하였으며, 그 중간에 韓과 魏의 君主를 불러오기도 하였습니다. 넓은 땅과 강력한 군사로 싸워 이기고 탈취하며 천하를 호령하였습니다. 濟水는 맑고 河水(황하)는 혼탁하여 경계로 삼기에 족하고, 長城과 거대한 방어 시설은(鉅防) (齊의) 요새로 충분하였습니다. 齊는 五方의 여러 세력과 싸워야 하는 나라이기

420 원문 蓄積索, 田疇荒 – 蓄積(축적)은 비축 물자. 索은 찾을 색. 다 없어지다(盡也). 田疇(전주)는 경작지. 疇는 밭두둑 주(耕治之田). 荒은 황폐하다. 개간된 땅을 경작하지 않다.

421 '齊南破荊' 이하는 地勢를 언급한 것이지 사건의 先後는 아니다. 齊 宣王(재위 前 319 – 301) 때 5국이 秦을 공략했고, 齊 湣王(민왕) 때에는 韓과 魏가 秦을 정벌했으며 韓과 魏가 楚를, 또 秦, 韓, 魏가 楚를 격파한 적도 있었다.

에[422] 단 한 번 패전으로도 齊는 존재할 수가 없는 나라입니다. 이를 통해 본다면, 전쟁이란 萬乘之國의 존망 그 자체입니다."[423]

{原文} "且臣聞之曰, '削株掘根, 無與禍鄰, 禍乃不存.' 秦與荊人戰, 大破荊, 襲郢, 取洞庭,五都,江南. 荊王君臣亡走, 東伏於陳. 當是之時, 隨荊以兵, 則荊可擧. 擧荊, 則其民足貪也, 地足利也. 東以强齊,燕, 中以陵三晉. 然則是一擧 而伯王之名可成也, 四鄰諸侯可朝也. 而謀臣不爲, 引軍而退, 與荊人和. 今荊人收亡國, 聚散民, 立社主, 置宗廟, 令帥天下西面以與秦爲難, 此固已無伯王之道一矣. 天下有比志而軍華下, 大王以詐破之. 兵之梁郭, 圍梁數旬, 則梁可拔. 拔梁, 則魏可擧. 擧魏, 則荊,趙之志絶. 荊,趙之志絶, 則趙危. 趙危而荊孤. 東以强齊,燕, 中以陵三晉, 然則是一擧而伯王之名可成也, 四鄰諸侯可朝也. 而謀臣不爲, 引軍而退, 與魏氏和. 令魏氏收亡國, 聚散民, 立社主, 置宗廟, 此固已無伯王之道二矣. 前者穰侯之治秦也, 用一國之兵, 而欲以成兩國之功. 是故兵終身暴露於外, 士民疲病於內, 伯王之名不成. 此固已無伯王之道三矣."

---

422 원문 齊, 五戰之國也 – 사방 그리고 내부의 적과도 싸워야 한다는 뜻. 秦에 비한다면 攻守에 매우 불리한 지형이다.

423 원문 夫戰者萬乘之存亡也 – 勝則存하고 敗則亡한다. 勝敗가 이와 같으니 萬乘之國의 存亡은 전쟁에 달렸다.

{국역} "그리고, 臣이 알기로는, '나무그루를 자르고 뿌리를 뽑아내듯,[424] 禍를 불러올 원인을 만들지 않으면, 화를 당하지 않는다.'고 하였습니다. 秦과 楚人(荊人)이 싸워 楚를 大破하고, 그 도읍 郢(영)[425]을 점령하였으며, 洞庭(동정), 五都(오도, 五渚), 江南(강남) 등 楚邑을 탈취하자 楚王과 君臣은 달아나(亡走) 동쪽의 陳(진)에 숨었습니다. 이때에 楚를 따라가 공격했으면 楚를 멸망시킬 수 있었습니다. 楚를 공격하면서 그 백성은 물론 그 땅도 크게 탐낼만 했습니다. 그러면 동쪽으로 齊와 燕을 강하게 누르면서 중간에 三晋(趙, 韓, 魏)을 능멸해 버리면 一擧에 伯王(패왕)의 명성을 누리면서 사방의 제후들을 入朝하게 할 수 있었습니다. 그러나 謀臣들은 그렇게 하지 않았고, 군사를 철수하며 楚와 講和하였습니다. 그리하여 楚로 하여금 망하던 나라를 다시 일으켜 세우고, 흩어진 백성을 다시 모으며 묘를 세우고 신주를 모시었으며, (합종한) 나라를 거느리고 서쪽으로 秦에 대항하고 있으니, 이는 秦이 천하 伯王(패왕)의 대도를 놓쳐 버린 첫 번째 실수였습니다. (합종한) 나라들도(天下) 비슷한 뜻을 가지고 군사를 華山(화산, 西嶽)에 주둔시키자, 大王께서는 詐術(사술)로 그 세력을 격파하고 수십 일간 大梁(대량, 魏都)을 포위했었는

---

424 원문 削株掘根 – 削은 깎을 삭. 掘은 파낼 굴. 根은 뿌리 근.

425 楚國의 建國 초기의 도읍은 丹陽〔단양, 今 河南省 서남부 南陽市 淅川縣(석천현)〕이었다. 楚가 漢中을 차지한 뒤로 郢〔鄢郢(언영)〕으로 천도했다가 다시 郢都(영도)로 천도하였는데, 이는 今 湖北省 서부 荊州市(형주시) 荊州區에 해당한다. 今 河南省 중동부 周口市 淮陽縣은, 陳楚의 故城으로 陳郢(진영)이라 부른다. 楚國 말기 楚 考烈王 22년(前 241년)에 楚는 壽春(今 安徽省 淮南市 관할 壽縣)으로 천도하였는데 보통 壽郢(수영)이라 불렀다.

데, 그때 大梁을 점령할 수 있었습니다. 大梁를 점령했었더라면 魏를 멸망시킬 수 있었고, 그러면 楚나 趙의 협력을 단절할 수 있었으며,[426] 趙는 위기에 처했을 것입니다. 趙가 위급하면 (남쪽의) 楚는 고립됩니다. 그러면 동쪽으로 齊와 燕을 강하게 압박하면서 중간에 있는 三晉을 눌러버리면 일거에 伯王(패왕)의 이름을 차지하고 사방의 제후들을 입조케 할 수 있었습니다. 그러나 (秦의) 謀臣은 그렇게 하지 않았고 군사를 철수하며 魏氏와 강화했으니, 魏氏는 亡國을 되살리고 흩어진 백성을 끌어 모았으며 社主를 세워 宗廟(종묘)에 안치하니, 이는 정말로 伯王(패왕)의 大道를 놓쳐버린 두 번째 실수였습니다. 옛날에(前者) 穰侯(양후)가 秦의 재상이 되었을 때,[427] (秦) 一國의 군사를 가지고 秦과 魏 양쪽에서 공을 세우려 하였습니다. 그래서 병사들은 終身토록 야전에서 고생을 해야만 했고, 士民은 사민대로 국내에서 지치고 병들어 伯王(패왕)의 위업을 이룰 수 없었

---

**426** 원문 則荊,趙之志絶 – 荊은 楚. 志는 동맹. 楚와 趙 사이에 魏가 있었기에 魏의 멸망은 二國이 不通하여 隔絶(격절)된다는 뜻.

**427** 원문 穰侯之治秦也 – 穰侯(양후)는 魏冉〔위염, 생졸년 미상, 一作 魏焻(위창)〕. 戰國 시대 秦國 政治家, 宣 太后의 異父弟, 穰邑(今 河南省 서남부 鄧州市)에 봉해졌기에 穰侯라 칭한다. 秦 武王이 23歲에 죽으며 아들이 없자, 그 형제가 다투었다. 魏冉(위염)은 자신의 권력을 이용하여 秦 昭襄王(재위 前 306 – 251년)을 옹립했다. 이후 白起(백기)를 천거하여 자신의 戰功으로 삼아 여러 차례 魏國과 趙國 등을 정벌하여 큰 성공을 거두었다. 그러는 동안 많은 賞賜를 받아 왕실보다도 부유했다. 穰侯 魏冉(위염) 등 당시 四大 列侯가 秦政을 장악했는데, 그들을 '四貴'라 하였다. 范睢(범수)가 入秦한 뒤에 秦 소양왕에게 유세하여 四貴를 국정의 장애물이라 설득하자, 소양왕은 위염을 파직하고 범저를 宰相에 임명했다. 위염은 函谷關 북쪽으로 방축되었다가 죽었다.

으니, 이것이 패왕의 道를 성취 못한 세 번째 실수였습니다."

{原文} "趙氏, 中央之國也, 雜民之所居也. 其民輕而難用, 號令不治, 賞罰不信, 地形不便, 上非能盡其民力. 彼固亡國之形也, 而不憂民氓, 悉其士民, 軍於長平之下, 以爭韓之上黨, 大王以詔破之, 拔武安. 當是時, 趙氏上下不相親也, 貴賤不相信, 然則是邯鄲不守, 拔邯鄲, 完河間, 引軍而去, 西攻脩武, 踰羊腸, 降代,上黨. 代三十六縣, 上黨十七縣, 不用一領甲, 不苦一民, 皆秦之有也. 代,上黨不戰而已爲秦矣, 東陽河外不戰而已反爲齊矣, 中山呼池以北不戰而已爲燕矣. 然則是舉趙則韓必亡, 韓亡則荊,魏不能獨立. 則是一舉而壞韓, 蠹魏, 挾荊, 以東弱齊,燕, 決白馬之口, 以流魏氏. 一舉而三晉亡, 從者敗. 大王拱手以須, 天下遍隨而伏, 伯王之名可成也."

{국역} "趙(趙氏)나라는 여러 나라 중앙에 자리했고, 여러 백성이 섞였습니다.[428] 그 백성은 경박하여[429] 부리기가 쉽지 않고, 나라의 호령이 통하지 않으며, 賞罰(상벌)도 不信하고, 地形 또한 (방어에) 不便하며, 지배층에서는 백성의 힘을 다 동원할 수도 없습니다. 그

**428** 원문 趙氏中央之國也, 雜民之所居也 - 趙都인 邯鄲(한단)은 燕의 南, 齊의 西, 魏의 北, 韓의 동쪽이라서 中央이라 하였고, 그 四國의 백성이 섞였기에 雜民이라 하였다.

**429** 원문 其民輕 - 그 志向이 堅固(견고)하지 않다는 뜻.

모두는 실로 亡國의 형세이나 백성의 어려움을 돌보지 않고 백성을 모두 동원하여 長平 부근에 주둔시켜 韓의 上黨을 놓고 싸웠는데,[430] 大王께서는 명령 한번으로(詔) 趙軍를 격파하여 (趙邑) 武安(무안)[431]을 점령하였습니다. 당시에 趙나라 上下(君臣)는 相親하지 않았고 貴人(卿)과 아래 士人은 서로를 신뢰하지 않았으며, 도읍 邯鄲(한단)[432]은 지킬 수도 없었으니, (우리가) 邯鄲(한단)을 점령했다면, 河間(하간) 일대를 차지할 수 있었습니다. 그러면 秦은 군사를 이끌고 서쪽으로 진격하여 脩武(수무)를 공격하고, 羊腸(양장, 地名)을 넘어가서 代(대)와 上黨(상당)을 저절로 차지할 수 있었습니다. 곧 代郡[433]의 36개 현, 上黨郡의 17개 현은 무기 하나 잃거나(不用一領

430 長平之戰(前 262 – 260년) – 戰國 시대 秦國이 趙國에 대한 대규모 침략. 양국이 국력을 다 동원한 대규모의 전투. 秦國 대장인 王齕(왕흘)이 上黨郡을 점령하고 廉頗(염파)와 長平에서 對峙(대치)하며, 쌍방이 4개월을 버티었다. 秦國은 反間計를 써서, 趙國의 젊은 장수 趙括(조괄, 명장 趙奢의 아들)이 염파를 대신케 했다. 그러면서 비밀리에 大將 白起(백기)를 출전시켰다. 長平戰에서 秦軍이 大勝을 거두고 趙軍은 참패했으며, 40만 降卒은 모두 구덩이에 산 채로 묻혔다. 이 전투는 戰國 形勢의 전환점이 되었고 이후 山東 6국은 秦에 항거할 戰力이 없었다. 長平은, 今 山西省 남동부 晉城市 관할 長平市. 40년 뒤에 秦은 六國을 滅했다.

431 武安 – 趙邑, 今 河北省 남부 邯鄲市 관할 武安市.

432 邯鄲(한단) – 趙의 도읍. (전국시대) 趙의 敬侯(경후, 재위 前 386 – 375년)가 中牟縣(중모현)에서 한단으로 도읍을 옮겨왔다(前 386년). 北宋시대에는 北京大名府,《水滸傳》의 무대, 今 河北省 남부 邯鄲市. 黃粱美夢(황량미몽), 邯鄲學步, 圍魏救趙. 完璧歸趙(완벽귀조), 刎頸之交(문경지교), 毛遂自薦(모수자천) 등 수많은 고사성어의 고향.

433 代郡(대군) – 秦代에 郡을 설치하였다. 今 山西省 동북부. 河北省 서북,

甲), 백성 한 사람을 고생시키지도 않고서(不苦一民) 모두 秦의 소유가 되었을 것입니다. 그리고 (趙邑) 東陽(동양)과 河外〔하외, 滹沱河(호타하) 이북〕는 싸우지 않고도 齊의 차지가 되고, (趙邑) 中山(중산)과 呼池(호지)의 땅은 싸우지 않고도 燕(연)의 땅이 될 것입니다. (이렇게 趙가 분할되어) 趙 전체와 韓(한)은 틀림없이 망하게 되고, 韓이 망하면 楚(荊)와 魏도 獨立할 수가 없을 것입니다. 곧, 이는 一擧(일거)에 韓을 붕괴시키고 魏를 병들게 하고, 楚를 꼼짝 못하게 만들 것이며,[434] 동쪽으로 齊와 燕을 약화시키고, (河水) 白馬津(백마진)의 제방을 터트려 魏나라를 물에 잠기게 하여[435] 一擧에 三晋을 멸망시키며 合從을 패망케 할 수 있었습니다.[436] 그리고서 大王께서는 팔짱을 끼고〔拱手(공수)〕 기다리면 천하는 모조리 따라 굴복하여[437] 秦은 伯王(패왕)의 위업을 달성했을 것입니다."

---

內蒙古 일부가 그 영영이었다. 치소는 代縣, 今 河北省 서북부 張家口市 관할 蔚縣(울현).

434 원문 蠹魏, 挾荊 - 蠹는 좀벌레 두. 해악을 끼치다. 속(中)을 병들게 하다. 책이나 옷, 나무를 갉아먹는 좀벌레는 눈에 잘 보이지도 않으나 그 폐해는 정말 심각하다. 挾은 낄 협. 끼워 넣다. 활동을 제약하다. 楚의 戰功之心을 꺾는다는 뜻의 주석이 있다.

435 원문 決白馬之口, 以流魏氏. - 白馬는 洛陽 부근 河水의 나루터 이름. 漢代 東郡 관할. 流는 물을 대다(灌也). 물에 잠기게 하다. 魏氏는 魏의 郡縣也.

436 원문 一擧而三晋亡, 從者敗 - 從者는 合從을 따르는 나라. 山東六國. 從敗는 합종이 깨지다. 성립하지 못하다.

437 원문 天下遍隨而伏 - 모든 무리가 따라 엎드려 투항하다. 遍은 두루 편. 編(엮을 편)과 通. 새끼줄로 차례대로 엮다.

{原文} “而謀臣不爲, 引軍而退, 與趙氏爲和. 以大王之明, 秦兵之强, 伯王之業也, 曾不可得, 乃取欺於亡國, 是謀臣之拙也. 且夫趙當亡不亡, 秦當伯不伯, 天下固量秦之謀臣一矣. 乃復悉卒攻邯鄲, 不能拔也, 棄甲兵怒, 戰慄而卻, 天下固量秦力二矣. 軍乃引退, 并於李下, 大王又並軍而致與戰. 非能厚勝之也, 又交罷卻, 天下固量秦力三矣. 內者量吾謀臣, 外者極吾兵力. 由是觀之, 臣以天下之從, 豈其難矣. 內者吾甲兵頓, 士民病, 蓄積索, 田疇荒, 囷倉虛, 外者天下比志甚固. 願大王有以慮之也.”

{국역} “그러나 謀臣이 그렇게 하지 않아 引軍하여 후퇴하였고 趙氏와 강화하였습니다. 大王의 明智, 막강한 秦의 군사력, 伯王의 大業을 이뤄 존엄한 지위를 얻을 수 있었으나, (秦은) 망하는 나라에게 (趙) 속은 결과가 되었으니, 이 모두는 謀臣(모신)의 무능입니다.[438] 그래서 응당 망할 趙는 망하지 않았고, 秦은 응당 패자가 되어야 했

---

438 원문 是謀臣之拙也 – 謀臣의 첫째 요건이 멀리 내다보는 지혜일 것이다. 눈앞의 현상과 이득은 아마 보통 사람이 더 잘 볼 것이다. 拙은 서투를 졸. 無能, 無智, 眼目 不在, 狹量, 이 모두가 拙일 것이다.
'근면은 모자람을 보완해 주고(勤能補拙), 교묘한 거짓은 우둔한 정성만 못하다(巧詐不如拙誠).' 는 이런 말은 평범한 사람을 격려하기 위한 말이지 謀士를 위한 말은 아니다. 아무리 '謀事는 在人하고, 成事는 在天이라.' 하지만, 또 '人謀는 不如天算' 이라 하지만, 그 智謀가 평범하다면 무슨 大成을 얻을 수 있겠나? 온 천하의 재사를 데려오고(才用八方), 智謀는 온 하천 물을 받아들이듯(智納百川) 널리 구해야 한다.

지만 패업을 이루지 못했으며, 결국 天下가 秦 謀臣의 능력을 알았으니, 이것이 첫째 교훈입니다. 두 번씩이나 秦은 군사를 모두 동원하여 邯鄲(한단)을 공격하였다가 점령하지도 못하고, 병기를 버리면서 겁을 먹고 두려워 떨며 물러났기에, 온 천하가 秦의 군사 역량을 파악할 수 있었으니, 이는 두 번째 교훈입니다. 군대가 물러난 뒤, (趙의 河內) 李下(이하. 地名)에서 大王은 군사를 집결시켜 다시 싸웠지만 대승하지 못하였고 양군이 지쳐 퇴각하였는데,[439] 이로써 천하가 秦의 전투 역량을 헤아렸으니, 이는 세 번째 교훈입니다. 내부적으로는 우리 謀臣의 능력을, 외부적으로는 우리 군사력의 극한이 어디인가를 알아야 합니다.[440] 이로써 臣이 생각으로는, 천하가 다시 合從하는데 무슨 어려움이 있겠습니까? 내부적으로 우리의 군사도 약해졌고 士民도 지쳤으며, 蓄積(축적)도 없고 경작지도 황폐해졌으며, 창고도 비었고 외부적으로 합종의 의지는 더욱 공고해졌습니다. 대왕께서는 이를 깊이 생각하시기 바랍니다."

{原文} "且臣聞之, '戰戰慄慄, 日愼一日.' 苟愼其道, 天下可有也. 何以知其然也? 昔者紂爲天子, 帥天下將甲百萬, 左飮於淇谷, 右飮於洹水, 淇水竭而洹水不流, 以與周武爲難. 武王將素甲三千領, 戰一日, 破紂之國, 禽其身, 據其地, 而有其民, 天下莫傷."

---

439 원문 非能厚勝之也, 又交罷卻 - 厚勝은 大勝. 交는 양편 모두. 罷卻(파각)은 罷兵(파병)하고 퇴각하다.

440 원문 外者極吾兵力 - 군사력의 한계를 헤아려야 한다.

"智伯帥三國之衆, 以攻趙襄主於晉陽, 決水灌之, 三年, 城且拔矣. 襄主錯龜數策占兆, 以視利害, 何國可降, 而使張孟談. 於是潛行而出, 反智伯之約, 得兩國之衆, 以攻智伯之國, 禽其身, 以成襄子之功. 今秦地斷長續短, 方數千里, 名師數百萬, 秦國號令賞罰, 地形利害, 天下莫如也. 以此與天下, 天下可兼而有也."

{국역} "그리고 臣이 듣기로는, '조심조심, 두렵고 두려운 듯, 하루에 또 하루를 삼가라.' 고 하였습니다. 정말로 자신의 道를 신중히 지킨다면 천하에 무슨 어려움이 있겠습니까? 그런 이치를 어떻게 알 수 있겠습니까? 옛날에(昔者) (殷의) 紂王(주왕)은 天子가 되어 天下의 甲兵 百萬을 거느렸고, (그 백만 대군이) 왼편 淇谷(기곡)의 물을 마시고 오른쪽 洹水(원수)[441]의 물을 마셨는데, 淇水(기수)는 물이 말랐고, 洹水(원수)는 흐를 물이 없을 정도로, 周 武王을 곤경으로 몰았습니다. 武王은 흰색 옷을 입은 甲士 3천을 거느렸지만,[442] 하루의 싸움으로(戰一日) 紂王의 나라를 격파하고 주왕을 사로잡았으며, 그 땅과 백성을 차지하였지만 누구도 (紂王을) 불쌍히 여기지 않았습니다."[443]

---

441 洹水〔洹河(원하)〕 - 지금은 安陽河로 통칭. 衛河(위하)의 2대 지류의 하나. 河南省 林州市 林慮山에서 발원하여 林州市, 安陽市 등을 흐른다. 殷의 도성 殷墟(은허)를 흐르는 강이다.

442 원문 武王將素甲三千領 - 素(소)는 흰색 천. 兵革을 지칭하지 않는다는 주석이 있다. 武王의 牧野의 싸움을 설명한 구절이다.

443 원문 天下莫傷 - 傷은 아플 상, 근심할 상. 불쌍히 여기다(愍也).

"(秦의) 智伯(지백)은 三國(智氏, 韓, 魏也)의 군사를 거느리고 趙襄子(조양자)를 (趙邑) 晉陽(진양)에서 공격하며 물을 터서(決水) 성 안에 흘려보냈는데, 3년 만에 막 점령될 처지에서 趙襄子는 거북점으로 어느 나라에 투항할까 그 利害를 살폈고,[444] (家臣) 張孟談(장맹담)을 보냈습니다.[445] 이에 (장맹담은) 몰래 나와 智伯(지백)에 반기를 드는 약속을 체결하며 兩國(韓, 魏)의 군사를 거느리고 智伯의 군사를 공격하여 지백을 사로잡고 조양자의 공적을 확실하게 성취시켰습니다.[446] 지금 秦의 긴 곳을 잘라 짧은 곳에 보충하면 그 영역이 사방 수천 리이고 정예 군사가 수백 만이며, 秦의 號令과 賞罰, 地形의 利害를 종합하면 天下(6國) 누구도 秦만 못합니다. 秦과 6국이 대결하여도 6국을 겸병 소유할 수 있을 것입니다."

{原文} "臣昧死望見大王, 言所以擧破天下之從, 擧趙亡韓, 臣荊,魏, 親齊,燕, 以成伯王之名, 朝四鄰諸侯之道. 大王試聽其說, 一擧而天下之從不破, 趙不擧, 韓不亡, 荊,魏不臣, 齊,燕不親, 伯王之名不成, 四鄰諸侯不朝, 大王斬臣以徇於

---

444 원문 何國可降 – 韓과 魏를 대상으로 지백에 대한 反間計(반간계)를 폈다.

445 趙襄子의 謀臣 張孟談(장맹담)은 사태 파악과 劃策(획책)에 뛰어나 轉危爲安하였다. 才智가 뛰어난 사람이었다. 이미 趙 宗室의 기반을 공고히 다졌으며 나라의 영역을 넓혔고, 五霸(五伯 = 五百)의 실질을 갖추게 하였다.

446 원문 以攻智伯之國, 禽其身, 以成襄子之功 – 智伯之國의 國은 軍. 以成襄主之功은 조양자가 독립하는 공적을 성취했다. 곧 智氏를 파멸로 몰았다.

國, 以主爲謀不忠者."

{국역} "臣은 죽을 지도 모르면서 大王을 알현하고,[447] 말씀드리려 한 것은 (趙의) 天下 合從을 격파하고 趙를 치고 韓을 없애며,[448] 楚(荊)와 魏(위)를 臣屬케 하며 齊(제)와 燕(연)과는 친교하여[449] 伯王(패왕)의 이름을 확립하고, 사방 제후를 入朝케 하는 길이었습니다. 大王께서 그런 말을 시험 삼아 들어보셨습니다만, 一擧에 天下의 合從을 깨어 버리지 않고, 趙를 치지 않으면, 韓도 不亡하며, 楚(荊)와 魏도 臣屬하지 않고, 齊, 燕과도 不親하며, 伯王의 명성도 누릴 수 없으며, 四鄰(사린)의 諸侯도 入朝하지 않을 것이니, 大王께서는 臣을 참수하여, 온 나라의 主君을 위한 모책에 不忠하는 자에게 보여주기 바랍니다."

## 051/ 張儀欲假秦兵以救魏

{原文} 張儀欲假秦兵以救魏. 左成謂甘茂曰,

"子不予之. 魏不反秦兵, 張子不反秦. 魏若反秦兵, 張子

---

447 원문 昧死望見大王 – 昧는 어둘 매. 새벽. 날이 밝지 않았을 때. 昧死는 죽을 데나 죽을 때도 모르다. 冒死(모사)와 同. 冒는 무릅쓸 모.

448 원문 擧趙亡韓 – 擧는 拔也. 정벌하다.

449 親齊燕 – 秦에서 齊와 燕에 군사를 보낼 수도 없었기에 近攻遠交의 기본 방략을 세웠고 실천하였다.

得志於魏, 不敢反於秦矣. 張子不去秦, 張子必高子."

## 張儀가 秦兵을 빌려 魏를 구원하려 하다.

{국역} 張儀(장의)는 秦의 군사를 빌려 魏(위)를 구원하려 했다.[450] 左成(좌성, 人名. 說客)이 (秦의 左丞相) 甘茂(감무)에게 말했다.

"당신은 군사를 내주지 마십시오. 魏에서는 秦兵을 돌려보내지 않을 수도 있고, 張儀는 秦에 돌아오지 않을 것입니다.[451] 魏가 만약 秦兵을 돌려보내지 않아도 장의는 魏에서 뜻을 펼 것이니 감히 돌아오려 하지 않을 것입니다. 장의가 秦에서 나갈 수 없다면, 장의는 틀림없이 당신을 존중할 것입니다."[452]

---

450 원문 張儀欲假秦兵以救魏 - 이는 周 顯王(재위 前 368 - 321年) 40년(前 329)이라는 주석과 秦 武王 재위 연간(前 310 - 307年)의 사건이라는 주석도 있어 서로 맞지 않는다. 당시 장의는 魏의 將相이었다는 주석도 있다.

451 패전하여 사상자가 많을 수도 있다는 뜻. 장의는 처형이 두려워 秦에 돌아오지 않을 것이다.

452 원문 張子不去秦, 張子必高子. - 不去秦은 진의 군사를 얻어 魏에 나가는 일. 高는 고귀하게 생각하다. 高子의 子는 甘茂也.

## 052/ 司馬錯與張儀爭論於秦惠王前

{原文} 司馬錯與張儀爭論於秦惠王前. 司馬錯欲伐蜀, 張儀曰, "不如伐韓." 王曰, "請聞其說."

對曰, "親魏善楚, 下兵三川, 塞轘轅,緱氏之口, 當屯留之道. 魏絶南陽, 楚臨南鄭, 秦攻新城,宜陽, 以臨二周之郊, 誅周主之罪, 侵楚,魏之地. 周自知不救, 九鼎寶器必出. 據九鼎, 按圖籍, 挾天子以令天下, 天下莫敢不聽, 此王業也. 今夫蜀, 西辟之國, 而戎狄之倫也, 弊兵勞衆不足以成名, 得其地不足以爲利. 臣聞, '爭名者於朝, 爭利者於市.' 今三川周室, 天下之市朝也, 而王不爭焉, 顧爭於戎狄, 去王業遠矣."

## 司馬錯과 張儀가 秦 惠文王 앞에서 논쟁하다.

{국역} 司馬錯(사마착)[453]과 張儀(장의)가 秦 惠文王(재위 前 338-

453 司馬錯(사마착, 생졸년 미상) - 秦 惠文王 시기의 장군. 縱橫家의 학문을 배웠고 군사를 거느린 장군으로 활약했다. 秦이 滅蜀하는 戰役의 統帥였다. 秦이 巴蜀(파촉)을 정벌한 일은 前 316年에 있었다. 秦 惠文王 更元 9년(前 316년, 周 愼靚王 5년), 惠文王은 촉을 정벌하려 하나 韓國의 내침이 걱정되어 망설였다. 司馬錯은 先伐蜀을 주장했고, 장의는 先伐韓을 주장하여 혜문왕 앞에서 논쟁했다. 이는《史記 張儀列傳》에 수록되었다. 惠文王은 최종적으로 사마착의 주장을 채택했고, 사마착은 공을 세

311년) 면전에서 쟁론하였다. 사마착은 蜀을 (먼저) 정벌하자 하였는데, 張儀는 "伐韓만 못하다."고 말했다. 혜문왕이 "그 이유를 듣고 싶다."고 하였다. 이에 장의가 말했다.

"(秦은) 魏와 親하고 楚에 善交하면서, 군사를 三川〔이수(伊水)·낙수(洛水)·하수(河水)〕(宜陽)에 下兵(出兵)하여 轘轅山(환원산)과 緱氏山(구씨산)의 입구를 봉쇄한 뒤에,[454] (上黨縣) 屯留(둔류)로 통하는 길을 막습니다(當). 魏는 (韓과) 南陽(남양)을 단절시키게 하고, 楚의 군사가 南鄭(남정)에 진출하면, 秦은 (韓의) 新城(신성)과 宜陽(의양)을 공격하면서 二周(東周와 西周)의 교외에 접근하여(臨), 周主(周主, 周君)의 죄를 문책하면서 楚와 魏가 침입했던 (周의) 땅을 공격합니다. 그러면 周는 구원을 기대할 수 없기에 틀림없이 九鼎의 寶器를 내놓을 것입니다. 그러면 秦은 九鼎을 근거로 삼고, 地圖와 호적을 바탕으로[455] 주나라 天子를 끼고서 천하를 호령하면, 천하에 따르지 않을 나라가 없게 되는데, 이것이 바로 王業을 성취하는 것입니다. 지금 蜀은 서쪽에 치우친 나라로 戎狄(융적)의 무리이기에

---

웠다. 司馬錯의 손자가 司馬靳(사마근)으로 武安君 白起(백기)의 副將이었는데 백기가 처형될 때 사마근도 처형되었다. 사마근의 손자가 司馬昌으로 秦國의 主鐵官이었다. 司馬昌의 아들이 漢의 市長인 司馬無澤(사마무택)이고, 사마무택의 아들이 五大夫인 司馬喜(사마희)이며, 司馬喜의 아들이 太史公 司馬談(사마담), 司馬談의 아들이 《史記》의 저자 司馬遷(사마천)이었다.

454 원문 塞轘轅,緱氏之口 - 塞는 변방 새. 막을 색. 끊어버리다(斷也). 轘轅山(환원산), 緱氏山(구씨산)은 모두 山名. 河南郡 소재. 險道(험도)로 알려졌다.

455 원문 按圖籍 - 按은 누를 안. 살피다. 圖는 토지의 그림. 籍은 백성, 재산, 곡식의 장부.

(그들을 정벌하러) 군사를 피로하게 하고, 백성을 힘들게 하더라도 〔伯王(패왕)의〕 명성을 얻기에 부족하고, 그 땅을 차지하여도 이득이 되지 않을 것입니다. 臣이 알기로, '명성을 얻으려는 자는 조정에서 논쟁해야 하고, 이득을 얻으려는 자는 시장(市)에서 다투어야 한다.' 고 했습니다. 지금 三川의 땅(洛陽)과 周室(주실)은 천하의 명성을 얻는 시장이니, 대왕께서 여기서 다투지 않고, 도리어 戎狄(융적)과 이득을 다툰다면,[456] 王業의 성취는 멀어질 뿐입니다."

{原文} 司馬錯曰, "不然. 臣聞之, 欲富國者, 務廣其地, 欲强兵者, 務富其民, 欲王者, 務博其德. 三資者備, 而王隨之矣. 今王之地小民貧, 故臣願從事於易. 夫蜀, 西辟之國也, 而戎狄之長也, 而有桀,紂之亂. 以秦攻之, 譬如使豺狼逐群羊也. 取其地, 足以廣國也, 得其財, 足以富民, 繕兵不傷衆, 而彼已服矣. 故拔一國, 而天下不以爲暴, 利盡西海, 諸侯不以爲貪. 是我一擧而名實兩附, 而又有禁暴正亂之名. 今攻韓劫天子, 劫天子, 惡名也, 而未必利也. 又有不義之名, 而攻天下之所不欲, 危! 臣請謁其故, 周, 天下之宗室也, 齊, 韓, 周之與國也. 周自知失九鼎, 韓自知亡三川, 則必將二國幷力合謀, 以因于齊,趙, 而求解乎楚,魏. 以鼎與楚, 以地與魏, 王不能禁. 此臣所謂 '危', 不如伐蜀之完也."

惠王曰, "善! 寡人聽子."

---

456 원문 顧爭於戎狄 – 顧는 돌아볼 고. 도리어, 반대로(反也).

卒起兵伐蜀, 十月取之, 遂定蜀. 蜀主更號爲侯, 而使陳莊相蜀. 蜀旣屬, 秦益强富厚, 輕諸侯.

{국역} 司馬錯(사마착)이 말했다.

"그렇지 않습니다. 臣이 알기로, 나라를 부유하게 하려면 땅을 넓히는데 힘쓰고,[457] 군대를 강하게 하려면 백성을 부유하게 하고, 王者가 되려면 그 德을 널리 베푸는데 힘써야 합니다. 이 3가지 바탕이 갖춰지면 王者의 명성은 따라옵니다. 지금 대왕의 땅은 작고 백성은 가난하기에 臣은 쉬운 일부터 처리하기 바랍니다.[458] 蜀(촉)은 서쪽 벽지의 나라이며 戎狄(융적)의 우두머리인데 桀(걸), 紂(주)와 같은 포악한 亂(난)이 있었습니다. 여기에 대한 우리의(秦) 공략은 이리나 승냥이로 양떼를 몰아내는(逐) 것과 같습니다. 그 땅을 차지하면 국토를 넓히는 것이고, 그들 재물을 얻는다면 그로써 백성을 부유하게 만들고, 병기를 수선하고 군졸을 다치지 않고도 저들은 복속할 것입니다. 그래서 나라 하나를(蜀) 점령하지만 天下는 포악하다고 생각지 아니하고, 西海(西蜀)의 이득을 모두 소유한다 하여 제후들은 탐욕이라 생각지 않을 것입니다. 이는 우리가 일거에 명분과 실리 양쪽을 얻으면서[459] 포악을 禁하고 혼란을 바로잡는다는 명분

---

457 원문 務廣其地 – 務는 힘쓸 무. 專力하다. 촉구하다. 재촉하다(趣也).

458 원문 故臣願從事於易 – 易는 쉬울 이. 巴,蜀(파,촉)을 정벌하여 배후를 안정시키는 일. 뒷날 蜀漢 諸葛亮이 魏의 북벌에 앞서 南蠻(남만)을 원정했던 이유도 이와 같았다.

459 원문 是我一擧而名實兩附 – 탐욕과 포학하지 않다는 명분과 땅을 넓힌다는 실익, 곧 名과 實을 다 잡는다는 뜻.

도 있습니다. 지금 (우리가) 韓을 공격하며 天子에 압력을 가한다면, 천자를 劫迫(겁박)한다는 惡名을 받아야 하고, 반드시 실리를 얻을 수도 없습니다. 그리고 不義의 이름만 남고,[460] 천하 모든 제후가 원치 않는 곳을(周室) 공격한다면 위태할(危) 뿐입니다. 臣이 그 이유를 다시 말한다면, 周는 天下의 宗室이며, 齊와 韓은 周의 동맹국(與國)입니다. 周가 자신들이 九鼎을 상실할 것을 알고, 韓이 三川의 땅을 잃을 것이라 생각한다면, 周와 韓은 國力을 모으고 책모를 같이 할 것이니, 齊와 趙에 의지하면서 楚와 魏에 구원을 요청할 것입니다. 그리하여 楚에 九鼎을 내어주고, 魏에 땅을 할양한다면 대왕께서 禁할 수도 없습니다. 이것이 바로 臣이 말한 '위태로운 것' 이니, 이는 蜀을 완전히 정벌하는 것만 못합니다."[461]

惠文王은 "옳은 말이요! 寡人은 당신(子, 司馬錯) 말을 따르겠소."라고 하였다.

마침내 군대를 일으키어 촉을 정벌하여 十月에 차지하며 蜀을 평정하였다. 蜀主는 侯로 명칭을 바꾸었고, 그리고 陳莊(진장, 陳叔: 秦의 신하)을 蜀의 재상에 임명했다. 蜀이 복속하자 秦은 더욱 강하고 富大(부대)하여[462] 제후국을 경시하였다.

---

460 원문 又有不義之名 – 아무 잘못도 없는 韓을 공격하는 것은 不義이다.

461 원문 不如伐蜀之完也 – 蜀의 정벌은 실패하지 않을 것이니 完이라 하였다. 十全必取의 뜻.

462 원문 秦益强富厚 – 富厚의 厚는 大의 뜻. 富大, 大富.

## 053/ 張儀之殘樗里疾

{原文} 張儀之殘樗里疾也, 重而使之楚. 因令楚王爲之請相於秦.

張子謂秦王曰, "重樗里疾而使之者, 將以爲國交也. 今身在楚, 楚王因爲請相於秦. 臣聞其言曰, '王欲窮儀於秦乎? 臣請助王.' 楚王以爲然, 故爲請相也. 今王誠聽之, 彼必以國事楚王."

秦王大怒, 樗里疾出走.

## 張儀가 樗里疾(저리질)을 모함하다.

{국역} 張儀(장의)가 樗里疾(저리질)을 모함하였으니,[463] (저리질을) 높이 대우하여 사신으로 楚에 보내게 하였다. 그러면서 楚 懷王(회왕)으로 하여금 저리질을 秦의 相으로 重用해 달라고 요청하게 하였

463 원문 張儀之殘樗里疾也 - 이를 周 赧王(난왕) 3년(前 312)의 일이라 기록한 주석이 있다. 殘은 해칠 잔(害也). 樗里疾(저리질)은 秦 孝公의 아들. 秦 惠文王(在位 前 338 - 311년)의 아우. 뒷날 武王(悼武王, 재위 前 310 - 307年)의 相이 되었다. 外交, 軍事에 큰 업적을 남겼다. 秦 武王이 張儀(장의)를 방축한 뒤에 樗里子는 右丞相이 되어 韜略(도략)에 정통한 甘茂(감무)를 左丞相으로 천거. 2인이 협력하여 戰爭을 치루며 판도를 확장하여 秦 발전의 토대를 구축하였다. 司馬遷《史記 太史公自序》에 〈樗里子甘茂列傳 第十一〉이 있다. '智囊(지낭)' 이라는 별호가 있다. 〈西周策〉 **031**의 주석 참고.

다. 그리고서 張子(張儀)가 秦王(武王)에게 말했다.

"樗里疾(저리질)을 높이 대우하여 사신으로 보낸 것은 國交를 위한 조치였습니다. 지금 그가 楚에 머무는데, 楚王이 그를 秦의 相으로 등용해달라고 요청하였습니다. 臣이 들은 바로는, 저리질이 楚王에게 '王께서는 秦에서 장의를 궁지에 몰아넣고자 하십니까? 제가 도와드리겠습니다.' 라고 말했답니다.[464] 楚王은 저리질의 말을 옳다고 여겨 相으로 중용해 달라고 요청한 것입니다. 지금 대왕께서 楚王의 말을 따라준다면, 저 사람은(彼 樗里疾) 필히 秦을 들어 楚王을 섬길 것입니다."

秦王이 大怒하자, 樗里疾은 진나라로 돌아가지 않고 出奔〔출분, 出走(줄행랑을 치다)〕하였다.

## 054/ 張儀欲以漢中與楚

{原文} 張儀欲以漢中與楚, 請秦王曰,

"有漢中, 蠹. 種樹不處者, 人必害之, 家有不宜之財, 則傷本. 漢中南邊爲楚利, 此國累也."

甘茂謂王曰, "地大者, 固多憂乎! 天下有變, 王割漢中以爲和楚, 楚必畔天下而與王. 王今以漢中與楚, 卽天下有變,

464 원문 臣請助王 - 저리자가 이렇게 말했다고 장의가 꾸며 모함하였다.

王何以市楚也?"

## 張儀가 漢中 땅을 楚에 주려 하다.

{국역} 張儀가 漢中을 楚에 할양해 주려고 秦王에게 말했다.[465]

"漢中(한중)을 보유하는 것은 좀벌레와 같습니다(蠹는 좀 두, 害也). 제자리가 아닌 곳에 심겨진 나무는 사람이 필히 베어버리고, 家內에 바르게 취하지 않은 재물은 근본을 해칩니다.[466] 漢中 땅은 남쪽 변방으로 楚에게 유리한 곳이나 우리에게는 고민거리로 누가 됩니다."

그러자 甘茂(감무)가 秦王에게 말했다.

"땅이 넓으면 걱정거리가 정말 많습니다![467] 만약 天下에 변란이 있어, 王께서 漢中을 할양하여 楚에 주면, 楚는 합종을 배반하고 대왕 편이 될 수 있습니다.[468] 대왕께서 지금 漢中을 楚에 준다면, 만

---

465 원문 張儀欲以漢中與楚, 請秦王曰 - 漢代 漢中郡(한중군)은, 今 陝西省 남부와 湖北省 서북 일부 지역을 관할. 長安에서 蜀, 巴郡에 가려면 거쳐야 하는 길목이었다. 秦은 惠文王(재위 前 337 - 311년) 13년에 楚에서 탈취했는데, 楚 懷王이 반환을 요구했고, 311년에 漢中郡의 절반을 돌려주고 강화하려 했다는 기록이 《史記 楚世家》에 기록되었다. 이 章은 張儀가 돌려주려 하자 甘茂가 반대하는 내용이다.

466 원문 有不宜之財, 則傷本 - 宜는 마땅할 의. 제자리가 아닌 곳에 심은 나무는 언젠가는 베어지고, 취해선 안 될 재물을 취했다면 언젠가는 사람을 해치게 된다.

467 원문 固多憂乎! - 固는 必也. 憂는 근심할 우. 걱정거리.

468 원문 楚必畔天下而與王 - 畔은 밭두둑 반. 反 대신에 背叛(배반), 背信의

약 (合從의) 천하에 변화가 있을 때 왕께서는 무엇으로 楚와 홍정하시겠습니까?"[469]

## 055/ 楚攻魏, 張儀謂秦王

{原文} 楚攻魏. 張儀謂秦王曰,

"不如與魏以勁之, 魏戰勝, 復聽於秦, 必入西河之外, 不勝, 魏不能守, 王必取之."

王用儀言, 取皮氏, 卒萬人, 車百乘, 以與魏. 犀首戰勝威王, 魏兵罷弊, 恐畏秦, 果獻西河之外.

## 楚가 魏를 공격하자 張儀가 秦王에게 말하다.

{국역} 楚 威王(위왕, 재위 前 339 - 329년)이 魏를 침공했다. 張儀가 秦 惠王(惠文王)에게 말했다.

"魏의 편이 되어 그 힘을 키워주는 것이 좋을 것입니다.[470] 魏가 싸움에서 이기면 우리 秦의 말을 들어 필히 점령하여 西河[471] 바깥

의미로 쓰이는 글자. 여기 天下는 合從의 天下. 與王은 王의 편이 되다.

469 원문 王何以市楚也? - 市는 交易(교역)하다. 市楚는 초와 담판하다.

470 원문 不如與魏以勁之 - 與는 도와주다(助也). 그 편에 서다. 勁은 굳셀 경. 강하게 하다(彊也).

땅이 우리의 땅이 될 것입니다. 魏가 不勝하면, 魏는 자신을 못 지키니 대왕께서 필히 점령하여 차지하실 수 있습니다."

王은 장의의 말에 따라 (魏邑) 皮氏(피씨)를 차지하고[472] 兵卒 1萬人, 戰車 1百 乘으로 魏을 도왔다. (魏將) 犀首〔서수, 公孫衍(공손연)〕는 楚 威王과 싸워 이겼지만 魏兵은 피로에 지쳐 秦軍을 두려워했는데, 결국 西河 밖의 땅을 秦에 헌상하였다.

## 056/ 田莘之爲陳軫說秦惠王

{原文} 田莘之爲陳軫說秦惠王曰,

"臣恐王之如郭君. 夫晉獻公欲伐郭, 而憚舟之僑存. 荀息曰, '《周書》有言, 美女破舌.' 乃遺之女樂, 以亂其政. 舟之僑諫而不聽, 遂去. 因而伐郭, 遂破之. 又欲伐虞, 而憚宮之奇存. 荀息曰, '《周書》有言, 美男破老.' 乃遺之美男, 教之惡宮之奇. 宮之奇以諫而不聽, 遂亡. 因而伐虞, 遂取之.

---

471 西河 – 西河는 黃河의 상류 중 일부. 今 寧夏回族自治區에서 南에서 北쪽 내몽고 지역으로 흐르는 황하의 부분과 내몽고에서 ∩字로 꺾여 陝西省과 山西省의 경계를 이루며 남쪽으로 흐르는 부분을 지칭하다. 漢代 郡名으로 西河郡. 치소는 平定縣, 今 內蒙古 鄂爾多斯市 동쪽의 准格爾旗. 이 일대를 본래 雍州(옹주)라 했는데, 지금의 陝西省과 寧夏回族自治區, 甘肅省 일대를 지칭한다.

472 取皮氏 – 皮氏(피씨)는 魏邑. 河東郡에 속한 魏地였다.

今秦自以爲王, 能害王者之國者, 楚也. 楚智(知)橫君之善用兵, 與陳軫之智, 故驕張儀以五國. 來, 必惡是二人. 願王勿聽也."

張儀果來辭, 因言'軫也…', 王怒而不聽.

## 田莘之(전신지)가 陳軫(진진)을 위해 秦 惠王을 설득하다.

{국역} 田莘之(전신지)가 陳軫(진진)을 위하여[473] 秦 惠文王(재위 前 338 – 311)을 설득하였다.

"臣은 大王께서 郭君(곽군)[474]과 같아질까 걱정입니다. 晉 獻公(헌공, 재위 前 676 – 651년)이 郭(곽)을 정벌하고 싶지만 (郭 大夫) 舟之僑(주지교)[475]가 있어 걱정이 되었습니다. 이에 (晉 大夫) 荀息(순식)이 말했습니다. '《周書》에 美女가 사람의 혀(舌)를 부순다.' 고 하였습니다.[476] 晉 헌공은 郭에 여자와 음악대를 보내 그 정치를 어지럽혔

473 원문 田莘之爲陳軫 – 莘은 족두리 풀 신. 많은 모양. 田莘之(전신지, 田莘, 田華之)는 인명. 齊人. 陳軫(진진, 생졸년 미상, 軫은 수레 뒷턱나무 진)은 戰國 시대 齊國 臨淄人. 縱橫家. 齊와 楚에 出仕. 秦國에 유세하여 惠文王의 예우를 받고 장의와 함께 경쟁하였다. 楚와 齊에서도 유세에 성공하였다. 畫蛇添足(화사첨족), 卞莊刺虎(변장자호) 등 고사를 만들어낸 사람.

474 郭君(곽군) – 郭은 虢(범 발톱 자국 괵, 나라 이름 괵)과 同. 周의 東遷 이전은 西虢 또는 北虢. 동천 이후는 南虢 또는 東虢으로 호칭. 今 河南省 鄭州市 관할 滎陽市 부근. 여기 郭君은 西虢의 군주.

475 舟之僑(주지교, ? – 前 632年) – 춘추시대 晉國大夫. 本 虢國(괵국) 大夫, 虢國 멸망 후 入晉. 나중에는 직무상 잘못으로 피살되었다.

476 원문 《周書》有言, 美女破舌. – 《周書》는 周의 역사 기록. 周時의 誥名(고

습니다.[477] 舟之僑(주지교)가 간언하였지만 不聽하자 나라를 떠났습니다. 그러자 헌공을 郭을 정벌하여 멸망시켰습니다. 또 虞國(우국)[478]을 정벌하려 했는데, (虞 大夫) 宮之奇(궁지기)의 존재가 마음에 걸렸습니다. 그러자 荀息(순식)이 말했습니다. '《周書》에 美男은 老成人(國老)을 없앨 수 있다.' 고 하였습니다. 그래서 美男을 보내 宮之奇에 대한 험담을 하였습니다. 宮之奇가 간언을 올렸지만 듣지 않아 결국 나라를 떠났습니다. 그래서 虞를 정벌하여 마침내 병합하였습니다. 지금 秦에서는 (惠公께서) 王을 자칭하신 이후, 王國을 해치려는 자는 楚나라입니다. 楚는 橫門君(횡문군: 秦의 장수)이 用兵에 유능하며[479] 陳軫(진진)의 지혜를 잘 알고 있습니다. 그래서 張儀(장의)를 보내 五國의 相을 겸임케 하며 총애하고 있습니다.[480] (張儀가 楚에서) 돌아오면(來), 틀림없이 두 사람에(橫門君, 陳軫) 대한 험담을 할 것이니, 대왕께서는 따르지 마시기 바랍니다."

---

명). 誓辭(서사). 號令 등을 모은 것으로, 지금 45편이 남아있다고 하였다. 《逸周書》와는 다른 책이다. 破는 일을 망치다. 舌(혀 설)은 나라의 諫臣(간신).

477 女樂 – 齊나라에서 보내온 女樂에 빠져 계환자가 정사를 소홀히 하자, 孔子는 魯나라의 정치에 흥미를 잃고 외유를 떠났다. 《論語 微子》 齊人歸女樂 季桓子受之, 三日不朝, 孔子行.

478 虞國(우국) – 춘추시대 제후국, 今 山西省 남부 平陸縣, 夏縣 일대. 前 655년에 晉에 멸망.

479 원문 楚智橫君之善用兵 – 智는 知. 필사의 착오. 橫君은 秦의 장수. 橫門君.

480 원문 故驕張儀以五國 – 驕는 교만할 교. 총애하다(寵也). 楚는 韓, 魏, 趙, 燕, 齊의 일을 장의와 협의케 하였다.

張儀가 예상대로 돌아와 陳軫에 대한 이야기를 하려 하자, 惠王은 화를 내며 듣지 않았다.

## 057/ 張儀又惡陳軫於秦王

{原文} 張儀又惡陳軫於秦王, 曰,

"軫馳楚,秦之間, 今楚不加善秦而善軫, 然則是軫自爲而不爲國也. 且軫欲去秦而之楚, 王何不聽乎?"

王謂陳軫曰, "吾聞子欲去秦而之楚, 信乎?" 陳軫曰, "然."

王曰, "儀之言果信也."

曰, "非獨儀知之也, 行道之人皆知之. 曰, '孝己愛其親, 天下欲以爲子. 子胥忠乎其君, 天下欲以爲臣. 賣僕妾售乎閭巷者, 良僕妾也. 出婦嫁鄕曲者, 良婦也.' 吾不忠於君, 楚亦何以軫爲忠乎? 忠且見棄, 吾不之楚, 何適乎?"

秦王曰, "善." 乃止之也.

## 張儀가 秦王에게 陳軫(진진)을 헐뜯다.

{국역} 張儀가 또 秦王(惠文王)에게 陳軫(진진)을 헐뜯어 말했다.[481]

"陳軫(진진)이 楚와 秦을 왕래하는데, 지금 楚에서는 秦에 友好가 아니라 陳軫에 우호적이며, 陳軫은 자신을 위할 뿐 나라를 위하지 않습니다. 게다가 진진은 秦을 떠나 楚로 아예 옮겨가려 하는데, 왕께서는 왜 살펴보지 않으십니까?"[482]

이에 王이 陳軫에게 물었다.

"내가 알기로는, 그대가 秦을 떠나 楚로 가려 한다는데 정말 그러한가?"

陳軫은 "그렇습니다(然)."라고 대답하였다.

王은 "장의의 말이 과연 사실이로다."라고 했다.

진진이 말했다.

"장의만 알지 않고 길 가는 사람 모두가 알고 있습니다. 사람들은 말합니다. '孝己(효기)[483]가 양친을 사랑했기에 사람들은 효기를 자식처럼 생각하였습니다. 子胥(자서, 伍子胥)[484]는 주군에게 충성을 다했기에 천하에서는 오자서를 신하로 삼고 싶어 했습니다. 奴僕(노

---

481 원문 張儀又惡陳軫於秦王 - 장의는 惠文王 10년 秦의 相이 되었다. 이 일은 그 1년 전인 前 329년의 일로 알려졌다. 陳軫(진진)은 忠臣을 自任하며 자신을 변호하였으니, 張儀의 험담이 먹혀들지 않았다.

482 王何不聽乎?" - 여기 聽은 살펴보다(察也). 査察, 察也.

483 孝己(효기, 祖己, 생졸년 미상) - 殷王 高宗 戊丁(무정)의 嫡長子(적장자). 苦孝(고효)로 알려졌다. 효기는 모친이 일찍 돌아가셨는데, 事親하며 하룻밤에도 다섯 번을 일어나 부친의 옷이나 잠자리를 살폈다고 한다. 그러나 고종은 후처의 말에 현혹되어 효기를 방출하여 야외에서 죽게 하였다.

484 子胥〔伍子胥(오자서)〕 - 伍員(오원, ? - 前 484년)은 春秋 시대 吳나라의 장군. 본래 楚의 公族. 박해를 피해 吳에 망명. 吳王 闔閭(합려)에 의해 重用되어 大破 楚國 했다. 吳王 夫差(부차)가 繼位한 뒤에 참소를 받아 죽었다.

복)이나 妾室(첩실)을 그 마을에서 사고 판다면 착한 노비나 妾이기 때문입니다. 내쫓긴 여인이 그 마을에서(鄕曲) 다시 시집간다면 선량한 여인이라.'고 했습니다. 제가 主君에게 不忠했다면, 楚에서는 저를 어찌 忠臣이라 생각하겠습니까? 충성을 다하고서도 버림을 받는다면 제가 楚로 가지 않으면 어디로 가겠습니까?"[485]

秦王은 "옳다."고 말하고서 진진을 만류했다.

## 058/ 陳軫去楚之秦

{原文} 陳軫去楚之秦. 張儀謂秦王曰, "陳軫爲王臣, 常以國情輸楚. 儀不能與從事, 願王逐之. 卽復之楚, 願王殺之."

王曰, "軫安敢之楚也."

王召陳軫告之曰, "吾能聽子言, 子欲何之? 請爲子車約."

對曰, "臣願之楚."

王曰, "儀以子爲之楚, 吾又自知子之楚. 子非楚, 且安之也!"

軫曰, "臣出, 必故之楚, 以順王與儀之策, 而明臣之楚與不也. 楚人有兩妻者, 人誂其長者, 詈之, 誂其少者, 少者許之. 居無幾何, 有兩妻者死. 客謂誂者曰, '汝取長者乎? 少

485 원문 何適乎? - 何는 어찌, 왜, 어디? 適은 갈 적. 가다.

者乎?' '取長者.' 客曰, '長者詈汝, 少者和汝, 汝何爲取長者?' 曰, '居彼人之所, 則欲其許我也. 今爲我妻, 則欲其爲我詈人也.' 今楚王明主也, 而昭陽賢相也. 軫爲人臣, 而常以國輸楚王, 王必不留臣, 昭陽將不與臣從事矣. 以此明臣之楚與不."

## 陳軫(진진)이 楚에서 秦으로 돌아오다.

{국역} 陳軫(진진)이 楚를 떠나 秦으로 돌아왔다.[486] 張儀가 秦 惠文王에게 말했다.

"陳軫(진진)은 대왕의 신하이지만, 늘 秦의 정황을 楚나라에 알려주었습니다.[487] 저는 그와 같이 일할 수 없으니 왕께서 그를 방출하시기 바랍니다. 그가 다시 楚로 돌아가려 한다면 왕께서는 그를 죽여야 합니다."

王이 말했다. "진진이 어찌 楚로 돌아가겠는가?"

王이 陳軫을 불러 사정을 설명하고 물었다.

"나는 그대의 말을 들어주겠는데 어디로 가려는가? 당신을 위해 수레를 준비해 주겠소."[488]

"臣은 楚나라 가려 합니다."

---

486 이는 앞의 057 〈張儀又惡陳軫於秦王〉 내용과 비슷하나 좀 더 상세하다.

487 원문 常以國情輸楚 - 國情은 國事의 은밀한 내용. 情은 實也. 輸(나를 수)는 글로 알려주다.

488 원문 請爲子車約 - 約은 준비하다. 車約은 約車.

"張儀도 그대가 楚로 갈 것이라고 생각하고, 나도 그대가 楚로 갈 것이라 알고 있었소. 그대가 楚 아니면 갈 곳이 어디겠는가!"

진진이 말했다.

"臣이 出國해야 한다면 일부로라도 楚로 가야 합니다. 대왕과 장의의 모책이나 예상대로 제가 楚에 가는 것이 옳은가를 분명히 말씀드리고 싶습니다. 두 아내를 거느린 楚人이 있었는데, 어떤 사람이 두 여인 중 나이 많은 여인을 유혹했으나 욕만 먹었습니다.[489] 젊은 여인을 유혹하자, 젊은 여인은 허락하였습니다. 얼마가 지난 뒤에(居無幾何), 두 아내를 거느린 사람이 죽었습니다. 누군가가 그 부인을 꾀었던 사람에게 물었습니다. '당신은 그 나이 많은 여인을 고르겠는가? 아니면 젊은 여인을 택하겠는가?' '나이 많은 여인을 맞이하겠소.' '나이 많은 여인은(長者) 당신에게 욕을 했고, 젊은 여인은(少者) 和應(화응)했었는데, 왜 나이 많은 여인을 택하려는가?' '그 여인들이 다른 사람의 아내일 때, 내 유혹에 넘어오길 바랐습니다. 지금 내 아내가 되어야 한다면, 그녀가 나를 따르며 다른 사람에게 욕을 해주길 바랍니다.' 라고 말했습니다.[490] 지금 楚 懷王(회왕)은 明主이고, 昭陽(소양)은 賢相입니다. 저 陳軫이 人臣이 되어 國政

---

489 원문 人誂其長者, 詈之 – 誂는 꾀어낼 조. 유혹하다. 상대를 불러 유혹하다(相呼誘也). 詈는 꾸짖을 이(리). 욕을 하다(罵也. 욕할 매).

490 원문 則欲其爲我詈人也 – 陳軫(진진)이 楚에게 秦의 국정을 알려주었다면, 곧 유혹에 넘어간 젊은 여인과 같다. 나는 유혹하려는 사람에게 욕을 하며 지조를 지킨 나이 많은 여인과 같다는 뜻이다. 이는 후한 초 光武帝의 신하였던 馮衍(풍연)도 이를 인용하였다. 《후한서》 28권, 〈桓譚馮衍列傳 上〉 참고.

을 楚王에게 몰래 알려주었다면 楚王은 저를 만류하지 않을 것이고, 昭陽은 저와 함께 일하지 않을 것입니다. 이는 제가 楚에 가는가? 아니면 못 가느냐의 근거가 됩니다."

{原文} 軫出, 張儀入, 問王曰, "陳軫果安之?"

王曰, "夫軫天下之辯士也, 孰視寡人曰, '軫必之楚.' 寡人遂無柰何也. 寡人因問曰, '子必之楚也, 則儀之言果信矣!' 軫曰, '非獨儀之言也, 行道之人皆知之. 昔者子胥忠其君, 天下皆欲以爲臣. 孝己愛其親, 天下皆欲以爲子. 故賣僕妾不出里巷而取者, 良僕妾也. 出婦嫁於鄕里者, 善婦也. 臣不忠於王, 楚何以軫爲? 軫不之楚, 而何之乎?'"

王以爲然, 遂善待之.

{국역} 陳軫(진진)이 나가자, 張儀가 들어와 왕에게 물었다.

"陳軫은 과연 어디로 가겠습니까?"

秦王이 말했다.

"陳軫은 天下의 뛰어난 辯士(변사)요. 그가 과인을 찬찬히 바라보고서는[491] '저는 필히 楚로 가겠습니다.' 라고 말하니, 과인은 어떻게 할 수 없었소. 그래서 과인이 '그대가 틀림없이 楚에 간다니 張儀의 말이 정말 맞도다!' 라고 했소. 陳軫이 말했소. '비단 장의 말이 아니더라도 길을 가는 사람은 모두 알고 있을 것입니다. 옛날에 伍

491 원문 孰視寡人曰 - 孰은 누구 숙, 熟(익을 숙)과 通用. 生孰의 孰에 火(灬)을 보태어 뜻을 명확하게 했다.

子胥(오자서)는 주군에게 충성을 다했기에 天下 모두가 신하로 삼고자 했습니다. 孝己(효기)는 양친에게 효도했기에 천하 모두가 자식이 되기를 바랐습니다. 하인이나(僕) 妾(첩)을 팔 때, 살던 마을을 나가지 않고도 살 사람이 있다면 하인이나 첩이 선량하기 때문입니다. (쫓겨난) 여인이 같은 마을에서 다시 출가할 수 있다면 착한 부인이기 때문입니다. 臣이 왕께 不忠했다면, 楚가 저를 어떻게 생각하겠습니까? 제가 楚에 가지 않으면 어디를 가겠습니까? 라고 말했소."

王은 옳은 말이라 생각했고 끝까지 잘 대우하였다.

# 4.《戰國策》卷四 秦策 二

## 059/ 齊助楚攻秦

{原文} 齊助楚攻秦, 取曲沃. 其後, 秦欲伐齊, 齊,楚之交善, 惠王患之, 謂張儀曰, "吾欲伐齊, 齊,楚方懽, 子爲寡人慮之, 柰何?"

張儀曰, "王其爲臣約車並幣, 臣請試之."

張儀南見楚王曰, "弊邑之王所說甚者, 無大大王. 唯儀之所甚願爲臣者, 亦無大大王. 弊邑之王所甚憎者, 亦無先齊王. 唯儀之甚憎者, 亦無大齊王. 今齊王之罪, 其於弊邑之王甚厚, 弊邑欲伐之, 而大國與之懽, 是以弊邑之王不得事令, 而儀不得爲臣也. 大王苟能閉關絶齊, 臣請使秦王獻商於之地, 方六百里. 若此, 齊必弱, 齊弱則必爲王役矣. 則是北弱齊, 西德於秦, 而私商於之地以爲利也, 則此一計而三利俱至."

## 齊가 楚를 도와 秦을 침공하다.

{국역} 齊가 楚를 도와 秦을 침공하여 曲沃(곡옥)의 땅을 빼앗았다.[492] 그 뒤에 秦은 齊를 정벌하려 해도 齊와 楚가 交善(相親)하여, 惠文王은 이를 걱정하면서 張儀(장의)에게 말했다.

"내가 齊를 정벌하려 해도, 齊와 楚가 한창 서로 친교하는데, 과인을 위한 그대의 계책은 무엇인가?"[493]

張儀가 말했다.

"王께서는 저를 위하여 거마와 필요한 재화를 준비해 주시기 바랍니다. 제가 한번 해보겠습니다."[494]

張儀가 남쪽으로 가서 楚 懷王(회왕)을 만나 말했다.

"저의 나라 王이 가장 존경하는 분으로는[495] 大王보다 더 나은 분

---

492 원문 取曲沃 – 取는 탈취하다. 曲沃(곡옥)은 옛 晉邑. 漢代 河東郡 聞喜縣에 해당. 漢 武帝, 元鼎 6년(前 111) 겨울 10월, 隴西, 天水, 安定郡의 騎士와 中尉, 그리고 河南郡과 河內郡의 사졸 10만 명을 동원하여 장군 李息과 郎中令 徐自爲가 거느리고 西羌族(서강족)을 평정하였다. (武帝가) 동쪽으로 緱氏縣(구씨현)에 행차하면서 左邑縣 桐鄕에 이르렀을 때 南越이 격파되었다는 소식을 듣고 좌읍현을 聞喜縣(문희현)으로 이름을 바꿨다. 今 山西省 서남부 運城市 관할 聞喜縣.

493 원문 齊,楚方懽, 子爲寡人慮之, 柰何? – 懽은 기뻐할 환. 慮는 생각할 려. 計也. 柰何(나하, 내하)는 어찌하다. 柰는 어찌 나. 능금나무 내. 어찌하랴?

494 원문 其爲臣約車並幣 臣請試之 – 其는 바라다. 約은 갖추다(具也). 並幣는 여러 幣物(폐물). 物貨. 並은 합하다. 한 가지가 아니라는 뜻. 試(시)는 視와 通. 꼭은 아니지만 한번 해보겠다는 뜻.

495 원문 弊邑之王所說甚者 – 弊邑(폐읍)은 秦에 대한 謙辭(겸사). 所說의 說은 기쁠 열. 敬服하다. 甚은 심할 심.

이 없습니다.[496] 저 장의가 신하가 되어 모시고 싶은 분 또한 오직 대왕보다 나은 분이 없습니다. 저의 나라 왕이 가장 증오하는 사람 역시 齊王보다 심한 사람이 없고, 장의가 증오하는 자 역시 齊王보다 앞선 사람이 없습니다.[497] 지금 齊王은 저의 나라 왕에게 매우 심하고 무거운 죄를 지었기에,[498] 저의 나라에서 정벌하려 해도 大國(楚)이 齊와 같은 편이기에,[499] 저의 나라 왕이 대왕을 섬길 수 없고[500] 저 장의 역시 신하가 될 수 없습니다. 大王께서 정녕 관문을 닫고(통행을 금지) 齊와 단절할 수 있다면,[501] 臣은 秦王이 商於(상어)의 땅 사방 6백 리를 대왕께 헌상토록 주청하겠습니다.[502] 이렇게 되면 齊

---

496 원문 無大大王 – 無大의 大는 넘다. 넘어서다. 過의 뜻. 大王은 楚王.

497 원문 唯儀之甚憎者, 亦無大齊王 – 甚 앞에 피동을 뜻하는 所字가 있다. 甚은 심할 심. 憎은 미워할 증. 憎惡(증오). 亦無大齊王의 '大' 가 '先' 으로 된 판본도 있다.

498 원문 其於弊邑之王甚厚 – 厚는 重也. 秦에 得罪한 바가 무겁다(重也).

499 원문 而大國與之懽 – 大國은 楚, 與之의 之는 齊, 懽은 기뻐할 환. 한마음이다(合也).

500 원문 是以弊邑之王不得事令 – 事는 섬기다. 楚의 명을 따르다(聽從). 令은 착할 령(善也). 楚王을 잘 섬길 수 없다.

501 원문 苟能閉關絶齊 – 苟(구)는 정말. 진실로(誠也). 關은 楚 북방의 齊와 通할 수 있는 관문. 絶齊는 齊와 懽合之交(환합지교)를 단절하다.

502 臣請使秦王獻商於之地, 方六百里. – 商於(상어)는 秦邑 이름. 商(상)과 于(우) 2개의 지명으로 보는 주석이 있다. 於와 于는 簡化字에서는 통용된다. 그러나 우리 한자에서는 於와 于는 다른 글자이다. 商於가 옳다. 於는 탄식할 오. 어조사 어. 於의 音에 오가 있지만 필자의 明文大玉篇에는 '땅이름 어' 로 나왔다. 따라서 商於는 '상어' 로 표기한다. 今 河南省(豫)과 湖北省(鄂), 陝西省(陝)의 경계를 이루는 河南省의 서남부 南陽市 관할 淅川縣(석천현) 일대. 獻은 바치다(貢也). 方六百里는 4方이 6백

는 必히 弱해질 것이고, 齊가 약해지면 틀림없이 대왕의 말씀대로 움직일 것입니다.[503] 곧 이는 북쪽으로 齊를 弱하게 하여 (대왕께서) 서쪽으로 秦에게 德을 베푸는 것이고, (대왕은) 私的으로 商於(상어)의 利를 차지하니, 이는 계책 하나로 이득 셋을 함께 얻는 것입니다."[504]

{原文} 楚王大說, 宣言之於朝廷, 曰, "不穀得商於之田, 方六百里." 群臣聞見者畢賀, 陳軫後見, 獨不賀.

楚王曰, "不穀不煩一兵, 不傷一人, 而得商於之地六百里, 寡人自以爲智矣! 諸士大夫皆賀, 子獨不賀, 何也?"

陳軫對曰, "臣見商於之地不可得, 而患必至也, 故不敢妄賀."

王曰, "何也?"

對曰, "夫秦所以重王者, 以王有齊也. 今地未可得而齊先絶, 是楚孤也, 秦又何重孤國? 且先出地絶齊, 秦計必弗爲也. 先絶齊後責地, 且必受欺於張儀. 受欺於張儀, 王必惋之. 是西生秦患, 北絶齊交, 則兩國兵必至矣."

楚王不聽, 曰, "吾事善矣! 子其弭口無言, 以待吾事."

---

里인 땅. 이는 4×600里가 아니라 4×150里란 뜻이다. 곧 사방 길이의 합계가 6백 리이지 가로 600리×세로 600리가 아니다.

503 원문 則必爲王役矣 – 爲의 피동의 뜻. 당하다. 役은 楚에게 役使하다.

504 원문 則此一計而三利俱至 – 一計는 齊와 斷交.

楚王使人絶齊, 使者未來, 又重絶之.

{국역} 楚 懷王은 크게 기뻐하며, 조정에 두루 말했다(宣言).

"寡人(과인, 不穀)은 商於(상어)의 땅 사방 6백 리를 차지했다."

群臣이 듣거나 알현한 자 모두가 하례하였지만,[505] 陳軫(진진)은 뒷날 알현하면서도 홀로 하례하지 않았다. 楚王이 말했다.

"不穀(불곡, 寡人)이 병사 한 명의 힘도 들이지 않고, 한 명도 다치지 않고서 商於之地 6백 리를 차지하였고, 과인은 이를 매우 현명한 처사라 생각하고 있소. 여러 士大夫가 모두 하례하거늘, 그대는 홀로 경하하지 않는데 왜 그러한가?"

陳軫이 대답하였다.

"臣이 볼 때, 商於之地는 차지할 수 없고, 틀림없이 환난이 있을 것이라서 감히 함부로 치하할 수 없습니다."[506]

"왜 그러한가?"

"秦이 대왕을 존중하는 것은 왕에게 齊가 있기 때문입니다. 지금 땅을 차지하지도 않고서 먼저 齊와 절교하면 楚는 고립됩니다. 그렇다면 秦이 왜 고립된 나라를 존중하겠습니까? 그리고 먼저 땅을 내주어야 絶齊하겠다고 하면 秦은 계략을 쓰지 못할 것입니다. 먼저 絶齊하고 뒤에 땅을 요구한다면, 이는 장의에게 속는 것입니다. 장의에게 속고 나면 왕께서는 틀림없이 한탄할 것입니다.[507] 이는 서쪽

505 원문 聞見者畢賀 - 畢은 마칠 필. 모두(盡也).

506 원문 故不敢妄賀 - 妄은 허망할 망. 空也. 거짓.

507 원문 王必惋之 - 惋은 한탄할 완(恨也).

으로는 秦의 환난을, 北으로는 齊와 단교하여 秦과 齊 두 나라 군사가 틀림없이 침공할 것입니다."

楚王은 이를 듣지 않으며 말했다.

"내 일은 잘 끝났다. 그대는 입을 다물고 말없이[508] 일을 기다려 보시오."[509]

楚王은 齊에 절교한다고 사신을 보냈고, 使者가 돌아오기도 전에 거듭 절교했다.

{**原文**} 張儀反, 秦使人使齊, 齊,秦之交陰合. 楚因使一將軍受地於秦. 張儀至, 稱病不朝.

楚王曰, "張子以寡人不絶齊乎?" 乃使勇士往詈齊王. 張儀知楚絶齊也, 乃出見使者曰, "從某至某, 廣從六里."

使者曰, "臣聞六百里, 不聞六里."

儀曰, "儀固以小人, 安得六百里?"

使者反報楚王, 楚王大怒, 欲興師伐秦.

陳軫曰, "臣可以言乎?"

王曰, "可矣."

軫曰, "伐秦非計也, 王不如因而賂之一名都, 與之伐齊, 是我亡於秦而取償於齊也. 楚國不尙全乎? 王今已絶齊, 而

---

**508** 원문 子其弭口無言 - 其는 ~하라. 弭는 활고자 미. 그치다. 중지하다(止也). 彌(그칠 미, 두루 미)와 通.

**509** 원문 以待吾事 - 懷王은 不聽하니, 어리석으면서 제 주장만 내세우며 옳다 하니 그 결과는 뻔할 것이다.

責欺於秦, 是吾合齊,秦之交也, 固必大傷.”

楚王不聽, 遂擧兵伐秦. 秦與齊合, 韓氏從之. 楚兵大敗於杜陵. 故楚之土壤士民非削弱, 僅以救亡者, 計失於陳軫, 過聽於張儀.

{국역} 張儀(장의)가 돌아오자, 秦은 사람을 齊에 사신으로 보냈고, 齊와 秦의 교류는 비밀리에 이뤄졌다. 楚에서는 將軍 한 사람을 보내 秦에서 땅을 넘겨받게 하였다. 장의는 돌아와서 칭병하며 입조하지 않았다.

楚王이 말했다.

“張子(張儀)는 寡人이 齊와 완전히 단교하지 않았다고 생각하는가?”

그러면서 勇士를 보내 齊王에게 욕을 하게 하였다.[510] 張儀는 楚가 齊에 절교했음을 알고 조정에 나와 (楚의) 사자를 만나 말했다.

“어디서 어디까지 가로와 세로 6리를 내 주겠다.”[511]

使者가 말했다. “저는 6백 리라고 들었지, 6리라고 듣지 않았습니다.”

장의가 말했다.

“나는 정말 가난한 사람인데, 어떻게 6백 리를 말했겠나?”[512]

---

**510** 원문 乃使勇士往詈齊王 – 詈는 꾸짖을 이(리). 욕하다(罵는 욕할 매).

**511** 원문 從某至某, 廣從六里 – 廣은 넓을 광. 넓이. 가로(橫, 횡). 從은 세로(直). 袤는 남북 길이 무.

**512** 원문 儀固以小人 – 小人은 가난한 사람〔貧寠(빈구)〕. 가난해서 6하 之稱, 言不能多與. 安得六百里?”

使者가 되돌아가 楚王에게 보고하자, 楚王이 大怒하며, 興師하여 伐秦하려 했다.

陳軫(진진)이 말했다. "臣이 말씀 드려도 되겠습니까?"[513]

楚王은 "말하라."라고 했다.

陳軫이 말했다.

"伐秦은 非計이니, 王께서는 차라리 (秦에게) 이름 있는 큰 성을 내주고 (秦과) 함께 齊를 정벌하는 것만 못합니다.[514] 이는 우리가 秦에게 잃은 땅을 齊에서 보상받는 것입니다.[515] 그러면 楚國은 본전이 아니겠습니까? 王께서는 이미 齊와 斷交하였고, 秦의 거짓말을 추궁해 보아야 우리가 秦과 齊의 교합을 도와주는 것이니, 아마 큰 상처만 입게 될 것입니다."

초왕은 不聽하고 군사를 동원하여 秦을 원정하였다. 그러나 秦은 齊와 연합하였고, 韓도 가담하였다. 그리하여 楚兵은 (楚邑) 杜陵(두릉)에서 대패하였다. 楚가 땅과 백성을 잃고 약해졌을 뿐만 아니라 멸망에서 겨우 벗어난 것은 陳軫의 계책을 채택하지 않고, 장의의 말을 과신했기 때문이었다.[516]

---

**513** 可以言乎? - 楚王은 陳軫에게 '弭口無言' 하라고 했기에, 여기서 말을 해도 되겠는가? 하면서 허락을 요청한 것이다.

**514** 원문 不如因而賂之一名都, 與之伐齊. 名都의 名은 大. 都는 邑. 都邑有聞於時者.

**515** 원문 是我亡於秦而取償於齊也 - 償은 갚을 상. 돌려받다(還也). 勝齊하면 得地한다는 의미.

**516** 원문 僅以救亡者, 計失於陳軫, 過聽於張儀 - 僅은 겨우 근. 간신히. 劣也. 過는 誤也.
張儀의 商於의 땅 속임수는 사실 豎子(수자, 어린아이)라도 알 수 있는 잔

## 060/ 楚絶齊, 齊擧兵伐楚.

{原文} 楚絶齊, 齊擧兵伐楚. 陳軫謂楚王曰,

"王不如以地東解於齊, 西講於秦."

楚王使陳軫之秦, 秦王謂軫曰,

"子秦人也, 寡人與子故也, 寡人不佞, 不能親國事也, 故子棄寡人事楚王. 今齊,楚相伐, 或謂救之便, 或謂救之不便, 子獨不可以忠爲子主計, 以其餘爲寡人乎?"

陳軫曰, "王獨不聞吳人之遊楚者乎? 楚王甚愛之, 病, 故使人問之, 曰, '誠病乎? 意亦思乎?' 左右曰, '臣不知其思與不思, 誠思則將吳吟.' 今軫將爲王吳吟. 王不聞夫管與之說乎? 有兩虎諍人而鬪者, 管莊子將刺之, 管與止之曰, '虎者, 戾蟲, 人者, 甘餌也. 今兩虎諍人而鬪, 小者必死, 大者必傷. 子待傷虎而刺之, 則是一擧而兼兩虎也. 無刺一虎之勞, 而有刺兩虎之名.' 齊,楚今戰, 戰必敗一, 王起兵救之, 有救齊之利, 而無伐楚之害."

---

꾀였지만 陳軫의 지략으로도 막지 못했고, 장의가 楚 懷王의 어리석음을 간파했기 때문이 아니겠는가? 어리석은 楚 懷王은 秦에 억류되었다가 秦에서 죽었다.

## 楚가 齊와 절교하자, 齊는 擧兵하여 伐楚하다.

{국역} 楚가 齊와 절교하자, 齊는 擧兵하여 伐楚하였다.[517] 陳軫(진진)이 楚 懷王(회왕)에게 말했다.

"王께서는 제나라에게 땅을 떼어주고 동쪽의 齊와 원한을 풀고, 서쪽으로 秦과 講和하는 것만 못합니다."

楚王은 陳軫을 秦에 보냈고, 秦王이 陳軫에게 말했다.

"그대는 본래 秦人이고,[518] 寡人과 그대는 舊面이요. 寡人이 재주가 없어 國事를 잘 다스리지 못해서[519] 그대는 과인을 떠나 楚王을 섬기고 있지요. 지금 齊와 楚가 서로 싸우고 있지만[520] 어떤 자는 해결해주는 것이 이롭다고 하고, 또 다른 사람은 구원하는 것이 利롭지 못하다고 하는데, 그대는 그대의 主君(楚 懷王)에게만 충성하지 말고, 餘力(여력)으로 과인을 도와주겠소?"[521]

陳軫이 말했다.

"王께서는 楚나라에 出仕한 吳人의 이야기를 못 들으셨습니

517 원문 楚絶齊, 齊擧兵伐楚 - 이는《史記 張儀列傳》에 附傳된〈陳軫傳〉과 약간 차이가 있다. 여기서는 齊와 楚가 싸우는 것으로 기록했고,《史記》에서는 魏와 韓의 싸움으로 기록되었다. 魏와 韓의 전쟁은 魏 襄王 7년, 곧 周 赧王 3년(前 312)에 있었다.

518 원문 子秦人也 - 陳軫(진진)은 앞서 秦에 出仕했었기에 秦人이라 했다.

519 원문 寡人不佞, 不能親國事也 - 佞은 아첨할 영. 재능, 재주가 많다. 高才也. 親國事는 國事를 다스리다. 親은 知也.

520 원문 今齊,楚相伐 -《史記 張儀列傳》에 附傳된〈陳軫傳〉에는「韓魏相攻, 期年不解, 秦惠王欲救之～」로 되어 있다.

521 원문 以其餘爲寡人乎? - 餘計로 寡人을 위한 計策을 말해달라는 뜻.

까?[522] 楚王(先代王)이 몹시 아껴주었는데 그가 병이 들자 문병할 사람을 보내면서 말했습니다. '정말 병인가? 아니면 고향 그리는 병이겠는가?' 그러자 측근은 '思鄕인가 아닌가는 잘 모르겠지만, 정말 고향 그리는 병이라면 吳나라 말로 신음할 것입니다.' 라고 말했습니다. 지금 저 陳軫은 대왕을 위해 吳나라 사람처럼 신음하겠습니다.[523] 王께서는 管與(관여)란 사람 이야기를 못 들으셨습니까?[524] 호랑이 두 마리가 사람을 서로 잡아먹겠다고 싸우고 있었습니다. 管莊子(관장자)가 호랑이를 찔러 죽이려 하자,[525] 管與(관여)란 사람이 제지하며 말했습니다. '호랑이는 사나운 짐승이고, 사람은 좋은 먹이입니다.[526] 지금 두 호랑이가 사람을 놓고 싸우는데, 힘없는 놈은 틀

---

522 원문 王獨不聞吳人之遊楚者乎? – 吳는 長江 하류의 남쪽, 今 江蘇省 남부와 浙江省 지역을 지칭. 옛 孫權(손권)의 세력 근거지. 吳郡.

523 원문 今軫將爲王吳吟 – 이는 陳軫이 秦을 못 잊는다는, 곧 眞心이라는 뜻이다.

524 원문 不聞夫管與之說乎? – 管與(관여)의 管은 姓. 〈陳軫列傳〉에는 '館豎子(관수자)로 되어 있다.

525 有兩虎諍人而鬪者, 管莊子將刺之 – 諍은 간할 쟁. 글로 다투다. 싸우다. 爭과 通. 管莊子는 卞莊子(변장자)로 된 판본도 있다. 管을 館(客館 逆旅 舍)으로 해석하고, 그 관리인의 字가 莊子일 것이라는 친절한(?) 주석도 있는데, 꾸며낸 이야기에 꼭 이를 따져야 하겠는가? 刺는 찌를 자. 다치게 하다.

526 虎者, 戾蟲, 人者, 甘餌也 – 戾는 어그러질 려. 사납다(暴也). 탐욕스런(貪也). 戾蟲은 사나운 짐승. 甘은 달 감. 餌는 먹이 이. 떡(餅餌). 蟲은 벌레 충. 벌레보다 큰 짐승이다. 大蟲은 호랑이. 長蟲은 뱀이다. 참고로, 중국인은 호랑이를 大蟲 또는 老虎라고 한다. 이때 老는 '호칭에 쓰이는 접두사' 이다. 老虎는 늙은 호랑이가 아니라 그냥 호랑이이다. 老鼠(노서)는 늙은 쥐가 아니라 그냥 쥐이다. 쥐한테도 老자를 붙여주는 중

림없이 죽지만, 큰 놈도 틀림없이 상처를 입을 것입니다. 당신은 상처 입은 호랑이를 기다렸다가 찌르면, 일거에 두 마리를 잡을 수 있으니,[527] 호랑이 한 마리를 죽일 힘을 들이지 않고도 두 마리를 죽였다는 이름을 얻을 것입니다.'[528] 지금 齊와 楚의 전쟁에 틀림없이 패자가 있습니다. 그러면 대왕이 군사를 일으켜 구원해준다면, 곧 齊를 구원했다는 利가 있지만 楚를 정벌해야 하는 위험은 없을 것입니다."

{原文} "計聽知覆逆者, 唯王可也. 計者, 事之本也, 聽者, 存亡之機. 計失而聽過, 能有國者寡也. 故曰, 計有一二者難悖也, 聽無失本末者難惑."

{국역} "計策을 듣고 따르거나 거스르거나 할 자를 알 수 있는 분은[529] 오직 대왕이십니다. 계책이란 일의(事) 근본이고, 계책을 잘 따르는 것은 存亡의 요체입니다.[530] 계책에서 실패하거나 잘못 듣고도 나라를 지키는 자는 매우 적을 것입니다. 그래서 계책을 한 번,

---

국인들이라고 생각하면 된다. 중국인들은 이십대의 젊은 선생님도 꼭 老師(lǎoshī)라고 부르는데, 이는 우리가 본받을만한 일이다.

527 원문 則是一擧而兼兩虎也 - 兼은 겸할 겸. 얻다. 차지하다(得也).

528 원문 有刺兩虎之名 - 刺는 찌를 자. 죽이다(殺也).

529 원문 計聽知覆逆者 - 計聽은 계책을 善聽하다. 覆逆(복역)은 事理에 맞지 않다. 覆은 反覆(반복). 逆은 반대로 생각하다(逆料).

530 원문 聽者, 存亡之機 - 機는 要點. 요체. 機는 화살을 쏘는 장치. 일의 핵심.

두 번 숙고하는 자를 무너트리기 어렵고[531] 잘 들어서 本末을 놓치지 않는 자를 현혹할 수 없는 것입니다."[532]

## 061/ 秦惠王死, 公孫衍欲窮張儀

{原文} 秦惠王死, 公孫衍欲窮張儀. 李讎謂公孫衍曰, "不如召甘茂於魏, 召公孫顯於韓, 起樗里子於國. 三人者, 皆張儀之讎也, 公用之, 則諸侯必見張儀之無秦矣!"

---

531 원문 計有一二者難悖也 – 一二는 거듭 반복하여 계책을 숙고하다. 悖는 어그러질 패. 어지럽히다(亂也).

532 원문 聽無失本末者難惑 – 聽하여 本末을 無失한 者를 眩惑(현혹)하기는 難하다. 惑은 亂也. 【參考】 漢初에 蒯通(괴통)이 韓信(한신)에게 유세하며 말했다.

「通復說曰, "聽者, 事之候也, 計者, 存亡之機也. 夫隨廝養之役者, 失萬乘之權, 守儋石之祿者, 闕卿相之位. 計誠知之, 而決弗敢行者, 百事之禍也. 故猛虎之猶與, 不如蜂蠆之致蠚, 孟賁之狐疑, 不如童子之必至. 此言貴能行之也. 夫功者, 難成而易敗, 時者, 難値而易失. 時乎時, 不再來.」(傾聽은 일의 시작이며 계책은 존립과 패망의 관건입니다. 남의 종노릇을 하는 자는 萬乘의 권력을 잡지 못하고, 한두 섬 봉록에 매달리는 자는 공경이나 재상이 되지 못합니다. 계책을 잘 알면서도 끝내 감행하지 않는다면 모든 일의 재앙입니다. 猛虎가 망설인다면 말벌이 한 번 쏘는 것만 못하고 孟賁(맹분)같은 용사가 狐疑(호의)한다면 어린아이의 결단만도 못한 것입니다. 此言은 실천을 귀하게 여긴다는 뜻입니다. 큰 공이란 어렵게 이루고 쉽게 망하며, 時者도 어렵게 만나지만 쉽게 놓치는 것입니다. 모든 일에 때가 있으니 다시 오지 않습니다!)

## 秦 惠文王이 죽자, 公孫衍(공손연)은 張儀를 궁지로 몰려 하다.

{국역} 秦 惠文王이 죽자(前 311), 公孫衍(공손연)[533]은 張儀를 궁지로 몰려했다.[534] 李讎(이수, 讎는 원수 수, 秦人也)가 공손연에게 말했다. "魏에서 甘茂(감무)를 불러오고, 韓에서 公孫顯(공손현)을, 본국에서 樗里子(저리자)를 등용케 하십시오.[535] 이 三人은 모두 張儀의 원수이니(讎, 仇也) 公께서 등용한다면 諸侯들은 틀림없이 秦에서 張儀의 권력이 없다고 생각할 것입니다."

---

533 公孫衍(공손연, 約 前 360 - 300년) - 魏國人. 魏에서 무관직인 犀首(서수, 犀는 무소 서)의 관직을 역임. 犀首로도 통칭. 戰國 시대 魏國의 縱橫家, 張儀와 同期, 秦國과 魏國에서 관직에 있으면서 張儀의 連橫 책략의 주요 적수. 장의만큼 유명했지만 전해오는 행적이 별로 없다. 《史記》에서는 張儀傳에 附傳. 《戰國策》에서는 犀首(서수)로도 표기. 그러나 기록이 많지는 않다.

534 원문 欲窮張儀 - 窮은 가난할 궁. 궁색하다. 困窮(곤궁).

535 원문 起樗里子於國 - 起는 천거하다. 등용하다. 樗里子는 樗里疾(저리질). 樗里疾은 秦 惠文王의 異母弟로 이미 顯貴하였고 물러난 적도 없었다. 《史記 張儀列傳》에 의하면, 장의가 죽은 뒤에 犀首(서수)였던 公孫衍(공손연)이 入秦하여 相이 되었다. 또 《史記 樗里子甘茂列傳》에서는 혜문왕이 죽고, 武王이 즉위한 뒤 장의는 魏로 떠나갔고, 甘茂(감무)는 좌승상이었다고 하였다. 본 章의 여러 설명이 사실과 일치하지 않으니 뒷날 假託(가탁)한 글이라는 주석이 있다.

## 062/ 義渠君之魏

{原文} 義渠君之魏, 公孫衍謂義渠君曰, "道遠, 臣不得復過矣, 請謁事情."

義渠君曰, "願聞之."

對曰, "中國無事於秦, 則秦且燒焫獲君之國. 中國爲有事於秦, 則秦且輕使重幣, 而事君之國也."

義渠君曰, "謹聞令." 居無幾何, 五國伐秦.

陳軫謂秦王曰, "義渠君者, 蠻夷之賢君, 王不如賂之以撫其心."

秦王曰, "善." 因以文繡千匹, 好女百人, 遺義渠君.

義渠君致群臣而謀曰, "此乃公孫衍之所謂也." 因起兵襲秦, 大敗秦人於李帛之下.

## 義渠(의거) 君王이 魏(위)에 가다.

{국역} 義渠(의거) 나라의 國君이 魏에 갔다.[536] 公孫衍(공손연)이 義渠君(의거군)에게 말했다.

---

536 義渠君之魏 – 義渠(의거, 儀渠, 戎. 渠는 도랑 거)는 西戎(서융)의 國名. 殷商末年에 國家 형성, 戰國時代에 今 陝西省 北部, 甘肅省 북부와 寧夏 등지를 차지하고 秦國과 對抗關係를 형성했으나 나중에 秦國에 의해 소멸했다. 漢代 北地郡에 義渠縣이 있었다. 北地郡은, 今 甘肅省 동북부와 寧夏 자치구 북부 일대. 郡治는 義渠縣에서 馬嶺縣으로 이동했다.

"먼 길을 오셨으니, 제가 다시 뵙지 못할 것 같으니[537] 여러 사정을 말씀드리고 싶습니다."[538]

의거군도 "듣고 싶습니다."라고 말했다.

공손연이 말했다.

"中國(中原)에서 秦과 다른 나라의 전쟁이 없다면, 秦은 바로 당신의 나라를 불사를 것입니다.[539] 中國(中原)에서 秦은 전쟁을 해야 하기에(有事, 戰爭) 秦은 그때마다 번번히[540] 많은 재물을 당신의 나라에 보내주는 것입니다."[541]

의거군은 "삼가 가르침을 받겠습니다."라고 대답했다.[542]

얼마 지나지 않아[543] 五國이 秦을 정벌하자,[544] 陳軫(진진)이 秦王에게 말했다.

---

**537** 원문 臣不得復過矣 – 過는 만나보다. 지나가다가 들리다.

**538** 원문 請謁事情 – 謁은 아뢸 알. 告也. 白也. 情은 實情. 事實也.

**539** 원문 且燒焫獲君之國 – 燒는 사를 소. 불태우다. 焫은 불 사를 설. 燒와 同. 燒焫(소설)은 불태우다. 침입하여 불에 태우다. 나라를 없애고 땅을 차지할 것이다.

**540** 원문 則秦且輕 – 輕은 가벼울 경. 그 행동이 빠르다.

**541** 원문 而事君之國也 – 重幣(중폐, 많은 財貨)를 義渠國에 보내주다.

**542** 원문 "謹聞令." – 聞은 받다.(受也). 令은 命也. 말하는 뜻을 알겠다는 뜻.

**543** 원문 居無幾何 – 居는 살 거. 세월이 지나가다. 幾何(기하)는 얼마? 몇. 수량의 다소? 기하학(Geometry). Geometry를 '幾何'라 번역한 사람은 明나라 徐光啓(서광계, 1562 – 1633)이다. 우리가 흔히 사용하는 幾何級數(기하급수)는 等比級數란 뜻이다.

**544** 원문 五國伐秦 – 秦 惠文王 後元 7年(前 318), 韓, 趙, 魏, 燕, 齊이 秦을 정벌했다.

"의거군은 蠻夷(만이)의 賢君이니, 王께서는 재물을 보내(賂) 그를 안심시켜야(撫, 安也) 합니다."

秦王은 "옳은 말"이라면서 무늬 있는 비단(文繡, 문수) 1천 필, 미녀 1百 명을 의거군에게 보냈다(遺, 贈也).

의거군은 群臣을 불러 놓고 말했다.

"이는 公孫衍(공손연)이 말한 그대로이다."

그러면서 군사를 일으켜 秦을 습격하여 秦의 군사를 (秦邑) 李帛(이백) 근처에서 대파하였다.[545]

## 063/ 醫扁鵲見秦武王

{原文} 醫扁鵲見秦武王, 武王示之病, 扁鵲請除. 左右曰, "君之病, 在耳之前, 目之下, 除之未必已也, 將使耳不聽, 目不明." 君以告扁鵲.

扁鵲怒而投其石曰, "君與知之者謀之, 而與不知者敗之. 使此知秦國之政也, 則君一擧而亡國矣."

---

545 원문 李帛之下 – 李帛(이백)은 秦邑. 帛(비단 백)은 伯으로도 표기. 河內郡 成皐縣(성고현)에 李城(이성)이란 城이 있다는 주석이 있다. 또 의거군의 秦 공격은 5국의 정벌 이후일 것이라는 주석도 있다. 또 李帛은 伯陽城이며, 今 甘肅省 남부 天水市 동쪽이라는 주석도 있다.

## 의원인 扁鵲이 秦武王를 알현하다.

{국역} 醫生(의생)인 扁鵲(편작)[546]이 秦 武王(무왕, 재위 310 – 307)을 알현하자,[547] 武王은 자신의 병을 말하면서[548] 扁鵲에게 치료를 부

---

546 扁鵲(편작, 前 401? – 310년) – 姓秦, 名은 越人(월인), 一名 緩(원), 扁鵲은 綽號(작호). 戰國 시대의 醫師이다. 姜齊의 勃海郡 莫州(今 河北省 任丘市 鄚州鎭) 사람이라 알려졌다. 扁鵲은 中醫學에서 脈을 짚어 진단하는 방법을 개척한 사람으로 알려졌다. 《漢書 藝文志》에는 《內經》과 《外經》을 저술했으나 失傳되었고, 扁鵲의 저서로 《難經》이 알려졌다. 扁鵲이 秦國 武王(재위 前 310 – 307년)을 치료했으나, 太醫令 李醯(이혜)의 투기를 받아 驪山(여산, 今 陝西省 西安市 臨潼區) 북쪽을 지나다가 자객에게 피살되었다고 한다. 黃帝 시대에는 神醫를 扁鵲이라 불렀다고 한다. 華佗(화타, 145 – 208), 董奉(동봉), 張仲景(장중경, 150 – 219년, 名은 機, 字는 仲景)을 '(後漢) 建安三神醫'라 칭한다. 또 전설상의 扁鵲(편작), 후한의 華佗와 張仲景, 明朝의 李時珍(이시진)을 古代 四大名醫라고 부른다. 宋代 이후 醫員의 스승을 보통 扁鵲이라 통칭했다. 《史記 扁鵲倉公列傳》 참고.

547 秦 武王(재위 前 310 – 307年, 秦惠文王之子, 嬴姓. 名은 蕩) – 《史記 秦始皇本紀》에는 秦悼武王(도무왕). 《世本》에는 秦武烈王, 장편 역사소설 《東周列國志》에 秦 武王은 92回 《賽擧鼎秦武王絶脛 莽赴會楚懷王陷秦》에 등장한다. 秦의 宜陽之戰(의양의 싸움) 이후에, 秦 武王은 周都 雒陽(낙양)에 가서 太廟(태묘)에 있는 九鼎을 구경했다. 武王은 평소에 힘깨나 쓰기에 힘자랑을 하고 싶었다. 任鄙(임비)는 武王에게 솥(鼎)을 들어서는 안 된다고 말렸다. 孟賁(맹분)은 九鼎의 하나인 雍州鼎(옹주정)을 九牛二虎의 온 힘을 다하여 半尺 정도(약 12cm) 들어올렸다. 무왕도 그 솥을 역시 반 자 정도 들었는데, 갑자기 팔에 힘이 빠지는 것을 느끼며 솥을 떨어트렸는데, 하필 오른쪽 다리에 닿으며 정강이뼈가 부서지면서 피가 쏟아졌다. 무왕은 바로 그날 밤에 죽었다. 周 赧王(난왕)은 소식을 듣고 바로 棺(관)을 짊어지고 가서 弔喪(조상)하였다. 秦 武王 사

扁鵲(편작)

탁했다.[549] 그러자 옆에 측근이 말했다.

"主君의 병환은 귀(耳)의 앞, 눈(目)의 아래에 있으니 완전 치료가 어려울 수도 있으며, 나중에는 귀가 잘 안 들리거나 눈이 침침할 수도 있습니다."

---

後, 樗里疾(저리질)은 昭襄王을 맞아 繼位하게 하였다. 무왕의 생모인 惠文后(秦 惠文王 妃)는 무왕을 죽게 한 책임을 물어 孟賁(맹분)을 車裂刑(거열형)에 처한 다음 삼족을 멸했다. 무왕에게 周의 구정을 관람하게 했다 하여 相이던 甘茂(감무)는 저리질의 박해를 받아 魏로 망명했고 거기서 죽었다.

548 원문 武王示之病 – 示는 보일 시. 말하다.

549 원문 扁鵲請除 – 除는 치료하다(治也).

무왕이 이를 편작에게 말했다. 그러자 편작은 화를 내며 돌 침(針, 石)을 던지며 말했다.[550]

"主君께서는 처음에는 일을 아는 자와 도모하지만 나중에는 무지한 자와 함께 일을 망칠 것입니다. 秦 국정도 이 같을 수 있으니 一擧에 나라를 망칠 수도 있습니다."[551]

## 064/ 秦武王謂甘茂

{原文} 秦武王謂甘茂曰, "寡人慾車通三川, 以闚周室, 而寡人死不朽乎?"

甘茂對曰, "請之魏, 約伐韓."

王令向壽輔行. 甘茂至魏, 謂向壽.

"子歸告王曰, '魏聽臣矣, 然願王勿攻也.' 事成, 盡以爲子功."

向壽歸以告王, 王迎甘茂於息壤.

---

550 원문 扁鵲怒而投其石 - 投는 내던지다(棄也). 石은 돌 침(砭也). 종기를 치료할 때 사용한다는 주석이 있다.

551 扁鵲(편작)은 趙 簡子(간자)와 같은 시대 사람이고, 조간자는 晉 昭, 頃, 定公 때 사람이며 周 景王, 敬王시대이다. 秦 武王元年은 赧王 5년이니, 2백 년의 시차가 난다는 주석도 있다.

## 秦 武王이 甘茂에게 말했다.

{국역} 秦 武王(재위 前 310 - 307)이 甘茂(감무)[552]에게 말했다.

"寡人은 수레를 타고 (韓의) 三川 땅을 지나 周室을 탐색하고 싶은데,[553] 그리하면 寡人이 죽더라도 명성은 남지 않겠는가?"[554]

甘茂가 대답했다.

"제가 魏에 가서 함께 韓 정벌의 맹약을 체결하고자 합니다."

武王은 向壽(상수)에게 감무를 수행케 하였다.[555]

甘茂는 魏에 도착해서 (회담이 成事한 뒤) 向壽에게 말했다.

"그대는 秦(진)나라로 돌아가서 王께 '魏가 나의 뜻에 동의했으나 아직은 공격하지 마십시오.' 라고 보고 하라. 나중에 일이 다 잘 되

---

552 甘茂(감무, 생졸년 미상) - 戰國 시기 楚國 下蔡邑(今 安徽省 중부 蚌埠市 방부시 관할 鳳臺縣) 사람으로, 秦國의 명장이었다. 百家之說을 공부하였고 뒷날 張儀(장의)와 樗里疾(저리질)의 천거로 惠文王을 섬겼다. 周赧王 3년(前 312), 秦, 韓, 魏 3국이 攻楚했고, 楚國은 大敗했다. 秦國은 楚國의 漢中을 차지했고 甘茂는 漢中 일대를 평정하였다. 뒷날 秦을 떠나 齊國으로 옮겨갔고 齊國의 上卿에 올랐다. 나중에서 魏國에서 죽었다. 감무의 손자가 12살에 秦國의 上卿이 되었다는 甘羅(감라, 前 247年 - ?)이다. 삼국시대 吳 손권의 부장 甘寧(감녕)은 감무의 후손으로 알려졌다. 《史記 樗里子甘茂列傳》 참고.

553 원문 以闚周室 - 三川은 義陽. 周室은 洛邑, 周의 王城이고, 당시 河南縣이었다. 闚는 엿볼 규. 窺와 同.

554 원문 而寡人死不杇乎? - 杇는 흙손 오. 흙을 바르다. 朽가 되어야 옳다. 朽는 나무 썩을 후, 냄새 후.

555 원문 向壽輔行 - 向壽는 宣太后의 外族. 向이 姓氏일 때는 상. 輔行(보행)은 副職으로 수행하다.

면 모두 그대 功이 될 것이다."[556]

向壽가 돌아와 王에게 보고했고, (나중에) 武王은 甘茂를 息壤(식양) 땅까지 나와 맞이했다.[557]

{原文} 甘茂至, 王問其故. 對曰,

"宜陽, 大縣也, 上黨,南陽積之久矣, 名爲縣, 其實郡也. 今王倍數險, 行千里而攻之, 難矣. 臣聞張儀西並巴,蜀之地, 北取西河之外, 南取上庸, 天下不以爲多張儀而賢先王. 魏文侯令樂羊將, 攻中山, 三年而拔之, 樂羊反而語功, 文侯示之謗書一篋, 樂羊再拜稽首曰, '此非臣之功, 主君之力也.' 今臣羈旅之臣也, 樗里疾,公孫衍二人者, 挾韓而議, 王必聽之, 是王欺魏, 而臣受公仲侈之怨也. 昔者曾子處費, 費人有與曾子同名族者而殺人, 人告曾子母曰, '曾參殺人.' 曾子之母曰, '吾子不殺人.' 織自若. 有頃焉, 人又曰, '曾參殺人.' 其母尙織自若也. 頃之, 一人又告之曰, '曾參殺人.' 其母懼, 投杼踰牆而走. 夫以曾參之賢, 與母之信也, 而三人疑之, 則慈母不能信也. 今臣之賢不及曾子, 而王之信臣又未若曾子之母也, 疑臣者不適三人, 臣恐王爲臣之投

---

556 원문 事成, 盡以爲子功. – 向壽는 왕의 인척이 되고, 감무의 조치를 왕이 의심할 수 있으므로, 미리 '그대의 功' 이라며 다른 말을 못하게 예방하였다.

557 원문 王迎甘茂於息壤 – 息壤(식양)은 秦邑.

杼也."

王曰, "寡人不聽也, 請與子盟." 於是與之盟於息壤.

果攻宜陽, 五月而不能拔也. 樗里疾,公孫衍二人在, 爭之王, 王將聽之, 召甘茂而告之.

甘茂對曰, "息壤在彼." 王曰, "有之."

因悉起兵, 復使甘茂攻之, 遂拔宜陽.

{국역} 甘茂(감무)가 도착하자, 武王이 (공격하지 말라는) 그 까닭을 물었다. 이에 감무가 대답했다.

"(韓의) 宜陽(의양)은 大縣으로[558] 上黨郡과 南陽郡의 재물을 축적한 지 오래되었으며 이름은 縣이나 실제로는 郡입니다. 王께서 지금 여러 위험을 무릅쓰고 千里를 행군하여 공격하는 일은 어렵습니다. 臣이 알기로, 張儀(장의)는 서쪽으로 巴(파)와 蜀(촉)의 땅을 병합하고, 北으로 西河 밖의 땅을 차지하였으며, 南으로 (楚) 上庸(상용)의 땅을 정벌하였지만 天下 사람들은 張儀를 칭찬하지 않고 先王(惠文王)을 현명하다고 생각합니다. 魏 文侯(재위 前 445년-396년, 前 424년 稱侯)는[559] 樂羊(약양)을 장수로 삼아 中山國을[560]

558 宜陽(의양)은, 今 河南省 洛陽市 관할 宜陽縣.

559 魏 文侯-戰國 시대 魏國 統治者. 姬姓, 魏氏. 名 斯(사). 周 貞定王 24년(前 445) 즉위, 周 威烈王 2년(前 424)에 稱侯 改元했고, 威烈王 23년(前 403)에 韓, 趙와 함께 정식 제후로 책봉 받았다. 이것이 바로 三家分晉이다. 周 安王 6년(前 396)에 죽었다. 魏國 100년 霸業의 開創者인데 戰國 七雄 중 제일 먼저 變法을 실행하여 정치를 개혁하고 농업을 장려하고 水利사업을 일으켜 경제를 발전시켰으니 이 모두 다 뒷날 秦 孝公이

정벌케 하여 3년 만에 점령했는데, 樂羊이 돌아와 전공을 보고하자 魏 文侯는 악양을 비방하는 글 한 궤짝을 보여주었는데, 악양은 再拜하고 머리를 숙여 말했습니다. '이는 저의 공적이 아니라 主君의 功力입니다.' 지금 臣은 외국에서 들어온 신하입니다.[561] 樗里疾(저리질)과 公孫衍(공손연) 두 사람은 韓을 끼고 국정을 의논하고 왕께서는 그 말을 필히 따르시니, 이는 王께서 魏를 속이는 것입니다. 그리고 저는 한나라 公仲侈(공중치)의 원망을 들어야 합니다.[562] 옛날에 曾子(증자)가[563] 費邑(비읍)에 살 때, 費人 중에 曾子와 같은 이

---

시행한 商鞅變法의 모델이(藍本) 되었다. 魏 文侯는 司馬遷《史記 儒林列傳》에서 好學의 군주이다. 孔子의 제자인 子夏(자하), 그리고 그 再傳弟子인 田子方, 段干木(단간목)에 배워 유가 사상에도 정통했었다. 위 문후는 法家의 李悝(이회)를 宰相으로 삼았고, 樂羊(악양), 吳起(오기) 등의 명장을 중용했으며 西門豹(서문표) 등 인재를 등용하여 부국강병을 이룩했었다.

**560** 중산국은 公元 前 325년 稱王, 멸망 당시 국도는 靈壽(今 河北省 서남부 石家庄市 관할 平山縣). 멸망 - 前 406년 魏國에 멸망 - 前 380년 復國 - 前 296년에 趙國에 멸망.《史記 43권 趙世家》,《戰國策 中山策》 참고.

**561** 원문 羈旅之臣也 - 羈는 굴레 기. 나그네. 旅는 갈 여. 가다. 떠돌다. 羈旅之臣은 외국에서 온 신하. 감무는 본래 齊人이었다.

**562** 公仲(공중)은 韓의 相國인 韓朋(한붕). 韓侈(한치)로도 기록.《史記》에는 韓馮(한풍).

**563** 曾子(증자) - 본명은 曾參(증삼, 前 505 - 435), 字는 子輿(자여), 공자보다 46세 연하. 아버지 曾皙(증석)과 함께 부자가 모두 공자의 제자였다. 공자의 학통을 이은 제자로 宗聖(종성)으로 추앙받고 있다. '하루에 자신을 세 번 살피는(日三省吾身)' 수양을 했다.《大學》과《孝經》을 저술했으며 효자로 널리 알려졌다. 또 曾參殺人(증삼살인)과 曾子殺豬(증자살저, 豬는 돼지 저) 등 여러 故事의 주인공.

름의 族人이 있어 살인을 하자, 어떤 사람이 증자의 모친에게 '曾參이 殺人했습니다.' 라고 말했으나 曾子의 母는 '吾子는 殺人하지 않습니다.' 라고 말하며 그냥 베를 짜고 있었습니다. 조금 있다가 다른 사람이 와서 또 '曾參이 殺人했습니다.' 라고 말해도 그 모친은 태연자약 베를 짰습니다. 그 뒤에 또 다른 사람이 와서 '曾參殺人' 이라고 하자 증자의 母는 두려워 떨며 북(杼, 북 저)을 던지고 담을 넘어〔踰牆(유장)〕 달아났습니다. 이처럼 曾參의 賢明과 그 모친의 신뢰도 三人이 의심하니 慈母일지라도 아들을 믿을 수 없었습니다. 지금 저의 현명은 曾子에 미치지 못하고, 대왕의 저에 대한 신임은 증자의 모친만 못하며, 저를 의심하는 자는 3인 뿐이 아니기에 臣은 대왕께서 북(杼, 감무에 대한 신뢰)을 던져버릴까 두려울 뿐입니다."

武王이 말했다. "寡人은 (참언을) 듣지 않을 것이며 그대와 맹서하겠다."

이에 감무와 息壤(식양) 땅에서 맹서를 하였다.

나중에 (甘茂는) 宜陽(의양)을 공격했지만 5개월이 지났어도 점령할 수가 없었다. 樗里疾(저리질)과 公孫衍(공손연) 두 사람은 조정에서 감무를 비난했고, 무왕은 그런 말을 듣고 감무를 불러 알려주었다.

그러자 감무가 말했다. "息壤이 저쪽입니다."

무왕은 "그렇소."라고 말했다.

무왕은 온 나라의 군사를 동원하여 감무에게 다시 공격케 하였고 마침내 宜陽(의양)을 점령하였다.[564]

---

**564** 遂拔宜陽 – 甘茂의 (韓) 宜陽(의양) 정벌은 秦 武王 3년(前 308)에 시작

## 065/ 宜陽之役馮章謂秦王

{原文} 宜陽之役, 馮章謂秦王曰, "不拔宜陽, 韓,楚乘吾弊, 國必危矣! 不如許楚漢中以懽之. 楚懽而不進, 韓必孤, 無奈秦何矣!"

王曰, "善."

果使馮章許楚漢中, 而拔宜陽. 楚王以其言責漢中於馮章, 馮章謂秦王曰,

"王遂亡臣, 固謂楚王曰, 寡人固無地而許楚王."

## 宜陽의 役에서 馮章(풍장)이 秦王에게 말했다.

{국역} (韓邑) 宜陽(의양)의 戰役에서[565] 馮章(풍장)이 秦王에게 말했다.

"宜陽(의양)을 아직 함락시키지 못했는데, 韓과 楚가 우리 지친 틈을 타서 공격해오면 틀림없이 나라가 위태해집니다. 그러니 楚에게

---

하여 다음 해에 끝났다. 이 章에서는 의양 정벌은 군사적으로 어려운 일이기에 주군의 신뢰가 절대적으로 중요하다. 그 신뢰를 보장받아야 군사작전에 성공할 수 있다. 그래서 감무는 魏 文侯와 曾子 모친의 故事를 비유로 무왕을 설득하였다. 그래서 무왕으로부터 息壤(식양)의 誓言(서언)을 이끌어내었다. 이는 감무가 군사적 능력뿐만 아니라 智計에도 뛰어났다는 반증일 것이다. 당시 감무는 右丞相이었다.《史記 樗里子甘茂列傳》참고.

565 宜陽之役 - 宜陽(의양)은 지명. 役은 事也. 戍役(수역). 소규모의 전쟁.

漢中(한중)의 땅을 돌려주겠다고 해서 楚의 환심을 사야 합니다. 楚가 좋아하며 진격하지 않으면 韓은 고립되어 우리 秦에게 아무것도, 어쩌지도 못할 것입니다!"

秦(진) 武王이 말했다. "옳은 말이다."

그러면서 馮章(풍장)을 보내 楚에게 漢中(한중) 땅 반환을 약속했고 宜陽을 점령하였다. 楚 懷王이 풍장의 말대로 漢中을 요구하자, 풍장이 秦王에게 말했다.

"王께서는 臣을 방축하셨다면서 '과인은 정말로 楚王에게 주겠다고 약속한 땅이 없다.' 고 말씀하십시오."[566]

## 066/ 甘茂攻宜陽

{原文} 甘茂攻宜陽, 三鼓之而卒不上. 秦之右將有尉對曰, "公不論兵, 必大困."

甘茂曰, "我羈旅而得相秦者, 我以宜陽餌王. 今攻宜陽而

---

566 戰國時代 外交에서 詐僞(사위, 거짓말)가 어제 오늘의 일도 아니고, 약속을 안 지키면 어찌 하겠다는 대응책도 없이, 說客의 말만 믿고 망신당한 경우가 非一非再했다. 楚 懷王의 경우 이미 張儀에게 商於(상어)의 땅 속임수에 넘어가고서도 똑같은 나라에 똑같은 술법에 넘어갔으니, 楚 회왕의 어리석은 탐욕 이외 그 무엇으로도 설명할 수가 없다. 이런 어리석음은 說客의 지어낸 말일 수도, 또 사실이 아닐 수도 있다고 믿고 싶을 뿐이다.

不拔, 公孫衍,樗里疾挫我於內, 而公中以韓窮我於外, 是無伐之日已! 請明日鼓之而不可下, 因以宜陽之郭爲墓."

於是出私金以益公賞. 日鼓之, 宜陽拔.

## 甘茂가 宜陽을 공격하다.

{국역} 甘茂(감무)가 宜陽(의양)을 공격할 때, (진격하라는) 북을 3번이나 쳤지만 사졸들을 공격하지 않았다. 秦의 右將軍 소속에 어떤 軍尉(군위, 초급 장교)가 말했다.

"公께서 軍功(兵)을 公論하지 않으면, 틀림없이 큰 어려움이 있을 것입니다."

이에 감무가 말했다.

"나는 외국 출신이나 秦에서 相으로 삼은 것은 王께서 宜陽을 함락시키라는 미끼이다.[567] 지금 宜陽을 공격하여 점령하지 못한다면 안에서는 公孫衍(공손연)이나 樗里疾(저리질)이 조정에서 나를 좌절케 할 것이고,[568] 公中〔公仲, 韓侈(한치), 人名〕은 밖에서 韓을 가지고 나를 궁지로 몰 것이니, 이 모두는 내가 戰功을 세울 수 없게 할 것이다.[569] 바라나니, 내일 북소리와 함께 의양을 함락하지 못한다면 의양의 성곽이 나의 무덤이 될 것이다."[570]

---

567 원문 我以宜陽餌王 – 餌는 먹이 이. 미끼. 낚시로(釣) 비유한 말이다.

568 원문 挫我於內 – 挫는 꺾을 좌. 摧(꺾을 최)와 通. 毁滅(훼멸)하다.

569 원문 是無伐之日已 – 伐은 戰功. 다시는 戰功을 세울 날이 없다는 뜻.

570 원문 因以宜陽之郭爲墓 – 郭은 城郭. 墓는 葬地. 必死의 각오를 표현.

그리고서는 자신의 私金을 公賞에 더 보태었다. 다음 날, 북소리와 함께 의양성은 함락되었다.[571]

## 067/ 宜陽未得

{原文} 宜陽未得, 秦死傷者衆, 甘茂欲息兵.

左成謂甘茂曰, "公內攻於樗里疾,公孫衍, 而外與韓侈爲怨, 今公用兵無功, 公必窮矣. 公不如進兵攻宜陽, 宜陽拔, 則公之功多矣. 是樗里疾,公孫衍無事也, 秦衆盡怨之深矣."

## 의양이 함락되기 전에

{국역} (韓邑) 宜陽(의양)이 함락되기 전에, 秦軍의 사상자가 많아 (秦將) 甘茂(감무)는 잠시 휴전하고 싶었다. 左成(좌성, 人名. 說客)이 감무에게 말했다.

---

571 장군의 私金을 論功行賞에 추가하여 사졸의 투지를 배양했다는 뜻. 무모한 장수 한 사람이 일만의 군사를 패배하여 잃게 한다(一帥無謀 挫喪萬師). 장군 한 사람의 성공 뒤에는 수많은 죽음이 있다(一將功成萬骨枯). 그러니 결국 전쟁에서 싸워 이기는 장수는 꼭 있지만(有必勝之將), 싸워 이기는 백성은 없다(無必勝之民). 말하자면 전쟁에서 일반 백성은 누구나 피해자이다.

"公은 나라 안에서는 樗里疾(저리질)과 公孫衍(공손연)의 참언을 받고, 밖에서는 (韓相) 韓侈(한치)의 원한이 깊은데, 지금 用兵하나 無功하니, 틀림없이 公은 궁지에 몰릴 것입니다. 지금 進兵하여 宜陽을 공격, 점령해야만 公의 戰功은 확실해질 것입니다. 그렇게 되면 저리질과 공손연은 아무 말도 못하게 되고, 秦나라 사상자 군사들의 가족들이 (전쟁을 획책한) 두 사람에 대한 원한은 더 깊어질 것입니다."[572]

## 068/ 宜陽之役

{原文} 宜陽之役, 楚畔秦而合於韓. 秦王懼.

茂曰, "楚雖合韓, 不爲韓氏先戰, 韓亦恐戰而楚有變其後. 韓,楚必相御也. 楚言與韓, 而不餘怨於秦, 臣是以知其御也."

## 宜陽의 싸움

{국역} 宜陽(의양)의 싸움에서 楚는 秦을 배반하고 韓을 도왔다.[573]

---

572 秦衆盡怨之深矣 - 秦의 死傷者가 많아 宜陽 정벌을 획책한 樗里疾(저리질)과 公孫衍(공손연)에 대한 병사들의 원한이 깊어질 것이라는 뜻.

573 원문 楚畔秦而合於韓 - 이는 周 赧王(난왕) 7년(前 308)의 일이다.

秦 武王은 이를 두려워했다. 감무가 말했다.

"楚가 비록 韓의 편에 섰지만 韓을 위하여 먼저 우리와 싸우지는 않을 것입니다. 韓도 마찬가지로 싸우다가 楚가 어떻게 변할지 걱정하고 있습니다.[574] 따라서 韓과 楚는 틀림없이 서로 견제할 것입니다.[575] 楚는 韓의 편이라고 말하면서도 우리 秦과 원수가 되기를 원치 않기에[576] 臣은 그들이 서로를 관망하리라 생각합니다."

## 069/ 秦王謂甘茂

{原文} 秦王謂甘茂曰, "楚客來使者多健, 與寡人爭辭, 寡人數窮焉, 爲之奈何?"

甘茂對曰, "王勿患也! 其健者來使者, 則王勿聽其事, 其需弱者來使, 則王必聽之. 然則需弱者用, 而健者不用矣! 王因而制之."

---

574 원문 亦恐戰而楚有變其後 – 楚가 전투 중에 韓에게 背約(약속을 위반하다)할까 두려워한다는 뜻.

575 원문 必相御也 – 御는 거느릴 어. 제약하다(制也). 二國이 합세는 하나 서로 의심하며 주시하다. 御를 상대로 내려다보며 관망하는 뜻으로 풀이한 주석도 있다.

576 원문 而不餘怨於秦 – 楚는 韓의 편이라고 말만 한다(聲言與韓). 그리고 우리 秦과 원한이 남는 것도 원치 않는다(不遺怨於秦).

## 秦王이 甘茂에게 말했다.

{국역} 秦王이 甘茂(감무)에게 말했다.

"楚에서 손님으로 오는 使者가 달변이라서[577] 과인이 그들과 논쟁하다 보면 자주 말이 궁색해지는데 어찌해야 하는가?"[578]

감무가 대답했다.

"王께서는 걱정하지 마십시오(勿患, 勿憂也). 사자가 달변이면 왕께서는 그 사자 말을 듣지 마십시오.[579] 유약한 자가 오면[580] 王께서는 꼭 들어주십시오. 곧 유약한 사신의 말을 들어주고 달변한 자를 받아주지 않는 것입니다. 왕께서는 이렇게 하면 통제할 수 있습니다."[581]

## 070/ 甘茂亡秦且之齊

{原文} 甘茂亡秦, 且之齊, 出關遇蘇子, 曰, "君聞夫江上之

---

577 원문 客來使者多健 – 健은 튼튼할 건, 强也. 말을 잘한다(强辯).

578 원문 寡人數窮焉 – 數은 자주 삭. 窮(궁)은 말이 꿇리다(辭屈也). 말문이 막히다.

579 원문 則王勿聽其事 – 聽은 들을 청. 따르다(從也), 받아들이다(受也).

580 원문 其需弱者來使 – 需는 구할 수, 기다릴 수. (가죽이) 부드럽고 매끈할 유(韋柔滑貌). 부드러울 연. 여기서 音은 儒(유).

581 원문 王因而制之 – 制는 御也. 유약한 자는 쉽게 제재할 수 있다는 뜻.

處女乎?"

蘇子曰, "不聞."

曰, "夫江上之處女, 有家貧而無燭者, 處女相與語, 欲去之. 家貧無燭者將去矣, 謂處女曰, '妾以無燭, 故常先至, 掃室布席, 何愛餘明之照四壁者? 幸以賜妾, 何妨於處女? 妾自以有益於處女, 何爲去我?' 處女相語以爲然而留之. 今臣不肖, 棄逐於秦而出關, 願爲足下掃室布席, 幸無我逐也."

蘇子曰, "善. 請重公於齊."

乃西說秦王曰, "甘茂, 賢人, 非恒士也. 其居秦累世重矣, 自殽塞,谿谷, 地形險易盡知之. 彼若以齊約韓,魏, 反以謀秦, 是非秦之利也."

秦王曰, "然則奈何?"

蘇代曰, "不如重其贄, 厚其祿以迎之. 彼來則置之槐谷, 終身勿出, 天下何從圖秦?"

秦王曰, "善." 與之上卿, 以相迎之齊.

甘茂辭不往, 蘇秦僞謂王曰,

"甘茂, 賢人也. 今秦與之上卿, 以相迎之, 茂德王之賜, 故不往, 願爲王臣. 今王何以禮之? 王若不留, 必不德王. 彼以甘茂之賢, 得擅用强秦之衆, 則難圖也!"

齊王曰, "善." 賜之上卿, 命而處之.

## 甘茂가 秦에서 망명하여 齊로 가려고~

{국역} 甘茂(감무)가 秦에서 망명하여, 齊로 가려고[582] 함곡관을 나서다가 蘇子(蘇代)를 만나 말했다.

"당신은 강변 처녀들 이야기를 알고 있습니까?"

蘇子는 "모릅니다."라고 말했다.

이에 감무가 말했다.

"강변 마을 처녀들 중에 가난하여 촛불 값을 낼 수 없는 처녀가 있었는데, 다른 처녀들이 서로 논의하여 쫓아내었습니다.[583] 촛불 값이 없는 가난한 처녀가 떠나면서 다른 처녀들에게 말했습니다. '내가 촛불 값을 못 내기에 늘 일찍 와서 방을 소제하고, 자리를 펴 놓았는데, 방 사방의 벽을 비추고도 남는 그 불빛을 어찌 그리 아깝다고 여기는가? 내가 더 있다 하여 무슨 방해가 되는가? 나는 다른 처녀들에게 도움을 준다고 생각하고 있었는데, 왜 나를 쫓아내는가?' 그러자 다른 처녀들이 서로 상의하여 가난한 처녀를 남게 하였습니다. 지금 나는〔甘茂(감무)〕 불초하여,[584] 秦에서 버려지고 쫓겨

582 원문 且之齊 – 且는 장차(將也). 또. 〈甘茂列傳〉에서는 秦 昭襄王(소양왕, 武王의 아우. 재위 前 306 – 251년) 원년의 일로 기록했다. 감무는 魏 皮氏縣(피씨현)을 공략했으나 점령하지 못했고, 이런저런 사유로 秦을 떠나야만 했다.

583 欲去之 – 마을 처녀들이 밤에 한 집에 모여 놀거나 바느질을 한다. 자기 몫의 촛불 값을 댈 수 없는 가난한 처녀가 있다. 촛불 값을 부담 못하니 쫓아버리겠다. 곧 밤에 여기에 오지 말라는 뜻이다. 가난한 처녀가 떠나면서 말했다.

584 원문 今臣不肖 – 臣은 甘茂 自稱. 肖는 닮을 초. 不肖는 다른 이와 같지

났지만 足下(貴下)를 위해 방을 소제하고 자리도 펴놓고 싶으니, 나를 방축하지 말기를 원합니다."

蘇子가 말했다.

"옳은 말씀입니다. 公을 존중하라고 齊에 요청하겠습니다."

그리고는 서쪽으로 가서 秦王에게 말했다.

"甘茂는 賢人이고 언제나 구할 수 있는 士人이 아니며,[585] 여러 代에 걸쳐 秦에 살았기에[586] 殽山(효산)의 요새나 谿谷(계곡), 地形의 험하고 평탄한 것을 모두 알고 있습니다. 그가 만약 齊에 가서 韓이나 魏와 결합하여 秦을 도모하려 한다면, 이는 秦에 유리하지 않을 것입니다."

秦王이 말했다. "그러하니 어떻게 해야 하는가?"

蘇代가 말했다.

"그에게 많은 재물을 보내주고 후한 녹봉으로 맞이해야 합니다. 그래서 감무가 돌아온다면 槐谷(괴곡)에 안치시키고,[587] 終身토록 나

---

않다. 못나다.

585 원문 非恒士 - 恒은 항상 항. 늘. 恒은 常也. 쉽게 구할 수 있는 사람이 아니다.

586 원문 其居秦累世重矣 - 감무는 惠王, 武王, 昭襄王 三王을 섬겼다.

587 원문 彼來則置之槐谷 - 槐谷(괴곡)은 槐里之谷, 長安 근처 槐縣의 골짜기. 涇陽縣(경양현). 槐와 鬼의 音이 같으나 鬼谷(귀곡)은 아니라는 주석이 있다. 鬼谷하면 鬼谷子를 연상한다. 鬼谷子(귀곡자, 생졸년 미상)는 戰國 中期 諸子百家의 한 사람, 縱橫家의 鼻祖(비조)로 알려진 사람. 귀곡에 살아 귀곡자로 불렸다고 한다. 《史記 69卷 蘇秦列傳》 및 《史記 70卷 張儀列傳》에 두 사람이 각각 鬼谷子의 제자라고 했다. 또 孫臏(손빈)과 龐涓(방연)도 그 제자로 알려졌다.

오지 못하게 하면 천하가 어떻게 秦을 공격하겠습니까?"

秦王은 "좋다." 그리고는 감무에게 上卿의 지위를 내려 相으로 齊에서 영접케 하였다.

甘茂는 (秦의 제의를) 사양하며 (秦에) 가지 않았다. 그러자 蘇秦(蘇代) 齊나라로 다시 와서 거짓으로 齊王에게 말했다.

"甘茂는 賢人입니다. 지금 秦이 감무에게 上卿의 자리를 내려 相으로 맞이하려 하자, 감무는 왕의 하사를 고맙게 여기며, 秦에 돌아가지는 않지만 (秦) 王의 신하가 되기를 바라고 있습니다. 그러니 지금 王께서 어떻게 그를 예우하시겠습니까? 왕께서 감무를 예우하지 않는다면 (감무는) 틀림없이 왕에게 恩德을 입었다고는 생각하지 않을 것입니다. 저 감무의 현명함으로 강한 秦의 군사를 마음대로 운영한다면 그러나 그 또는 도모하기 어려울 것입니다!"

齊王은 "옳은 말이요." 그러면서 감무에게 上卿의 지위를 하사하고, 齊에 머물게 하였다.

## 071/ 甘茂相秦

{原文} 甘茂相秦. 秦王愛公孫衍, 與之間有所立, 因自謂之曰, "寡人且相子."

甘茂之吏道而聞之, 以告甘茂. 甘茂因入見王曰, "王得賢相, 敢再拜賀."

王曰, "寡人託國於子, 焉更得賢相?" 對曰, "王且相犀首."

王曰, "子焉聞之?" 對曰, "犀首告臣."

王怒於犀首之泄也, 乃逐之.

## 甘茂가 秦의 相이 되었다.

{국역} 甘茂가 秦의 相이 되었을 때의 일이다. 秦王은 公孫衍(공손연)을 편애하고 있어, 둘만이 있을 때[588] (공손연을 相으로 삼고자) 스스로 말했다.

"寡人은 그대로 相으로 삼을 것이요."

甘茂의 하급 관리가 지나다가 듣고서 감무에게 말해주었다.[589] 甘茂가 들어가 王을 알현하고 말했다.

"왕께서 賢相을 찾으셨으니, 再拜로 하례(축하)합니다."

"寡人은 당신에게 국정을 맡겼는데 어찌 賢相을 얻을 수 있겠는가?"

"王께서는 곧(且) 犀首(서수, 公孫衍)를 相에 임명하십시오."

"그대는 어디서 들었는가?"

"犀首가 저에게 말해주었습니다."

588 원문 與之間有所立 – 間은 틈. 사이(暇隙也). 틈을 보아 이야기하다.

589 원문 甘茂之吏道而聞之 – 道而는 길을 가다가. 이를 道穴(도혈)이라 하여 '땅굴을 파고 숨어 있다가' 로 해석한다면 정말 무리이다. 어차피 이는 지어낸 이야기일 뿐이다.

王은 犀首가 누설했다고 생각하여 화를 내며, 바로 서수를 방출하였다.

## 072/ 甘茂約秦魏而攻楚

{原文} 甘茂約秦,魏而攻楚. 楚之相秦者屈蓋, 爲楚和於秦, 秦啓關而聽楚使.

甘茂謂秦王曰, "怵於楚而不使魏制和, 楚必曰 '秦鬻魏.' 不悅而(魏)合於楚, 楚,魏爲一, 國恐傷矣. 王不如使魏制和, 魏制和必悅. 王不惡於魏, 則寄地必多矣."

## 甘茂는 秦, 魏와 연합하여 楚를 공격하다.

{국역} 甘茂(감무)가 秦과 魏와 연합하고서 楚를 공격하였다.[590] 楚에서 秦에 대항하던 屈蓋(굴개)가[591] 楚를 위해 秦에 화해하려 하자, 秦에서는 관문을 열고 楚의 사신을 맞이했다.

---

590 이는 周 赧王 3년(前 312)의 일이라는 주석이 있다.

591 원문 楚之相秦者屈蓋 - 屈蓋(굴개)는 人名. 楚臣也. 楚人으로 진나라에서 相이었다는 주석도 있으나, 그런 기록이 없다는 주석도 있다. 相秦을 拒秦의 착오라는 주석에 따라 풀이했다.

이에 甘茂가 秦王에게 말했다.

“楚를 꾀어내려고[592] 魏가 이 회담을 주재하지 않게 한다면[593] 楚는 틀림없이 ‘秦이 魏를 이용했다.’ 고 말할 것이고,[594] 魏는 배신감을 느끼면서 楚와 연합하여 楚와 魏가 하나가 된다면, 우리가 다치게 됩니다. 王께서는 魏로 하여금 이 회담을 주관케 한다면, 魏는 회담 주관을 틀림없이 기뻐할 것입니다. 왕께서 魏를 혐오하지 않는다면 (魏에서 秦에) 할양하여 주는 땅이 틀림없이 많아질 것입니다.”[595]

## 073/ 陘山之事

{原文} 陘山之事, 趙且與秦伐齊. 齊懼, 令田章以陽武合於趙, 而以順子爲質. 趙王喜, 乃案兵告於秦曰, “齊以陽武賜弊邑而納順子, 欲以解伐. 敢告下吏.”

秦王使公子他之趙, 謂趙王曰, “齊與大國救魏而倍約, 不可信恃, 大國不義, 以告弊邑, 而賜之二社之地, 以奉祭祀.

---

592 怵於楚－怵은 두려워할 출. 怵과 訹(꾀일 수, 誘也)는 通한다는 주석이 있다.

593 원문 而不使魏制和－制는 주관하다(主之). 참여하다.

594 원문 ‘秦鬻魏.’－鬻은 팔 죽(賣也). 이용하다. 처음에 약속했다가 나중에 背約(약속을 어기다)하다. 楚는 魏에게 ‘당신들은 秦에 이용당했다’ 고 말할 것이다. 그러면 魏는 楚와 결맹할 수 있다는 뜻.

595 원문 則寄地必多矣－魏에서 割地하여 秦에 주는 땅. 땅이 아직 未入(들어오지 않다)하였기에 ‘寄’ 라 하였다.

今又案兵, 且欲合齊而受其地, 非使臣之所知也. 請益甲四萬, 大國裁之."

## 陘山(형산)의 싸움

{국역} 陘山(형산)의 싸움에서[596] 趙와 秦은 齊를 정벌하였다. 齊는 겁을 먹고〔懼(두려워할 구)〕, 田章(전장)을 시켜 (齊邑) 陽武를[597] 내어 주며 趙와 강화하였고,[598] 順子(순자)를 인질로 보냈다.[599] 趙 惠文王(재위 前 298 – 266)은 좋아하며 군사 작전을 멈추고 秦에 알려왔다.

"齊가 陽武(양무)를 弊邑(폐읍, 趙의 겸칭)에 내주고 順子(순자)를 인

596 陘山之事 – 陘은 지레목 형, 비탈 형, 막힐 형. 산줄기가 끊어진 곳. 험한 길. 事는 役也. 戰役. 司馬遷《史記 穰侯列傳第》에 의하면, 魏가 背秦하고 齊와 相親하자 秦은 穰侯(양후, 魏冉)를 시켜 趙와 韓, 그리고 魏를 동원하여 赧王(난왕) 41년(前 274)에, 華陽에서 魏, 齊와 싸웠는데 이 전쟁을 말한다. 陘山(형산)은, 今 河北省 石家莊市 관할 井陘縣으로 추정한다. 【참고】 魏冉〔위염, 생졸년 미상, 一作 魏焻(위창)〕. 戰國 시대 秦國 政治家, 宣太后의 異父弟, 穰邑(今 河南省 서남부 鄧州市)에 봉해졌기에 穰侯(양후)라 칭한다. 秦 武王이 23歲에 죽으며 아들이 없자, 그 형제가 다투었다. 魏冉(위염)은 자신의 권력을 이용하여 秦 昭襄王(재위 前 306 – 251년)을 옹립했다.

597 (齊邑) 陽武 – 今 河南省 開封市 북부.

598 원문 令田章以陽武合於趙 – 田章은 人名. 齊의 公族. 陽武, 齊邑也. 齊地가 아니라는 주석도 있다. 合은 講和하다. 和也.

599 원문 而以順子爲質 – 順子는 齊公의 子. 質은 보증(保也). 人質.

질로 보내 공격을 멈춰달라고 하였습니다. 이를 귀국의 담당자에게 알립니다."[600]

秦王은 公子 他(타)를 趙에 보내 趙王에게 말하게 했다.

"齊와 大國(趙)은 魏(위)를 구원키로 했었으나 (齊가) 약속을 지키지 않았었으니(倍約, 背約) (齊를) 믿을 수 없다며, 大國(趙)에서는 (齊의) 不義를 弊邑(폐읍, 秦)에 통보한 적이 있었고, 그래서 (秦에서는, 趙에게) 二社(二邑)의 땅을 내주어 제사를 받들게 하였습니다. 今 (趙에서) 군사를 멈춰놓고서 齊와 연합하며 그(齊) 땅(陽武)을 받으니 사신인 제가(公子 他) 어찌할 바를 모르겠습니다. 우리는 甲兵 4만을 증가 시킬 것이니 大國(趙)은 판단하기 바랍니다."

{原文} 蘇代爲齊獻書穰侯曰,

「臣聞往來之者言曰, '秦且益趙甲四萬人以伐齊.' 臣竊必之弊邑之王曰, '秦王明而熟於計, 穰侯智而習於事, 必不益趙甲四萬人以伐齊.' 是何也?

夫三晉相結, 秦之深讎也. 三晉百背秦, 百欺秦, 不爲不信, 不爲無行. 今破齊以肥趙, 趙, 秦之深讎, 不利於秦. 一也. 秦之謀者必曰, '破齊弊晉, 而後制晉,楚之勝.' 夫齊, 罷國也, 以天下擊之, 譬猶以千鈞之弩潰癰也. 秦王安能制晉, 楚哉! 二也. 秦少出兵, 則晉,楚不信, 多出兵, 則晉,楚爲制於秦. 齊恐, 則必不走於秦且走晉,楚. 三也. 齊割地以實晉,

---

**600** 원문 敢告下吏 - 下吏는 秦吏.

楚, 則晉,楚安. 齊擧兵而爲之鈍劍, 則秦反受兵. 四也. 是晉,楚以秦破齊, 以齊破秦, 何晉,楚之智而齊,秦之愚! 五也. 秦得安邑, 善齊以安之, 亦必無患矣. 秦有安邑, 則韓,魏必無上黨哉. 夫取三晉之腸胃與出兵而懼其不反也, 孰利? 故臣竊必之弊邑之王曰, '秦王明而熟於計, 穰侯智而習於事, 必不益趙甲四萬人以伐齊矣.'」

{국역} (이에, 蘇秦 弟) 蘇代(소대)가 齊를 위해 (秦相인) 穰侯(양후, 魏?)에게 서신(편지)을 보냈다.

「臣이 듣기로는 (秦에) 往來하는 者의 말에 의하면, '秦에서는 이제 趙나라에 甲兵 4만 명을 보태주어 齊를 토벌할 것.' 이라고 하였습니다. 臣은 弊邑의 王(齊 襄王, 재위 前 283－265년)에게 臣이 생각한대로, '秦王은 계책에 밝고 능숙하며, (승상) 穰侯(양후)는 政事에 지혜롭고 익숙하기에, 4만의 군사를 趙에 보내 결코 齊를 공략하지 않을 것이라.' 고 말해줄 것입니다. 이는 왜 그렇겠습니까? 三晉(韓, 魏, 趙)이 서로 연합한다면, 이는 秦에게는 深重한 원수가 되는 것입니다. 三晉이 1백 번 秦을 배신하고 1백 번 속인다면 믿지 않을 수도 없지만 그렇다고 실행할 수도 없을 것입니다. 지금 秦이 齊를 격파하여 趙를 肥大(비대)하게 해 준다면, 趙는 秦의 큰 원수가 되어 결국 秦에게는 불리하다는 것이 첫째 이유입니다. 秦의 謀者는 틀림없이 '破齊하고 晉(趙)을 피폐하게 한 뒤에, 趙와 楚를 제압하여 승리한다.' 고 하지만, 齊는 피폐한 나라가 되었는데 그 齊를 정벌하려고 여러 나라를 동원한다면, 이는 千鈞(천균)의 代弩(대노)로 문드러진 종기를 쏘는 것과 마찬가지입니다.[601] (그리고) 秦王이 어찌 晉(趙)과 楚를 제압하겠습니까! 이것이 두 번째 이유입니다. 秦의 出兵이 소수라면 晉(趙)과 楚는 不信하고, 出兵이 많으면, 晉(趙)과 楚는 제압당할 수 있습니다. 그러나 齊가 두려우면 秦으로 달려가지 않고, 틀림없이 趙와 楚와 연합할 것이니, 이것이 세 번째 이유입니다. 齊가 割地(할지)하여 趙와 楚를 충실하게 한다면 趙와 楚는 안정됩니다. 齊가 擧兵하여 鈍劍(둔검)으로 공격하여도 秦은 兵禍(병화)를 당하게 됩니다. 이것이 네 번째 이유입니다. 趙와 楚가 秦과 함께 齊를 격파한다 하여도 또 齊가 秦을 격파한다면, 趙와 楚는 어찌 그리 지혜로우며, 齊와 秦은 어찌 그리 우둔하겠습니까?[602] 이것이 다섯 번째 이유입니다. 秦은 (魏地) 安邑(안읍)을 얻었고, 우리 齊에게 우호적이었기에 그간 아무런 환난이 없었습니다. 秦이 계속 安邑을 보유한다면 韓과 魏는 틀림없이 上黨(상당) 일대의 땅도 확보할 수가 없게 됩니다. (秦으로서는) 三晉의 胃腸(위장, 安邑과 上黨)을 차지하고 있느냐? 아니면 출병하여 되찾을 수도 없는 쪽에 국력을 기울이느냐? 곧 어느 쪽이 秦에게 유리하겠습니까? 그래서 臣은, 제 생각이지만, 우리 弊邑(폐읍, 齊)의 왕에게(齊 襄王) '秦王은 계책에 명

601 원문 譬猶以千鈞之弩潰癰也 - 譬는 비유할 비. 猶는 같을 유. 千鈞의 1鈞은 30斤. 弩는 쇠뇌 노. 潰癰(궤옹)은 문드러진 종기. 저절로 곪아터진 종기. 腫氣(종기)는 악성 피부병의 일종. 옛날 50년 전만 해도 우리나라에서 아주 흔한 질병이었다.

602 趙와 楚는 齊와 秦의 싸움을 구경하며 지치기를 기다리니 지혜로운 것이며, 齊와 秦은 둘이 싸워 趙와 楚만 유리하게 만들어 줄 그렇게 우둔한 나라도 아니라는 뜻.

철하고 숙련되었고, (秦相) 穰侯(양후)는 國事에 지혜롭고 익숙하기에, 절대로 趙에게 4만의 병력을 내주어 齊를 공격하지 않을 것이라.' 고 틀림없이 말씀드릴 것입니다.」

## 074/ 秦宣太后愛魏醜夫

{原文} 秦宣太后愛魏醜夫. 太后病將死, 出令曰, "爲我葬, 必以魏子爲殉."

魏子患之. 庸芮爲魏子說太后曰, "以死者爲有知乎?"

太后曰, "無知也."

曰, "若太后之神靈, 明知死者之無知矣, 何爲空以生所愛, 葬於無知之死人哉! 若死者有知, 先王積怒之日久矣, 太后救過不贍, 何暇乃私魏醜夫乎?"

太后曰, "善." 乃止.

## 秦 宣太后가 사랑한 魏醜夫

{국역} 秦 宣太后(선태후)[603]는 魏醜夫(위추부, 男寵 남총)를 총애하였다. 太后가 병들어 죽으려 할 때,[604] "나를 장례할 때 꼭 魏子(魏醜

603 宣太后(선태후, 前 337 – 265년) – 惠文王의 后妃, 昭襄王의 생모.

夫)를 殉葬(순장)하라." 고 명령하였다.

魏子는 두려웠다. 그래서 (秦 臣) 庸芮(용예, 人名)가 위추부를 위하여 태후를 설득하였다.

"죽은 사람이 아는 것이 있겠습니까?"

태후가 말했다. "아무것도 모를 것이다."

"이처럼 太后의 神靈으로 死者는 無知하다는 것을 분명히 알고 계시면서, 살아 아끼던 사람을 왜 아무것도 모르는 죽은 사람과 함께 묻어 달라 하십니까? 만약 死者가 무엇인가를 알 수 있다면, 先王(惠文王)께서 분노를 품었던 날이 매우 오래였을 것인데, 태후께서 용서를 구해도 넉넉지 않을 것인데(부족할 터인데), 어느 겨를에 魏醜夫와 私情을 나눌 수 있겠습니까?"

태후는 "옳은 말이다." 라면서 순장하라는 명령을 그만두었다.

---

**604** 선태후는 秦 昭襄王 42년(前 265)에 73세로 죽었다.

# 5.《戰國策》卷五 秦策 三

## 075/ 薛公爲魏謂魏冉

{原文} 薛公爲魏謂魏冉曰,

"文聞秦王欲以呂禮收齊, 以濟天下, 君必輕矣. 齊,秦相聚以臨三晉, 禮必並相之, 是君收齊以重呂禮也. 齊免於天下之兵, 其讎君必深. 君不如勸秦王令弊邑卒攻齊之事. 齊破, 文請以所得封君.齊破晉强, 秦王畏晉之强也, 必重君以取晉. 齊予晉弊邑, 而不能支秦, 晉必重君以事秦. 是君破齊以爲功, 挾晉以爲重也.破齊定封, 而秦,晉皆重君. 若齊不破, 呂禮復用, 子必大窮矣."

## 薛公이 魏를 위하여 魏冉(위염)에게 말하다.

{국역} 薛公(설공, 齊 田文. 孟嘗君)이[605] 魏나라의 재상으로 있을 때

魏를 위하여 (秦의 相, 穰侯) 魏冉(위염)에게 말했다.[606]

"제가(文, 孟嘗君) 알기로는 秦王(昭襄王)이 呂禮(여례)를 통해 齊를 끌어들여,[607] 天下를 이끌고(濟) 가려 하는데, (그렇게 되면) 君은 必히 秦(진)으로부터 輕視(경시)될 것입니다. 齊와 秦이 서로 연합하면 三晉(韓,魏,趙)에 압력을 가하고, 呂禮는 틀림없이 (齊와 秦의) 두 나라의 相(재상)이 될 것이니, 이는 君〔魏冉(위염)〕이 齊를 끌어들여 呂禮(여례)를 높여주기 때문입니다. 齊가 天下의 전쟁에서 벗어난다면(兵患이 없어진다면) 君에 대한 여례의 원한은 더욱 깊어질 것입니다. 그러니 君께서는 秦王에 勸하여 弊邑(폐읍)에 대한 齊의 공격을 못하게 하는 것만 못합니다. 齊가 격파된다면, 저(孟嘗君)는 차지한 땅으로 君을 封할 것입니다. 齊가 격파되면 晉(魏)이 强大할 것이고, 秦王은 晉(魏)이 강대해지는 것을 두려워하기에, 必히 君을 존중하여 晉(魏)을 끌어들일 것입니다. 그러나 齊가 晉(魏)에게 弊邑(폐읍, 薛)을 넘겨주었는데도 秦을 저지(支)하지 못한다면 晉(魏)에서는 必히 君을 존중하여 秦을 섬기게(事) 할 것입니다. 이는 君께서

---

605 薛은, 今 山東省 南部, 棗庄市(조장시) 관할 滕州市(등주시)에 해당한다. 당시 齊의 남방, 楚와 근접.

606 이는《史記 孟嘗君列傳》에도 수록되었다. 이는 周 赧王 29년(前 286)의 일이라는 주석이 있다.

607 원문 欲以呂禮收齊 - 收齊의 收는 取也. 呂禮(여례)는 秦의 장군 출신. 당시 齊의 相이었다. 昭襄王 13년(前 294)에, 呂禮는 魏로 달아났었다. 여례가 齊의 相이 된 것은《戰國策, 周策》과《史記 孟嘗君列傳》에도 보인다. 여례는 昭襄王 19년에 歸秦하였고 다음 해에 齊는 伐宋하였고, 伐宋 後에 田文은 魏의 相이 된다. 이는 呂禮가 歸秦 이전의 일로 알려졌고, 이때는 田文이 魏의 相의 되기 이전이라는 주석이 있다.

破齊한 공적으로 晉(魏)을 통제하여 지위가 높아졌기 때문입니다. (君께서는) 破齊하여 封을 받고, 秦과 晉(魏)에서 모두 존중을 받게 됩니다. 만약 齊가 不破되면 呂禮는 다시 重用될 것이고, 당신은(子) 필히 크게 궁지에 몰릴 것입니다."

## 076/ 秦客卿造謂穰侯

{原文} 秦客卿造謂穰侯曰,

"秦封君以陶, 藉君天下數年矣. 攻齊之事成, 陶爲萬乘, 長小國, 率以朝天子, 天下必聽, 五伯之事也. 攻齊不成, 陶爲鄰恤, 而莫之據也. 故攻齊之於陶也, 存亡之機也.

君欲成之, 何不使人謂燕相國曰, '聖人不能爲時, 時至而弗失.' 舜雖賢, 不遇堯也, 不得爲天子. 湯,武雖賢, 不當桀, 紂不王. 故以舜,湯,武之賢, 不遭時不得帝王. 今攻齊, 此君之大時也已. 因天下之力, 伐讎國之齊, 報惠王之恥, 成昭王之功, 除萬世之害, 此燕之長利, 而君之大名也.《書》云, 樹德莫如滋, 除害莫如盡. 吳不亡越, 越故亡吳, 齊不亡燕, 燕故亡齊. 齊亡於燕, 吳亡於越, 此除疾不盡也. 以非此時也, 成君之功, 除君之害, 秦卒有他事而從齊, 齊,趙合, 其讎君必深矣. 挾君之讎以誅於燕, 後雖悔之, 不可得也已. 君悉燕兵而疾僣之, 天下之從君也, 若報父子之仇. 誠能亡齊,封君於河南, 爲萬乘, 達途於中國, 南與陶爲鄰, 世世無患. 願君之專志於攻齊, 而無他慮也."

## 秦의 客卿인 造(조)가 穰侯에게 말했다.

{국역} 秦의 客卿(객경)인 造(조)가 穰侯(양후)에게 말했다.[608]

"秦에서 君(穰侯)을 陶(도, 今 山東省 서남부 菏澤市 定陶區)에 봉하고 국정을 맡긴 지[609] 몇 년입니다. 齊에 대한 공격이 성공한 이후 陶(도)는 萬乘의 나라로 커졌고, 小國의 우두머리가 되어, 소국을 인솔하여 周나라 天子에 入朝하고 天子 또한 꼭 (의견을) 따라주니, 이는 五伯(五霸)의 형세와 같습니다. 만약 齊를 공격해서 실패한다면, 陶(도)는 근심거리가 되고 세력의 근거지가 되지 못할 것이니, 齊에 대한 공격은 陶에게는 存亡의 중요한 계기가 될 것입니다. (이런 상황에서) 君께서 齊에 대한 공격이 성공하기를 원한다면, 왜 燕의 相에게 사람을 보내 '聖人이 때를 만들 수는 없지만, 때가 오면 놓치지

---

608 원문 秦客卿造謂穰侯曰 – 客卿은 외국인으로 卿(경)의 대우를 받고 출사하는 사람. 造는 人名, 《史記 穰侯列傳》에 기록된 '竈'(부엌 조)와 동일인이라는 주석도 있다. 造를 방문하다(造訪)의 뜻으로 풀이하면 '秦의 客卿이 방문하여 穰侯에게 유세하다.'의 뜻이 된다. 穰侯(양후)는 魏冉(위염, 생졸년 미상) – 秦 宣太后의 異父弟, 穰邑(今 河南省 서남부 鄧州市)에 봉해졌기에 穰侯라 칭한다. 秦 武王이 23歲에 죽으며 아들이 없자, 그 형제가 다투었다. 魏冉(위염)은 자신의 권력을 이용하여 秦 昭襄王(재위 前 306 – 251년)을 옹립했다.

609 원문 藉君天下 – 藉는 깔개 자. 천하를 다스릴 권한을 주다. 相으로 삼다.

않는다.' 고 유세하시지 않습니까?[610] 舜(순)이 비록 현명하다지만, 堯(요)를 만나지 않았다면 天子가 될 수 없었습니다. (殷의) 湯王(탕왕), (周의) 武王이 비록 현명하였지만, (夏의) 桀王(걸왕),[611] (殷의) 紂(주)가 王이 되지 않았으면 (湯, 武王도) 있을 수 없었습니다. 그러니 舜, 湯, 武王이 賢明하더라도 때를 못 만났으면 제왕이 될 수 없는 것이었습니다. 지금 齊나라를 공격하면 君(燕의 相)에게는 정말 大時(때가 온 것이다)입니다.[612] 그래서 온 나라의 힘을 다하여 讎國(원수의 나라)인 齊를 정벌하여 (燕) 惠王의 (마음속) 치욕을 갚아주고,[613] (燕) 昭王이 齊를 공략한 공적을 계승하여[614] 萬世에 걸친 해

---

610 원문 '聖人不能爲時, 時至而弗失' – 여기 時는 天時, 사람이 만들 수 있는 것은 아니다. '성인은 天時(機會)를 놓치지 않는다.' 이는 사실 客卿인 造의 穰侯에 대한 설득의 요점이다.

611 桀(걸, 생졸년 미상) – 姒姓, 夏后氏. 名은 履癸(이규), 夏桀로 통칭. 夏朝 17대 겸 마지막 왕. 發王의 아들. 桀은 지체가 건장하여 赤手空拳(적수공권)으로 호랑이를 때려잡을 정도였다. 王后 妺喜(말희)를 총애했고, 정사에 전혀 뜻이 없었으며, 忠良한 신하를 대량으로 학살하였다. 酒池肉林의 잔치를 벌였으며, 湯王에게 鳴條之戰(명조지전)에서 패해 南巢(남소, 今 安徽省 巢湖市 居巢區)로 방출되었다가 병사했다. 폭군의 대명사. 《史記》에는 桀의 아들 淳維(순유)가 북으로 도망가 匈奴가 되었다고 하였다. 「匈奴, 其先祖夏后氏之苗裔也, 曰淳維.」

612 원문 此君之大時也已 – 得時의 利가 이보다 더 클 수 없다.

613 원문 報惠王之恥 – 그전에 燕王 噲(쾌) 재위 중에 齊 田單이 燕을 격파하여 燕이 일시 멸망했었다(前 314). 다음에 燕 昭王이 계위하였다(재위 前 311–279년). 昭王 다음이 燕 惠王(재위 278–272년).

614 成昭王之功 – 燕 昭王 28년(前 284), 燕의 장군 樂毅(악의)는 齊를 정벌하여 도읍 臨淄(임치)를 점령하였다. 昭王 32년(前 280)에는 齊의 70여 城을 탈취하였는데, 그 다음 해에 (齊의) 田單이 수복하였다. 직전 구절

악을 제거하는 것이 燕의 먼 앞날의 이득일 것이고 君(燕相)의 大名을 남기는 길일 것입니다. 《尙書》의 기록에[615]에서는 '많이 도와주기보다 더 나은 樹德(수덕, 種德)이 없고(樹德莫如滋), 除害(제해)는 뿌리 뽑기보다 더 나은 것이 없다(除害莫如盡).' 고 하였습니다. 吳가 越을 멸망시키고도 뿌리를 뽑지 않았기에, 越(句踐)은 吳를 멸망시켰고, 齊는 燕을 완전히 없애지 않아 燕은 齊를 망하게 했습니다.[616] 齊가 燕에게 망할 뻔하고, 吳가 越(월)에 멸망한 것은 해악의 근원을 완전히 뿌리 뽑지 않았기 때문입니다(此除疾不盡也). 主君의 功業을 이루거나 主君의 해악을 제거하는 일을 이때가 아니면 할 수 없을 것이며, 秦이 갑자기(卒, 忽也) 다른 일을 일으켜 齊와 연합하거나, 齊와 趙가 연합한다면 燕(연)나라에 대한 원한은 틀림없이 더 깊어질 것입니다. 당신(君, 燕의 相)의 원수(齊)와 연합하여 燕을 공격해 온다면 나중에 후회한다 하여도 어찌 할 수가 없을 것입니다. 당신은(君) 燕의 군사를 모두 동원하여 빨리 齊를 공격한다면 천하가 당신을 따를 것이니, 이는 아버지나 자식의 원수를 갚는 것과 같을 것입니다. 정말로 齊를 멸망시킨다면 당신은 河南의 1萬乘(승)의 땅에 봉해질 것이고 이는 中原(中國)에 통할 수 있으며, 남

---

'報惠王之恥' 의 惠王은 착오인지 아니면 昭王 다음에 즉위한 惠王인지 확실하지 않다.

615 《書》云 – 《尙書》인지 《詩經》인지 확실치 않다. 《詩》의 逸詩라는 주석도 있고, 후인이 《詩》를 《書》로 고쳤고 〈泰誓〉의 글이라는 주석도 있다.

616 齊不亡燕, 燕故亡齊. – 齊 宣王 8년(前 312), 燕의 噲王(쾌왕)이 아들에게 양위하게 한 뒤 혼란한 燕을 공격하여 燕을 거의 멸망에 이르게 했으나 완전히 없애지는 못했다. 燕에서는 昭王이 즉위하여 국력을 회복한 뒤, 장군 樂毅(악의)가 齊를 침공하여 수도 臨淄(임치)를 점령하였다.

쪽으로는 (이미 봉해진) 陶(도)와 연접하니 대대로 아무 환난이 없을 것입니다. 그대는 오로지 齊에 대한 공략에만 전념할 것이고 다른 걱정은 안 해도 된다는 점을 (사람을 보내 燕의 相에게) 설득시켜야 합니다."

## 077/ 魏謂魏冉

{原文} 魏謂魏冉曰, "公聞東方之語乎?"

曰, "弗聞也."

曰, "辛,張陽,毋澤說魏王, 薛公, 公叔也, 曰, '臣戰, 載主契國以與王約, 必無患矣. 若有敗之者, 臣請挈領. 然而臣有患也. (夫楚王之以其臣請挈領然而臣有患也.) 夫楚王之以其國依冉也, 而事臣之主, 此臣之甚患也.' 今公東而因言於楚, 是令張儀之言爲禹, 而務敗公之事也. 公不如反公國, 德楚而觀薛公之爲公也. 觀三國之所求於秦而不能得者, 請以號三國以自信也. 觀張儀與澤之所不能得於薛公者也, 而公請之以自重也."

### 魏를 위하여 魏冉(위염)을 설득하다.

{국역} (어떤 사람이) 魏(위)를 위하여 (秦의 相) 魏冉(위염)에게 말

했다.[617]

"公께서는 東方의 소식을 들으셨습니까?"[618]

"듣지 못했습니다."

"辛(신), 張(장), 陽毋澤(양무택) 등이[619] 魏王(魏, 襄王), 薛公〔설공, 田嬰(전영). 맹상군의 父〕, 公叔(공숙) 등에게 말했답니다. '臣들은 전쟁에 임하면서 (先君의) 木 神主를 (戰車에) 싣고 필히 아무 걱정 없을 것이라고 나라에 서약하거나(契國) 王께 약속합니다. 만약 싸움에 진다면 臣의 목을 잘라주시길 바랍니다.[620] 그러나 臣은 걱정이 있습니다. (楚王의 그 신하가 목을 잘라 달라지만 臣에게 걱정이 있습

617 원문 魏謂魏冉 – 文理上 앞에 '或爲(어떤 사람이 ~을 위하여)' 가 있어야 한다. 魏는 나라 이름이고 魏冉(위염)의 魏는 성씨이다. 얼굴을 마주보고 하는 이야기는 축약이나 생략이 있어도 얘기를 들으면서 내용을 알 수 있다. 그런 이야기를 문장으로 옮겨 놓으면, 이해하기가 매우 어렵다. 개인 간의 書信을 번역할 경우도 마찬가지이다. 두 사람은 다 아는 일이라서 서신에 쓰며 설명이 없어도 되지만 뒷날 다른 사람이 이해하기가 쉽겠는가?

魏冉(위염)은 본래 楚人이고 秦 惠文王의 妃인 宣太后(선태후)의 異母弟이다. 秦에서 穰侯(양후)에 봉해졌다. 위염은 武王(悼武王, 惠文王의 同母弟) 때 정사를 독점하다가 이때 楚나라로 돌아가려 했는데, 이에 魏나라에서는 楚와 秦이 연합할까 우려했다.

618 원문 公聞東方之語乎? – 東方은 崤山(효산)의 동쪽 제후국. 곧 韓, 魏, 趙를 지칭.

619 "辛(신), 張(장), 陽毋澤(양무택) – 辛張, 陽毋澤 또는 辛, 張, 陽毋澤으로 읽기도 한다. 說客 또는 縱橫家의 人名인데, 구체적으로 누구인지 설명이 없다. 곳곳에 생략이나 궐문이 있어 '多難通' 하다는 설명이 있다.

620 원문 臣請挈領 – 挈은 손에 들 설. 鈇鉞(부월, 처형용 도끼)을 들다. 領은 목. 목덜미(項也). '목을 잘라 주십시오.' 의 의미.

니다.) 楚王(楚 懷王)이 그 國政을 魏冉(위염)에게 맡기려 하는데, 이는 신하를 섬기는 주군이 되는 것이라서, 바로 이것이 우리에게 가장 큰 걱정입니다.'

지금 公이 동쪽으로 가서 楚와 연합한다면, 이는 張儀(장의)가 말한 禹王(우왕)이 되는 것이고 (山東의 여러 나라들은) 公의 일을 망치려고 애를 쓸 것입니다. 그러니 公은 公의 封國에 머물러, 楚에 恩德을 베풀면서 薛公(설공)이 公을 어떻게 대우하는지 관망하는 것만 못할 것입니다. 그리고 三國이 秦에 요구하여도 얻을 수 없는 것이 무엇인가를 관찰한 다음에 삼국을 불러 公에 대한 信義를 심어줘야 합니다. 張儀와 陽毋澤(양무택)이 薛公으로부터 얻으려 했어도 얻지 못한 것을 살펴, 公이 그를 해결해 주어서 스스로 존중받아야 할 것입니다."

## 078/ 謂魏冉曰和不成~

{原文} 謂魏冉曰, "和不成, 兵必出. 白起者, 且復將. 戰勝, 必窮公, 不勝, 必事趙從公. 公又輕, 公不若毋多, 則疾到."

## 魏冉(위염)에게 화해가 不成할 경우를 말하다.

{국역} (或者가) (秦相) 魏冉(위염)에게, "(趙와 秦의) 講和(강화)가

성립되지 않으면, 반드시 군사가 출동합니다.[621] (그러면) 白起(백기, 前 332 – 257)가 다시 장수가 됩니다. 白起가 전쟁에서 이기면 틀림없이 公은 궁지에 몰릴 것이나, 不勝하면 필히 일은 趙가 바라는 대로 될 것입니다.(講和 休戰). 그래도 公은 역시 경시당할 것입니다.[622] 그러니 公은 여러 일에 힘쓸 필요가 없이[623] 講和(강화) 회담에 전념하여 빨리 종결짓기 바랍니다."[624]

---

621 원문 謂魏冉曰, "和不成 – 이는 秦과 趙의 長平의 전투(前 260) 이후, 周赧王 56년(前 259)의 일이다. 이때 秦은 上黨까지 점령하며 한창 세력을 떨쳤고 그 주인공은 白起(백기, 前 332 – 257)였다. 韓과 魏는 두려움 속에 應侯(응후, 范雎 범수, ? – 前 255年, 昭襄王의 宰相)에게 후한 뇌물을 제공했다. 趙도 강화를 바라며 세객을 풀었다. 결국 응후는 秦王을 움직여 韓과 趙가 6城을 할양하는 조건으로 강화하고 군사를 철수시켰다. 이후 應侯와 白起는 사이가 나빠졌다.

622 휴전회담을 魏冉(위염)이 주도하지만, 패전한 뒤의 휴전회담이니 그 회담 주인공이 중시될 리가 없다는 뜻.

623 不若毋多 – 他務에 관여하지 말고, 현재 진행되는 講和 會談에만 專力하라는 뜻.

624 則疾到 – 缺誤(결오)가 있어 語不可曉(말이 이해되지 않는다)는 주석이 있다. 강화가 되면 趙에서 빨리 公에게 달려올 것이라는 해석도 있으나 억지 해석 같다. 到(도)를 封의 誤字라는 해석도 수긍하기 어렵다. 致(치)의 誤字라는 주석도 있다. 어차피 강화에 힘쓰라는 큰 뜻이니, 빨리〔疾(질)〕 종결지으라는(到) 뜻으로 해석했다.

## 079/ 謂穰侯

{原文} 謂穰侯曰,

"爲君慮封, 莫若於陶. 宋罪重, 齊怒深. 殘亂宋, 德强齊, 定身封. 此亦百世之時已!"

### 穰侯에게 말했다.

{국역} (어떤 사람이) 穰侯(양후, 魏冉)에게 말했다.

"君의 封地를 생각해 보았지만,[625] (封地로) 陶(도)만한 곳이 없을 것 같습니다. 宋나라의 罪는 重하고, 齊의 분노는 아주 깊습니다. 혼란한 宋을 절멸하여(殘亂宋), 强한 齊에 덕을 베풀면 一身의 封地는 안정됩니다. 이 또한 百世에 이어질 適時〔적시: 적절한 시기(기회)〕입니다!"

## 080/ 謂魏冉曰楚破~

{原文} 謂魏冉曰,

"楚破, 秦不能與齊縣衡矣. 秦三世積節於韓,魏, 而齊之德新加. 與齊,秦交爭, 韓,魏東聽, 則秦伐矣. 齊有東國之地

625 원문 爲君慮封 - 封地로 정해질 곳을 思慮(사려)하다.

方千里. 楚苞九夷, 又方千里, 南有符離之塞, 北有甘魚之口. 權縣宋,衛, 宋,衛乃當阿,甄耳. 利有千里者二, 富擅越隸, 秦烏能與齊縣衡? 韓,魏, 支分方城膏腴之地以薄鄭. 兵休復起, 足以傷秦, 不必待齊."

## 魏冉에게 말했다. 楚가 격파되면~

{국역} (어떤 사람이) (秦 相) 魏冉(위염)에게 말했다.

"楚가 격파된다면, 秦은 齊와 균형을 이루지 못할 것입니다.[626] 秦은 三世에 걸쳐 韓과 魏와 전쟁을 계속했었고,[627] 齊는 (韓과 魏에) 은덕을 베풀었습니다. 齊와 秦이 전쟁을 하면, 韓과 魏는 東쪽(齊) 편을 들어주었기에 秦의 공격을 받았습니다. 齊는 동쪽에 국토가 사방 천리의 나라입니다. 楚는 九夷를 포함하지만,[628] 마찬가지로 사방 천리의 대국이며 南으로는 符離(부리)의 요새가 있고, 북으

---

626 원문 秦不能與齊縣衡矣 - 縣衡(현형)은 懸衡. 縣은 매달 현. 懸과 通. 衡은 저울. 輕重이 같다. 곧 (楚를 제외한다면) 秦은 齊보다 가볍다. 전국시대 후기에 齊와 秦의 경제력만을 단순 비교하면, 秦은 齊보다 못했다. 齊는 농업과 어염, 교역이나 공산품 등 경제 전반에서 先進이었다.

627 원문 三世積節於韓,魏 - 三世는 惠文王(재위 前 338 - 311년), 悼武王(도무왕, 재위 前 310 - 307). 昭襄王(소양왕, 前 306 - 251년). 節은 事也, 곧 累世에 걸쳐 戰伐之事가 있었다.

628 원문 楚苞九夷 - 楚에 속한 9개의 東夷는, 今 山東半島 해안 지역에 분포했었다. 苞는 밑둥 포, 쌀 포(包와 同).

로는 甘魚(감어)의 關口(관구)가 있습니다. 宋과 衛(위)를 비교해 본다면, 宋과 衛는 (齊의) 東阿(동아, 濟北郡의 城)와 甄(견, 濟陰郡의 城) 정도입니다. 이득으로 천리에 해당하는 땅이 齊에는 두 개나 됩니다. (楚는) 부유하기로는 越(월)과 그 隸民(예민: 정벌로 노획한 백성)을 마음대로 할 수도 있습니다.[629] (그러니) 秦이 어찌 齊와 균형을 맞출 수 있겠습니까? 韓과 魏가 (楚의) 方城(방성) 일대 기름진 땅을 차지하고서[630] 鄭(정)을 압박할 수도 있습니다.[631] 군사를 휴식케 했다가 다시 기병하여도 秦에 상처를 줄 수도 있으니, 齊의 군사력을 기다리지 않아도 될 것입니다."

## 081/ 五國罷成睪

{原文} 五國罷成睪, 秦王欲爲成陽君求相韓,魏, 韓,魏弗聽. 秦太后爲魏冉謂秦王曰,

---

629 원문 富擅越隸 – 越은 句踐의 나라. 지금의 浙江省(절강성) 남부와 福建省 지역. 隸는 정벌로 노획한 백성. 隸民(예민). 徒隸(도예). 擅은 마음 대로할 천.

630 원문 方城膏腴之地 – 方城은 地名. 膏腴之地는 기름진 땅, 膏는 살찔 고. 腴는 아랫배 살찔 유(腹肥). 땅이 肥沃(비옥)하다.

631 以薄鄭 – 薄을 '가까이 접근하다' 로 해석할 수 있다. 鄭은 秦과 漢中 사이. 南鄭. 鄭을 南陽郡의 鄧(등)이라는 주석도 있다. 鄭을 新鄭. 新鄭 滎陽(형양)은, 今 河南省 동부 지역으로 당시 韓에 속했다는 주석이 있다.

"成陽君以王之故窮而居於齊, 今王見其達而收之, 亦能翕其心乎?"

王曰, "未也."

太后曰, "窮而不收, 達而報之, 恐不爲王用. 且收成陽君, 失韓,魏之道也."

## 五國 軍이 成睪(성역)에서 해산하다.

{국역} 五國의 군사가 成睪(성역)에서 해산했는데,[632] 秦 昭王은 제나라로 도망간 成陽君(성양군)[633]을 불러 韓과 魏의 相에 임용코자 했으나 韓과 魏에서 들어주지 않았다. 이에 秦의 (宣)太后가 (秦相) 魏冉(위염, 后弟)을 위해 秦王에게 말했다.

"成陽君은 王과의 연고로 궁색하게 齊에 거처하고 있는데, 지금 王께서 (成陽君이) 顯達(현달)한 것을 보았으니, 받아들인다면 그가 (成陽君) 마음에 흡족하겠습니까?"[634]

王은 "흡족하지 않을 것입니다."라고 말했다.

太后가 말했다.

---

632 五國罷成睪 - 五國은 韓, 魏, 趙, 齊, 楚. 罷는 방면할 파. 그만두다. 해산하다. 成睪(성역, 睪은 엿볼 역)은 成皐(성고, 皐는 못 고)로 된 주석도 있다. 今, 河南省 중부 鄭州市 서쪽 滎陽市에 해당. 이는 周 赧王 27년(前 288년), 秦 昭襄王 19년이었다. 《史記》에는 기록되지 않았다.

633 成陽君(성양군) - 인명. 미상, 秦의 公族으로 齊에 출사? 본래 韓人이라는 주석도 있다. 〈魏策 四〉에도 이름이 보인다.

634 원문 亦能翕其心乎? - 翕은 화합할 흡. 마음으로 받아들이다(收也).

"窮(궁)할 때는 받아들이지 않다가 현달하니 받아들이나,[635] 혹 王이 등용치 못할까 두렵습니다. 또 성양군을 거둔다고 韓과 魏의 우호를 잃을까 걱정입니다."

## 082/ 范子因王稽入秦

{原文} 范子因王稽入秦, 獻書昭王曰,

「臣聞明主莅政, 有功者不得不賞, 有能者不得不官, 勞大者其祿厚, 功多者其爵尊, 能治衆者其官大. 故不能者不敢當其職焉, 能者亦不得蔽隱. 使以臣之言爲可, 則行而益利其道, 若將弗行, 則久留臣無爲也. 語曰, '人主賞所愛, 而罰所惡. 明主則不然, 賞必加於有功, 刑必斷於有罪.' 今臣之胸不足以當椹質, 要不足以待斧鉞, 豈敢以疑事嘗試於王乎? 雖以臣爲賤而輕辱臣, 獨不重任臣者後無反覆於王前耶?」

### 范雎(범수)가 王稽(왕계)를 통해 入秦하다.

{국역} 范子(범자, 范雎)[636]가 王稽(왕계)를 통해[637] 入秦하여 昭王(昭

---

635 원문 達而報之 - 達은 顯達. 높이 오르다. 널리 알려지다. 報는 褒(기릴 포)가 되어야 옳다는 주석이 있다.

636 范子(범자) - 范雎(범수, ? - 前 255年)의 字는 叔. 范은 풀이름 범. 거푸집,

襄王, 재위 前 306 – 251년)에게 獻書(헌서) 하였다.[638]

「臣이 알기로, 明主는 나라를 다스리면서[639] 有功者에게는 賞을 주지 않을 수 없고, 有能者에게는 관직을 주지 않을 수 없으며, 수고가 많은 자에게는 녹봉이 후하고, 공이 많은 자에게는 존귀한 작위를 수여하며, 백성을 잘 다스리는 자에게는 그 관직을 높여준다고 하였습니다. 그래서 능력이 없는 자는 그 직위를 감당하지 못하지만, 能者 또한 숨어 지낼 수 없다고 하였습니다. 저의 말이 옳다 생각하시면 바로 시행하시어 治道를 넓히시고, 만약 불가능하다 생각하시면, 오래도록 버려두시면 될 것입니다. 세상 사람들 말에 '人主(庸主, 평범한 군주)는 좋아하는 자에게 賞을 주고, 미워하는 사람을 罰(벌)한다. 그러나 明主는 그러하지 않으니, 유공자에게는 상을 내려주고, 죄 지은 자는 형벌로 斷罪(단죄)한다.' 고 하였습니다. 지금 臣의 가슴은 도끼 받침으로도 부족하고, 허리 역시 도끼 형벌을 감당할 수 없으니[640] 어찌 감히 확실하지도 않은 말을 대왕 앞에 올릴

---

청동기를 제작하는 틀. 鎔范(용범). 성씨, 晉의 옛 성씨. 睢는 우러러 볼 휴, 눈 부릅뜨고 볼 휴. 현 이름 수. 睢는 音 雖(수). 雎(물수리 저)와는 다른 글자. 戰國시대 전략가. 遠交近攻 방책을 건의했고 客卿을 거쳐 秦 昭襄王의 宰相을 역임했다. 《史記 范睢蔡澤列傳》에는 본래 魏人이라 했다.

637 王稽(왕계, ? – 前 255년) – 人名. 秦의 謁者令(알자령). 魏에 사신으로 왔다가 范睢를 만났고, 범수를 도와 秦으로 데려왔다. 범수가 國相이 된 뒤에 王稽를 河東郡 郡守로 천거했으나 나중에 왕계가 제후와 私通한 죄로 棄市刑에 처해졌다. 《東周列國志》의 97회 〈死范睢計逃秦國 假張祿廷辱魏使〉에 등장한다.

638 이는 周 난왕 45년, 秦 昭襄王 37년, 前 270년이었다.

639 원문 莅政 – 莅는 임할 이, 자리 이, 다다를 이(리). 莅政은 나라를 다스리다.

수 있겠습니까? 비록 臣을 賤히 여기고 경시할 수 있겠지만, 그래도 저를 추천한 신하가 대왕 앞에서 (추천하는) 뜻을 뒤집지 않는다면 (추천한 뜻을) 중시하지 않을 수 있겠습니까?」

{原文} 「臣聞周有砥厄, 宋有結綠, 梁有懸黎, 楚有和璞, 此四寶者, 工之所失也, 而爲天下名器. 然則聖王之所棄者, 獨不足以厚國家乎? 臣聞善厚家者, 取之於國, 善厚國者, 取之於諸侯. 天下有明主, 則諸侯不得擅厚矣. 是何故也? 爲其凋榮也. 良醫知病人之死生, 聖主明於成敗之事, 利則行之, 害則舍之, 疑則少嘗之, 雖堯,舜,禹,湯復生, 弗能改已! 語之至者, 臣不敢載之於書, 其淺者又不足聽也. 意者, 臣愚而不闔於王心耶! 亡其言臣者, 將賤而不足聽耶! 非若是也, 則臣之志願少賜游觀之間, 望見足下而入之.」

書上, 秦王說之, 因謝王稽說, 使人持車召之.

{국역} 「臣이 알기로는, 周室에는 砥厄(지액), 宋國에는 結綠(결록), 梁(魏)에는 懸黎(현려), 楚國에는 和璞(화박, 和氏璧)이라는 이름난 옥이 있는데,[641] 이 4개의 寶玉은 처음에 工人도 알아보지 못했지

640 원문 胸不足以當椹質, 要不足以待斧鉞 - 胸은 가슴 흉. 當은 감당하다. 椹은 모탕 침. 도끼 받침. 椹質(침질)은 도끼 받침. 모탕. 要는 腰. 허리 요. 待 기다릴 대. 받다(受). 斧鉞(부월)은 도끼. 처형 도구.

641 砥厄(지액), 結綠(결록), 懸黎(현려), 和璞(화박, 卞和之璞) - 모두 美玉의 이름.

만,[642] 천하의 名器가 되었습니다. 그런 것처럼 聖王이 버린 者는 나라를 이롭게 하는데 부족하겠습니까? 臣이 듣기로, 그 가문을 잘 살게 하는 자는 그 나라 안에서 방법을 취하고, 나라를 이롭게 하는 자는 제후국에서 인재를 골라 쓴다고 하였습니다. 天下에 明主가 존재하면 제후가 마음대로 이득을 독점하지(擅厚) 못한다고 하였습니다. 이는 왜 그렇겠습니까? 이는 나라의 영광을 나눠 갖기 때문입니다.[643] 良醫(양의)는 病人의 死生을 알 수 있고, 聖主는 일의 성패를 밝게 볼 수 있기에, 이롭다면 실행하지만 害롭다면 버리고, 의심이 간다면 조금 시행해 보는데, 비록 堯와 舜, 그리고 禹(우)와 湯王(탕왕)이 다시 살아난다 하여도 이런 원칙을 바꾸지는 못할 것입니다. 이 밖의 많은 것을 이 글에서 다 쓸 수 없으며 천박한 말이라면 더 들으실 필요도 없을 것입니다. 생각 하건데, 臣의 어리석음은 대왕의 마음에 들지 않을 것입니다.[644] 아니면 이미 臣을 천거한 자의 말이 천박하여 들을 수가 없는지요? 이런 것도 아니라면 臣의 志向(志願)을 잠간 틈내어 들어볼 만하다 생각하시면, 저에게 대왕을 뵐 기회를 주시기 바랍니다.」

獻書(헌서)가 올라가자, 秦王은 기뻐하며 王稽(왕계)에 사례하고 사람을 보내 범수를 수레로 맞이하게 하였다.

---

642 원문 工之所失也 – 失은 식별하지 못했다. 그래서 和氏璧을 楚王에 바친 卞和(변화)는 楚王에게 거짓말을 한다고 세 번이나 刖刑(월형)을 받았다.

643 원문 爲其凋榮也 – 凋는 시들 조. 傷也. 榮은 영화, 풀꽃. 凋榮(조영)은 害榮. 인재를 나눠 갖기에 홀로 번영하지 못한다는 뜻으로 풀이하였다.

644 원문 臣愚而不闔於王心耶! – 闔은 문짝 합. 合과 같은 뜻으로 풀이할 수 있다.

## 083/ 范睢至秦

{原文} 范睢至, 秦王庭迎, 謂范睢曰,

"寡人宜以身受令久矣! 會義渠之事急, 寡人日自請太后, 今義渠之事已, 寡人乃得以身受命. 躬竊閔然不敏, 敬執賓主之禮."

范睢辭讓. 是日見范睢見者, 無不變色易容者. 秦王屛左右, 宮中虛無人, 秦王跪而請曰, "先生何以幸教寡人?"

范睢曰, "唯唯." 有間, 秦王復請, 范睢曰, "唯唯." 若是者三.

秦王跽曰, "先生不幸教寡人乎?"

## 范睢(범수)가 秦에 도착하다.

{국역} 范睢(범수)가 도착하자,[645] 秦王이 뜰에 나와 영접하며 말했다.

"寡人(과인)은 직접 만나 가르침을 받으려 한 지 오래입니다! 그동안 義渠(의거)의 일이 많아[646] 寡人이 날마다 太后를 뵈었는데, 이제

645 范睢가 秦 昭襄王을 만난 해는 소양왕 37년(前 270)이었다. 범수는 충성을 다 바치고 죽음을 피하지 않는다 하여 人主의 신임을 얻었고 그 심리를 파악하고 있었다.

646 원문 義渠之事急 – 秦은 周 赧王 44년, 昭襄王 36년(前 271)에 義渠王을 죽였다. 義渠(의거, 儀渠, 戎. 渠는 도랑 거)는 西戎(서융)의 國名. 殷商末年

義渠의 일이 끝났으니, 寡人이 바로 직접 가르침을 받으려 합니다. 과인은 사람이 우매하고 민첩하지 못하나[647] 손님과 주인의 禮를 다하여 모시겠습니다."

그러나 범수는 사양했다. 이날 범수의 알현을 바라본 사람들은[648] 얼굴빛과 자세를 고치지 않는 사람이 없었다. 秦王은 左右를 물리쳐[649] 宮中에 사람이 없는 것 같았는데, 秦王은 무릎을 꿇고 간청하였다.

"先生께서는 과인에게 무엇을 가르쳐 주시겠습니까?"

범수는 그저 "예! 예!(唯唯)" 할 뿐이었다. 잠시 뒤 秦王이 다시 물

---

에 國家 형성, 戰國時代에 今 陝西省 北部, 甘肅省 북부와 寧夏 등지를 차지하고 秦國과 對抗關係를 형성했으나 나중에 秦國에 의해 소멸했다. 漢代 北地郡에 義渠縣이 있었다. 北地郡은, 今 甘肅省 동북부와 寧夏 자치구 북부 일대. 본서 **062** 義渠君之魏 참고.

《漢書 匈奴傳》 기록은 다음과 같다. 「그 뒤에 義渠(의거)의 융적은 성곽을 쌓고 방어하였지만 秦(진)은 그들 땅을 잠식하여 惠王(혜왕) 때에는 의거의 25개 성을 차지하였다. 秦 惠王은 魏(위)를 정벌하여 魏의 西河와 上郡(상군)의 땅이 秦의 차지가 되었다. 秦 昭王(소왕) 때에는 義渠(의거)의 융왕과 宣太后(선태후)가 私通하여 두 아들을 두었었다. 宣太后가 甘泉山(감천산)에서 거짓말로 유인하여 의거 융왕을 죽이자, 秦에서는 거병하여 의거의 융적을 멸망시켰다. 이에 秦에서는 隴西(농서)와 北地郡, 上郡 등을 차지하고 長城을 축조하여 흉노를 막았다.」

**647** 원문 躬竊閔然不敏 - 躬은 몸 궁. 자신. 竊은 훔칠 절, 삼가, 자신을 낮추는 겸사. 閔은 우환, 질병. 근심하다. 힘쓰다. 閔然은 근심하는 모양. 마음 아파하는 모양. 敏은 빠르다(疾也). 不敏은 민첩하지 못하다. 머리가 우둔하다는 뜻.

**648** 원문 是日見范睢見者 - 見者의 見은 알현. 音은 현(賢遍反).

**649** 원문 秦王屛左右 - 屛은 병풍 병. 막다. 물리치다(除也). 내보내다(去之).

었는데도 범수는 그저 "예!, 예!"라고 대답하였는데, 이러하기를 세 번이었다.

秦王이 무릎을 꿇고 엎드려 말했다.[650]

"先生은 과인에게 말씀을 아니 하시렵니까?"

{原文} 范雎謝曰, "非敢然也. 臣聞始時呂尙之遇文王也, 身爲漁父而釣於渭陽之濱耳, 若是者交疏也. 已一說而立爲太師, 載與俱歸者, 其言深也. 故文王果收功於呂尙, 卒擅天下而身立爲帝王. 卽使文王疏呂尙而弗與深言, 是周無天子之德, 而文,武無與成其王也. 今臣, 羈旅之臣也, 交疏於王, 而所願陳者, 皆匡人君臣之事, 處人骨肉之間, 願以陳臣之陋忠, 而未知王心也, 所以王三問而不對者是也. 臣非有所畏而不敢言也, 知今日言之於前, 而明日伏誅於後, 然臣弗敢畏也. 大王信行臣之言, 死不足以爲臣患, 亡不足以爲臣憂, 漆身而爲厲, 被髮而爲狂, 不足以爲臣恥. 五帝之聖而死, 三王之仁而死, 五伯之賢而死, 烏獲之力焉而死, 夏育之勇焉而死. 死者, 人之所必不免也. 處必然之勢, 可以少有補於秦, 此臣之所大願也, 臣何患乎? 伍子胥橐載而出昭關, 夜行而晝伏, 至於蔆水, 無以餌其口, 坐行蒲服, 乞食於吳市, 卒興吳國, 闔廬爲霸. 使臣得進謀如伍子胥, 加之以幽

650 跽 – 무릎 꿇을 기. 두 무릎을 꿇고 발에 닿지 않게 상체를 세울 기. 長跪也. 跪는 무릎 꿇어앉을 궤.

囚, 終身不復見, 是臣說之行也, 臣何憂乎? 箕子,接輿, 漆身而爲厲, 被髮而爲狂, 無益於殷,楚. 使臣得同行於箕子,接輿, 漆身可以補所賢之主, 是臣之大榮也, 臣又何恥乎? 臣之所恐者, 獨恐臣死之後, 天下見臣盡忠而身蹶也, 是以杜口裹足, 莫肯卽秦耳. 足下上畏太后之嚴, 下惑姦臣之態, 居深宮之中, 不離保傅之手, 終身闇惑, 無與照姦, 大者宗廟滅覆, 小者身以孤危. 此臣之所恐耳! 若夫窮辱之事, 死亡之患, 臣弗敢畏也. 臣死而秦治, 賢於生也."

{국역} 이에 범수가 사죄하며 말했다.

"감히 그럴 수는 없습니다. 제가 알기로는 呂尙(여상)이 文王(문왕)과 만날 때,[651] 漁父의 신세로 渭水 북쪽 물가에서 낚시하고 있었는데[652] 마치 전부터 알고 지내던 사이 같았습니다. 한 번 이야기를 나눈 뒤에, 곧 太師로 삼아 함께 수레를 타고 돌아왔는데, 이는 그 말이 진심이었기 때문입니다.[653] 그래서 文王은 呂尙을 통해 성공하

---

651 呂尙(여상, 太公望, 생졸년 미상) – 姜은 姓. 呂는 氏. 名은 尙. 字는 子牙. 周文王과 周 武王의 軍師였다. 보통 姜尙, 姜子牙, 呂尙, 呂望(여망)으로 부르며 姜太公, 呂太公, 齊太公, 太公, 太公望, 尙父(상보), 師尙父(사상보)는 별칭이다. 師尙父(사상보)는 師傅(사부)이며 존경받고(尙) 부친과도 같다(父)는 뜻으로 태공의 모든 것을 종합한 말이다. 太公望은 周朝를 도와 殷商을 토벌하는데 有功하여 齊國에 봉해졌다.(姜齊의 始祖). 殷을 멸망시킨 戰功으로 武聖, 兵家之聖으로 칭송된다.

652 釣於渭陽之濱耳 – 釣는 낚을 조. 낚시. 渭는 渭水. 河水의 최대 지류. 陽之濱耳 – 북쪽 물가. 강가.

653 원문 其言深也 – 深은 진심. 속마음.

여 마침내 천하를 마음대로 움직여 제왕이 될 수 있었습니다.[654] 만약(卽使) 文王이 呂尙을 (마음으로) 멀리 여기거나 (呂尙이) 진심을 말하지 않았다면, 周에는 天子之德이 없었을 것이며, 文王과 武王 모두 그 王業을 이룰 수 없었을 것입니다. 지금 臣은 나그네 같이 외국에서 온 臣으로 대왕과의 교류도 소원한 사이이지만, 제가 陳述(진술)하고 싶은 것은 人君(主君)과 신하의 일이나 다른 骨肉之間의 일을 바로잡으려는 것이니, 저의 비루한 충심을 말씀드리더라도 대왕의 진심을 알 수 없었기에, 대왕께서 세 번을 물으셔도 대답을 드리지 못했습니다. 臣은 두려움이 있어서 감히 말씀을 드리지 못한 것도 아니오며, 오늘 대왕 앞에서 드린 말씀 때문에 내일 처형을 받을 수 있다는 것도 알지만, 그렇더라도 臣은 두렵지 않습니다. 大王께서 진실로 제가 말씀드린 것을 실행하신다면, 신하된 자에게 죽음은 두렵지 않고, 망명도 신하된 자의 두려움이 아니며, 옻칠로 온 몸에 옴이 생겨도 무섭지 않고,[655] 머리를 흩트리거나 미치광이가 되

654 원문 卒擅天下而身立爲帝王 - 卒은 마침내. 擅은 마음대로 할 천, 帝王 - 文王은 직접 왕위에 오르지는 않았다. 그 아들 武王의 올린 追謚(추시)나 하도 존경받는 인물이기에 帝王이라 자연스레 말한다.

655 원문 漆身而爲厲 - 漆은 옻 칠. 옻나무 진액을 바르다. 옻나무 진액은 가구의 방부제로 쓰인다. '옻칠한다.' 고 말한다. 이른 봄에 산을 돌아다니다가 옻나무에 스치면 옻이 올라 온몸이 벌겋게 부어오르고 몹시 가렵다. 이는 사람에 따라 그 정도가 다르다. 厲는 갈 여. 갈아서 날카롭게 하다. 禍. 豫讓(예양, ? - 前 445년, ?)은 春秋 말기 晉國人. 豫讓은 晉國 中軍將 智伯(지백)의 家臣이었고 지백의 인정을 받았다. 지백은 晉陽之戰에서 패하면서 멸족되었고, 그 땅은 趙襄子, 韓康子, 魏桓子가 나눠가졌다(前 453年). 豫讓(예양)은 우선 산속으로 피신했다. '아! 士는 知己者를 위하여 죽고, 女는 悅己者(열기자)를 위하여 화장을 한다(容)고 하

어도[656] 신하된 자로서 부끄럽지 않을 것입니다. 五帝는 聖人인데도 죽었고, 三王은 仁人이었지만 죽었으며, 五伯(오패, 五霸)의 賢人도 죽었고, 烏獲(오획)은 力士였지만 죽었으며,[657] 夏育(하육)은 그처럼 용감했어도 결국 죽었습니다.[658] (이처럼) 죽음은 사람이라면 누구나 결코 피할 수 없습니다. 이런 필연의 형세에 처한 저는 秦에 조그

---

였다. 지백은 나를 알아주었으니, 나는 지백의 원수를 갚고 죽어야 한다.' 그리고는 改姓換名하고 노비처럼 꾸미고 趙襄子의 집에 숨어들어 변소에서 조양자를 노렸지만 발각되었다. 조양자는 예양을 義人이라며 풀어주었다. 이후 예양은 身上에 옻칠을 하여 옴 병에 걸린 환자로 꾸미고, 뜨거운 숯불을 삼켜 반벙어리가 되었는데, 그의 아내도 알아보지 못했다. 예양은 교량 아래서 조양자가 지나가기를 기다리다가 튀어나와 저격하려 했지만, 말이 놀랐고 조양자는 수레에서 떨어졌다. 결국 다시 붙잡혔고, ~, 조양자의 물음에 예양이 대답했다. "…范氏(범씨)와 中行氏(중행씨)는 나를 衆人으로 대우했고 나는 衆人으로 그들을 섬겼다. 그러나 智伯은 나를 國士로 대우했기에 나는 國士로서 그를 위해 원수를 갚아야 한다." 조양자는 탄식했다. "그대의 충심은 이제 모두가 다 안다! 그대를 용서할 테니 만족하겠는가?" 예양은 끝내 그 마음을 바꾸지 않았다. 조양자는 자신의 의복을 내주었고, 예양은 조양자의 의복을 칼로 3번 찌른 뒤 "이제 지하에 가서 智伯에게 아뢸 수 있다." 하고서 자결하였다. 《史記》의 五刺客 - 曹沫(조말), 專諸(전제), 豫讓(예양), 聶政(섭정), 荊軻(형가).

656 被髮而爲狂 - 被髮은 箕子(기자). 箕子(기자)는 子姓, 名은 胥餘. 商朝의 宗室, 帝 文丁의 子, 帝乙의 弟, 帝辛(紂王)의 叔父. 狂은 狂人. 《論語》에 나오는 楚의 狂人 接輿(접여).

657 烏獲之力而死 - 烏獲(오획)은 秦 武王 때의 力士. 그러나 그 이전 孟子 때에도 力士로 알려졌었다.

658 夏育之勇焉而死 - 孟奔(맹분)과 夏育(하육)은 1千 鈞(균)의 무게를 들어올린 魏의 勇士였다.

만 도움이 되는 것이 臣의 大願이거늘 臣이 무엇을 두려워하겠습니까? 伍子胥(오자서)[659]는 전대〔橐(전대 탁)〕 하나를 가지고 (吳, 楚의 경계인) 昭關(소관)을 벗어난 뒤, 밤에는 걷고 낮에는 숨으면서 蔆水(능수)를 건넜으나, 입에 넘길 것도 없어 앉아서 뭉개고 기어 다니면서[660] 吳의 마을 거리에서 걸식을 하였는데, 결국은 吳國을 부흥시켜서 (吳王) 闔廬(합려)는 霸者가 되었습니다. 臣이 오자서처럼 謀策(모책)을 건의하였지만, 저를 죄수로 유폐하여 죽을 때까지 대왕을 뵙지 못하게 되더라도 臣을 대왕을 설득할 것이니, 臣이 무엇을 걱정하겠습니까? (殷의) 箕子(기자)나 (楚의) 接輿(접여)[661]처럼 被髮(피발)하거나, 狂人처럼 세상에서 숨어도 (豫讓처럼) 몸에 옻칠을 하여 문둥이가 되더라도 殷과 楚에 아무런 도움이 안 되었습니다. 臣으로 하여금 기자나 접여처럼 행동하거나 몸에 옻칠을 해서라도 賢主에게 도움이 된다면, 이는 臣에게 큰 영광이 될 것입니다. 그렇다면 臣

659 伍子胥 – 伍員(오원, ? – 前 484년)은 春秋 시대 吳나라의 장군. 본래 楚의 公族. 박해를 피해 吳에 망명. 吳王 闔閭(합려)에 의해 重用되어 大破 楚國 했다. 吳王 夫差(부차, 前 495年 – 473年)가 繼位한 뒤에 참소를 받아 죽었다.

660 원문 坐行蒲服 – 앉아서 가다(行), 蒲服(포복)은 匍匐(포복, 기어가다)과 同. 걸을 힘이 없어 기어가다.

661 接輿(접여) –《論語 微子》에는 隱逸(은일, 隱者)이 몇 사람 등장한다. 여기에는 楚의 狂人(광인) 接輿(접여) 외에 長沮(장저)와 桀溺(걸익), 그리고 荷蓧丈人(하조장인) 등이 등장한다. 楚의 광인 접여는 공자 곁을 노래하며 지나간다. "鳳凰이여, 봉황새여! 어찌 그리 德을 잃었나? 지난 일은 탓할 수 없지만 닥칠 일은 좇을 수 있단다. 그만, 그만두게나! 지금 세상에 벼슬하기는 위태로워라!" 이에 공자가 수레에서 내려 이야기를 하려 했으나 접여는 뛰듯이 피했기에 이야기를 나누지 못했다.

이 무엇을 부끄러워하겠습니까? 臣이 두려워하는 바는, 오로지, 臣이 죽은 뒤에, 온 천하 사람들이 臣이 충성을 다했어도, 죽음을 당하는 것을 보고서, 입을 막고 발을 묶은 채 秦을 찾아오려 않을까 걱정할 뿐입니다. 大王(足下)께서는 위로는 (宣) 太后의 위엄을 두려워하고, 아래로는 姦臣(간신)들의 행태에 현혹되었습니다. 깊은 궁궐 안에서 오래도록 살다보니, 保姆(보모)의 손을 벗어나지 못하고[662] 終身토록 어둠과(昏闇) 미혹에(迷惑) 빠져 간사한 짓을 밝게 비춰보지도 못하니, (결국) 크게는 종묘가 뒤집어 없어지거나(滅覆), 작게는 외로이 위기에 처할 것입니다. 臣은 이것이 가장 두렵습니다! 만약 궁지에 몰리거나 치욕을 당하는 일, 또는 죽음에 대한 걱정은 臣이 절대로 두려워하지 않습니다. 臣이 죽어 秦에 훌륭한 治世를 만날 수 있다면, 臣에게는 살아있는 것보다 더 나을 것입니다."

{原文} 秦王跽曰, "先生是何言也! 夫秦國僻遠, 寡人愚不肖, 先生乃幸至此, 此天以寡人慁先生, 而存先王之廟也. 寡人得受命於先生, 此天所以幸先生 而不棄其孤也. 先生奈何而言若此! 事無大小, 上及太后, 下至大臣, 願先生悉以教寡人, 無疑寡人也."

范睢再拜, 秦王亦再拜.

范睢曰, "大王之國, 北有甘泉,谷口, 南帶涇,渭, 右隴,蜀, 左關,阪, 戰車千乘, 奮擊百萬. 以秦卒之勇, 車騎之多, 以當

---

662 원문 不離保傅之手 – 保傅(보부)는 女保나 女傅(여부). 大臣이 아님.

諸侯, 譬若馳韓盧而逐蹇兎也, 霸王之業可致. 今反閉而不敢窺兵於山東者, 是穰侯爲國謀不忠, 而大王之計有所失也."

王曰, "願聞所失計."

{국역} 秦王이 무릎을 꿇은 채 말했다.

"先生께서는 이 무슨 말씀을 하십니까! 秦國은 (中原에서) 멀리 한편에 치우쳤고, 寡人은 우매하고 不肖(불초)하지만, 다행히도 先生께서 이렇게 찾아오셨으니, 이는 하늘이 과인에게 선생을 힘들게 하여[663] 先王의 묘당을 보전하게 시킨 것입니다. 寡人이 선생의 命을 받들기는, 하늘이 다행히도 선생을 내려 보내 과인을 포기하지 않는 뜻입니다. 그런데 선생께서 어찌 이처럼 말씀하십니까! 크고 작은 무슨 일이든 위로는 太后까지, 아래로는 大臣에 이르기까지 선생께서 과인에게 전부 가르쳐 주시길 바라고 있으며, (선생 말씀의 수용 여부에 대하여) 과인을 의심하지 마십시오."

范雎(범수)가 再拜하자, 秦王 역시 같이 재배하였다. 범수가 말했다.

"大王의 나라는 북쪽에 甘泉(감천)과 谷口(곡구)의[664] 험한 계곡이 있고, 남쪽에는 涇水(경수)와 渭水(위수)가 접해있고, 右측(서쪽)에

663 원문 此天以寡人慁先生 - 慁은 근심할 혼. 힘들게 하다. 어지럽게 하다. 선생의 힘을 빌려 종묘를 보전하라는 하늘의 뜻이다. 하늘이 과인에게 선생을 내려 보낸 것이다.

664 甘泉(감천)은 山名. 今 陝西省 중서부 咸陽市 관할 淳化縣 소재. 古 豳(빈). 谷口(곡구)는 일명 冶谷, 今 陝西省 중서부 咸陽市 관할 禮泉縣.

隴西(농서)와 蜀(촉)의 험지가, 그리고 左측(동쪽)으로 函谷關(함곡관)과 隴阪(농판)의 험지가 막아주고 있습니다. 戰車가 1천 乘에, 奮擊(분격, 돌격대)하는 용사가 1백만 명이나 됩니다. 秦卒의 용맹과 많은 車騎兵으로 諸侯를 상대하는 것은 마치 韓盧(한려)라는 검은 개를 몰아 절름거리는 토끼를 쫓는 것과 같아[665] 霸王(패왕)의 대업을 이룰 수 있습니다. 그러나 지금은 반대로 관문을 막고 崤山 동쪽(山東)의 여러 나라를 엿보지도 않으니, 이는 (丞相) 穰侯(양후, 魏冉)의 책모가 不忠한 것이며, 大王의 計策이 잘못된 것입니다."

왕이 말했다. "잘못된 계책에 대해 듣고 싶습니다."

{原文} 雎曰, "大王越韓,魏而攻强齊, 非計也. 少出師, 則不足以傷齊, 多之則害於秦. 臣意王之計欲少出師, 而悉韓,魏之兵則不義矣. 今見與國之不可親, 越人之國而攻, 可乎? 疏於計矣! 昔者, 齊人伐楚, 戰勝, 破軍殺將, 再辟千里, 膚寸之地無得者, 豈齊不欲地哉, 形弗能有也. 諸侯見齊之罷露, 君臣之不親, 擧兵而伐之, 主辱軍破, 爲天下笑. 所以然者, 以其伐楚而肥韓,魏也. 此所謂藉賊兵而齎盜食者也. 王不如遠交而近攻, 得寸則王之寸, 得尺則王之尺也. 今舍此而遠攻, 不亦繆乎? 且昔者, 中山之地, 方五百里, 趙獨擅之, 功成,名立,利附, 則天下莫能害. 今韓,魏, 中國之處, 而天下

665 원문 譬若馳韓盧而逐蹇兎也 – 韓盧(한로)는 韓나라의 검은색의 재빠른 개 이름. 俊犬의 대명사. 逐은 쫓을 축. 蹇은 다리를 절 건. 駑(둔할 노)와 같은 뜻. 兎는 토끼 토.

之樞也. 王若欲霸, 必親中國而以爲天下樞, 以威楚,趙.趙彊則楚附, 楚彊則趙附. 楚,趙附則齊必懼, 懼必卑辭重幣以事秦, 齊附而韓,魏可虛也."

{국역} 범수가 말했다.

"大王께서 魏(위)를 지나 강력한 齊(제)나라에 대한 공략은 非計(실책)입니다. 소규모 군사의 충동은 齊에 상처를 줄 수 없고, 대규모 출병은 秦에게 오히려 危害(위해)가 됩니다. 臣이 헤아려볼 때, 왕께서는 소규모 군사를 출동시키면서 韓과 魏의 군사까지 끌어내려는 뜻이지만 이는 適宜(적의)하지 않습니다.[666] 지금 같은 편의 나라(韓, 魏)와 親交하지도 않으면서 다른 나라를 건너가 공격하는 것이 옳겠습니까? 엉성한 계책입니다. 옛날에 齊나라가 楚를 공략하여[667] 전투에서 이겼고 군사를 격파하며 적장도 죽이면서 땅을 1천 리나 점령했었지만[668] 실제로는 너무 멀어서 한 뼘의 땅도(膚寸之地 / 尺寸之地) 차지하지 못했는데, 齊가 땅을 원치 않은 것이 아니라 점유할 수 없는 상황이었기(形弗能有也) 때문이었습니다. 齊의 지친 군사와 야영의 어려움,[669] 君臣 간의 不親을 다 목도하고서는, 諸侯國은 擧兵하여 齊를 공격하자[670] 齊主는 군사가 대패하는 치욕을 당하

666 원문 而悉韓,魏之兵則不義矣 – 不義의 義는 宜(마땅할 의).

667 원문 齊人伐楚 – 齊 閔王(湣王) 13년(前 288), 重丘란 곳에서 楚를 크게 이겼다.

668 원문 再辟千里 – 辟은 물리칠 벽, 열 벽(開也). 땅을 넓히다(拓地也).

669 원문 罷露 – 罷는 그만둘 파, 疲(지칠 피)와 同. 露는 露宿. 在野曰 露.

670 周 赧王(난왕) 31년, 魏 昭王 12년(前 284) 燕 장군 樂毅(악의)의 주도하

고 천하의 웃음거리가 되었습니다. 그렇게 된 까닭은 齊의 楚나라 정벌을 통하여 韓과 魏가 비대해졌기 때문입니다. 이는 적국에 무기를 빌려주고, 도적에게 식량을 싸준 것과 같습니다.[671] (그러니) 대왕께서는 遠交(원교)하며 近攻(근공)하는 것만 못합니다.[672] 한 치의 땅을 얻었다면 그것은 왕의 한 치 땅이고, 한 자(尺)를 얻었으면 왕의 땅이 한 자 넓어진 것입니다. 지금 이런 전략을 버려두고 먼 나라를 공격한다면 어찌 잘못이 아니겠습니까? 또 옛날에, 中山國의[673] 땅은 사방 5백 리인데, 趙가 혼자 차지하면서 功業도 이루고, 명분도 세웠으며(名立), 이득도 따라왔는데(利附), 天下의 어느 누구도 이를 막지 못했습니다.[674] 지금 韓과 魏는 中原에 자리하였으니(中國之處), 천하의 要樞(요추)입니다.[675] 王께서 만약 천하를 制霸(제

---

에 秦, 趙, 韓, 燕이 齊를 공격하자, 齊는 대패했고 수도 臨淄(임치)가 점령당했다.

671 원문 此所謂藉賊兵而齎盜食者也 - 藉는 깔개 자. 깔아주다. 빌려주다. 兵은 兵器. 齎는 쌀 재. 싸서 주다. 盜는 도적. 食은 식량.

672 遠交近攻 - 秦은 결국 이 전술로 제후국을 각개 격파하여 천하를 병합하였다.

673 中山國 - 姬姓, 春秋 戰國시대의 나라 이름. 前 507년 건국. 위치는 今 河北省 中部 太行山 동쪽 기슭 일원, 趙國과 燕國의 사이에 위치. 都邑은 靈壽(今 河北省 서남쪽 石家庄市 관할 平山縣). 성안에 산이 있어 得國名. 前 406년(周 威烈王 22년) 魏將 樂羊(낙양)에 의해 1차 멸망. 前 380년경에, 中山 桓公이 復國. 당시 북으로 燕을 남으로 趙를 공격하는 등 국세가 강성했으나 이후 趙國의 공격으로 영역이 줄어들다가 前 296년에 趙國에게 멸망당했다.

674 원문 天下莫能害 - 近攻之利의 구체적인 實例.

675 원문 天下之樞也 - 樞는 문지도리 추. 문이 열리고 닫힐 때 門을 회전하

패)하려 한다면 필히 中國의 이 나라를 天下의 要樞(요추)로 삼아 楚와 趙에 먼저 위협을 가해야 합니다. 趙가 彊大(强大)하면 楚가 우리에게 달라붙고, 楚가 강하면 趙가 우리를 따를 것입니다.[676] 楚와 趙가 우리 편이 되면 齊는 틀림없이 우리를 두려워하면서 겸손한 언사와 많은 貨幣(卑辭重幣)로 秦을 섬길 것이니, 齊가 우리 편이 되면 韓과 魏는 공허한 땅이 될 것입니다."[677]

{原文} 王曰, "寡人慾親魏, 魏多變之國也, 寡人不能親.請問親魏奈何?"

范睢曰, "卑辭重幣以事之. 不可, 削地而賂之. 不可, 擧兵而伐之."

於是擧兵而攻邢丘, 邢丘拔而魏請附.

曰, "秦,韓之地形, 相錯如繡. 秦之有韓, 若木之有蠹, 人之病心腹. 天下有變, 爲秦害者莫大於韓. 王不如收韓."

王曰, "寡人慾收韓, 不聽, 爲之奈何?"

范睢曰, "擧兵而攻滎陽, 則成睪之路不通. 北斬太行之道, 則上黨之兵不下. 一擧而攻滎陽, 則其國斷而爲三. 魏, 韓見必亡, 焉得不聽? 韓聽而霸事可成也."

---

게 하는 작은 틀. 出入과 來往에서 반드시 거쳐가야 할 땅.

676 趙와 楚 두 나라를 한꺼번에 제압할 수도 없으니, 하나씩 秦의 편으로 삼으면서 하나씩 제압해야 한다는 뜻.

677 韓과 魏에 영향을 끼칠 나라가 없다면, 외세가 작동하지 못한다면, 저절로 秦의 땅인데, 지금 애써 싸워가며 국력을 소모할 필요가 없다는 뜻이다.

王曰, "善."

{국역} (秦 昭王) 王이 말했다.

"寡人(과인)은 魏와 親交하고 싶지만, 魏는 (태도를) 자주 바꾸는 나라라서 과인이 친교할 수가 없습니다. 魏와 친교를 어찌해야 합니까?"

범수가 말했다.

"겸손한 말과 많은 재물을 보내 교제하십시오. 불가하다면 (秦의) 땅이라도 잘라 주십시오. 그래도 불가하다면 군사를 내어 정벌하십시오."[678]

이에 소양왕은 군사를 동원하여 邢丘(형구)를 공격했고,[679] 형구가 함락되자 魏는 秦에 歸附(귀부)하였다. 이어 범수가 말했다.

"秦과 韓의 地形은 繡(수)를 놓은 듯 섞였습니다. 秦의 곁에 韓이 존재하는 것은 나무에 좀〔蠹(좀 두)〕이 있고, 사람의 심장과 복부에 병이 든 것과 같습니다. 천하에 변란이 일어나면 韓만큼 秦에 해를 크게 끼칠 나라가 없습니다. 대왕께서는 韓을 차지하셔야 합니다."

"과인은 韓을 합병하고 싶지만 따르지 않는다면 어찌해야 합니까?"

범수가 말했다.

---

678 원문 擧兵而伐之 - 遠交近攻을 주장하는 범수의 책략은 옳았다. 말이 끝나기도 전에 화친을 내세우고, 화친하면 정벌하고 싶고, 그러면 정벌을 권유했다. 방책 중 最善이 있고, 다음에 次善, 다음에는 손실을 각오한 대책이 있을 것이다.

679 邢丘 - 河南의 平皐縣(평고현). 《史記》의 廩丘(늠구), 郪丘(처구).

"擧兵하여 滎陽(형양)을 공격한다면, 成睪(성역, 成皐성고)과 통하는 길이 막힙니다. 그러면 북으로 太行山으로 통하는 길이 막히고, 上黨의 군사가 남하하지 못할 것입니다. 일거에 형양을 공격하면 韓의 땅이 잘려 3개가 됩니다. 그러면 魏와 韓은 나라가 멸망할 것이 눈에 보이니 어찌 아니 따르겠습니까? 韓이 우리말을 따르게 되면 패업은 성사될 것입니다."

王은 "옳은 말" 이라고 했다.[680]

## 084/ 范睢曰, 臣居山東～.

{原文} 范睢曰, "臣居山東, 聞齊之內有田單, 不聞其王. 聞秦之有太后,穰侯,涇陽,華陽, 不聞其有王. 夫擅國之謂王, 能專利害之謂王, 制殺生之威之謂王. 今太后擅行不顧, 穰侯出使不報, 涇陽,華陽擊斷無諱, 四貴備而國不危者, 未之有也. 爲此四者, 下乃所謂無王已. 然則權焉得不傾, 而令焉得從王出乎? 臣聞, 善爲國者, 內固其威, 而外重其權. 穰侯使者操王之重, 決裂諸侯, 剖符於天下, 征敵伐國, 莫敢不聽. 戰勝攻取, 則利歸於陶, 國弊御於諸侯. 戰敗, 則怨結於

680 秦은 昭襄王 44년(前 263) 韓을 공격하여 南陽을 점령했고 絶太行道를 단절하였으니 모두가 범수의 책략대로 진행되었다. 前 230년, 韓은 六國 중 제일 먼저 秦에 합병되었다.

百姓, 而禍歸社稷. 《詩》曰, 「木實繁者披其枝, 披其枝者傷其心.」 大其都者危其國, 尊其臣者卑其主. 淖齒管齊之權, 縮閔王之筋, 縣之廟梁, 宿昔而死. 李兌用趙, 減食主父, 百日而餓死. 今秦, 太后,穰侯用事, 高陵, 涇陽佐之, 卒無秦王, 此亦淖齒,李兌之類已. 臣今見王獨立於廟朝矣, 且臣將恐後世之有秦國者, 非王之子孫也."

秦王懼, 於是乃廢太后, 逐穰侯, 出高陵, 走涇陽,華陽於關外.

昭王謂范雎曰, "昔者, 齊公得管仲, 時以爲仲父. 今吾得子, 亦以爲父."

## 범수가 말했다. 臣이 山東에 있을 때 ~.

{국역} 范雎가 말했다.

"臣이 山東에 살을 때, 齊나라에 田單(전단)[681]이 있다는 말은 들었지만, 나라에 王이 있다는 말은 듣지 못했습니다. 秦에는 太后(宣太后), 穰侯(양후, 魏冉, 승상), 涇陽君(경양군, 昭襄王 同母弟), 華陽君(화

681 田單(전단, 생졸년 미상, 陳單) – 戰國 시대 田齊의 宗室. 齊國이 軍事 戰略家이다. 燕 昭王 28년(前 284), 燕의 장군 樂毅(악의)는 齊를 정벌하여 도읍 臨淄(임치)를 점령하였다. 昭王 32년(前 280)에는 齊의 70여 城을 탈취하였는데, 그 다음 해에 田單은 卽墨之戰에서 火牛陣으로 燕軍을 격파하고 燕에 빼앗겼던 70여 성을 수복했다. 이어 相이 되어 齊 襄王을 보필하였다.

양군, 昭襄王의 외삼촌)의 이름은 들었지만 王이 있다고는 듣지 못했습니다. 나라 政事를 주관하는 사람을 王이라 부르고, 利害를 마음대로 할 수 있으며, 殺生의 권위를 통제할 수 있는 사람을 王이라 합니다. 지금 (宣)太后께서는 국정에 마음대로 관여하면서 王을 생각하는 바가 없고, 穰侯(양후)는 使臣을 보내고도 (王에게) 報告도 하지 않으며, 경양군과 화양군은 (刑人을) 처형하고도 꺼리는 바가 없으니 (이처럼) 四貴(네가지 위인)들이 권력을 행사하는데도 나라가 위태롭지 않을 이유가 없습니다. 이 네 사람 때문에 아래에서는 王이 없다고 말할 뿐입니다. 그러하니 국가 권력이 어찌 기울지 않겠으며, 명령이 어찌 王한테서 나오겠습니까? 臣이 알기로 '나라를 잘 다스리는 자는 안으로 그 권위를 확실히 하고, 밖에서는 그 권위를 존중받는다.' 고 하였습니다. 穰侯(양후)의 使者는 왕의 重權을 믿고 제후의 영지를 쪼개주거나(決裂諸侯), 符節(부절)을 가지고 천하에 군사를 징발하여 敵國을 정벌하는데 그 명령을 따르지 않는 자가 없습니다. 전쟁에 이기고 공격하여 빼앗은 전리품은 모두 식읍인 陶(도)의 소유가 되고, 나라가 피폐하면 제후의 통제를 받게 됩니다.[682] 전쟁에서 패하면 그 원망을 백성에게 돌리거나 그 殃禍(앙화)를 社稷(사직)에 돌립니다. 《詩》에서는 「나무 열매가 많으면 가지가 찢어지고, 가지가 찢어지면 줄기가 손상된다.」고 하였습니다.[683] (제후

---

682 원문 國弊御於諸侯 – 國은 秦. 弊는 해질 폐. 疲弊(피폐)하다. 御는 諸侯에게 制御(제어)되다.

683 《詩》曰 木實繁者披其枝 – 《詩》는 逸詩. 지금은 《詩經》은 전하지 않는 詩. 木實은 나무의 열매. 繁은 번성할 번. 지나치게 많다. 披는 나눌 피. 나뭇가지가 찢어지다. 부러지다(折也).

의) 도읍이 커지면 나라가 위태롭고,[684] 臣下가 존귀하면 主君의 권위는 비천해집니다. (楚將) 淖齒(요치)가 齊의 국권을 장악하여, 閔王(민왕, 湣王)의 筋骨(근골, 어깻죽지)을 종묘 대들보에 매달아[685] 하룻밤 사이에 죽게 하였습니다.[686] (趙) 李兌(이태)가 趙의 권력을 장악한 뒤에, 主父(주보, 武靈王)의 식사를 줄여 1백일 만에 餓死(아사)하게 하였습니다.[687] 지금 秦에서는 太后, 穰侯가 권력을 장악했고, 高陵君(昭襄王 同母弟)과 涇陽君(경양군)이 그들을 보좌하고 있으니 결국 秦王이 존재하지 않는 것과 같으며, 이는 (齊의) 淖齒(요치), (趙의) 李兌(이태)와 같은 부류일 뿐입니다. 臣이 지금 볼 때, 王께서는 종묘와 조정에 홀로 서있는 것이니, 곧 臣이 두려운 것은 후세에 秦國을 보유할 자는 王의 자손이 아닐 것 같습니다."

秦王은 두려워서, 이에 太后를 폐위하고 穰侯를 방축했으며, 高

---

**684** 원문 大其都者危其國 – '都城過百雉면 國之害也라.'는 말이 있다. 雉는 성곽의 길이를 재는 단위. 제후의 성이 지나치게 크면 군사적으로 王을 위협할 수 있다는 뜻.

**685** 원문 淖齒管齊之權, 縮閔王之筋 – 淖는 진흙 뇨, 淖齒(요치)는 인명. 楚將인데 齊를 구원하러 齊에 갔다가 나중에 민왕의 신하가 되었다. 당시 齊 閔王(湣王, 名은 地. 재위 前 300 – 284)을 잡아 양팔을 종묘 대들보에 매달아 다음 날 죽게 하였다. 周 난왕 31년 前 284년. 筋은 힘줄.

**686** 宿昔(숙석) – 宿은 夜의 뜻. 一夕之間. 一野之間.

**687** 李兌(이태, 생졸년 이상) – 戰國 시대 趙國 惠文王 시기의 相國. 趙 武靈王(재위 前 325 – 299)은 아들 惠文王(재위 前 298 – 266)에게 양위하고 자칭 主父(주보)라 하였다. 前 295年에, 前 武靈王의 長子 安陽君 趙章(조장)과 相 田不禮(전불례)가 沙丘之亂을 일으키자, 李兌(이태)가 진압하였다. 이태는 무령왕의 식사량을 억지로 줄여 1백일만에 아사시켰다(惠文王 4년).

陵君을 내쫓고, 涇陽君(경양군)과 華陽君도 함곡관 밖으로 방출하였다.

昭襄王이 범수에게 말했다.

"昔者에 齊 桓公이 管仲(관중)을 얻고서 관중을 '仲父(중부)'라 불렀습니다. 지금 과인은 그대를 얻었으니, 역시 나의 '叔父(숙부)'입니다."[688]

## 085/ 應侯謂昭王

{原文} 應侯謂昭王曰,

"亦聞恒思有神叢與? 恒思有悍少年, 請與叢博, 曰, '吾勝叢, 叢籍我神三日, 不勝叢, 叢困我.' 乃左手爲叢投, 右手自爲投, 勝叢, 叢籍其神. 三日, 叢往求之, 遂弗歸. 五日

688 원문 今吾得子, 亦以爲父 - '亦以爲叔父'가 되어야 한다는 주석이 있다. 《史記 范雎列傳》에 「今范君亦寡人之叔父也」라는 구절이 있다. 管仲의 仲은 그의 字이다. 그래서 桓公이 '仲父'라 호칭했다. 呂望을 '尙父'라 존칭했다. 范雎의 字가 叔이다. 昭襄王이 '叔父'라고 할 때 그 뜻은 '伯, 叔父'의 뜻은 아니다. 굳이 우리말로 뜻을 풀이한다면 '아버지 같은 범수'일 것이다. 이때 父는 '男子의 美稱'의 뜻으로 본다. 이때 우리말 독음은 '보'이다. '尙父, 仲父, 叔父'가 모두 그 字에 父(보)라는 말을 보탠 美稱이다. 田父, 武父의 父는 늙은이란 뜻이다. 이때 우리말 독음을 '전', '무부'냐? 아니면 '전보', '무보'인가? '부', '보'가 혼용되어 분별이 至難(지난)하다. 父는 甫(남자의 미칭 보)와 通.

而叢枯, 七日而叢亡. 今國者, 王之叢, 勢者, 王之神. 籍人以此, 得無危乎? 臣未嘗聞指大於臂, 臂大於股. 若有此, 則病必甚矣. 百人輿瓢而趨, 不如一人持而走疾. 百人誠輿瓢, 瓢必裂. 今秦國, 華陽用之, 穰侯用之, 太后用之, 王亦用之. 不稱瓢爲器, 則已, 已稱瓢爲器, 國必裂矣. 臣聞之也. '木實繁者枝必披, 枝之披者傷其心. 都大者危其國, 臣强者危其主.' 邑中自斗食以上, 至尉,內史及王左右, 有非相國之人者乎? 國無事, 則已, 國有事, 臣必見王獨立於庭也. 臣竊爲王恐, 恐萬世之後有國者, 非王子孫也. 臣聞古之善爲政也, 其威內扶, 其輔外布, 四時治政不亂不逆, 使者直道而行, 不敢爲非. 今太后使者分裂諸侯, 而符布天下, 操大國之勢, 强徵兵, 伐諸侯. 戰勝攻取, 利盡歸於陶. 國之幣帛, 竭入太后之家. 竟內之利, 分移華陽. 古之所謂 '危主滅國之道', 必從此起. 三貴竭國以自安, 然則令何得從王出, 權何得毋分? 是王果處三分之一也."

## 應侯가 昭王에게 말했다.

{국역} 應侯(응후, 范雎)가[689] 昭王(昭襄王)에게 말했다.

---

689 應侯(응후) – 范雎(범수)의 작위. 應은 지명. 범수의 封地. 구체적 위치에 대하여는 여러 주석이 많다.

"恒思(항사)에 있는 神木(神叢) 이야기를 알고 계십니까?[690] 恒思(항사)란 곳에 성질이 사나운 젊은이가 있었는데,[691] 신목을 찾아와 내기를 걸며 말했습니다.[692] '내가 신목을 이기면, 신목은 나에게 그 신통력을 3일간 빌려주고, 신목을 이기지 못하면, 신목은 나를 어떤 곤경에 빠트려도 좋습니다.' 그리고는 왼손으로 신목을 대신하여 던지고, 오른손으로 자신의 몫을 던졌습니다.[693] 소년이 신목을 이겼고, 신목은 그 신통력을 빌려주었습니다. 3일 뒤에 신목이 소년에게 가서 신통력을 돌려달라고 하였으나 돌려받지 못했습니다. 5일이 지나자 신목은 시들었고, 7일에 신목은 고사했습니다.[694] 지금 나라는 王의 神木이고, 勢(權勢)는 왕의 神通力입니다. 이를 다른 사람에게 빌려준다면 위험하지 않겠습니까? 臣은 손가락이(指) 팔뚝보다〔臂(팔 비)〕 굵고, 팔이 허벅지〔股(넓적다리 고)〕보다 크다는 말을 들어본 적이 없습니다. 만약 그렇다면 정말 큰 병입니다. 1백 명이 표주박을

690 원문 亦聞恒思有神叢與? – 恒思(항사)는 지명. 가상의 지명일 것임. 神叢은 神祠(신사)에 심은 神木. 神祠叢樹. 叢은 모일 총. 灌木(관목).

691 원문 有悍少年 – 悍은 사나울 한. 성질이 고약하다.

692 원문 請與叢博 – 叢은 神叢. 神木. 博은 넓을 박. 내기하다. 賭博(도박), 博은 본래 局戲. 장기나 바둑. 땅바닥에 도형을 그리고 게임하는 고니(고누) 등이 모두 博戲이다.

693 원문 乃左手爲叢投, 右手自爲投 – 소년이 혼자 이쪽저쪽을 던졌다. 오른손이 편하니까 소년이 이겼다. 왼손은 신목을 높여 왼손으로 던졌다는 등등은 괜한 논란만 불러온다. 어차피 지어낸 이야기일 뿐!

694 원문 七日而叢亡 – 神木(神叢)이 그런 내기에 왜 응하는가? 신목이 소년을 이긴들 무슨 이득이 있는가? 멸망의 시작은(端緖) 어리석음이 아니겠는가?

싣고 달리는 것은,[695] 한 사람이 바가지를 들고 빨리 뛰는 것만 못합니다. 정말로 1백 명이 바가지를 들려고 한다면 바가지는 틀림없이 깨지고 말 것입니다. 지금 秦國에서는 華陽君이 권력을 사용하고, (相인) 穰侯(양후, 魏冉)도, 또 太后와 대왕 역시 사용하고 있습니다. (국가권력이) 바가지 같은 도구가 아니라면 그만이지만,[696] 바가지를 도구라고 한다면, 나라는 틀림없이 분열될 것입니다.

臣은 알고 있습니다. '나무 열매가 많으면 나뭇가지가 꼭 찢어지고, 가지가 찢어진 나무는 그 中心(나무의 속 줄기)마저 상하게 됩니다. 지방의 大都는 나라에 危害(위해)가 되고, 신하가 강하면 주군에게는 해악이 됩니다.' (지방) 鄕邑의 斗食(두식) 이상의 관리에서부터[697] 중앙의 軍尉(군위)나 內史(京師의 行政官)까지 또 왕의 左右까지(側近) 相國(穰侯)의 사람이 아닌 자가 있습니까? 나라가 무사하다면 그만이지만, 나라에 일이 터진다면 왕께서 조정에 홀로 서 계신 모습을 臣은 보게 될 것입니다. 臣은 삼가 왕의 萬世 후에 이 나라를 소유할 자는 왕의 자손이 아닐 것 같아 두려울 뿐입니다. 臣이 알기로, 옛날에 爲政(위정)을 잘한 사람은 그 권위로 조정 내부를 지탱하고, (手足과 같은) 股肱之臣(고굉지신)을 지방관에 임명하며,[698]

---

695 원문 百人輿瓢而趨 – 輿는 수레 여. 싣다. 들다. 瓢는 박 표. 바가지. 趨는 달릴 추.

696 원문 不稱瓢爲器 – 稱은 같다. 等也. 瓢(바가지 료)는 나라. 또는 통치 권력.

697 원문 邑中自斗食以上 – 邑은 지방의 鄕邑. 斗食은 관직명. 최하급 관리. 漢代의 두식은 그 봉록이 1日에 1斗2升이었다. 漢代 곡식 1斗는 2000cc. 10升.

698 원문 其輔外布 – 輔는 덧방나무 보. 輔臣. 股肱之臣(고굉지신).

四時의 治政(政治)에 不亂不逆(불란불역)하고, 使者는 直道를 실행하여 감히 비위를 저지를 수가 없다고 하였습니다. 그런데 지금 太后의 使者는 諸侯를 분열시키고, 천하에 부절을 행사하여 大國의 형세를 조정하며 강제로 징병하고 제후를 정벌하고 있습니다. (穰侯는) 戰勝하고 攻取하여 그 이득을 모두 (封地인) 陶(도)에 보내 축적하고 있습니다. 나라의 幣帛(폐백)은 모두 태후의 가문으로 흘러가고,[699] 境內(경내)의 이득도 분할되어 華陽君에게 이전되고 있습니다. 옛날에 소위 '주군을 위태롭게 하고 滅國(멸국: 나라를 망하게 이룸)에 이르는 길은(危主滅國之道)' 틀림없이 여기서부터 시작되었습니다. 三貴는 나라의 富를 고갈시키면서 자신만을 안전케 하는데, 나라의 명령이 어찌 대왕한테서 나오고, 권력이 어찌 분할되지 않겠습니까? 이는, 정말로 대왕께서는 그 3분의 1만 갖고 계신 것입니다."[700]

## 086/ 秦攻韓圍陘

{국역} 秦攻韓, 圍陘. 范睢謂秦昭王曰,

"有攻人者, 有攻地者. 穰侯十攻魏而不得傷者, 非秦弱而魏强也, 其所攻者, 地也. 地者, 人主所甚愛也. 人主者, 人

699 원문 竭入太后之家 – 竭은 물이 마를 갈. 다하다. 竭入(갈입)은 전부 들어가다.

700 范睢(범수) 進言의 요점은 '강력한 왕권 확립' 이라고 요약할 수 있다.

臣之所樂爲死也. 攻人主之所愛, 與樂死者鬪, 故十攻而弗能勝也. 今王將攻韓圍陘, 臣願王之毋獨攻其地, 而攻其人也. 王攻韓圍陘, 以張儀爲言. 張儀之力多, 且削地而以自贖於王, 幾割地而韓不盡. 張儀之力少, 則王逐張儀, 而更與不如張儀者市. 則王之所求於韓者, 盡可得也."

## 秦이 韓을 공격하며 陘(형)을 포위하다.

{국역} 秦이 韓을 공격하며, 陘(형)을 포위했다.[701] 이에 范雎(범수)가 秦 昭王(소왕)에게 말했다.[702]

"攻人하는 경우가 있고 攻地해야 하는 때도 있습니다. (秦 相) 穰侯(양후)가 魏를 10차례 공격했지만, 魏에 傷害를 입히지 못한 것은 秦이 약하고 魏가 강해서가 아니고, 양후가 공격했던 대상이 땅이었기 때문입니다. 땅은 人主가 가장 아끼는 것입니다. 또 人臣이 기꺼이 목숨을 바칠 수 있는 것입니다. 他國 君主가 가장 아끼기에 기꺼이 죽겠다고 싸우기 때문에 열 번이나 공격하고도 승리할 수가 없었습니다. 지금 대왕께서 韓 공격에 陘(형)을 포위하셨는데, 臣은 王께서 그 땅만 공격하시지 말고, 그 사람을 공격하시길 바랍니다. 왕께서 攻韓(한을 공격)하며 圍陘〔위형: 陘(형) 땅을 포위하다〕하신 것은 張

---

**701** 원문 秦攻韓圍陘 -《史記 韓世家》에 의하면, 이는 桓惠王 9년, 周 赧王 51년(前 264)이었다. 陘(형)은, 今 山西省 남부 臨汾市 관할 曲沃縣에 해당.

**702** 范雎가 秦의 相으로 재직했던 시기는 前 266 - 255년이었다. 범수의 진언은 韓의 君臣에게 이간계를 쓰라는 건의였다.

儀(장의)가 말한 것입니다.[703] (지금 韓의 相인) 張儀(張平?)의 능력이 크다면, (韓은 秦에게) 땅을 할양하고서라도 강화할 것이며〔自贖(자속)〕 땅을 몇 번 할양하더라도 (韓의 땅이) 다 없어지지 않을 것입니다. 장의가 (韓王을 움직일) 힘이 약하다면 (왕께서는, 이간책으로) 장의를 축출하고 張儀보다 (智力이) 못한 자를 상대로 담판하시면[704] 韓에서 얻으려는 것을 모두 얻을 수 있을 것입니다."

## 087/ 應侯曰鄭人~.

{原文} 應侯曰, "鄭人謂玉未理者璞, 周人謂鼠未腊者朴. 周人懷璞過鄭賈曰, '欲買朴乎?' 鄭賈曰, '欲之.' 出其朴, 視之, 乃鼠也. 因謝不取. 今平原君自以賢, 顯名於天下, 然降其主父沙丘而臣之. 天下之王尙猶尊之, 是天下之王不如鄭賈之智也, 眩於名, 不知其實也."

---

703 원문 以張儀爲言 - 장의는 前 310년에 죽었다. 장의가 죽고 범수가 秦相이 되기까지는 40여 년의 공백이 있다. 장의는 韓의 相도 아니었다. 여기 張儀는 착오라는 주석이 있다. 《史記 留侯世家》에 의하면, 張良의 先祖는 韓의 相를 지냈다. 여기 張儀는 장량의 부친인 張平일 것이라는 주석도 있다.

704 원문 而更與不如張儀者市 - 不如張儀者는 장의보다 智力이 못한 자. 市는 시장에서 흥정하다. 거래하다. 담판하다.

## 應侯가 말했다. 鄭人은 ~.

{국역} 應侯(응후, 范雎)가 말했다.

"鄭나라 사람들은 가공하지 않은 玉을 璞(박)이라 하고,[705] 周人들은 아직 말리지 않은 쥐고기를 朴(박)이라고 합니다.[706] 周人이 朴(포가 되지 않은 쥐고기)을 가지고 鄭나라 상인을 만나 '朴을 사겠는가?' 라고 물었습니다. 鄭 상인이 '사겠다.' 고 하자, 周人이 朴을 꺼냈고, 보니 그것은 쥐고기였다. 鄭 상인은 거절하고 사지 않았습니다.[707] 지금 (趙나라) 平原君(평원군)[708]은 스스로 賢人이라 하며 세상에 널리 알려졌지만, 그 부친 主父(武靈王)를 沙丘(사구)의 궁에 가두고 (趙 惠文王의) 신하가 되라고 강요하였습니다. 그런데도 천하의 왕들이 평원군을 존중하는 것을 보면, 천하의 왕들이 鄭나라 상인만큼 지혜도 없고, (平原君이라는) 이름에 현혹되어 그 실질을 모르는 것 같습니다."[709]

---

**705** 원문 謂玉未理者璞 – 未理의 理는 다스릴 리. 물건을 가다듬다. 璞은 옥돌 박. 樸은 통나무 박. 본디 생긴 그대로, 켜거나 자르지 않는 나무. 樸은 朴과 通.

**706** 원문 周人謂鼠未腊者朴 – 鼠는 쥐 서. 쥐고기. 腊은 포 석. 고기를 말려 脯(포)로 만든다. 朴과 樸, 璞은 同音. 쥐고기도 장작불에 구우면 먹을 만하다. 토끼고기와 뭐가 다르겠는가?

**707** 이름이 같다 하여 본질이 같은 것은 아니다.

**708** 平原君(평원군, ? – 前 251년. 嬴姓, 趙氏, 名은 勝) – 趙 武靈王의 아들. 趙 惠文王의 동생. 재상 역임. 養士로 聞名. 齊國 孟嘗君 田文, 魏國 信陵君 魏无忌(위무기), 楚國 春申君 黃歇(황헐)과 함께 戰國四公子라 합칭. 司馬遷《史記 平原君虞卿列傳》에 입전. '毛遂自薦(모수자천)' 의 故事가 유명.

**709** 范雎(범수) 말의 요점은 趙 平原君은 불효자이다. 당시 戰國四公子라는

虛名에 속아 천하의 왕이나 명사들은 평원군을 보고도 그의 본질을 모르니, 적어도 쥐고기라는 사실을 알고서는 사지 않은 鄭 商人의 지혜만도 못하다는 뜻.

## 088/ 天下之士, ~

{原文} 天下之士, 合從相聚於趙, 而欲攻秦.

秦相應侯曰, "王勿憂也, 請令廢之. 秦於天下之士非有怨也, 相聚而攻秦者, 以己欲富貴耳. 王見大王之狗, 臥者臥, 起者起, 行者行, 止者止, 毋相與鬪者. 投之一骨, 輕起相牙者, 何則? 有爭意也."

於是唐睢載音樂, 予之五千金, 居武安, 高會相與飮, 謂'邯鄲人誰來取者?' 於是其謀者固未可得予也, 其可得與者, 與之昆弟矣.

"公與秦計功者, 不問金之所之, 金盡者功多矣. 今令人復載五十金隨公."

唐睢行, 行至武安, 散不能三千金, 天下之士, 大相與鬪矣.

## 天下의 士人들이 ~

{국역} 天下의 士人들이 合從에 따라 趙에 모여서 秦을 공격하려 했다. 秦 相인 應侯(응후, 范雎)가 말했다.

"王께서는 걱정하지 마십시오. 제가 저들을 모두 흩어버리겠습니다. 秦은 天下의 士人들에게 원한을 사지 않았는데, 서로 모여 秦을 공격하겠다는 뜻은 저들이 부귀에 마음이 있는 것입니다. 왕께서 왕의 개들을 보면, 누워있는 개는 누워있고, 서있는 자는 서있으며, 어슬렁거리거나 멈추면서 서로 싸우지 않습니다. 그러나 뼈다귀 하나를 던져주면 재빨리 일어나 서로 으르렁거리는데, 왜 그렇겠습니까?[710] 빼앗으려는 마음이 있기 때문입니다."

이에 (범수는) 唐雎(당저)에게 音樂人과 함께 五千金을 주어 (趙 도읍, 邯鄲(한단)의 서쪽) 武安(무안)에[711] 머물면서 잔치를 벌이고 같이 술을 마시게 하였다.[712] 그러면서 (당저는) '한단 사람 누가 와서 이 金을 갖겠는가?' 라고 말했다. 그리고 (당저는) 같이 일하는 자와 함께 돈을 주어서는 안 될 자와 돈을 뿌릴만한 사람을 가려가면서 형제처럼 가까이 지냈다.[713]

(범수가 당저에게 말했다)

710 원문 輕起相牙者 - 輕은 갑자기, 홀연히(忽也). 牙는 어금니 아. 어금니를 서로 부딪치다.

711 武安 - 趙邑, 今 河北省 남부 邯鄲市 관할 武安市. 邯鄲(한단)은 전국시대 趙의 도읍. 趙의 敬侯(경후)가 中牟縣(중모현)에서 이곳으로 옮겨왔다(前 386년). 今 河北省 남부 邯鄲市. 《漢書 地理志》에 '邯鄲(한단)은 北으로는 燕이나 涿郡에 이어지고, 南으로는 鄭과 衛나라 漳水(장수)와 河水가 함께 통하는 곳이다. 그곳 땅은 넓고 풍속은 혼잡하며, 매사가 거칠고, 氣勢를 숭상하며 쉽게도 不法을 자행한다.' 고 기록했다.

712 원문 高會相與飮 - 高會는 大會也. 큰 잔치. 1차적으로 소문을 내려는 목적.

713 이 구절 다음에 탈락한 내용이 있다는 주석이 있다.

"公은 秦의 편을 많이 만드는 것이 功積(공적)이니, 金을 누구에게 주었는가를 묻지 않을 것이며 돈을 다 쓰는 것이 잘하는 것이다. 이제 다시 5천금을 다른 사람을 시켜 공에게 보내주겠다."

당저가 출발했고, 武安에 도착하여, 3千金을 다 뿌리기도 전에 (한단에 모였던) 天下之士들은 서로 크게 싸우기 시작하였다.

## 089/ 謂應侯曰, ~

{原文} 謂應侯曰, "君禽馬服子乎?"

曰, "然."

"又卽圍邯鄲乎?"

曰, "然."

"趙亡, 秦王王矣, 武安君爲三公. 武安君所以爲秦戰勝攻取者七十餘城, 南亡鄢,郢,漢中, 禽馬服之軍, 不亡一甲, 雖周,呂望之功, 亦不過此矣. 趙亡, 秦王王, 武安君爲三公, 君能爲之下乎? 雖欲無爲之下, 固不得之矣. 秦嘗攻韓圍邢, 困於上黨, 上黨之民皆返爲趙. 天下之民, 不樂爲秦民之日固久矣. 今攻趙, 北地入燕, 東地入齊, 南地入楚,魏, 則秦所得不一幾何. 故不如因而割之, 因無以爲武安功."

## 應侯에게 물었다. ~

{국역} 어떤 사람이 應侯(范睢, 범수)에게 물었다.[714]

“武安君(白起)이 (趙의) 馬服君의 아들〔趙括(조괄)〕을 사로잡았습니까?”

“그렇습니다.”

“그리고 곧 (趙 都邑) 邯鄲(한단)을 포위하였습니까?”

“그렇습니다.”

“趙나라가 망하면 (그 땅에도) 秦王이 王이 될 것이고, 武安君은 三公의 자리에 오를 것입니다. 武安君은 秦을 위한 전쟁에서 70여 성이나 점령하였으니, 남쪽으로는 (楚의) 鄢(언), 郢(영)과 漢中(한중)을 차지하였고, 馬服君의 군사를 사로잡으며 병졸 하나를 잃지 않았으니, 비록 周 呂望(여망, 呂尙)의 功도 이보다 더 크지 못할 것입니다. 趙가 亡하고, 秦王이 王이 되고, 武安君이 三公이 되면, 당신은 그 아래에 있을 수 있겠습니까? 비록 그 아랫사람이 되고 싶지 않더라도 어쩔 수가 없을 것입니다. 秦이 앞서 韓의 邢(형)을 공격하다가 上黨(상당)에서 곤궁에 처하자, 上黨의 백성은 모두 趙나라로 돌아가 버렸습니다. 天下의 백성들은 秦나라 백성이 되기를 원치 않는 것이 정말 오래 전부터입니다. 지금 趙나라를 공격하지만 趙의 북쪽

---

**714** 謂應侯曰, “君禽馬服子乎?” – 이 章의 문장은《史記 白起王翦列傳》에도 수록되었다. 이는 秦 白起(武安君)가 長平戰에서 승리하고 邯鄲(한단)을 포위했던 周 赧王 56년(前 259)의 일이다. 應侯는 范睢(범수). 君은 武安君 白起이다. 馬服子는 馬服君의 아들인 趙括. 馬服君은 趙나라 장군 趙奢(조사).

땅은 燕의 땅이 될 것이고, 동쪽의 땅은 齊가 차지할 것이며, 남의 땅은 楚나 魏에 들어갈 것이니, 秦에서 차지할 수 있는 땅은 얼마 되지(幾何) 않을 것입니다. 그러니 이 기회에 땅을 적당히 할양받고 화친하여 武安君의 功으로 돌리지 않는 것이 나을 것입니다."

## 090/ 應侯失韓之汝南

{原文} 應侯失韓之汝南. 秦昭王謂應侯曰,

"君亡國, 其憂乎?"

應侯曰, "臣不憂."

王曰, "何也?"

曰, "梁人有東門吳者, 其子死而不憂, 其相室曰, '公之愛子也, 天下無有, 今子死不憂, 何也?' 東門吳曰, '吾嘗無子, 無子之時不憂, 今子死, 乃卽與無子時同也. 吾奚憂焉?' 臣亦嘗無子, 無子時不憂. 今亡汝南, 乃與卽爲梁餘子同也. 臣何爲憂?"

秦王以爲不然, 以告蒙傲, 曰, "今也, 寡人一城圍, 食不甘味, 臥不便席, 今應侯亡地而言不憂, 此其情也?"

蒙傲曰, "臣請得其情."

蒙傲乃往見應侯, 曰, "傲欲死."

應侯曰, “何謂也?”

曰, “秦王師君, 天下莫不聞, 而況於秦國乎! 今傲勢得秦爲王將, 將兵, 臣以韓之細也, 顯逆誅, 奪君地, 傲尙奚生? 不若死.”

應侯拜蒙傲曰, “願委之卿.”

蒙傲以報於昭王. 自是之後, 應侯每言韓事者, 秦王弗聽也, 以其爲汝南也.

## 應侯가 韓의 汝南을 상실하다.

{국역} 應侯(范雎, 범수)가 韓의 汝南(여남)[715]을 빼앗겼다. 이에 秦昭王이 應侯에게 말했다.

“君의 封地가 없어졌으니 걱정되시는가?”[716]

應侯가 말했다. “臣은 걱정하지 않습니다.”

王이 물었다. “어찌 그러한가?”

“梁人 중에 (魏나라 사람) 東門吳(동문오)[717]란 사람이 있었는데,

---

715 汝南(여남) – 范雎(범수)의 封地가 있는 곳. 汝南은 春秋시대 蔡國의 영역. 전국시대에는 楚, 韓, 魏 등이 차지하려고 쟁탈전을 벌렸다. 漢代 汝南郡(여남군), 今 河南省 남부 駐馬店市와 동남부 信陽市, 安徽省 서부 일대였다.

716 원문 君亡國, 其憂乎? – 亡國은 나라가 없어지다. 제후의 封地를 國이라 했다. 憂는 근심할 우.

717 東門吳(동문오) – 人名. 東門은 複姓(복성).

그 아들이 죽었는데도 슬퍼하지 않았습니다. 그 相室(家臣)이 물었습니다.[718] '公의 아들 사랑은 천하에 둘도 없었는데, 지금 슬퍼하지 않으니 왜 그러십니까?' 그러자 東門吳가 말했습니다. '나는 본래 아들이 없었다. 아들이 없을 때 슬퍼하지 않았다. 지금 아들이 죽었으니 아들이 없을 때와 같다. 내가 왜 슬퍼하겠나?' 臣 역시 전에 아들이 없었고,[719] 아들이 없을 때 슬퍼하지 않았습니다. 지금 汝南의 땅을 잃은 것은, 곧 梁人(魏人)의 막내아들(餘子)을 잃은 것과 같습니다. 臣이 왜 걱정하겠습니까?"

秦王은 그렇지 않을 것이라 생각하며, 이를 蒙傲(몽오)[720]에게 말했다.

"요즈음, 寡人은 城 하나만 포위되어도 밥맛이 없고, 누워도 편치 않은데, 지금 應侯는 봉지를 상실했는데도 말로는 걱정 않는다고 하는데 그게 진정이겠는가?"

몽오가 말했다. "臣이 그 뜻을 물어보겠습니다."

몽오가 바로 응후를 만나 말했다. "저는 죽고 싶습니다."

"무슨 말입니까?"

"秦王이 당신을 스승으로 모시기를 천하에 모르는 사람이 없는데, 하물며 秦國에서야 누가 모르겠습니까! 지금 저의 得勢(出世)는 秦王의 장군이 되어 군사를 거느리며 韓을 하찮게 여겼는데, 그 자

---

**718** 相室 – 家臣. 室家之相의 뜻. 女 家臣. 남자의 경우 '家老'.

**719** 여기 아들은 汝南의 封地.

**720** 蒙傲(몽오, ? – 前 240년) – 蒙은 입을 몽. 덮어씌우다. 성씨. 傲는 거만할 오. 蒙傲는 蒙恬(몽염)의 祖父. 蒙驁로도 표기. 아들 蒙武(몽무), 손자 蒙恬(몽염, ? 前 250 – 210년)과 蒙毅(몽의) 모두 秦朝의 名將이었다.

들이 반역의 마음을 품어[721] 당신의 봉지를 탈취하였으니, 제가 어찌 살 수 있겠습니까?[722] 죽느니만 못합니다(不若死).”

應侯가 몽오에게 배례하며 말했다.

“卿에게 맡기겠습니다.”

몽오가 이를 昭王에게 보고하였다. 이후로는 應侯가 韓에 대한 국사를 논하더라도 秦王은 따르지 않았는데, 汝南 때문이라고 생각하였다.

## 091/ 秦攻邯鄲

{原文} 秦攻邯鄲, 十七月不下. 莊謂王稽曰, “君何不賜軍吏乎?”

王稽曰, “吾與王也, 不用人言.”

莊曰, “不然. 父之於子也, 令有必行者, 必不行者. 曰‘去貴妻, 賣愛妾.’ 此令必行者也, 因曰‘毋敢思也.’ 此令必不行者也. 守閭嫗曰, ‘其夕, 某懦子內某士.’ 貴妻已去, 愛妾已賣, 而心不有. 欲教之者, 人心固有. 今君雖幸於王, 不過

---

**721** 원문 臣以韓之細也, 顯逆誅 - 細는 작은 것으로 보다. 무시하다. 顯逆誅는 반역과 誅殺의 뜻을 나타내다. 반역하다.

**722** 奪君地, 傲尙奚生? - 奪은 빼앗을 탈. 傲尙奚生(오상해생)? 제가(傲) 그런데도(尙) 어찌, 어떻게(奚) 生할 수 있겠습니까?

父子之親, 軍吏雖賤, 不卑於守閭嫗. 且君擅主輕下之日久矣. 聞'三人成虎, 十夫揉椎', 衆口所移, 毋翼而飛. 故曰, 不如賜軍吏而禮之."

王稽不聽. 軍吏窮, 果惡王稽,杜摯以反.

## 秦이 邯鄲(한단)을 공격하다.

{국역} 秦이 (趙의 都邑) 邯鄲(한단)을[723] 공격했으나 17개월이 되어도 함락하지 못했다.[724] 莊(장, 名, 姓은 미상)이라는 사람이 王稽(왕계)에게 말했다.[725]

"당신은 왜 軍吏들에게 賞을 주지 않습니까?"

왕계가 대답하였다. "나는 王에게 남의 말을 듣지 않겠다고 하였

---

723 邯鄲(한단) – 戰國시대 趙의 국도, 北宋시대에는 北京大名府, 今 河北省 남부 邯鄲市. 黃粱美夢(황량미몽), 邯鄲學步(한단학보), 圍魏救趙. 完璧歸趙(완벽귀조), 刎頸之交(문경지교), 毛遂自薦(모수자천) 등 수많은 故事成語의 고향.

724 원문 秦攻邯鄲, 十七月不下 – 이 章은 秦 昭襄王 52년(前 255)에 있었다. 범수의 천거를 받았던 王稽(왕계)가 죄를 지어 처형되어야 했고, 범수도 이에 연좌되어 처형되어야 했다. 범수는 옛날의 恩義로 소양왕을 설득했고, 소양왕은 감동을 받아 범수를 사면하였으나, 곧 법에 의거 왕계와 범수를 처형했다.

725 王稽(왕계) – 秦의 謁者令(알자령). 魏에 사신으로 왔다가 范雎를 만났고, 범수를 도와 秦으로 데려왔다. 범수가 國相이 된 뒤에 王稽를 河東郡 郡守로 천거했으나 나중에 왕계가 제후와 私通한 죄로 棄市(기시)刑에 처해졌다.

습니다."

이에 莊이란 사람이 말했다.

"그렇지 않습니다. 아버지의 명령이라도 아들에게 꼭 실행해야 할 것이 있고, 실행해서는 안될 것이 있습니다. '(淫行을 한) 貴한 妻라도 내보내야 하고, 愛妾이라도 팔아야(賣) 한다.' 면, 이는 꼭 실행해야 합니다. 그러면서 그 일에 대하여 '감히 더 이상 생각도 하지 말라.' 한다면, 그런 명령은 꼭 해서는 안될 것입니다. 마을을 감시하는 노파가〔守閭嫗(수여구), 嫗는 할미 구〕'어느 날, 어떤 여인이 어떤 士人과 私通하였다.' 고 하여(거짓말)[726] 貴妻는 이미 떠났고, 愛妾은 이미 팔아버렸지만, 마음에 생각을 안할 수가 없습니다(心不有). (사람은 자기가 알고 있는 것을) 남에게 알리고 싶은 것이 본래의 인심일 것입니다.[727] 지금 당신이 비록 왕의 신임을 받고 있지만 父子만큼 親하고, 軍吏가 낮은 직위이지만, 마을의 노파만큼 미천하지 않습니다. 그리고 당신도 왕의 신임을 믿고 아랫사람을 (軍吏) 오랫동안 경시하였습니다.[728] '三人成虎[729]나, 十夫揉椎(십부유추)' [730]처

---

726 其夕, 某懦子, 內某士 - 其夕의 其는 某의 誤字. 某懦子(모나자)는 某孺子. 孺는 젖먹이 유. 孺子는 아기를 가진 부인. 婦人之美稱. 內某士의 內은 들일 납, 받을 납. 여기 內는 私通하다.

727 원문 欲教之者, 人心固有 - 教는 告의 뜻. 알리다. 말하고 싶다. 孺子內士, 人心固欲其告, 雖非至親, 令必行也.

728 원문 且君擅主輕下之日久矣 - 且는 또 차. 그리고. 君은 王稽(왕계). 擅은 멋대로 할 천, 의지할 천. 主는 秦王. 輕은 경시하다. 下는 軍吏. 久는 오랠 구. 矣는 어조사 의. 종결어미.

729 三人成虎 - 시장 거리에 호랑이가 나타났다고 3인이 말한다면 누구나 믿게 된다.

럼 많은 사람이 같은 말을 옮기면 날개가 없어도 날아가게 됩니다. 그러니 당신도 軍吏에게 상을 베풀고, 예로 대우해해야 합니다."

그러나 王稽는 듣지 않았다. 軍吏들이 궁색해지자, 정말로 왕계와 杜摯(두지)가 모반을 획책한다고 헐뜯었다.

{原文} 秦王大怒, 而欲兼誅范睢.

范睢曰, "臣, 東鄙之賤人也, 開罪於楚,魏, 遁逃來奔. 臣無諸侯之援, 親習之故, 王擧臣於羈旅之中, 使職事, 天下皆聞臣之身與王之擧也. 今遇惑或與罪人同心, 而王明誅之, 是王過擧顯於天下, 而爲諸侯所議也. 臣願請藥賜死, 而恩以相葬臣, 王必不失臣之罪, 而無過擧之名."

王曰, "有之." 遂弗殺而善遇之.

{국역} 秦王은 大怒하면서 范睢(범수)까지 함께 주살하려고 했다.[731] 이에 범수가 왕에게 말했다.

"臣은 東(魏)쪽에서 온 미천한 사람으로, 이전에 楚와 魏에서 죄를 짓고 숨어 들어왔습니다.[732] 臣은 제후(秦 왕족)의 후원이나 가까

---

730 十夫揉椎 – 열 사람이(十夫) 같은 말을 하면 나무 몽둥이도 휘어진다. 揉는 휠 유. 椎는 나무 몽둥이 추.

731 王稽(왕계)는 魏에서 범수를 숨겨 秦에 데려왔다. 범수는 왕계를 河東郡守로 천거하였다. 왕계는 3년이나 조정에 보고가 없었다. 천거된 자가 죄를 지으면 천거한 사람도 같이 처벌받는 연좌제가 秦에 적용되었다. 범수는 삼족을 멸하는 죄에 해당되었다.

732 원문 遁逃來奔 – 遁 달아날 둔. 逃은 달아날 도. 奔 달릴 분. 달아나다.

운 사람도 없었지만 대왕께서는 제가 외국 출신인데도 등용하여 일을 맡기셨기에, 천하 사람은 모두가 왕께서 저를 천거하셨다고 알고 있습니다. 지금 저는 죄인(王稽)과 同心이라는 의혹을 받고 있으니, 대왕께서 온 천하가 모두 알도록 처형하신다면, 이는 대왕의 잘못된 천거라는 사실을 천하에 알리는 것이 되어[733] 제후들 사이에 논의가 벌어질 것입니다. 臣에게 사약을 내려주시고 재상의 禮로 장례를 할 수 있기를 주청 드립니다. 그러면 대왕께서는 臣의 죄를 놓치지도 않고, 또 천거를 잘못했다는 말을 듣지 않을 것입니다."

왕은 "그럴 것이다."라고 말했고, 끝내 죽이지 않고 좋게 대우하였다.[734]

## 092/ 蔡澤見逐於趙

{原文} 蔡澤見逐於趙, 而入韓,魏, 遇奪釜鬲於途. 聞應侯任鄭安平, 王稽, 皆負重罪, 應侯內慚, 乃西入秦, 將見昭王, 使人宣言以感怒應侯, 曰, '燕客蔡澤, 天下駿雄弘辯之士也. 彼一見秦王, 秦王必相之而奪君位.'

應侯聞之, 使人召蔡澤. 蔡澤入, 則揖應侯, 應侯固不快,

---

733 원문 是王過舉 - 過는 誤也. 옛날에 천거하고 오늘 처형하니, 이는 잘못된 천거이다. 그것을 천하에 스스로 드러내는 것이라는 뜻.

734 그러나 그 해에 范雎(범수)와 왕계 모두 처형되었다.

及見之, 又倨. 應侯因讓之曰, "子嘗宣言欲代我相秦, 豈有此乎?"

對曰, "然." 應侯曰, "請聞其說."

蔡澤曰, "吁! 何君見之晚也. 夫四時之序, 成功者去. 夫人生手足堅强, 耳目聰明, 而心聖知, 豈非士之所願與?"

應侯曰, "然."

蔡澤曰, "質仁秉義, 行道施德於天下, 天下懷樂敬愛, 願以爲君王, 豈不辯智之期與?"

應侯曰, "然."

蔡澤復曰, "富貴顯榮, 成理萬物, 萬物各得其所, 生命壽長, 終其年而不夭傷. 天下繼其統, 守其業, 傳之無窮, 名實純粹, 澤流千世, 稱之而毋絶, 與天地終始. 豈非道之符而聖人所謂吉祥善事與?"

應侯曰, "然."

澤曰, "若秦之商君, 楚之吳起, 越之大夫種, 其卒亦可願矣."

## 蔡澤(채택)이 趙에서 쫓겨나와~

{국역} 蔡澤(채택)[735]이 趙에서 방출된 뒤에 韓과 魏를 떠돌다가 길

735 蔡澤(채택, 생졸년 미상) – 본래 燕國人, 博學하고 善辯한 縱橫家(종횡가), 戰國 시대 秦의 范睢(범수)에 유세했고, 범수는 채택을 후임 재상으로 천

에서 (취사용) 솥을 도적맞기도 하였다.[736] (채택은) 應侯(응후, 범수)가 鄭安平(정안평)과 王稽(왕계)를 천거하였지만, 모두 중죄를 범하여[737] 응후가 마음으로 부끄러워한다는 말을 듣고, 곧 서쪽으로 秦에 들어가 昭王(昭襄王)을 알현하려 계획하면서 (사전 공작으로) 사람을 시켜 응후를 화나게 하려고, '燕客인 蔡澤(채택)은 天下의 俊傑(준걸, 駿雄)이며 말을 잘하는 사람이다. 그가 일단 秦王을 알현하면, 秦王은 틀림없이 재상에 임명하며, 응후의 직위를 빼앗을 것이다.' 라는 소문을 퍼트리게 하였다.

應侯가 이런 말을 전해 듣고 사람을 보내 채택을 불렀다. 채택이 들어오면서 응후에게 간단히 揖(읍)을 했고, 응후는 정말 불쾌하였지만 그래도 만나 보았지만, (채택은) 여전히 거만하였다. 이에 응후가 채택을 비난하듯 말했다.

"그대가 나를 대신하여 秦의 相이 된다고 여러 사람에 말했다는데, 정말 그러했습니까?"

채택은 "그렇습니다."라고 대답했다.

"그럴만한 얘기 좀 들어봅시다."

"허어! 당신은 왜 이제야 나를 불렀습니까? 사계절이 순행하듯, 할 일을 다 했으면 떠나야 합니다. 사람 한평생에 手足이 튼튼하고,

---

거하였다. 秦의 宰相을 몇 달간 역임했고 綱成君(강성군)으로 불렀다.

**736** 원문 遇奪釜鬲於塗 – 遇는 만날 우. 당하다. 奪은 빼앗길 탈, 遇奪은 所奪也. 釜는 솥 부. 휴대용 취사도구. 鬲은 솥 력. 막을 격. 釜鬲(부력)은 솥. 塗 는 길 도.

**737** 원문 皆負重罪 – 鄭安平은 秦 군사 2만 명을 거느리고 趙에 투항했고, 王稽(왕계)는 諸侯와 通謀했다는 혐의를 받고 있었다.

耳目이 聰明하며 그 마음에 聖人같은 지혜를 갖추는 것이 바로 士人이 원하는 것 아니겠습니까?"

"그렇소."

"仁을 바탕으로 삼고 義를 실천하며 천하에 行道하고 施德(시덕)하면, 온 천하가 기뻐하면서 敬愛할 것이니, 그러한 분을 君王으로 모시고 싶은 뜻을 辯智者가 어찌 이루지 못하겠습니까?"

"그렇습니다."

이에 채택이 다시 말했다.

"富貴를 이루고 크게 영달하며〔顯榮(현영)〕, 자연의 순환에 순응하면서[738] 萬物이 각자 제자리를 찾아주며, 生命의 存續(壽長)에 그 수명을 다 누리고 일찍 죽거나 다치지 않게 하는 일. 天下의 법통을 이어가고 그 본업을 지키면서 끝없이 이어가며, 名實이 純粹(순수, 全美)하여 천년을 이어가게 조절하여 끊어지지 않게 하여야 천지와 終始를 같이 하는 것입니다. 이렇게 할 수 있다면, 이는 大道에 부합하는 것이고 이른바 聖人의 吉祥(길상)과 善行의 실천이 아니겠습니까?"

應侯가 말했다. "맞습니다."

채택이 말했다.

"만약 秦의 商君(상앙)이나 楚의 吳起(오기),[739] 越(월)의 大夫種(대

---

738 원문 成理萬物 – 자연에 순응하다. 만물의 생존 소멸과 순환을 돕다. 理는 治也.

739 吳起(오기, 前 440 – 381년) – 戰國初期의 兵法家. 兵家의 대표 인물. 衛國 左氏縣(今 山東省 定陶縣) 출신. 吳起는 魯, 魏, 楚 3국에 出仕(출사). 각국에서 능력을 인정받았다. 前 381년, 楚 悼王(도왕, 재위 前 401 – 381년)

부종)[740]은 그들이 바라던 바를 끝내 성취하였다고 생각하십니까?"

{原文} 應侯知蔡澤之欲困己以說, 復曰, "何爲不可? 夫公孫鞅事孝公, 極身毋二, 盡公不還私, 信賞罰以致治, 竭智能, 示情素, 蒙怨咎, 欺舊交, 虜魏公子卬, 卒爲秦禽將破敵, 攘地千里. 吳起事悼王, 使私不害公, 讒不蔽忠, 言不取苟合, 行不取苟容, 行義不顧毁譽, 伯主强國, 不辭禍凶. 大夫種事越王, 主離困辱, 悉忠而不解, 主雖亡絶, 盡能而不離, 多功而不矜, 貴富不驕怠. 若此三子者, 義之至, 忠之節身也. 故君子殺身以成名, 義之所在, 身雖死, 無憾悔, 何爲不可哉?"

蔡澤曰, "主聖臣賢, 天下之福也, 君明臣忠, 國之福也. 父慈子孝, 夫信婦貞, 家之福也. 故比干忠, 不能存殷, 子胥知, 不能存吳. 申生孝, 而晉國亂. 是有忠臣孝子, 國家滅亂, 何也? 無明君賢父以聽之. 故天下以其君父爲戮辱, 而憐其臣子. 夫待死而後可以立忠成名, 是微子不足仁, 孔子不足聖, 管仲不足大也."

---

이 죽은 뒤, 楚에서 兵變이 일어나며 피살되었다. 《吳子兵法》 6편이 존재한다.

740 大夫種(대부종, ? – 前 472년) – 文種, 文仲, 一名 會, 字는 子禽. 楚國 郢人(영, 今 湖北省 남부 江陵市). 春秋 末期 저명한 謀略家, 范蠡(범려)와 함께 越國 句踐(구천)을 섬겨 吳王 夫差를 타격하여 멸망케 했다. 그 功이 높아 구천을 겁먹게 하여 결국 구천에게 賜死되었다.

於是應侯稱善.

{국역} 응후는 채택이 자신을 궁지에 몰아넣으려는 뜻으로 유세한다고 생각하며 다시 물었다.

"어찌 뜻을 성취 못했다고 하겠소? 公孫鞅(공손앙, 商鞅)은 (秦) 孝公(효공, 재위 前 363-338)을 섬기며 자신의 身名을 다하여 두 마음이 없었으며 公을 위해 私를 생각하지 않았고,[741] 분명한 상벌로 안정된 治世를 이룩하며 智能을 다하고, 誠心을 다 바쳤지만(示情素) 백성의 원성을 받았고,[742] 옛 친구에게 속았어도, 魏 公子 卬(앙)을 생포하였고, 마침내 秦을 위하여 적장을 사로잡고 적을 격파하면서 강토를 1천 리나 넓혔습니다. 吳起(오기)는 (楚의) 悼王(도왕, 재위 前 401-381년)을 섬기면서, 사적인 일로 公務를 해치지 않았기에 참언도 그의 충성심을 가로막지 못했으며,[743] 그의 언행은 구차하게 남에게 맞추려하지 않았고, 그 행실은 남의 인정을 받으려 하지 않았으며, 의리를 틀림없이 실천하고 타인의 훼손과 稱譽(칭예)를 생각하지 않았으며, 주군을 覇者(패자)로 만들고, 나라를 부강하게 하는데 흉험한 일도 사양하지 않았습니다. 大夫種(대부종, 文種)은 越王(월왕, 句踐)을 섬기며 主君을 곤욕에서 벗어나게 했고 충성을 다하며 게으르지 않았는데[744] 온 나라가(悉主, 主는 國) 망하고 끊겼지만 능력을 다

741 원문 極身毋二, 盡公不還私 - 極身(극신)은 자신을 다 바치다(竭己, 갈기). 還은 되돌아보다(反顧也.)

742 원문 蒙怨咎 - 蒙은 덮을 몽(覆也). 무릅쓰다(冒). 怨咎(원구)는 원망. 깊은 원한.

743 원문 讒不蔽忠 - 讒은 참소할 참. 蔽는 가릴 폐.

바치며 떠나지 않았으며, 많은 공을 세웠지만 자랑하지도 않았고, 부귀를 누리면서도 교만하거나 태만하지도 않았습니다. 이 같은 세 사람은 그들 자신이 지극한 의리였고 충절이었습니다. 그래서 君子는 殺身으로 成名하며 義를 따르다가 몸이 죽더라도 후회가 없는 것이니 어찌 그들이 원하는 것을 이루지 못했다고 말하겠습니까?"

그러자 채택이 말했다.

"主君이 聖스럽고 臣이 賢明하다면, 이는 天下의 福이고, 明君에 忠臣이라면 이 또한 나라의 복입니다. 父는 자애하고 子는 효도하고, 夫는 信實하고 婦 또한 貞順하다면, 이는 가정의 복입니다. 그렇더라도 比干(비간)[745]은 忠을 다했지만 殷(은)을 지키지 못했고, 伍子胥(오자서)는 지혜로웠지만 吳를 보존하지 못했으며, 申生(신생)[746]은 孝子였지만, 晉國은 혼란하였습니다. 이처럼 忠臣과 孝子가 있는데도, 國家가 멸망하고 혼란했던 이유는 무엇입니까? 그것은 明君과 賢父가 (忠臣 孝子의) 뜻을 따라주지 않았기 때문입니다. 그래서 天

---

744 원문 忠而不解 - 解는 懈(게으를 해)와 同.

745 比干(비간, 생졸년 미상) - 子는 姓, 殷商의 宗室, 比는 그이 封邑(今 山西 汾陽). 商 紂王 時 宰相. 紂王의 叔父, 三大 忠臣의 한 사람. 《論語 微子》에 微子(미자), 箕子(기자), 比干을 '殷의 三仁'이라 했다. 《論語 微子》 微子去之, 箕子爲之奴, 比干諫而死. 孔子曰, "殷有三仁焉." 周朝에서는 國神으로 추앙. 道敎에서는 文曲守財藏眞福祿眞君(簡稱 守財眞君)으로 떠받드니, 곧 財神이다. 중국 林氏의 시조.

746 申生(신생, ? - 前 655) - 姬는 姓, 春秋 시대 晉 獻公(헌공)의 嫡長子, 晉國의 太子, 헌공의 총희인 驪姬(여희)는 자신의 소생인 아들 奚齊(해제)를 太子로 삼으려고 優施(우시)와 通姦하며 신생을 모함하였다. 신생은 作亂(난이 일어나다)을 원치 않아 自害하여 身亡했다.

下는 그런 君父가 죽게 되거나 제거되면〔戮辱(육욕)〕 그 신하나 아들을 가련케 생각합니다. 대체로 죽음을 맞이한 뒤에야 立忠하고 成名할 수 있다면, 微子(미자)[747]는 仁이 부족하고, 孔子는 聖人이 되지 못하며, 管仲(관중)은 큰 인물이라 할 수 없습니다."

이에 응후는 채택을 칭찬하였다.

{原文} 蔡澤得少間, 因曰,

"商君,吳起,大夫種, 其爲人臣, 盡忠致功, 則可願矣. 閎夭事文王, 周公輔成王也, 豈不亦忠乎? 以君臣論之, 商君,吳起,大夫種, 其可願孰與閎夭,周公哉?"

應侯曰, "商君,吳起,大夫種不若也."

蔡澤曰, "然則君之主, 慈仁任忠, 不欺舊故, 孰與秦孝公,楚悼王,越王乎?"

應侯曰, "未知何如也."

{국역} 蔡澤(채택)은 잠시 쉬었다가 이어 말했다.

"商君(商鞅)과 吳起(오기), 그리고 大夫種 그들은 人臣으로 충성을 다했으며 온 功力을 다 하였기에 원하는 것을 이루었습니다. 閎夭(굉요)[748]는 (周) 文王을 섬겼고, 周公은 成王을 보좌하였으니 두

747 微子(미자) - 殷의 폭군 紂王(주왕)의 兄. 《論語 微子》 微子去之, 箕子爲之奴, 比干諫而死. 孔子曰, "殷有三仁焉."

748 閎夭(굉요) - 周 文王과 武王을 보좌한 大臣. 散宜生(산의생), 太顚(태전), 鬻熊(죽웅)과 함께 西伯인 昌(周 文王)을 섬기었다. 周 文王이 紂王(주왕)

분 역시 어찌 불충했겠습니까? 君臣 관계로 論할 때 商君이나 吳起와 大夫種이 이루고자 했던 충성이 閎夭(굉요)나 周公에 비하여 어떻다고 생각하십니까?"

應侯는 "商君, 吳起, 大夫種이 굉요나 주공과는 같지 않습니다."라고 말했다.

이에 채택이 말했다.

"그러면 당신의 主君(秦 昭王)은 仁慈하고 信忠하며, 옛사람을 버리지 않는 면에서 秦 孝公과 楚 悼王(도왕), 또 越王(월왕)에 비하여 어떻다고 생각합니까?"

應侯가 말했다.

"어떻게 다른가는 잘 모르겠소."

{原文} 蔡澤曰, "主固親忠臣, 不過秦孝,越王,楚悼. 君之爲主, 正亂,批患,折難, 廣地殖穀, 富國,足家,强主, 威蓋海內, 功章萬里之外, 不過商君,吳起,大夫種. 而君之祿位貴盛, 私家之富過於三子, 而身不退, 竊爲君危之. 語曰, '日中則移, 月滿則虧.' 物盛則衰, 天之常數也. 進退,盈縮,變化, 聖人之常道也. 昔者, 齊桓公九合諸侯, 一匡天下, 至葵丘之

---

에 의해 羑里(유리)의 옥에 갇히자, 그들은 姜尙(太公望)과 함께 定計하여 有莘氏(유신씨)의 딸과 戎族(융족)의 얼룩무늬 말을 紂王(주왕)에 선사하고, 또 뇌물을 紂王의 寵臣 費仲(비중)에게도 보냈다. 紂王은 周 文王을 사면하였다. 殷을 멸망시킨 武王에게 굉요는 王子 比干의 묘를 封하라고 건의하였다. 閎夭는 賢臣으로 일컬어진다.《荀子》에는 굉요가 수염이 많아 얼굴을 다 덮었다는 기록이 있다.

會, 有驕矜之色, 畔者九國. 吳王夫差無適於天下, 輕諸侯, 凌齊,晉, 遂以殺身亡國. 夏育,太史啓呼駭三軍, 然而身死於庸夫. 此皆乘至盛不及道理也. 夫商君爲孝公平權衡, 正度量, 調輕重, 決裂阡陌, 教民耕戰, 是以兵動而地廣, 兵休而國富, 故秦無敵於天下, 立威諸侯. 功已成矣, 遂以車裂. 楚地持戟百萬, 白起率數萬之師, 以與楚戰, 一戰擧鄢,郢, 再戰燒夷陵, 南並蜀,漢, 又越韓,魏攻强趙, 北坑馬服, 誅屠四十餘萬之衆, 流血成川, 沸聲若雷, 使秦業帝."

{국역} 蔡澤이 말했다.

"당신의 主君이 진정 忠臣을 가까이하는(親) 면에서는, 秦 孝公, 越王(句踐), 楚 悼王(도왕)만 못할 것입니다. (그러나) 당신은 主君을 위하여 혼란을 바로잡고(正亂) 우환을 제거하였으며〔批患(비환)〕, 여러 어려움을 물리쳤고(折難), 영토를 넓혔으며(廣地) 農地를 늘려서(殖穀), 富國에 足家, 그리고 주군의 권위를 보강하였으니, 당신의 권위는 海內를 덮었으며, 萬里 밖까지 공로가 빛났지만 商君, 吳起, 大夫種을 넘어서지는 못했습니다. 그러나 당신의 祿位와 高貴한 지위, 私家의 富裕(부유)는 三子(商君, 吳起, 大夫種)보다 더 많은데도 (相의 지위에서) 자신이 물러나지 않으니, 아마도 당신은 위험해질 것입니다. 속언에 '해(日)도 한낮이 지나면 기울고, 滿月도 이지러진다.' 고 하였습니다. 만물이 盛大하면 衰(쇠)하는 것이 하늘의 常數입니다. 進退와 盈縮(영축, 차고 기울기), 變化(변화) 역시 聖人의 常道입니다. 옛날에 齊 桓公(환공, 재위 前 685 - 643년)은 9번 中原의 제후를 모아 會盟(九合諸侯)하며, 천하를 하나로 휘어잡았지만(一匡天下, 匡은 바로잡을 광) 葵丘(규구)의 會盟부터는[749] 교만과 긍지의 기색이 완연하여 畔者(반자, 反者)가 九國이나 생겨났습니다. 吳王 夫差(부차)[750]는 천하에 무적이었으나[751] 諸侯를 경시하고 齊와 晉을 능멸하였지만 결국 그 때문에 殺身하고 亡國하였습니다. 夏育(하육)과 太史啓(태사계), 太史皦(태사교)[752]는 소리를 한 번 질러 三軍을 놀

---

**749** 葵丘之會(규구의 會盟) - 前 651년, 齊 桓公이 葵丘(今 河南省 중동부 商丘市 관할 民權縣)에서 魯, 宋, 衛, 鄭, 許, 曹國의 國相을 모아 結盟하며 제후국 간의 주요 약속을 天子 禁令 5조로 발표하였다. 周 襄王은 총재를 보내 그 내용을 확인해주고 제 환공을 공식 패자로 인정하였다. 거기서 의결한 禁令의 內容은 ㅇ不可壅塞(옹색)水源. ㅇ不能阻礙(저애)糧食流通. ㅇ不可改換嫡子. ㅇ不可以妾爲妻. ㅇ不可讓婦人參與國事 등이다. 그러면서 '尊賢育才하고 함부로 大夫를 죽일 수 없다.' 는 내용도 언급하였다.

**750** 夫差(부차) - 25대 吳王(재위 前 495 - 473년). 부친 闔閭(합려)가 越王 勾踐에게 당한 恥辱(치욕)을 씻으려 부국강병에 힘써 夫差 2년(前 494년)에 월왕 구천을 격파하였으나 죽이지 않고 돌려보냈다. 勾踐은 臥薪嘗膽(와신상담)하며 국력을 회복하였다. 그러는 동안 吳는 齊를 공격하면서 제후의 주도권을 잡아 前 482년에 부차는 제후의 회맹을 주도하였으나 구천의 공습으로 대패하였다. 쇠약해진 부차는 재위 23년(前 473年)에 姑蘇城(今 浙江省 蘇州市)에서 句踐에게 포위되었고 나라는 멸망하였다. 부차는 구천의 용서를 받고 流放되었지만 치욕으로 自殺하였다.

**751** 원문 無適於天下 - 適은 敵.

**752** 太史啓〔태사계, 太史皦(태사교). 太史敫. 생졸년 미상〕. 전국시대 齊國人. 당시 燕將 樂毅(악의)가 군사를 이끌고 攻齊하여 도성 臨淄(임치)를 점령했다. 齊 湣王(민왕)은 도주하다가 나중에 楚將 淖齒(요치)에세 살해되었다. 湣王의 아들 田法章(전법장)은 신분을 속이고 莒城(거성)의 太史啓의 집에 머슴이 되었다. 태사교의 딸은 전법장을 비범한 인물로 알고 잘 모시다

라게 하였지만, 결국 평범한 사람 손에〔庸夫(용부)〕 죽었습니다. 이들 모두가 기회를 잘 이용할 줄은 알았지만 바른 도리를 알지 못했습니다. 商君(商鞅)은 孝公을 위하여 저울(權衡)을 공평히 운영하고, 度量을 바로잡고, 輕重을 조절하며, 경작지를 분할하여 백성으로 하여금 군사와 농사(兵農)를 알게 가르쳤기에 군사를 동원하면서도 경작지를 개간하였고, 군사가 휴전하면 國富를 축적하였기에 秦은 천하무적이었으며, 제후국 사이에 그 권위가 확립되었습니다. 그러나 상앙은 (부국강병에는) 성공하였지만 결국 車裂(거열)형을 받아 죽었습니다. 楚나라는 병기를 잡을 수 있는 군사가 1백만이나 되었지만 (秦의) 白起는 수만 명의 군사를 거느리고 楚와 싸웠는데, 단 한 번의 싸움으로 鄢(언)과 郢(영)을 점령하였으며, 두 번째 전투에서는 (南郡의) 夷陵(이릉)을 불태웠고, 南으로 蜀(촉) 땅과 漢中(한중)을 차지하고, 韓(한)과 魏(위)를 지나 강력한 趙(조)를 공격하며 北에서 저항하는 馬服君(마복군)의 군사를 격파하여 그 군사 40여만 명을 도살하였는데, 流血이 시냇물처럼 흘렀고, (趙 백성의) 들끓는 원성이 마치 우레와 같았으며, 秦나라 帝業의 토대를 닦았습니다."

{原文} "自是之後, 趙,楚懾服, 不敢攻秦者, 白起之勢也. 身所服者, 七十餘城, 功已成矣, 賜死於杜郵. 吳起爲楚悼罷無能, 廢無用, 損不急之官, 塞私門之請, 壹楚國之俗, 南攻

---

가 사통하였다. 나중에 淖齒(요치)가 齊를 떠나자 齊에서는 전법장을 찾아 옹립하니, 이가 齊 襄王(재위 前 283 - 265년)이다. 태사계는 齊 襄王 왕후의 아버지 곧 장인이 되었다.

楊越, 北並陳,蔡, 破橫散從, 使馳說之士無所開其口, 功已成矣, 卒支解. 大夫種爲越王墾草創邑, 闢地殖穀, 率四方士, 上下之力, 以禽勁吳, 成霸功. 勾踐終棓而殺之. 此四子者, 成功而不去, 禍至於此. 此所謂伸而不能詘, 往而不能反者也. 范蠡知之, 超然避世, 長爲陶朱. 君獨不觀博者乎? 或欲分大投, 或欲分功. 此皆君之所明知也. 今君相秦, 計不下席, 謀不出廊廟, 坐制諸侯, 利施三川, 以實宜陽, 決羊腸之險, 塞太行之口, 又斬范,中行之途, 棧道千里於蜀,漢, 使天下皆畏秦. 秦之欲得矣, 君之功極矣. 此亦秦之分功之時也! 如時不退, 則商君,白公,吳起,大夫種是也. 君何以此時歸相印, 讓賢者授之, 必有伯夷之廉, 長爲應侯, 世世稱孤, 而有喬,松之壽. 孰與以禍終哉! 此則君何居焉?"

應侯曰, "善." 乃延入坐爲上客.

{국역} "이후로 趙와 楚는 (秦에) 겁을 먹었으며〔懾服(섭복), 失氣也.〕 감히 秦을 공격하지 못한 것은 모두 白起의 힘이었습니다. (白起는) 직접 70여 성을 정복하며 자신은 크게 성공하였지만 결국 (咸陽 근처) 杜郵(두우)에서 사약을 받아죽었습니다. 吳起(오기)는 楚 悼王(도왕, 재위 前 401－381년)을 위하여 無能한 자를 파면하고 無用한 자리를 없애며 不急한 官位를 축소하였고 私門의 청탁을 막았으며, 楚國의 습속을 통일하면서 남쪽으로 楊州의 越人을 공격하고, 北으로는 陳(진)과 蔡(채)를 병합하였으며, 連橫이나 合從을 해산시켰고, 각국을 떠도는 쓸모없는 遊說者들의 입을 막았으니, 나라를 위한 공

적을 이루었지만 결국 사지가 잘려 죽었습니다. 大夫種(대부종)은 越王(월왕, 句踐)을 위하여 국토를 개간하고 城邑을 세웠으며, 경지를 개척하고 농업 생산을 늘리면서 사방의 군사와 상하 백성의 힘을 합쳐 강력한 吳王을 사로잡았고, 覇者(패자)의 功業을 성취하였습니다. 그러나 구천은 끝내 배신하여 대부종을 죽였습니다.[753] 이상의 네 사람은 成功하였지만 떠나지 않았기에 禍(화)가 자신에 미쳤던 것입니다. 이는 이른바(所謂) 펼 줄만 알았고 굽힐 줄을 몰랐고, 가기만 했지 돌아올 줄 몰랐기 때문입니다. 그렇지만 范蠡(범려)[754]는 이를 알았기에 속세에 초연하며 避世하여 오랫동안 陶朱公(도주공)으로 이름을 남겼습니다.[755] 당신은 도박하는 자를 보지 못했습니까? 혹 어떤 때는 혼자 全勝하고 싶고, 또 어떤 경우에는 여럿이 같이 나눠 승리하고 싶을 때도 있습니다. 이런 이치는 당신도 모두 잘 알고 있을 것입니다. 지금 당신이 秦의 相으로 근무하지만 그 計謀는 앉은 자리에서 일어나지 않아도 성립하고, 성곽을 나가지 않아도 책략이

753 終棓而殺之 - 棓는 때릴 부. 몽둥이 방. 捁(핍박할 갈)의 뜻. 다른 기록으로는 劍을 주어 자결케 하였다.

754 范蠡(범려, 前 536 - 448년, 字는 少伯) - 范은 풀이름 범. 蠡는 나무 좀먹을 려. 陶朱公으로 통칭. 經商致富하였고 중국 상인의 財神으로 숭배된다. 越王 勾踐(구천)을 도와 吳를 멸망시킨 뒤에, 미녀 西施(서시)와 함께 五湖를 떠돌았다. 司馬遷은 '范蠡 三遷에 皆有榮名' 이라 칭찬했다. 世人들은 '忠以爲國하고 智以保身하며, 商以致富하여. 成名天下라.' 하였다. '千金之子는 不死於市라.' 는 속언이 있었다. 兵法書로 《范蠡(범려)》가 있었으나 지금은 不傳한다. 《史記 貨殖列傳》에 입전. 《吳越春秋》 참고.

755 陶朱公 - 范蠡(범려)가 句踐 곁을 떠나 經商으로 성공하며, 陶(도) 땅에 살면서 朱氏로 易姓하였다.

성공되기에, 앉은 채로 제후를 통제하면서 三川郡의 이득을 취하고, 宜陽(의양)까지 實利를 거둘 수 있습니다. 羊腸(양장)의 험지에서 決戰하여 太行山의 입구를 차단하였으며, 또 范氏(범씨)와 中行氏의 옛 땅을(晉) 지나 1천 리 棧道(잔도)를 뚫어 蜀과 漢中과 통하게 하니,[756] 천하 모든 나라가 秦을 두려워하고 있습니다. 秦이 얻고자 하는 바가 곧 君의 공적을 극대화하였습니다. 그러나 이 또한 秦이 이제 그 功을 나눠가지려 할 때입니다! 만약 이럴 때에 물러나지 않는다면 곧 商君, 白起, 吳起, 大夫種과 같아질 것입니다. 당신이 지금 재상의 인수를 반환하여 다른 賢者에게 넘겨준다면 틀림없이 伯夷(백이)의 청렴과 함께 오랫동안 應侯로서 代代로 칭송을 받을 수 있고 王子喬(왕자교)나 赤松子(적송자)처럼 장수를 누릴 있을 터인데,[757] 어찌 禍를 당하여 生이 끝날 수가 있겠습니까? 여기서 그대는 어떻게 처신하시겠습니까?"

應侯는 "좋은 말씀입니다."라고 말하면서 채택을 맞이하여 상객으로 대우하였다.

{原文} 後數日, 入朝, 言於秦昭王曰,

---

**756** 棧道千里於蜀,漢 - 棧은 시렁이나 선반(棚也). 棧道(잔도)는 飛階(비계). 馬板. 閣道(각도).

**757** 원문 而有喬,松之壽 - 王子喬(왕자교, 太子晉, 생졸 미상) - 姬는 姓, 名은 晉, 字는 子喬, 一稱 王子喬, 周靈王의 太子, 不幸히 일찍 죽어 왕위와는 관련이 없었다. 그 아들 宗敬이 司徒가 되었는데, 姬姓 王氏의 始祖가 되었다. 道敎 傳說에서 鶴을 타고 날아다니며 登仙하여 長生不老한다고 믿는다. 赤松子(적송자)는 又名 赤誦子, 左聖南極南嶽眞人, 又 左仙太虛眞人, 상고 시대의 仙人. 王子喬(왕자교)와 함께 장생한 仙人의 대표자.

"客新有從山東來者蔡澤, 其人辯士. 臣之見人甚衆, 莫有及者, 臣不如也."

秦昭王召見, 與語, 大說之, 拜爲客卿.

應侯因謝病, 請歸相印. 昭王彊起應侯, 應侯遂稱篤, 因免相. 昭王新說蔡澤計畫, 遂拜爲秦相, 東收周室.

蔡澤相秦王數月, 人或惡之, 懼誅, 乃謝病歸相印, 號爲剛成君. 秦居十餘年, 事昭王,孝文王,莊襄王, 卒事始皇帝. 爲秦使於燕, 三年而燕使太子丹入質於秦.

{국역} 그 며칠 뒤에, 應侯(范雎)는 入朝하여 秦 昭襄王에게 말했다.

"客人 중에 山東에서 처음 찾아온 蔡澤(채택)이란 사람은 辯士입니다. 臣도 많은 사람을 보아왔지만, 그를 따라갈 만한 사람이 없고 臣도 그 사람만 못합니다."

秦 소양왕은 채택을 불러 만나 이야기를 나눈 뒤 크게 기뻐하면서 客卿을 제수하였다.

應侯는 그러면서 病으로 사직하며 相印을 반납하였다. 그러나 소양왕이 應侯를 강력히 만류하였지만, 應侯는 병이 심하다 하여 재상을 사임하였다. 소양왕은 채택의 계책에 기뻐하며 秦의 相을 제수하였다. 동쪽으로 周室을 병합하였다(昭王 51년. 前 256년).

蔡澤이 秦王의 相이 된 지 수개월에, 사람들이 채택을 헐뜯는 자가 있었고, 채택은 처형될까 두려움 속에 병을 핑계로 相印을 반환하였고 剛成君(강성군)으로 불렸다. 채택은 秦에 10여 년을 살면서

昭襄王, 孝文王(재위 250년), 莊襄王(장양왕, 재위 前 249 - 247년), 그리고 끝에는 始皇帝까지 섬겼다. 燕에 사신으로 나갔다가 (燕에 머물기) 3년에, 燕使로 太子 丹(단)을 秦에 인질로 데리고 왔다.

# 6.《戰國策》卷六 秦策 四

## 093/ 秦取楚漢中

{原文} 秦取楚漢中, 再戰於藍田, 大敗楚軍. 韓,魏聞楚之困, 乃南襲至鄧, 楚王引歸.後三國謀攻楚, 恐秦之救也, 或說薛公.

"可發使告楚曰, '今三國之兵且去楚, 楚能應而共攻秦, 雖藍田豈難得哉? 況於楚之故地?' 楚疑於秦之未必救己也, 而今三國之辭去, 則楚之應之也必勸, 是楚與三國謀出秦兵矣. 三國疾攻楚, 楚必走秦以急. 秦愈不敢出, 則是我離秦而攻楚也, 兵必有功."

薛公曰, "善." 遂發重使之楚, 楚之應之果勸. 於是三國幷力攻楚, 楚果告急於秦, 秦遂不敢出兵. 大勝有功.

## 秦이 楚의 漢中을 탈취했다.

{국역} 秦이 楚의 漢中(한중) 땅을 빼앗았고, 藍田(남전)[758]에서 다시 싸워 楚軍을 대패시켰다. 韓과 魏에서는 楚가 곤경에 처한 사실을 알고, 곧 남쪽으로 楚를 공격하여 鄧(등)[759]에 이르렀고, (秦을 공격하고 있던) 楚王은 군사를 이끌고 돌아갔다.[760] 뒷날 三國(齊,韓,魏)은 楚를 공략할 책모를 꾸미면서[761] 秦이 楚를 구원할까 걱정하고 있었는데, 어떤 사람이 齊의 薛公(설공)[762]을 설득하였다.

"사신을 보내 楚에 말해야 합니다. '지금 三國의 군사가 楚에서 철수하려 하는데, 楚가 우리와 같이 호응한다면 함께 秦을 공격할 수 있고, 그렇다면 (秦이 차지한) 藍田(남전)을 다시 빼앗는 것이 어찌 어렵겠습니까? 더군다나 (거기는) 楚의 옛 땅이 아닙니까?' 라고 하십시오. 그러면 楚는 우리 주장에 응하면서 틀림없이 진격할 것입

---

**758** 藍田(남전) – 漢代 京兆尹에 속한 藍田縣에서는 山에서 美玉이 나온다. 藍田生玉(남전생옥)은 '좋은 집안에서 훌륭한 인재가 나온다.' 는 뜻으로 쓰이는 成語이다.

**759** 鄧(등) – 춘추시대 鄧國. 楚에 병합, 멸망했다. 今 河南省 서남부 南陽市 관할 鄧州市.

**760** 원문 秦取楚漢中, ~ 大敗楚軍 – 이는 周 赧王(난왕) 3년(前 312)의 사건이었다.

**761** '三國謀攻楚, ~' 는 赧王 12년(前 303)의 사건이다. 본 章의 기록과 달리 그때 秦에서는 楚를 후원했다. 《戰國策》은 謀士, 術士의 언행 기록에 포인트가 맞춰진 책이다. 때문에 그 서술이 다른 역사 기록과 꼭 일치하지 않을 수 있다.

**762** 薛公(설공) – 田文(전문, 孟嘗君). 당시 齊의 相이었다.

니다.[763] 이는 楚와 三國이 秦을 공격한다는 뜻이니, 秦에서 이를 알게 되면 (앞으로 삼국이 楚에 침입하고, 楚는 秦에 구원을 요청할 때) 秦은 (楚를) 구원하지 않을 것입니다. 그때 삼국(韓, 魏, 齊)이 신속하게 楚를 공격하면, 楚에서는 秦에 위급을 알릴 것입니다. 그러나 秦은 더욱 출병하려 않을 것이니, 우리가 秦을 버려두고 楚를 공격하면,[764] 우리 측 군사가 이길 것입니다."

薛公(설공)은 "좋소."라고 말했다.

그리고는 높은 사람을 사신으로 보냈고, 楚가 和議에 응하면서 (秦에) 진격하려 하자, 三國(韓, 魏, 齊)이 힘을 모아 楚를 공격했는데, 楚가 예상대로 秦에 위급을 알렸지만, 秦의 군사는 출병하지 않았으며, 삼국은 크게 승리했다.

## 094/ 薛公入魏而出齊女

{原文} 薛公入魏而出齊女. 韓春謂秦王曰,

"何不取爲妻, 以齊,秦劫魏, 則上黨, 秦之有也已. 齊,秦

763 원문 則楚之應之也必勸 - 應은 和也. 講和할 것이다. 勸은 進也, 또는 좋아하다 뜻으로 해석. 곧 삼국을 따라 楚가 秦에 진격할 것이다.

764 원문 則是我離秦而攻楚也 - 離는 絶也. 공격을 그만두다. 齊에서 楚에 사신을 보내 설득시키면서, 秦에 정보를 흘려 秦이 楚를 의심하게 만든다. 곧 秦의 楚에 대한 구원을 미리 막아놓고 楚를 공격한다. 결국 楚만 당할 것이다.

合而立負芻, 負芻立, 其母在秦, 則魏, 秦之縣也. 呡欲以齊, 秦劫而困薛公, 佐欲定其弟, 臣請爲王因呡與佐也. 魏懼而復之, 負芻必以魏歿世事秦. 齊女入魏而怨薛公, 終以齊奉事王矣."

## 薛公이 入魏하여 齊女를 내쫓다.

{국역} 薛公(설공, 田文, 맹상군)이 魏에 가서는[765] 齊 출신으로 魏나라 왕후가 된 여인을 내쫓았다.[766] (秦의 신하) 韓春(한춘)이 秦王(昭王, 昭襄王)에게 말했다.

"왜 그 齊女를 데려다가 아내로 삼지 않으십니까? (혼인 관계로) 齊와 秦이 하나가 되어 魏를 겁박하면 (魏 소유인) 上黨(상당)의 땅은 秦의 소유가 됩니다. 齊와 秦이 합세하여 (魏 公子) 負芻(부추)를 옹립하고, 부추가 옹립되고 그 모친이(齊女) 秦에 있으면, 魏는 秦의 縣(현)과 같을 것입니다. 呡(문, 韓珉을 지칭. 입술 문)이 齊와 秦과 함께 魏를 겁박하여 薛公(설공)을 곤경에 빠트리면서 (魏 公子) 佐(좌)는 그 동생(부추)을 내세우려 합니다.[767] 臣은 王께서 呡(문)과 佐(좌)를

---

**765** 薛公入魏 - 이는 周 赧王 21년(前 294)의 일이다. 맹상군 田文은 齊 湣王(민왕, 閔王)의 의심을 받아 薛로 방축되었다가 魏로 망명했고, 魏 昭王(재위 前 295 - 277년)은 맹상군을 相에 임명했다.

**766** 出齊女 - 出은 부인이 아주 친정을 돌아가다. 齊女는 魏公子 負芻(부추)의 母, 薛公(맹상군)이 齊에 대한 혐오감으로 齊에서 시집온 여인을 방축했다는 주석이 있다.

**767** 佐欲定其弟 - 佐(좌)는 부추의 庶兄이라는 주석이 있다.

이용하여 魏를 협박하면, 魏는 두려워하면서 (齊女를) 다시 맞이할 것이니, 그렇게 되면 부추는 魏를 가지고 죽을 때까지 秦을 섬길 것입니다. 齊女도 入魏하면 薛公을 원망할 것이며, 齊나라로써 끝까지 대왕을 섬길 것입니다."

## 095/ 三國攻秦入函谷

{原文} 三國攻秦, 入函谷. 秦王謂樓緩曰,

"三國之兵深矣, 寡人欲割河東而講."

對曰, "割河東, 大費也. 免於國患, 大利也. 此父兄之任也. 王何不召公子池而問焉?"

王召公子池(他)而問焉, 對曰, "講亦悔, 不講亦悔."

王曰, "何也?"

對曰, "王割河東而講, 三國雖去, 王必曰, '惜矣! 三國且去, 吾特以三城從之.' 此講之悔也. 王不講, 三國入函谷, 咸陽必危, 王又曰, '惜矣! 吾愛三城而不講.' 此又不講之悔也."

王曰, "鈞吾悔也, 寧亡三城而悔, 無危咸陽而悔也. 寡人決講矣."

卒使公子池以三城講於三國, 之兵乃退.

## 三國이 攻秦하여 函谷關에 침입하다.

{국역} 三國(齊, 韓, 魏)이 秦나라를 공격하여 函谷關에 침입했다.[768] 秦王이 樓緩(누완, 本 趙人)에게 말했다.[769]

"三國 군사가 매우 강성하니, 나는 河東의 땅을 잘라 주고 강화를 할 것이요."[770]

樓緩(누완)이 대답했다.

"河東 땅 분할은 너무 비싼 대가이지만, 나라의 환난을 생각하면 그래도 큰 이득입니다. 이는 왕족이 결정해야 합니다.[771] 왕께서는 왜 公子 他(타)를 불러 물어보시지 않으십니까?"[772]

王이 公子 他(타)를 불러 묻자, 公子 他가 대답하였다.

"강화를 해도 후회하고, 강화가 성립되지 않아도 역시 후회하실

---

**768** 三國攻秦, 入函谷. - 三國은 齊, 韓, 魏國. 이는 3국은 소양왕 9년에 秦에 침입하여 3년간 싸웠고, 강화는 周 赧王 19년, 秦 昭襄王 11년의 일이었다.

**769** 樓緩(누완, 생졸년 미상) - 戰國 시대 縱橫家. 秦趙聯盟의 주동자. 前 300년에 秦의 樗里疾(저리질)이 죽자, 昭襄王은 樓緩(누완)을 丞相에 임용했다.

**770** 원문 寡人欲割河東而講 - 深은 강성하다(盛也). 割은 떼어 주다(分也). 講은 和親하다. 媾(화친할 구)와 通. 河東은 大河의 東쪽이지 행정구역 명칭(河東郡)은 아니라는 주석이 있다.

**771** 원문 割河東, 大費也. 免於國患, 大利也. 此父兄之任也. - 大利는 不入三國하니 나라가 망하지는 않을 것이다. 大費는 失土를 의미. 父兄은 여기서는 公族. 왕족.

**772** 원문 王何不召公子池 - 池는 他의 오류가 확실. 他(타)는 **073** 〈陘山之事〉 참고.

것입니다."

"왜 그러한가?"

"王께서 河東을 베어주고 강화하면 삼국이 물러난 뒤에, 왕께서는 틀림없이 '아깝다! 삼국이 물러가도록 다만 3개 城만 내줄걸 그랬다.' 라고 말씀하실 것이니,[773] 이는 강화할 경우의 후회입니다.[774] 王께서 강화하지 않으신다면, 三國이 函谷關에 들어올 것이고, 咸陽[775]은 틀림없이 위험할 것이니, 王께서는 또 '아깝다! 내가 3개의 성을 아끼려다가 강화를 이루지 못했구나.' 하실 것이니, 이 또한 후회입니다."

王이 말했다.

"마찬가지로 후회한다면 차라리 성 3개를 잃고 아까워하는 것이 함양을 위기에 빠트리고 후회하는 것보다 나을 것이다. 寡人(과인)은 필히 강화를 할 것이다."[776]

드디어 公子 他(타)를 보내 三城으로 三國과 강화하였다. 삼국의 군대는 곧 퇴각하였다.

---

**773** 원문 吾特以三城從之 - 特은 다만, 겨우(獨也). 三城은 河東의 三縣.

**774** 원문 此講之悔也 - 悔는 후회할 회. 恨也.

**775** 咸陽(함양) - 秦都, 今 陝西省 중부 咸陽市. 漢代 右扶風의 渭城(위성). 본래 山 남쪽, 水의 북쪽을 陽이라 한다. 咸陽은 황하 최대 지류인 渭水(위수) 북쪽에 자리 잡았다.

**776** 원문 鈞吾悔也 - 鈞은 均과 同. 평균.

## 096/ 秦昭王謂左右

{原文} 秦昭王謂左右曰, "今日韓,魏, 孰與始强?"

對曰, "弗如也."

王曰, "今之如耳, 魏齊, 孰與孟嘗,芒卯之賢?"

對曰, "弗如也."

王曰, "以孟嘗,芒卯之賢, 帥强韓,魏之兵以伐秦, 猶無奈寡人何也! 今以無能之如耳,魏齊, 帥弱韓,魏以攻秦, 其無奈寡人何, 亦明矣!"

左右皆曰, "甚然."

中期推琴對曰, "王之料天下過矣. 昔者六晉之時, 智氏最强, 滅破范,中行, 帥韓,魏以圍趙襄子於晉陽. 決晉水以灌晉陽, 城不沈者三板耳. 智伯出行水, 韓康子御, 魏桓子驂乘. '始, 吾不知水之可亡人之國也, 乃今知之. 汾水利以灌安邑, 絳水利以灌平陽.' 魏桓子肘韓康子, 康子履魏桓子. 肘足接於車上, 而智氏分矣. 身死國亡, 爲天下笑. 今秦之强, 不能過智伯. 韓,魏雖弱, 尙賢在晉陽之下也. 此乃方其用肘足時也, 願王之勿易也."

## 秦 昭王이 측근에게 물었다.

{국역} 秦 昭王(昭襄王, 재위 前 306－251년)이 측근에게 물었다.

"오늘의 韓과 魏는 (처음에 비하여) 언제가 더 강한가?"[777]

측근이 대답하였다. "옛날 같지 못합니다."[778]

昭王이 물었다.

"지금의 (韓나라) 如耳(여의)[779]와 (魏나라) 魏齊(위제)[780]를 孟嘗君(맹상군)과 芒卯(망묘)에 비교하면 어느 쪽이 더 현명한가?"[781]

"(如耳와 魏齊가) 같지 못합니다."

소왕이 말했다.

"현명하다는 맹상군과 芒卯(망묘)가 강력한 韓과 魏의 군사를 거느리고, 우리 秦을 공격했어도 과인은 어떻게 하지 못했었다! 그런데 지금 맹상군과 망묘보다 무능한 如耳(여의)와 魏齊(위제)가 약해진 韓과 魏의 군사를 거느리고 우리 秦을 공격하더라도 과인을 어쩌지 못할 것은 역시 自明하다!"

左右가 모두 말했다.

"정말 그러합니다."[782]

이에 中期(중기)가 琴(금)을 밀어놓고 대답하였다.[783]

---

**777** 원문 今日韓,魏, 孰與始强? – 孰은 누구 숙. 의문사. 始는 건국 초기. 건국 초기와 지금 어느 쪽이 더 강하냐를 물었다. 韓과 魏나라 둘을 비교하라는 뜻이 아니다.

**778** 원문 "弗如也." – 건국 초기만큼 강성하지 못하다는 뜻.

**779** 如耳(여의) – 人名. 韓의 臣. 본래 魏人. 如가 姓.

**780** 魏齊(위제) – 人名. 魏의 臣. 魏의 相. 魏가 성씨.

**781** 원문 與孟嘗芒卯之賢? – 孟嘗君(田文)은 魏의 相이었다. 芒卯(망묘)는 人名. 魏의 군사를 지휘했었다. 僞計가 많았던 사람으로 알려졌다.

**782** 원문 甚然 – 甚은 심할 심. 정말(誠也).

**783** 中期(중기) – 人名. 秦의 臣下. 《史記》에는 中旗(중기). 中은 申의 訛字라

"王께서는 천하 정세를 헤아리시는 방법이 잘못된 것 같습니다.[784] 옛날에(昔者) 六晉 시기에[785] 智氏가 最强하였는데 范氏와 中行氏를 먼저 멸망시켰고, 韓과 魏와 함께 趙襄子(조양자)의 晉陽(진양)[786]을 포위하였습니다. 晉水(진수)를 터서[787] 晉陽 성 안으로 흘려보냈는데, 城 안에 물에 잠기지 않은 부분이 겨우 널빤지 3쪽 뿐이었습니다.[788] 智伯(지백)이 순시하는데(出行水), 韓康子(한강자)가 수레를 몰았고, 魏桓子(위환자)가 驂乘(참승)[789]하였습니다. 智伯이 말했습니다. '그전에 나는 물이(水) 나라를 멸망케 할 수 있다는 것을

---

는 주석도 있다. 期와 旗는 同字.

**784** 원문 王之料天下過矣 – 料는 헤아릴 료. 量也. 數也. 過는 틀리다. 잘못되다(謬也).

**785** 六晉 – 六卿分晉 – 晉의 智氏, 范氏(범씨), 中行氏(중행씨), 魏氏, 韓氏, 趙氏의 6姓이 周의 쇠약을 틈타 제후를 참칭하였기에 이들을 六晉이라 했다. 사실 이들이 晉의 정권을 오로지 했고 晉公은 허수아비였었다. 결국 智, 范, 中行氏가 먼저 몰락 소멸한 뒤, 韓, 魏, 趙가 晉을 三分하였고 이들을 三晉이라 통칭하였다.

**786** 晉陽 – 今 山西省 省會(省都)인 太原市. 智伯은 范氏와 中行氏를 멸망시킨 뒤에 교만하여 다른 제후에게 땅을 요구하였다. 趙襄子가 땅을 내주지 않자, 韓과 魏 二君을 데리고 趙氏 정벌에 나서 조양자의 성읍인 晉陽을 포위하였다.

**787** 決晉水 – 晉水는 晉陽의 서쪽에서 발원하여 동남으로 흘러 汾水(분수)에 합류한다.

**788** 원문 不沈者三板耳 – 사실 물에 잠기지 않은 곳이 없다는 뜻. 넓이가 2尺, 또는 길이가 3尺인 널판을 板(판)이라 한다는 주석이 있다.

**789** 驂乘 – 한 수레에 3인이 탄다. 수레는 선 채로 탔다. 노인이나 특별한 경우에만 앉아서 탔다. 右에 御者. 중앙에 貴人(主人). 좌에 侍者. 驂乘. 驂은 곁마 참.

몰랐는데 오늘에서야 알았도다. 汾水(분수)로는 安邑(魏의 성읍)을 물에 잠기게 할 수 있고,[790] 絳水(강수)는 平陽(평양 : 韓의 성읍)을 물에 잠기게 할 수 있을 것이다.' 그러자 魏桓子(위환자)가 韓康子를 팔꿈치로 툭 쳤고, 韓康子는 魏桓子의 발등을 밟았습니다. 이처럼 팔꿈치와 발이 수레 위에서 서로 닿으면서 智氏의 땅은 분할되었습니다. 결국 智伯은 身死하고 國亡하여 천하의 웃음거리가 되었습니다. 지금 秦이 강대하다지만 그때의 智伯(지백)만큼 강성하지 못합니다. 韓과 魏가 비록 약소한 나라이나, 그래도 (두 나라가) 晉陽을 포위했던 그때보다는 더 나으니,[791] 지금은 팔꿈치나 발을 밟아 신호를 보낼 때인지도 모르나니, 바라옵건대 왕께서는 그들을 경시하지 마십시오."[792]

790 원문 汾水利以灌安邑, 絳水利以灌平陽. - 安邑은 魏 桓子의 城邑. 汾水는, 今 山西省 중앙부를 북에서 남으로 흘러 황하에 합류한다. 平陽은 韓康子의 城邑. 絳水(강수)는 일명 白水, 絳山에서 발원한다.

791 원문 尙賢在晉陽之下也 - 趙襄子가 晉陽城을 포위당할 때보다, 지금 趙나라는 더 강하다. 그때 지백에 강요당해 군대를 동원해야 했던 때보다 지금의 韓과 魏는 더 강대하다는 뜻. 尙은 오히려. 賢은 더 낫다. 좋다.

792 원문 願王之勿易也 - 勿은 말 물. ~하지 말라. 無也. 易는 쉬울 이. 쉽게 생각하다. 경시하다. 賢人君子라면 한가한 시간에 이런 사실을 생각하지 않을 수 없을 것이다.

## 097/ 楚魏戰於陘山

{原文} 楚,魏戰於陘山. 魏許秦以上洛, 以絶秦於楚. 魏戰勝, 楚敗於南陽. 秦責賂於魏, 魏不與.

營淺謂秦王曰, "王何不謂楚王曰, '魏許寡人以地, 今戰勝, 魏王倍寡人也. 王何不與寡人遇. 魏畏秦,楚之合, 必與秦地矣. 是魏勝楚而亡地於秦也. 是王以魏地德寡人, 秦之楚者多資矣. 魏弱, 若不出地, 則王攻其南, 寡人絶其西, 魏必危.' "

秦王曰, "善." 以是告楚. 楚王揚言與秦遇, 魏王聞之恐, 效上洛於秦.

### 楚와 魏가 陘山(형산)에서 싸웠다.

{국역} 楚와 魏가 陘山(형산)에서 싸웠다.[793] 魏는 秦에게 上洛(상락)[794]의 땅을 줄 것이니 楚와의 관계를 단절하라고 요구하였다. 魏는 전쟁에서 이겼고 楚는 南陽에서 패배하였는데, 秦이 약속한 땅을 달라고 하였지만 魏는 내주지 않았다. 이에 營淺(영천, 秦人)이 秦王에게 말했다.

---

**793** 원문 楚,魏戰於陘山 – 이 싸움은 前 329년, 秦의 惠文王, 魏 惠王, 楚의 魏王 재위 중이라고 정리하였다. 주석마다 王 이름이 틀리고 서로 맞지 않는다. 河南의 密縣에 陘山(형산)이 있다. 今 河南省 중부 新鄭市 부근.

**794** 上洛 – 商縣(상현), 今 陝西省 남동부 商洛市 관할 丹鳳縣.

"王께서는 (사람을 보내) 楚王에게 말하지 않으시겠습니까? '魏가 寡人에게 땅을 주겠다고 약속했는데 전쟁에서 이긴 다음에 魏王(惠王)은 과인을 배신하였습니다. (楚) 王께서는 왜 과인을 만나려 하지 않으십니까? 魏는 우리 秦과 楚의 연합을 두려워하니 틀림없이 우리 秦에게 땅을 내줄 것입니다. 이는 魏가 楚에게 이겼지만 (魏는) 秦에게 땅을 빼앗기는 것입니다. 이는 (楚) 王께서 魏地를 가지고 秦에서 인심을 쓰는 것이니, 秦에서는 楚에 많은 물자를 보낼 것입니다. 만약 魏가 약한데도 땅을 내주지 않는다면 (楚) 王은 (魏의) 남쪽을 과인은 그 서쪽을 공격할 것이니, 魏는 틀림없이 위태로워질 것입니다.' 라고 말하게 하십시오."

秦王(惠文王)은 "옳다."라고 말하면서 이를 楚에 알렸다. 楚王은 秦과 강화하였다며 이를 널리 퍼트렸고, 魏王은 이를 알고서 上洛(상락)의 땅을 秦에 넘겨주었다.

## 098/ 楚使者景鯉在秦

{原文} 楚使者景鯉在秦, 從秦王與魏王遇於境. 楚怒秦合, 周最爲楚王曰,

"魏請無與楚遇而合於秦, 是以鯉與之遇也. 弊邑之於與遇善之, 故齊不合也."

楚王因不罪景鯉而德周,秦.

## 楚의 使者 景鯉(경리)가 秦에 갔을 때

{국역} 楚의 使者인 景鯉(경리)가 秦에 갔을 때,[795] 秦王을 따라 魏王을 국경에서 만났다. (이를 두고) 楚는 秦과 魏의 연합이라 생각하여 화를 내었다. (이에 秦에서는) 周最(주최)를 보내 楚王에게 말했다.

"魏는 楚와 연합하지 않을 것이나 우리와(秦) 결합을 요청해왔습니다. 그래서 우리는 景鯉(경리)를 데리고 함께 만났습니다. 이는 弊邑(폐읍, 謙辭, 秦)이 楚와 한편이 되어 잘 대우하며, 좋은 관계인 것을 보이며 齊와도 연합하지 않겠다는 뜻이었습니다."[796]

이에 楚王은 景鯉의 죄를 묻지 않고 周最와 秦을 고맙게 생각하였다.

## 099/ 楚王使景鯉如秦

{原文} 楚王使景鯉如秦. 客謂秦王曰,

"景鯉, 楚王所甚愛, 王不如留之以市地. 楚王聽, 則不用兵而得地, 楚王不聽, 則殺景鯉, 更與不如景鯉者市, 是便計

---

795 원문 楚使者景鯉在秦 – 이는 前 312년의 일로 알려졌다. 景鯉(경리)는 楚의 公族으로 알려졌다.

796 故齊不合也 – 齊와 楚는 전통적으로 사이가 나빴다. 秦이 齊와 연합하지 않는다면 楚에게는 도움이 된다는 뜻이다.

也."

秦王乃留景鯉. 景鯉使人說秦王曰,

"臣見王之權輕天下, 而地不可得也. 臣之來使也, 聞齊, 魏皆且割地以事秦. 所以然者, 以秦與楚爲昆弟國. 今大王留臣, 是示天下無楚也, 齊,魏有何重於孤國也. 楚知秦之孤, 不與地, 而外結交諸侯以圖, 則社稷必危, 不如出臣."

秦王乃出之.

## 楚王이 景鯉를 秦에 보냈다.

{국역} 楚 懷王(회왕, 재위 前 328 – 299년)이 사신으로 景鯉(경리)를 秦에 보냈다.[797] 어떤 說客이 秦王에게 말했다.

"景鯉(경리)란 사람을 楚王이 매우 아끼니, 王께서는 그를 잡아놓고 땅을 요구하십시오.[798] 楚王이 수락하면 군사를 동원 않고도 땅을 얻은 것이고, 楚王이 들어주지 않는다면 경리를 죽이고 景鯉만 못한 자와 거래해도 괜찮을 것입니다."[799]

秦王은, 곧 景鯉를 억류했다. 경리가 사람을 보내 秦王에게 말했다.

---

797 원문 楚王使景鯉如秦 – 이는 앞의 098 〈楚使者景鯉在秦〉와 같은 시기의 일이다.

798 원문 不如留之以市地 – 市는 요구하다. 매매하다. 몸값으로 요구하다.

799 원문 更與不如景鯉者市 – 이 구절은 판본마다 원문의 내용이 달라, 굳이 글자를 넣고 빼거나 바꿔가며 풀이하기도 어렵다.

"臣이 볼 때, 大王의 권세는 천하로부터 무시당하고, 땅도 얻지 못할 것입니다. 臣이 사신으로 오면서, 齊와 魏 모두가 땅을 베어주면서 秦을 섬긴다고 들었습니다. 그 까닭은 秦과 楚가 형제처럼 가까운 나라이기 때문입니다. 지금 대왕께서 臣을 억류한다면, 이는 天下에 楚가 없다는 것을 보여주는 것인데, 그렇다면 齊와 魏가 어찌 외톨이가 된 秦을 중히 여기겠습니까? 楚 또한 秦의 고립을 알기에 땅을 할양하지도 않고, 다른 제후와 밖으로 결합하여 秦 사직은 필히 위태로울 것이니 臣을 돌려보내는 것만 못할 것입니다."

秦王은, 곧 경리를 돌려보냈다.

## 100/ 秦王欲見頓弱

{原文} 秦王欲見頓弱, 頓弱曰,

"臣之義不參拜, 王能使臣無拜, 卽可矣. 不, 卽不見也."

秦王許之. 於是頓子曰, "天下有其實而無其名者, 有無其實而有其名者, 有無其名又無其實者. 王知之乎?"

王曰, "弗知."

頓子曰, "有其實而無其名者, 商人是也. 無把銚推耨之勢, 而有積粟之實, 此有其實而無其名者也. 無其實而有其名者, 農夫是也. 解凍而耕, 暴背而耨, 無積粟之實, 此無其實而有其名者也. 無其名又無其實者, 王乃是也. 已立爲萬乘, 無孝之名, 以千里養, 無孝之實."

秦王悖然而怒. 頓弱曰,

"山東戰國有六, 威不掩於山東, 而掩於母, 臣竊爲大王不取也."

秦王曰, "山東之建國可兼與?"

頓子曰, "韓, 天下之咽喉, 魏, 天下之胸腹. 王資臣萬金而遊, 聽之韓,魏, 入其社稷之臣於秦, 卽韓,魏從. 韓,魏從, 而天下可圖也."

秦王曰, "寡人之國貧, 恐不能給也."

頓子曰, "天下未嘗無事也, 非從卽橫也. 橫成, 則秦帝, 從成, 卽楚王. 秦帝, 卽以天下恭養, 楚王, 卽王雖有萬金, 弗得私也."

秦王曰, "善." 乃資萬金, 使東遊韓,魏, 入其將相. 北遊於燕,趙, 而殺李牧. 齊王入朝, 四國從, 頓子之說也.

## 秦王이 頓弱(돈약)을 만나려 하다.

{국역} 秦王[800]이 頓弱(돈약)[801]을 만나려 하자, 돈약이 말했다.

---

**800** 秦王 – 始皇帝 趙正(趙政) – 嬴(영)은 姓. 趙氏, 名은 政(정). 秦 莊襄王(재위 前 249 – 247)의 子. 唐代 司馬貞은《史記索隱》에서《世本》을 근거로 趙政이라 표기. 曹植(조식)은 〈文帝誄〉에서 始皇帝를 嬴政(영정)이라 최초로 호칭. 후세에 嬴政으로 통칭. 前 259년 출생. 前 247年(13세) 秦王으로 즉위. 嫪毐(노애)와 呂不韋(여불위) 제거. 李斯(이사), 尉繚(위료)를 중

"臣의 뜻이 있어 (왕께) 參拜(참배 : 절을 하다)하지 못하오니, 王께서 臣에게 無拜(무배 : 절을 하지 않음)하라면 뵐 수 있으나 불가하다면 알현하지 못하겠습니다."

秦王이 허락하였다. 이에 頓子(돈자, 頓弱)가 말했다.

"천하에 實質(實體)이 있으나 이름이(名) 없는 사람이 있고, 그 實質은 없으나 이름이 있는 자가 있으며, 또 명분도 실질도 없는 자가 있는데 왕께서는 알고 계십니까?"

王은 "모른다."고 대답하였다.

돈약이 말했다.

"有實하나 無名한 자는 바로 商人입니다. 쟁기질을 하거나 김을 매지 않고도[802] 곡식을 쌓아두는 內實이 있으니, 이는 有實하나 無名한 者입니다. 얻는 것도 없으면서(無實) 이름만 가진 자는 바로 農夫입니다. 언 땅이 풀릴 때부터 밭을 갈고, 햇볕을 등지고 김을 매더라도 곡식을 쌓아두는 내실이 없으니, 이는 無實하며 有名한 자입니다. 無名에 無實한 사람은 바로 君王입니다. 萬乘(만승)의 군주이지만 효자라는 명분도 없고, 천리 땅의 봉양을 받지만 효도를 받는

---

용. 前 221년(39세) 六國을 멸망시키고 황제로 즉위. 자칭 始皇帝. 前 210年(50세) 사망, 재위 37년.

**801** 頓弱(돈약, 생졸년 미상, 頓은 조아릴 돈) – 戰國 말기 秦國 大夫. 본《戰國策》외 다른 자료 없음.《史記 秦始皇本紀》및《戰國策 秦策》을 종합할 때, 이 장은 여러 사람의 언행을 附會(부회)한 내용이라는 주석이 있다. 牽强附會.

**802** 원문 把銚推耨之勢 – 銚는 쟁개비 요. 쟁기. 김을 매는 농기구. 銚는 가래 초. 삽보다 큰 농기구. 耨는 김맬 누. 耨는 호미나 괭이. 勢는 힘들이다. 애써 일하다(勞也).

다는 이름도 없습니다."[803]

이에 秦王은 勃然(발연)히 화를 내었다.[804]

돈약이 말했다.

"山東 지역에 戰國이 六國이지만 대왕의 권위는 山東을 덮지 못하면서 모친에게만 권위를 부리는데, 臣은 대왕께서 취할 바가 아니라고 생각합니다."[805]

秦王이 말했다.

"山東의 여러 戰國을 겸병할 수 있겠는가?"

돈약이 말했다.

"韓은 천하의 咽喉(인후, 목구멍)이고, 魏는 천하의 胸腹(흉복, 가슴과 복부)입니다. 王께서 臣에 萬金을 내주어 韓과 魏에 유세하도록 허락하신다면 그들 나라의 社稷之臣(사직지신)을 秦에 입조토록 할 수 있으며, 韓과 魏가 秦을 따라온다면 천하를 한 번 圖謀할 수 있을 것입니다."

이에 진왕이 말했다.

"寡人의 나라가 가난하여 만금을 공급하기 어려울 것이요."

돈약이 말했다.

---

803 원문의 無孝之名, ~ 無孝之實은 문장 그대로 해석하면 그뿐이다.

804 원문 悖然而怒 - 悖은 어지러울 발. 굳셀 패. 艴(발끈할 불)과 同.《論語 鄕黨》의 '君召使擯, 色勃如也' 나 '過位, 色勃如也'.

805 원문 而掩於母 - 掩은 가릴 엄. 秦王의 생모는 (趙나라의) 嬈(예쁠 요)로 嫪毐(노애)와 사통했기에 雍門 宮에 유폐했었다. 돈약은 이를 지적했다는 주석이 있다. 始皇母는 장양왕의 왕후로 秦王 政의 모후이고, 여불위 및 노애와 私通한 사실을 진왕이 알고 재위 9년에 雍에 유폐했다.

"천하는 여태껏 無事한 적이 없었으니 合從 아니면 連橫(연횡)이었습니다. 연횡이 이뤄지면 秦은 帝가 되고, 합종이 이뤄지면 楚가 王이 됩니다. 秦이 제위를 누리면 천하의 공양을 받지만, 楚가 왕이 되면 대왕께서는 비록 萬金을 갖고 있어도 私有할 수 없을 것입니다."

秦王은 "옳은 말이다."하면서, 일만금을 내주어 (돈약이) 동쪽으로 나아가 韓과 魏에 유세하게 하였는데, 그 將相을 秦에 入朝시켰다. (돈약이) 북쪽으로 燕과 趙에 유세하여 (趙의 名將) 李牧(이목)을 죽게 하였다.[806] 齊王이 秦에 入朝하니 四國(燕, 趙, 韓, 魏)이 모두 秦에 복종한 것은 돈약의 유세 덕분이었다.

---

806 李牧(이목, ? - 前 229年) - 牧은 字. 趙國의 名將. (趙)廉頗(염파), (秦) 白起, (秦) 王翦(왕전)과 함께 戰國 四大名將의 한 사람. 《千字文》에 「起翦頗牧, 用軍最精. 宣威沙漠, 馳譽丹青.」이라 하였다 秦國의 白起(백기, 前 332 - 257년). 秦의 王翦(왕전, 생졸년 미상, 翦은 자를 전). 趙國의 廉頗(염파, 前 327 - 243년) 趙國의 李牧(이목, ? - 前 229년). 제한된 글자에 韻을 맞춰 4 사람만 열거하였다. 이들 4인의 兵學에 관한 저술은 없다. 중국인들이 꼽는 武廟十哲은 공자의 孔門十哲과 비슷한 개념이다. 唐 肅宗 上元 元年(서기 760년)에 太公望(태공망, 呂尙)을 武成王으로 추존하여 孔子와 相同한 제사를 올리기 시작했다. 이를 간칭 武廟라 하였는데, 主神은 太公望이고 (漢) 張良을 副祀했다. 장량 등 10인은 아래와 같다. 곧 左列에는 秦 武安君 白起(백기), 漢 淮陰侯 韓信(한신), 蜀漢 승상 諸葛亮(제갈량), 唐 尙書 右僕射이며 衛國公인 李靖(이정), 唐 司空 英國公 李勣(이적)을 모셨다. 右列에는 漢 太子少傅 張良(장량), (春秋) 齊 大司馬 田穰苴(전양저), (春秋) 吳 將軍 孫武(손무), (戰國) 魏 西河守 吳起(오기), (戰國) 燕 昌國君 樂毅(악의)를 모셨다.

## 101/ 頃襄王二十年

{原文} 頃襄王二十年, 秦白起拔楚西陵, 或拔鄢,郢,夷陵, 燒先王之墓. 王徙東北, 保于陳城, 楚遂削弱, 爲秦所輕. 於是白起又將兵來伐.

楚人有黃歇者, 游學博聞, 襄王以爲辯, 故使於秦. 說昭王曰,

"天下莫强於秦,楚, 今聞大王欲伐楚, 此猶兩虎相鬪而駑犬受其弊, 不如善楚. 臣請言其說." "臣聞之, '物至而反, 冬夏是也. 致至而危, 累碁是也.' 今大國之地半天下, 有二垂, 此從生民以來, 萬乘之地未嘗有也. 先帝文王,莊王, 而不接地於齊, 以絶從親之要. 今王三使盛橋守事於韓, 成橋以北入燕. 是王不用甲, 不伸威, 而出百里之地, 王可謂能矣. 王又擧甲兵而攻魏, 杜大梁之門, 擧河內, 拔燕,酸棗,虛, 桃人, 楚,燕之兵, 雲翔不敢校, 王之功亦多矣. 王息衆二年, 然後復之, 又取蒲,衍,首垣, 以臨仁,平丘,小黃,濟陽嬰城, 而魏氏服矣. 王又割濮,磨之北屬之燕, 斷齊,秦之要, 絶楚,魏之脊. 天下五合,六聚而不敢救也, 使無復後患, 三王不足四, 五伯不足六也."

## 頃襄王(경양왕) 20년

{국역} (楚) 頃襄王(경양왕, 재위 前 298 – 263년) 20년(前 279),[807] 秦의 장군 白起(백기)가 楚 西陵(서릉)을 점령했고, 이어 鄢(언), 郢(영), 夷陵(이릉)을 정벌했으며 (楚) 先代 王의 陵墓(능묘)를 불태웠다. 頃襄王은 동북쪽으로 옮겨가 陳城(진성)을 지켰지만, 楚는 크게 쇠약해졌고 秦에게 무시당했다. 그런데도 白起가 또 군사를 거느리고 楚를 침공하였다. 楚人에 黃歇(황헐, 春申君)[808]이란 者가 있었는데, 여러 곳을 다니며 널리 배웠기에, 경양왕은 언변이 뛰어나다 생각하여 秦에 사신으로 보냈다. 황헐이 秦의 昭王(昭襄王)에게

白起(백기, 前 332 – 257년)—秦의 名將

---

**807** 頃襄王二十年 – 이 章은《史記 春申君列傳》의 기록과 같다. 어떤 註에는 이를 昭王(昭襄王)이 아닌 秦王 政 5년(前 242)이라는 註도 있으니 30년 이상의 시차가 난다. 이런 주석에 따른 시차는《戰國策》의 서술이 처음부터 부정확했다는 의미로 풀이할 수 있다. 春申君 黃歇(황헐)은 始皇 9년(前 238)에 죽었기에, 이 章은 황헐의 유세가 아니라는 주석도 있다.

**808** 春申君(춘신군, ? – 前 238년, 本名 黃歇) – 楚 考烈王 때 楚國 令尹(영윤, 相) 역임. 戰國시대 政治家, 平原君 趙皇, 孟嘗君 田文, 信陵君 魏无忌(위무기)를 '戰國四公子'라 합칭했다.

말했다.

"天下에 秦과 楚만큼 강대한 나라가 없는데, 지금 알기로는 大王께서 楚를 정벌하려 하신다니, 이는 두 호랑이가 싸움에 지치며 駑馬(노마)가 得을 보는 것과 같을 것이니, 楚를 공격하기보다는 잘 대우하는 것만 못할 것입니다. 臣이 그럴 이유를 말씀드리겠습니다."

"臣이 알기로 '사물이 끝에서는 다시 처음으로 돌아가니(物至而反), 겨울과 여름이 그 예이며, 만물이 극에 이르면 위태하나니(致至而危), 쌓아올린 바둑알이 그렇다.'고 하였습니다. 지금 大國(秦)의 領地는 천하의 절반으로 양쪽 극단을 차지하고 있는데, 이는 生民 이래로, 萬乘 대국의 영토로 이렇게 넓은 경우가 없었습니다. (秦의) 先帝이셨던 惠文王(재위 前 338－311년)과 莊王(武王, 悼武王, 재위 前 310－307년)으로부터[809] 大王까지 三世에 걸쳐 齊와는 국경을 접하지도 않았지만, 合從의 약속을 파괴하였습니다.[810] 지금 대왕께서는 盛橋(성교, 人名)[811]로 하여금 韓에 주둔하며 북으로 나아가 燕까지 진격케 하였습니다. 이는 王께서 군대를 동원하지 않고, 위엄을 내보이지도 않았지만 (燕에서) 백리의 땅을 바치게 한 것이니 이는 대왕의 有能입니다. 대왕께서는 또 擧兵하여 魏를 공격하여 (魏 都邑) 大梁[812]의 성문을 막았으며, 河內를 차지하고 燕의 酸棗

---

809 先帝文王,莊王－先帝는 秦 선대 왕에 대한 존칭으로 쓰였지, 稱帝한 적은 없었다.

810 원문 以絶從親之要－絶은 단절하다. 從親은 합종책의 친밀한 관계. 要는 約也.

811 盛橋(성교, 成橋)－人名. 秦人.

812 大梁(대량)－魏 惠王(《孟子》에 나오는 梁惠王) 때 옮겨 온 도읍. 今 河南

(산조), 虛(허), 桃人(도인)의 城을 점령하여 楚와 燕의 援軍(원군)을 구름처럼 흩어 秦을 넘볼 수 없게 하였으니, 이 또한 대왕의 훌륭한 치적입니다. 왕께서는 군사를 2년 동안 쉬게 하였다가 다시 동원하여 또 蒲(포), 衍(연), 首垣(수원) 등을 탈취하였으며, 이어 臨仁(임인), 平丘(평구), 小黃(소황), 濟陽(제양)의 嬰城(영성) 등을 차지하여 魏를 굴복시켰습니다. 大王께서는 또 濮(복), 磨(마)의 북쪽의 燕 땅을 점령하여 齊와 秦나라와 연결되는 허리와 楚와 魏를 지탱하는 척추를 잘라버렸습니다. 이에 天下의 제후가 다섯 번 여섯 번 군사를 모았지만 구원할 수가 없었으니, 이 또한 대왕의 위엄이 무서웠던 것입니다. 王께서 만약 그간의 戰功을 바탕으로 위엄을 지키시려면 攻伐하려는 생각을 줄이고 仁義의 교훈을 두터이 실천하셔야 하니,[813] 그러면 이후로는 어떠한 후환도 없을 것이며, 三王에 이어 (대왕을 포함한) 四王이라 호칭하거나 五伯〔五霸(오패)〕에 이어 六霸라 하여도 (대왕의 업적을 칭송하는데) 부족할 것입니다."

{原文} "王若負人徒之衆, 材兵甲之强, 壹毁魏氏之威, 而欲以力臣天下之主, 臣恐有後患. 《詩》云, 「靡不有初, 鮮克有終.」《易》曰, 「狐濡其尾.」 此言始之易, 終之難也. 何以知其然也? 智氏見伐趙之利, 而不知榆次之禍也. 吳見伐齊之

---

省 開封市. 魏都로 138년간 발전. 교통과 상업의 중심. 商鞅, 蘇秦, 張儀, 孫臏(손빈), 龐涓(방연), 吳起 등 많은 사람이 여기서 교육을 받거나 활동하였다.

813 원문 省攻伐之心而肥仁義之誡 – 省은 줄일 생.(減也). 肥(살찔 비)는 두터이 하다(厚也). 誡는 誠, 또는 地의 뜻으로 설명하였다.

便, 而不知干隧之敗也. 此二國者, 非無大功也, 設利於前, 而易患於後也. 吳之信越也, 從而伐齊, 旣勝齊人於艾陵, 還爲越王禽於三江之浦. 智氏信韓,魏, 從而伐趙, 攻晉陽之城, 勝有日矣, 韓,魏反之, 殺智伯瑤於鑿臺之上. 今王妒楚之不毁也, 而忘毁楚之强魏也. 臣爲大王慮而不取.《詩》云,「大武遠宅不涉.」從此觀之, 楚國, 援也, 鄰國, 敵也.《詩》云,「他人有心, 予忖度之. 躍躍毚兎, 遇犬獲之.」今王中道而信韓,魏之善王也, 此正吳信越也."

{국역} "대왕께서 만약 다수의 백성과 강한 군사를 믿고[814] 한 번에 魏를 격파했던 위세로[815] 천하 제후를 힘으로 굴복시키려 한다면,[816] 저는 뒤따를 후환이 걱정됩니다.《詩經 大雅 蕩》에「모두 시작은 있었지만 끝까지 잘한 나라는 없다.」하였으며[817]《易 未濟卦》에서는「여우가 꼬리를 물에 담그다(狐濡其尾).」라고 하였으니,[818] 이런 말

---

814 원문 王若負人徒之衆, 材兵甲之强 – 負는 등에 질 부. 믿다(恃는 믿을 시). 材는 恃라 하였다.《史記》에는 仗(의지할 장). 兵甲은 甲兵.

815 원문 壹毁魏氏之威 – 壹은 一, 毁는 헐 훼. 무너트리다(敗也). 옛날 魏를 격 파했던 그 위세를 지금도 만들 수는 없을 것이다.

816 원문 欲以力臣天下之主 – 여기 臣은 굴복시키다. 服也. 신하로 만들다. 主는 諸侯.

817 원문「靡不有初, 鮮克有終.」– 이는《詩經 大雅 蕩(탕)》의 한 구절이다. 靡는 쓰러질 미, 없을 미(無也). 靡不은 이중부정. 鮮은 드물다. 克은 능할 극. 잘하다.

818《易經》64괘 중 제일 마지막 괘. 火水未濟 ☲☵. 일을 성취하지 못한다

은 시작은 쉽지만 잘 끝맺기는 어렵다는 뜻입니다. 그러한 바를 어떻게 알겠습니까? 智氏(智伯)는 趙를 정벌한다는 이득만 생각했지 楡次(유차)의 禍(화)를 생각 못했습니다.[819] 吳(夫差)는 伐齊의 편익만 알았지, 干隧(간수)의 패배는 몰랐습니다.[820] 이 두 나라 주군이(智伯, 夫差) 큰 戰功이 없어서가 아니라, 다만 목전의 이익 때문에 뒤따라오는 환난 대비를 소홀히 하였습니다.[821] 吳나라는 越(월, 句踐)이 배신하지 않을 것이라 믿고 齊를 원정하여 齊人에게 艾陵(애릉)에서 승리하였지만, 돌아와 三江(婁江,東江,松江) 포구에서 (越王 句踐에게) 사로잡혔습니다. 智氏는 韓과 魏를 신뢰하며 그들과 함께 趙 정벌에 나서 晉陽(진양)의 성을 공격하여 승리를 목전에 두고 있었습니다만,[822] 韓과 魏가 등을 돌려 물도랑의 누각에서 智伯 瑤(요)를 죽였습니다.[823] 지금 대왕께서는 허물어지지 않는 楚를 질투

---

는 형상. 작은 여우(小狐)가 냇물을 건너려 하나 물이 깊어 건너갈 자신이 없어 물에 꼬리만 담가본다. 꼬리를 적신다〔濡尾(유미)〕.

819 원문 不知楡次之禍也 – 楡次(유차)는 太原郡에 속한 지명. 智伯이 묻힌 곳. 지백은 趙襄子의 晉陽의 地에 탐욕 때문에 韓과 魏가 陰謀를 꾸며 결합할 줄을 생각 못했다. 이익은 눈앞에 보이지만 그 뒤에 따라오는 재앙은 보이지 않는다.

820 원문 不知干隧之敗也 – 干隧(간수)는 吳地 지명. 夫差가 自刎(자문, 自剄)한 곳이라는 주석이 있다. 지백과 부차가 큰 전공을 세우지 못한 것이 아니었다. 결국 탐욕 때문에 깊고 현명한 사려가 없었기에 패망한 것이다.

821 원문 設利於前, 而易患於後也. – 設이 沒로 된 판본도 있다. 沒은 빠지다(溺也). 易는 쉬울 이. 소홀히 하다.

822 원문 勝有日矣 – 日은 분명하다. 승리를 기대하다.

823 원문 殺智伯瑤於鑿臺之上 – 瑤는 지백의 이름. 鑿臺(착대, 뚫을 착)는 진양 성하에 물도랑 둑 위에 지은 누각. 땅을 파서 渠(도랑 거)를 만들고 강

하시지만, 楚가 무너지면 齊가 강해진다는 사실을 잊고 계십니다. 臣은 大王을 위해 걱정하지만 찬동할 수는 없습니다. 《詩/逸詩》에서는 「큰 걸음으로도 먼 곳까지 가지 않는다(大武遠宅不涉).」고 하였습니다만,[824] 이상을 종합해 생각한다면(從此觀之), 楚國은 도와줘야할 나라이지만, (秦의 다른) 이웃 나라는 원수입니다. 《詩經 小雅 巧言》에, 「他人의 속마음을 내 마음으로 헤아려 알 수 있네. 깡충거리는 토끼도 사냥개를 만나 잡힌다네.」라고 하였습니다.[825] 지금 대왕께서는 中道를 걷고 韓과 魏가 대왕에게 우호적이라고 믿고 계시지만 이는 마치 吳가 越을 믿었던 것과 꼭 같습니다."

{原文} "臣聞, 敵不可易, 時不可失. 正恐韓,魏之卑辭慮患, 而實欺大國也. 此何也? 王旣無重世之德於韓,魏, 而有累世之怨矣. 韓,魏父子兄弟接踵而死於秦者, 百世矣. 本國殘, 社稷壞, 宗廟隳, 刳腹折頤, 首身分離, 暴骨草澤, 頭顱僵仆,

---

물을 진양 성안으로 흘려보냈다.

824 원문 大武遠宅不涉 – 逸詩의 구절. 武는 足跡. 宅은 거처. 살다. 먼 곳에 사는 사람. 비록 큰 걸음으로 갈 수 있지만 건너지 않는다. 비유하자면 대군이 있더라도 먼 곳의 안정된 곳에는 군대를 보내지 않는 뜻을 말한 것 같다.

825 원문 「他人有心, 予忖度之. 躍躍毚兔, 遇犬獲之.」 – 〈小雅 巧言〉의 4번째 단락. 다른 사람이 나를 헐뜯으려는 속마음을 내가 헤아릴 수 있다. 잘 뛰는 토끼도 사냥개에게는 잡힌다. 躍躍(약약)은 가뿐하게 뛰는 모양. 毚은 토끼 참. 날쌘 모양. 남을 헐뜯는 사람도 明君을 만나면 속마음이 다 드러나서 죄를 받게 될 것이다.

相望於境, 父子老弱係虜, 相隨於路, 鬼神狐祥無所食, 百姓不聊生, 族類離散, 流亡爲臣妾, 滿海內矣. 韓,魏之不亡, 秦社稷之憂也. 今王之攻楚, 不亦失乎! 是王攻楚之日, 則安出兵? 王將藉路於仇讎之韓,魏乎! 兵出之日而王憂其不反也, 是王以兵資於仇讎之韓,魏. 王若不藉路於仇讎之韓,魏, 必攻隨陽,右壤. 隨陽,右壤, 此皆廣川大水, 山林谿谷不食之地, 王雖有之, 不爲得地. 是王有毁楚之名, 無得地之實也."

{국역} "臣이 알기로, 敵을 쉽게 볼 수 없고 때를 놓칠 수 없습니다. 걱정되기로는, 정말 韓과 魏가 겸손하게 환난이라 말하는 것은 실제로는 대국을 속이는 것입니다. 왜 그렇겠습니까? 대왕께서는 여러 代에 걸쳐 韓과 魏에 덕을 베푼 것이 없었으며, 韓과 魏의 부자나 형제들은 뒤를 이어 秦과 전쟁에서 죽어간 지가 거의 백 년입니다. 本國은 쇠잔(殘은 손상될 잔)해졌고, 社稷(사직)은 거의 붕괴되었으며(壞, 무너질 괴), 宗廟(종묘)도 무너졌고(隳는 무너트릴 휴), 배가 갈라지고 목이 꺾였으며, 머리와 몸통이 떨어져나가 무성한 풀밭에는 허연 뼈가 널렸고, 두개골이 땅에 뒹굴며[826] 서로 볼 수 있는 거리에서 父子와 노인과 어린아이가 줄에 묶여 줄지어 걸어갔고, 귀신과

826 원문 暴骨草澤, 頭顱僵仆 - 暴骨은 묻어주지 못한 시신 뼈가 햇볕에 드러난 모양. 草澤은 죽은 시신 때문에 땅이 기름지어 풀이 무성하다는 뜻. 頭顱는 해골. 顱는 머리뼈 노. 僵은 쓰러질 강. 넘어지다. 仆는 엎드릴 부. 거꾸로 처박히다.

여우가 요괴가 되어도 먹을 것이 없었으며, 백성은 목숨을 부지하지 못했었고 친족끼리도 흩어졌으며,[827] 流亡하여 머슴이나 첩이 된 사람들이 온 나라에 가득 찼었습니다. 그런 韓과 魏를 없애지 않은 것은 秦 社稷의 걱정거리입니다. 지금 大王의 楚에 대한 공격이 어찌 잘못이 아니겠습니까! 왕께서 楚를 공격하는 날에 어느 길로 출병하겠습니까? 王께서 원수인 韓과 魏의 길을 빌리시겠습니까! 군사가 출동하는 날에 왕께서는 그 군사가 돌아오지 못할 것을 걱정하셔야 하며, 이는 왕께서 원수인 韓과 魏에 군사를 보태주는 것입니다. 王께서 만약 원수의 나라인 韓과 魏의 길을 빌리지 않는다면, 틀림없이 隨陽(수양)과 右壤(우양)의 땅을 공격할 수밖에 없는데 그곳은 모두 넓은 강, 큰물이며 깊은 山林과 谿谷(계곡)으로 식량이 나지 않는 곳이니 왕께서 차지하더라도 땅을 얻었다고 말할 수도 없습니다. 그러면 왕에게는 楚를 무너트렸다는 이름뿐이고 땅을 차지하는 아무 실리도 없을 것입니다."

{原文} "且王攻楚之日, 四國必無悉起應王. 秦,楚之構而不離, 魏氏將出兵而攻留, 方與,銍,胡陵,碭,蕭,相, 故宋必盡. 齊人南面, 泗北必擧. 此皆平原四達, 膏腴之地也, 而王使之獨攻. 王破楚以肥韓,魏於中國而勁齊, 韓,魏之强足以校於秦矣. 齊南以泗爲境, 東負海, 北倚河, 而無後患, 天下之國, 莫强於齊. 齊,魏得地葆利, 而詳事下吏, 一年之後, 爲帝

827 원문 百姓不聊生, 族類離散 – 聊는 의지할 료. 덕을 보다. 賴와 通. 離散(이산)은 떨어져 헤어지다.

若未能, 於以禁王之爲帝有餘. 夫以王壤土之博, 人徒之衆, 兵革之强, 一擧强 而注地於楚, 詘令韓,魏, 歸帝重於齊, 是王失計也."

{국역} "게다가 대왕께서 楚를 공격하는 날, 趙, 韓, 魏, 齊 4국은 틀림없이 모두 起兵하여 대왕에게 應戰할 것입니다. 秦과 楚와 얽혀 싸워 떨어지지 않는다면, 魏나라는 군사를 거느리고 留(류), 方與(방여), 銍(질, 낫 질), 胡陵(호릉), 碭(탕), 蕭(소), 相(상) 등을 공격할 것이니 (楚의) 옛날 宋나라 땅은 모두 빼앗길 것입니다.[828] 齊人은 남쪽으로 마주한 泗北(사북, 泗水 북쪽)을 필히 차지할 것입니다. 이곳들은 모두 平原으로 사방에 통달할 수 있는 기름진 땅이나[829] 대왕께서는 그들에게 빨리 공격하여 차지하라고 도와주는 것입니다. 왕께서는 楚를 격파하여 中原에서 韓과 魏를 살찌게 하면서 齊의 강성을 도와주어 韓과 魏가 부강해져서 秦과 겨룰 수 있도록 도와주는 것입니다. 齊는 南쪽으로 泗水(사수)를 경계로 삼고,[830] 동쪽으로는 바다

---

828 원문 故宋必盡 - 留(류) 등 七邑은 본래 宋國의 땅이었고, 宋이 楚에 병합되어 楚의 땅이 되었었다. 留는 뒷날 留侯 張良(장량)이 漢 高祖를 처음 만났던 곳. 張良 때문에 유명해진 이름. 留縣(유현)은, 今 江蘇省 서북단 徐州市 관할 沛縣(패현)의 동남.

829 원문 膏腴之地也 - 廣平한 곳을 原野라고 한다. 膏腴(고유)는 신체의 기름기. 아랫배에 찐 살. 膏는 살찔 고. 腴는 아랫배에 살이 찔 유.

830 魯城의 동북쪽을 흐르는 洙泗(수사)는, 今 山東省 서남부 濟寧市(제녕시) 관할 曲阜市(곡부시)의 泗水(사수)와 그 지류인 洙水(수수)이다. 孔子는 立敎하며 제자들을 洙泗에서 교육했기에 洙泗는 공자의 思想과 學統을 지칭하는 말로 통용된다. 공자는 川流가 不息하는 泗水(사수)를 바라보

를 등지며, 북으로는 河水에 의지할 수 있으니, 아무런 후환도 없는 천하의 대국이며, 어느 누구도 齊보다 강할 수 없을 것입니다. 齊와 魏가 땅을 차지하는 실리를 거두고 下吏에 통치를 맡겨,[831] 일 년 뒤에는 그들이 제왕을 칭하기가 어렵더라도, 대왕께서 帝王이란 말을 쓰지 못하도록 견제하기에는 충분할 것입니다. 대체로 대왕의 광대한 영토와 많은 백성, 강력한 군사를 일거에 楚에 투입하였다가는 도리어 韓과 魏로 하여금[832] 소중한 帝業의 기반을 齊에 귀속케 할 것이니, 이는 대왕의 분명한 失計입니다."

{原文} "臣爲王慮, 莫若善楚. 秦,楚合而爲一, 臨以韓, 韓必授首. 王襟以山東之險, 帶以河曲之利, 韓必爲關中之候. 若是, 王以十成鄭, 梁氏寒心, 許,鄢陵,嬰城, 上蔡,召陵不往來也. 如此, 而魏亦關內候矣. 王一善楚, 而關內二萬乘之主注地於齊, 齊之右壤可拱手而取也. 是王之地一任兩海, 要絶天下也. 是燕,趙無齊,楚, 無燕,趙也. 然後危動燕,趙, 持齊,楚, 此四國者, 不待痛而服矣."

---

며 '逝者如斯夫(서자여사부, 흘러가는 것이 이 같으니), 不舍晝夜(불사주야, 밤낮으로 멈추지 않는다.)' 고 탄식하였다. 이를 '川上嘆(천상탄)' 이라 한다.

831 원문 得地葆利, 而詳事下吏 – 葆는 풀 더부룩할 보. 保와 同. 事는 다스리다(治也).

832 원문 詘令韓,魏 – 詘은 굽어서 펴지지 않을 굴, 굽힐 굴, 다할 굴. 도리어(反也). 떨어트릴 출. 말 더듬거릴 눌.

{국역} "臣이 大王을 위해 생각해 보면, 楚와 親善보다 더 좋은 방책은 없습니다. 秦과 楚의 연합으로 하나가 되어 韓에 압력을 가하면, 韓은 틀림없이 목을 내놓을 것입니다. 王에게 山東의 險地를 옷깃이(襟), 굽이진 河水의 利는 허리띠가(帶) 되면서 韓은 틀림없이 (秦을 위한) 關中의 斥候(척후)가 될 것입니다. 이렇게 하여 대왕께서 十萬을 鄭(정)땅에 주둔한다면, 梁氏(魏나라)는 두려움에 떨며(寒心),[833] 許(허), 鄢陵(언릉, 屬 潁川) 嬰城(영성)에서 上蔡(상채), 召陵(소릉)으로 왕래할 수 없을 것입니다. 이렇게 되면, 魏나라는 역시 (秦을 위하여) 關內를 살펴보는 斥候兵(척후병)이 될 것입니다. 王께서 楚와 親善한다면 關內지역 2만 乘(승)의 군사로 齊 지역에 주력할 수 있어 齊의 우측 땅은 팔짱을 끼고도 차지할 수 있을 것입니다.[834] 이는 대왕의 領地가 서쪽에서 동해에 이어져 천하를 (남북으로) 분리하는 것이 됩니다.[835] 이리되면, 燕과 趙는 齊와 楚의 후원을 받을

833 원문 王以十成鄭, 梁氏寒心 – 十 다음에 萬이 들어가야 하며, 成은 戍(지킬 수)의 誤字. 또는 伐이어야 한다는 주석도 있다. 寒心은 두려워하다(懼는 두려울 구).

834 원문 齊之右壤可拱手而取也 – 右壤의 壤은 땅, 지역. 壤은 흙 양. 土地. 拱手(공수)는 斂手(염수). 손을 묶다. 팔짱을 끼다.

835 원문 是王之地一任兩海, 要絶天下也. – 任은 注가 되어야 한다는 주석이 있다. 經으로 된 판본도 없다. 兩海는 본래 서해와 동해이나 중국에 서해는 없다. 후세에는 青海湖를 西海라 지칭하지만 秦의 서쪽 영토가 지금 青海省까지 뻗어간 것은 漢 武帝 이후였다. 서쪽 秦의 세력이 東海까지 연결될 수 있다고 과장한 설명이다. 중국 사람들에게 東海는 山東半島 남쪽 연안의 바다이다. 북쪽 渤海(발해)와는 다르다. 今 廣東省, 廣西省의 앞바다는 南海라 한다. 要絶은 中絶을 의미한다.

수 없어 燕과 趙는 쇠약해질 것입니다. 이렇게 된다면, 곧 燕과 趙는 위기에 내몰리고, 齊와 楚는 秦이 견제할 수 있습니다. 그렇다면 이 들 4국은 (秦이) 급하게 공격하지 않아도[836] 굴복할 것입니다."[837]

## 102/ 或爲六國說秦王

{原文} 或爲六國說秦王曰,

"土廣不足以爲安, 人衆不足以爲强. 若土廣者安, 人衆者强, 則桀,紂之後將存. 昔者, 趙氏亦嘗强矣. 曰趙强何若? 擧左案齊, 擧右案魏, 厭案萬乘之國, 二國, 千乘之宋也. 築剛平, 衛無東野, 芻牧薪采 莫敢闚東門. 當是時, 衛危於累卵. 天下之士相從謀曰, '吾將還其委質, 而朝於邯鄲之君乎!' 於是天下有稱伐邯鄲者, 莫不令朝行. 魏伐邯鄲, 因退爲逢澤之遇, 乘夏車, 稱夏王, 朝爲天子, 天下皆從. 齊太公聞之, 擧兵伐魏, 壤地兩分, 國家大危. 梁王身抱質執璧, 請爲陳侯臣, 天下乃釋梁. 郢威王聞之, 寢不寐, 食不飽, 帥天下百姓, 以與申縛遇於泗水之上, 而大敗申縛. 趙人聞之至

---

836 원문 不待痛而服矣 - 痛(아플 통)은 急(급할 급). 攻伐之酷의 뜻. 秦이 急攻하지 않아도 굴복할 것이다.

837 《史記》에는 「昭王曰 "善", 於是止白起, 而謝韓,魏, 發使賂楚, 約爲與國.」이라는 내용이 추가되었다. 곧 春申君의 유세는 성과를 거둔 셈이다.

枝桑, 燕人聞之至格道. 格道不通, 平際絶. 齊戰敗不勝, 謀則不得, 使陳毛釋劍掫, 委南聽罪, 西說趙, 北說燕, 內喩其百姓, 而天下乃齊釋. 於是夫積薄而爲厚, 聚少而爲多, 以同言郢威王於側紂之間. 臣豈以郢威王爲政衰謀亂以至於此哉? 郢爲强, 臨天下諸侯, 故天下樂伐之也!"

## 或者가 六國을 위해 秦王에게 유세하다.

{국역} 혹자가 六國을 위해 秦王에게 유세하였다.[838]

"영역이 넓어도 나라가 평안하기에는 부족하고, 백성이 많아도 나라의 강성에는 부족합니다. 만약 넓은 땅을 차지한 자가 안전하고 백성 많은 자가 강하다면, (夏의) 桀王(걸왕)이나 (殷의) 紂王(주왕)의 후손이 앞으로도 존속해야 합니다. 옛날에 趙氏(趙國) 역시 강했습니다. 말하자면, 趙의 강성이 어느 정도였습니까?[839] 왼쪽에 거병하여 齊를 누르고, 오른쪽으로(西) 거병하면 魏나라를 누를 수 있었습니다. 이처럼 萬乘 대국 두 나라(齊, 魏)와 千乘의 군사를 낼 수 있는 나라 宋을 진압할 수 있었습니다.[840] (趙가) 剛平(강평)에 築城(축성)하

838 원문 或爲六國說秦王 - 이때 秦王은 嬴政(영정, 秦王政, 뒷날 시황제)라는 주석이 있다. 秦王 政은 前 247년 13세로 즉위하였고, 육국을 멸하고 황제로 즉위한 해는 前 221년 39세였다. 前 210년 50세에 붕어. 六國은 韓·魏·趙·燕·齊·楚.

839 원문 曰趙强何若? - 曰은 말을 한다면(言也), 何若은 若何. 무엇과 같은가?

840 원문 千乘之宋也 - 宋國은 周朝의 諸侯國으로 國君은 子姓이고, 今 河

자 衛(위)[841]에서는 그 동쪽 벌판을 상실하여 가축을 기르고 땔나무를 하는 사람이 감히 (강평성의) 동쪽 문을 바라보지도 못했습니다.[842] 이 시기에 衛(위)는 쌓아놓은 계란처럼 위태로웠습니다. 天下의 士人들은 서로 모여 '그래도 우리들은 예물을 가지고[843] 邯鄲(한단)의 君主(趙王)에게 朝賀하자.' 고 말했습니다.[844] 이에 邯鄲(한단)을 정벌해야 한다고 주장하는 세상 사람 중에서 한단에 입조하지 않은 자가 없었습니다.[845] 魏가 邯鄲을 정벌하고 철수하여 逢澤(봉택)이란

---

南省 동부 商丘市와 安徽省 淮北市 一帶였다. 宋國은 중원의 요충지였고 富商 巨賈들이 모여들었고, 宋人은 經商으로 유명했었다. 前 286年에 宋國은 齊에게 병합 멸망했다.

841 衛國(위국)은 周朝의 諸侯國으로 姬姓이고, 周 武王의 동생인 康叔을 봉한 나라이다. 朝歌(조가, 今 河南省 북부 鶴壁市 淇縣), 楚丘(초구), 帝丘(제구), 野王(야왕) 등지로 수도를 옮겨 다녔는데, 그 영역은 대략 今 河南省 북부와 河北省 남부 일대였다. 前 209년에 2세 황제에 의해 아예 없어져 버렸다. 野王은 지명이 특이하여 주목하게 된다. 野王縣(야왕현)은, 今 河南省 북부, 河水 북안의 焦作市 관할 沁陽市이다.

842 원문 芻牧薪采 莫敢闚東門 – 芻는 꼴 추. 가축을 먹일 풀(草也). 牧은 가축을 기를 목(養牛人也). 薪은 장작. 땔나무 신. 採(채)는 연료로 나뭇가지를 모으다. 剛平은 본래 衛地였다. 闚는 엿볼 규.

843 원문 吾將還其委質 – 還(환)은 도리어. 그래도. 여전히. 副詞로 쓰였다. 委質(위지)의 委는 맡길 위. 드리다(致也). 質(질)은 贄(폐백 지)와 通. 아래에 나오는 抱質(포지)의 質(지)도 같은 뜻. 《孟子》에는 '傳質' 이란 말이 있다.

844 원문 而朝於邯鄲之君乎! – 朝는 입조, 朝賀. 邯鄲(한단)은 趙의 도읍.

845 원문 莫不令朝行 – 원문에 여러 이설이 많다. 不字는 쓸데없이 들어간 글자이고 莫은 暮의 誤字라 하였는데, 그렇게 되면 (趙나라의) '저녁에 내린 명령을 (다음날) 아침에 실천하지 않는 사람이 없었다.' 의 뜻이다.

곳에서 여러 제후와 회합하였는데, (魏侯가) 夏車(하거)를 타고 夏王을 자칭하면서(夏는 中國也) 天子(周王)에게 입조한다고 말하자, 제후가 모두 魏侯를 따랐습니다. 그러자 齊 太公이 소식을 듣고[846] 擧兵하여 伐魏하고 魏의 국토를 兩分하며 나라를 위기로 몰았습니다. 이에 梁王(魏王)은 몸소 예물과 玉을 받쳐 들고 齊王의 신하를 자처한 뒤에야[847] 천하가 梁(魏)를 풀어주었습니다. (楚나라) 郢城(영성, 楚 도읍)의 威王(위왕)은 이런 소식을 듣고, 침석에 누워도 잠을 못 자고, 음식을 먹어도 배부른 줄을 몰랐는데, 그 나라 군사를 거느리고 齊의 申縛〔신박, 申縛(신전)의 착오〕을 泗水(사수) 부근에서 격파하였습니다. 趙人은 이 소식을 듣고 枝桑(지상)에 군사를 보냈고, 燕나라에서도 소식을 듣고 군사를 格道(격도)에 파병하였습니다.[848] 그리하여 格道가 不通하고 平際까지의 길이 단절되었습니다. 齊는 싸워 패전하며 이기지 못하여, 陳毛(田毛)로 하여금 칼과 딱따기(夜警, 도구)를 풀어놓고 南面의 권위를 버리며 楚나라에 용서를 빈다면서(請罪) 서쪽으로 趙를, 북쪽으로 燕을 설득하였으며 안으로는 齊 백성

---

**846** 齊 太公聞之 – 본래는 齊의 건국자인 呂尙, 곧 姜太公이었다. 나중에 田齊의 田和를 또한 태공이라고 했다. 그러나 여기서는 齊 威王(위왕)이어야 한다는 주석에 따른다.

**847** 원문 身抱質執璧, 請爲陳侯臣 – 抱質(포지)의 抱는 안을 포. 質는 폐백 지, 贄(폐백 지)와 同. 어린 양(羔)이나 기러기(雁), 또는 꿩고기(雉)를 충성과 순종의 표시로 바친다. 執璧(집벽)은 구슬을 가져다 바치다. 璧은 둥근 옥 벽. 陳侯는 齊王. 田齊의 田氏는 본래 陳氏였는데(陳敬仲의 後孫) 音이 같은 田氏로 바꿨다.

**848** 齊가 魏王을 신하처럼 만들었다는 소식에 燕과 趙에서 분노하면서 出兵하여 枝桑과 格道에 주둔시켰다.

에게도 널리 알리자, 이에 天下가 齊를 용서하였습니다. 이런 사례처럼 얇은 것도 쌓아올리면〔積薄(적박)〕 두꺼워지고(爲厚), 작은 것도 모아두면 많아지는 법이니, 지금 같은 마음으로 천하가 楚(郢) 威王(위왕)을 정벌해야 한다고 논의하고 있습니다.[849] 楚(郢) 威王의 政事가 잘못되었기에 이런 의논이 일어난다고 臣이 어찌 생각하지 않을 수 있겠습니까? 초나라가 강대해져서 천하의 제후 위에 군림하려는 뜻이기에 온 천하가 기꺼이 楚를 정벌할 것입니다."

---

849 以同言郢威王於側紂之間 – 郢(영)은 楚의 도읍. 楚 威王(위왕, 재위 前 339 – 329년)에 대하여 논의하다. 側은 곁 측. 紂는 말고삐 주. 牖(창 유)의 착오라는 주석이 있다. 창문 너머로 서로 의논한다. 곧 천하가 楚를 정벌해야 한다는 여론이 있다.

# 7.《戰國策》卷七 秦策 五

## 103/ 謂秦王曰

{原文} 謂秦王曰,

"臣竊惑王之輕齊易楚, 而卑畜韓也. 臣聞, 王兵勝而不驕, 伯主約而不忿. 勝而不驕, 故能服世, 約而不忿, 故能從鄰. 德魏,趙, 而輕失齊, 驕也, 戰勝宜陽, 不恤楚交, 忿也. 驕忿非伯主之業也. 臣竊爲大王慮之而不取也.

《詩》云,「靡不有初, 鮮克有終.」故先王之所重者, 唯始與終. 何以知其然? 昔智伯瑤殘范,中行, 圍逼晉陽, 卒爲三家笑. 吳王夫差棲越於會稽, 勝齊於艾陵, 爲黃池之遇, 無禮於宋, 遂爲勾踐禽, 死於干隧. 梁君伐楚勝齊, 制趙,韓之兵, 驅十二諸侯以朝天子於孟津, 後子死, 身布冠而拘於秦. 三者非無功也, 能始而不能終也."

(어떤 사람이) 秦王에게 말하기를,

{국역} (或者가) 秦王에게 말하였다.[850]

"臣의 생각으로 大王께서 齊를 경시하고, 楚를 쉽게 여기며, 韓을 짐승처럼 卑下하실까 걱정입니다. 臣이 알기로는, 王者는 싸워 이겨도 교만하지 않고, 패자는 맹약을 주관하지만 미움을 사지 않는다고 하였습니다.[851] 승리에 교만하지 않기에 鄰國을 복속케 하고, 맹약을 맺고도 미움을 사지 않으니 다른 제후를 따르게 할 수 있습니다. 지금 대왕께서는 魏와 趙에 은덕을 널리 베풀지만 齊를 경시하니, 이는 교만이며, 宜陽(의양)의 싸움에서 승리하고서 楚와의 교섭에 성의가 없으니, 이는 원한을 사는 길입니다.[852] 교만하거나 원한을 산다면, 이는 伯主(패주, 霸者)의 본업이 아닙니다. 臣은 삼가 대왕을 위해 염려하며 잘못이라 생각합니다.

《詩 大雅 蕩》에서 「시작이 없지는 않으나(靡不有初), 잘 끝맺기는

---

850 원문 謂秦王曰 – 이는 周 赧王(난왕) 8년, 前 307년의 일로 알려졌다. 秦이 韓의 宜陽(의양)을 점령한 뒤에, 혹자가 秦王에게 '승리한 뒤에 교만해서는 안 된다.'는 뜻을 말했다. 또 다른 주석에 의하면, 여기 秦王은 秦王 政, 곧 뒷날의 秦 始皇이라는 주석이 있다. 秦王 政은 前 247년에 즉위하였으니, 주석에 따라 60년의 時差가 있다. 이런 시차가 나올 정도로 원문 서술이 부정확하다는 뜻이다.

851 원문 伯主約而不忿 – 伯는 霸. 主는 주관하다. 앞 구절의 兵처럼 동사로 쓰였다. 約은 盟約. 不忿의 忿은 원한, 원망, 미움, 맹약을 주관하면서도 겸손하기에 다른 제후의 미움을 사지 않다.

852 원문 不恤楚交, 忿也 – 恤은 구휼할 휼. 여기서는 顧(돌아볼 고)의 의미, 곧 楚와의 협상에서 성의로 임하지 않다(不以交楚爲意). 楚交는 楚와 교섭, 협상.

드물다(鮮克有終).」고 하였습니다. 그래서 先王(聖王 : 堯·舜·愚·湯·文·武)께서 重히 여긴 바는 시작과 같은 끝이었습니다.[853] 이를 어찌 알았겠습니까? 옛날, 晉의 智伯(지백)인 瑤(요, 名)는 范氏(범씨)와 中行氏(중항씨)를 없앤 뒤에, (趙襄子의 근거지인) 晉陽(진양, 今 山西省 중부 太原市)을 포위 핍박하였지만 韓·魏가 결합하여 지백을 죽이자 결국 三家(韓, 魏, 趙)의 웃음거리가 되었습니다.[854] 吳王 夫差(부차)는 越王 勾踐을 會稽(회계, 山名)에 살게 하면서(捿) 艾陵(애릉)의 싸움에서 齊에 승리하였지만 黃池(황지)에서 제후와 만나면서[855] 宋侯에게 無禮하였다가[856] 결국 나중에 勾踐에게 사로 잡혔다가(禽, 擒과 通) 干隧(간수, 吳縣의 邑名)에서 죽었습니다(魯 哀公 22년, 前 473년). 梁君(魏侯)은 楚를 공략하고 齊에 승리하였으며, 趙와 韓의 군사를 제어하면서 12제후를 거느리고, (洛陽 근처) 孟津(맹진)으로 周 天子에 입조한다고 하였지만 뒷날 아들이 죽고[857] 자신은 상복

---

853 원문 唯始與終(유시여종) – 敬始愼終(경시신종)과 同.

854 원문 卒爲三家笑 – 智伯은 智襄子. 殘(잔)은 멸하다(滅也). 范은 范吉射(범길사, 昭子也). 中行은 中行寅(중항인, 中行이 성씨, 文子也). 지백은 범씨와 중행씨를 없앤 뒤 그 땅을 다 차지하고서, 교만한 나머지 趙襄子에게 땅을 요구하였다. 조양자가 주지 않자, 韓과 魏와 합세하여 조양자의 晉陽城에 水攻을 가해 거의 멸망 직전까지 갔으나, 지백의 위세에 눌렸던 韓과 魏가 결합하여 지백을 죽였다. 본서 **096** 〈秦昭王謂左右〉 참고.

855 원문 爲黃池之遇 – 吳王 夫差(부차)는 諸侯를 黃池(황지, 陳留의 封丘縣 남쪽, 濟水에 가까움)에 불러 회맹을 주관했다.

856 원문 無禮於宋 – 魯 哀公(재위 前 494 – 468년) 13년(前 482). 吳는 宋을 伐하려고 그 大夫를 죽이고 宋公의 부인을 유폐시켰다. 宋의 읍성을 불태웠다는 기록도 있다.

857 원문 後子死 – 太子 申(신)은 齊와의 馬陵 전투에서 전사하였다.

차림으로 秦에 사로잡혔습니다. 이 세 사람은 功을 세우지 못해서가 아니라, 시작은 있었지만 끝이 없었기 때문입니다."

{原文} "今王破宜陽, 殘三川, 而使天下之士不敢言. 雍天下之國, 徙兩周之疆, 而世主不敢交陽侯之塞. 取黃棘, 而韓, 楚之兵不敢進. 王若能爲此尾, 則三王不足四, 五伯不足六. 王若不能爲此尾, 而有後患, 則臣恐諸侯之君, 河,濟之士, 以王爲吳,智之事也.《詩》云「行百里者半於九十.」此言末路之難. 今大王皆有驕色, 以臣之心觀之, 天下之事, 依世主之心, 非楚受兵, 必秦也. 何以知其然也? 秦人援魏以拒楚, 楚人援韓以拒秦, 四國之兵敵, 而未能復戰也. 齊,宋在繩墨之外以爲權, 故曰先得齊,宋者伐秦. 秦先得齊,宋, 則韓氏鑠, 韓氏鑠, 則楚孤而受兵也. 楚先得齊, 則魏氏鑠, 魏氏鑠, 則秦孤而受兵矣. 若隨此計而行之, 則兩國者必爲天下笑矣."

{국역} "지금 대왕께서는 (韓의) 宜陽(의양)을 격파하였으며, (洛陽 주변) 三川 일대를 정벌하고서[858] 천하의 士人(선비)으로 하여금 말(비판)을 못하게 단속하였습니다. 그리고 천하의 여러 나라를 擁有

858 원문 殘三川 – 殘은 밟아 으깨다. 죽이다. 악하다. 그 이전에 秦 昭王은 東, 西周를 정벌한 뒤에 宜陽 및 三川郡을 설치했었다. 洛陽은 三川, 곧 伊水, 洛水, 河水가 흐르는 땅이라서 秦代에 三川郡이라 했다. 李斯(이사) 몰락 직전, 이사의 아들이 三川 郡守로 있었다. 그만큼 要地였다.

(옹유)하였고[859] 兩周(東, 西周)의 강역을 옮겼으며[860] 世主(諸侯)들은 감히 陽侯之塞(양후의 요새)를 넘겨보지도 못했고(齊와 왕래도 못했다는 뜻)[861] (秦이) 黃棘(황극)을 차지하자[862] 韓과 楚의 군사가 감히 전진할 수도 없었습니다. 대왕께서 이런 상황의 마무리를 잘하신다면,[863] 三王은 (대왕을 포함한) 四王보다 부족하고, 五伯(오패, 五霸)는 대왕을 포함한 六霸보다 못할 것입니다.[864] 그러나 대왕께서 마무리를 잘 하지 못한다면 (멸망에 이를 수도 있는) 후환이 뒤따를 수도 있습니다. 곧 臣은 여러 제후들, 그리고 河水와 齊水 일대의 士人들은 왕을 吳王 부차와 智伯처럼 생각하지 않을까 걱정이 됩니다.[865] 《詩 / 逸詩》에서는 「百里를 가는 자에게는 九十里가 절반이

859 원문 雍天下之國 - 雍은 보유하다(有也). 끌어안다. 擁과 同.

860 원문 徙兩周之疆 - 兩周는 東 ,西周也. 宜陽을 경계로 동 서주의 강역을 재조정했다. 疆은 疆域(강역, 영역). 사실상의 침탈이었다.

861 원문 而世主不敢交陽侯之塞 - 世主는 제후. 交는 엿보다(窺와 同. 엿볼 규). 陽侯(양후)는 옛 제후국 이름. 여기서는 지명. 당시 齊의 穆陵關(목릉관), 塞(새)는 險隘(험애), 곧 제후들은 秦이 무서워 齊와 왕래도 못했다.

862 원문 取黃棘 - 黃棘(황극, 房州의 지명), 楚 懷王과 秦 昭王이 여기서 會盟했다.

863 원문 王若能爲此尾 - 뒤처리를 잘하다. 尾(꼬리 미)는, 終也, 後也.

864 원문 三王不足四, 五伯不足六 - 秦王은 삼왕〔禹王, 湯왕, (周) 文, 武王〕에 이은 4王이 되는데, 삼왕의 치적은 4王(秦王)보다 부족하다. 같은 표현으로 五伯는 六霸인 秦王만 못하는 말. 아부의 뜻이 가득하다.

865 원문 恐諸侯之君, 河,濟之士, 以王爲吳,智之事也. - 濟水는 중국 四瀆(사독)의 하나이었지만 지금은 사라진 강이다. 濟水는 고대에, 今 河南省 濟源市 서쪽 王屋山(왕옥산)에서 발원, 東流하여 山東반도를 지나 渤海(발해)로 入海했다. 江水(長江), 河水(黃河), 淮水(淮河)와 함께 華夏四瀆(화

다.」라고 하였습니다.(行百里者 半於九十.) 이는 길의 끝 무렵을 가는 어려움을 표현한 말입니다.[866] 지금 大王께서는 온통 교만한 기색이니 臣의 마음으로 천하의 일을 볼 때, 天下之事는 제후의 마음에 달려 있기에, 楚가 兵禍를 당하지 않는다면 필히 秦이 당할 것입니다.[867] 그런 것을 어떻게 알 수 있겠습니까? 秦人은 魏를 구원하며 楚을 막았고, 楚에서는 韓을 도와 秦을 막았습니다. 四國의 군사가 서로 맞설 정도라서 다시 쉽게 싸울 수는 없을 것입니다.[868] 齊와 宋은 당사자는 아니지만(繩墨之外) 어느 한 쪽을 도울 수가 있기에[869]

하사독)으로 불렸다. 濟水는 大禹 治水에서 물길을 뚫은 九川의 하나였다. 河水만큼이나 범람이 잦아 治水에 어려움이 많았는데, 清朝 咸豐(함풍) 연간의 黃河 大改道(서기 1855년)로 옛 濟水의 물길로 河水를 흐르게 하여 결국 濟水는 존재하지 않는 강이 되었다. 곧 지금 황하 하류의 물길은 당년의 濟水 古道였다. 지금 山東省 내의 濟源市, 濟南市, 濟寧市, 濟陽縣 등의 지명은 모두 濟水에서 유래되었다. 지금의 齊水(제수)는 一名 兗水(연수)인데, 今 河南省 북부 濟源市 서쪽 王屋山(왕옥산)에서 발원하여 동쪽으로 흘러 溫縣을 지나 河南省 북부 焦作市관할 武陟縣(무척현) 남쪽에서 黃河에 합류하는 짧은 강이다.

866 此言末路之難 – 백리 길을 걷는 사람은 90리에 왔을 때 절반을 왔다고 생각하라. 곧 끝내기, 마무리가 그만큼 어렵다는 뜻이다.

867 必秦也 – 제후들이 楚아니면 秦을 공격할 것이다. 이는 그만큼 초와 秦이 교만했다는 뜻이다.

868 원문 四國之兵敵 – 敵는 맞상대하다. 맞서다. 强弱이 相等하다. 秦과 楚는 강하고, 韓과 魏는 군사적으로 약세지만 원조국의 힘이 작용하니 맞설 정도가 된다는 뜻.

869 원문 繩墨之外以爲權 – 繩墨(승묵, 먹줄)은 목수가 직선을 표시할 수 있는 연장(도구)이다. 權은 원조할 수 있는 힘. 4國의 승패를 뒤집을 수도 있는 힘.

(楚가) 齊와 宋을 먼저 끌어들이면 秦을 공격할 수 있습니다. 秦이 먼저 齊와 宋의 지원을 얻어내면 韓氏(韓)가 먼저 삭아버릴 것입니다.[870] 韓나라가 쇠약해지면 楚는 고립되고 兵禍를 당할 것입니다. 만약 楚가 먼저 齊를 자기편으로 만들면 魏나라가 약해지고, 이어 秦이 고립되면서 침략 당할 것입니다. 만약 이런 계책대로 움직여진다면 兩國(秦과 楚) 중 하나는 틀림없이 천하의 웃음거리가 될 것입니다."

## 104/ 秦王與中期爭論

{原文} 秦王與中期爭論, 不勝. 秦王大怒, 中期徐行而去. 或爲中期說秦王曰,

"悍人也. 中期適遇明君故也, 向者遇桀,紂, 必殺之矣."

秦王因不罪.

## 秦王과 中期(중기)가 논쟁했다.

{국역} 秦王이 中期(중기, 人名. 秦 辨士)와 논쟁을 했으나[871] 이기지

870 원문 韓氏鑠 – 鑠은 녹일 삭. 녹이 슬어 부서지다. 녹이다. 태우다. 세력이 알게 모르게 약해지다.

871 원문 秦王與中期爭論 – 秦王이 누구인지, 中期(중기)가 辨士이나 어떤

못했다. 秦王은 大怒했고 中期는 천천히 떠나갔다. 或者가 中期(중기)를 위해 진왕을 설득했다.

"배짱 있는 사람입니다.[872] 中期가 마침 明君을 만났지만, 앞으로 桀王(걸왕)이나 紂王(주왕)을 만났다면 틀림없이 살해될 것입니다!"[873]

秦王은 이 말 때문에 중기를 벌하지 않았다.

## 105/ 獻則謂公孫消

{原文} 獻則謂公孫消曰,

"公, 大臣之尊者也, 數伐有功. 所以不爲相者, 太后不善公也. 辛戎者, 太后之所親也. 今亡於楚, 在東周. 公何不以秦,楚之重, 資而相之於周乎? 楚必便之矣. 是辛戎有秦,楚之重, 太后必悅公, 公相必矣."

---

인물인지? 무엇에 대한 쟁론인지 모두 미상. 이 정도 구절은 누구든지 지어낼 수 있을 것이다.

872 원문 悍人也 - 悍은 사나울 한. 勇也. 勇者는 다른 사람의 뜻을 잘 거스른다.

873 向者遇桀,紂 - 向者는 鄕者. 머잖아. 桀王(걸왕)은 逢蒙(봉몽)을, 紂王(주왕)은 比干(비간)을 죽였다.

## 獻則(헌칙)이 公孫消(공손소)에게 말했다.

{국역} 獻則(헌칙)이 公孫消(공손소)에게 말했다.[874]

"公은 존경받는 大臣이면서 여러 번 戰功을 세웠습니다.[875] 그런데도 相이 되지 못한 까닭은 太后(宣太后)가 公을 대우하지 않기 때문입니다. 辛戎〔신융, 羋戎(미융)〕이란 사람은[876] 太后와 가까운 사람입니다.[877] 지금 楚에서 망명하여 다시 東周에 있습니다. 公은 秦과 楚에서 존중받고 있으니 (미융이) 東周의 相이 되도록 힘써 주지 않으십니까? 楚에서도 틀림없이 이롭다고 생각할 것입니다. 그러하면 羋戎(미융)은 秦과 楚의 重臣이 될 것이고 太后도 公에게 기뻐할 것이니, 公은 필히 相이 될 것입니다."

---

**874** 원문 獻則謂公孫消曰 – 獻則(헌칙)은 人名. 楚人, 羋戎(미융)을 위해 유세하러 秦에 왔다. 公孫消(공손소, 人名)는 秦의 관리. 이 기록은 羋戎(미융)이 동주에 망명 중일 때, 곧 秦 昭王(昭襄王)이 즉위하고 미융이 入秦할 때이니, 昭王 원년(前 306)의 일이다.

**875** 원문 數伐有功 – 數行戰伐하여 功勞가 있다. 여러 번 큰 전공을 세웠다.

**876** 辛戎(신융) – 人名. 楚人, 楚에서 망명하여 東周에 머물고 있었다. 辛은 羋(미, 양이 울 미. 姓氏)가 되어야 한다는 주석에 따른다. 羋는 楚의 國姓.

**877** 원문 太后之所親也 – 太后는, 楚女로 孝文王后이며 莊襄王 母이다. 華陽夫人이라 통칭. 《史記 穰侯列傳》에 后의 同父弟가 羋戎(미융)으로 華陽君이라 불렀다.

## 106/ 樓梧約秦魏

{原文} 樓梧約秦,魏, 魏太子爲質, 紛彊欲敗之. 謂太后曰, “國與還者也, 敗秦而利魏, 魏必負之, 負秦之日, 太子爲糞矣.”

太后坐王而泣. 因疑於太子, 令之留於酸棗. 樓子患之. 昭衍爲周之梁, 樓子告之.

昭衍見梁王, 梁王曰, “何聞?”

曰, “聞秦且伐魏.”

王曰, “爲期與我約矣.”

曰, “秦疑於王之約, 以太子之留酸棗而不之秦. 秦王之計曰, ‘魏不與我約, 必攻我, 我與其處而待之見攻, 不如先伐之.’ 以秦彊折節而下與國, 臣恐其害於東周.”

### 樓梧(누오)가 秦과 魏의 맹약을 맺고서,

{국역} 樓梧(누오, 樓伍)가 秦과 魏의 맹약을 체결하고[878] 魏 太子를 (秦에) 인질로 보내기로 하였는데(爲質), 紛彊(분강)이 이를 해체하

878 원문 樓梧約秦,魏 – 樓梧〔樓伍(누오)〕 – 人名. 魏人. 約은 동맹을 위한 約條. 이는 魏 襄王(재위 前 318 – 296年) 12년(前 307)의 일이다. 본 章에는 약조의 결과에 대한 말이 없으나《史記 六國年表》에 의하면, 魏 태자가 秦에 入朝하였다.

려고[879] 太后에게 말했다.

"나라의 友邦(與國)은 바뀌는 것이니[880] 秦에 손해가 되고 우리에게(魏) 이롭다면, 우리는 약조를 깨트려야 합니다. (그럴 경우) 우리가 秦을 배반하는 날에, 太子는 똥처럼 버려질 것입니다."[881]

太后는 왕 곁에 앉아 흐느꼈다. 魏王은 太子가 걱정이 되어 酸棗(산조)에 머물게 하였다.[882] 樓子〔樓梧(누오)〕는 걱정하였다. 昭衍(소연)이란 사람이 周에서 사신으로 梁(魏)에 (사신으로) 오자, 누오는 사실을 이야기하였다.

소연이 梁王(양왕, 魏王)을 만나자, 양왕이 물었다.

"무슨 말을 들었소?"

"秦이 곧 魏를 정벌하겠다고 합니다."

"우리는 그쪽(秦)과 약조를 맺었소."[883]

"秦은 대왕이 약조를 의심하여 太子를 酸棗(산조)에 머물게 하면서 秦에 보내지 않는다고 생각합니다. 秦王은 '魏가 우리와 약조를 안 지키면, 틀림없이 우리를 공격할 것인데, 내가 앉아서 공격을 당

879 원문 紛彊欲敗之 – 紛彊(분강, 人名. 翟彊), 魏 臣也. 敗는 폐기하다(害也).

880 원문 國與還者也 – 兩國의 相與나 好惡(호오)는 循環(순환)하니 일정하지가 않다. 與는 같은 편, 例를 들면 與黨(여당)은 같은 편의 무리이다. 與國은 우호적인 나라.

881 원문 太子爲糞矣 – 糞은 똥 분. 버려지다(棄除也).

882 원문 因疑於令之留於酸棗 – 疑는 태자를 秦에 인질로 보내지 않으려고. 留는 머물게 한다(止也). 酸棗(산조)는 地名. 酸棗縣(산조현)의 酸은 신맛 산. 棗는 대추나무 조. 今 河南省 북부 新鄕市 관할 延津縣. 黃河 북안.

883 원문 爲期與我約矣 – 우리는 우호 약속을 맺었는데 秦이 왜 우리를 공격한다고 하는가?"

하느니 우리가 먼저 공격하는 것만 못하다.' 라고 계산하고 있습니다. 강한 秦이 지조를 꺾어 우리(東周)와 동맹을 요구하면, 그 폐해가 우리(東周)에 올 것 같아 걱정입니다."[884]

## 107/ 濮陽人呂不韋賈於邯鄲

{原文} 濮陽人呂不韋賈於邯鄲, 見秦質子異人, 歸而謂父曰, "耕田之利幾倍?" 曰, "十倍." "珠玉之贏幾倍?" 曰, "百倍." "立國家之主贏幾倍?" 曰, "無數."

曰, "今力田疾作, 不得煖衣餘食, 今建國立君, 澤可以遺世. 願往事之."

秦子異人質於趙, 處於聊城. 故往說之曰,

"子傒有承國之業, 又有母在中. 今子無母於中, 外託於不可知之國, 一日倍約, 身爲糞土. 今子聽吾計事, 求歸, 可以有秦國. 吾爲子使秦, 必來請子."

---

884 원문 臣恐其害於東周 – 秦이 東周에 동맹을 요구하면 약한 동주는 거절할 수 없다. 그러면서 같이 魏를 공격하면 우리 東周로서는 큰 손해라는 뜻.

## 濮陽 사람 呂不韋(여불위)가 邯鄲(한단)에서 장사를 하다.

{국역} 濮陽(복양)[885] 사람 呂不韋(여불위)[886]는 (趙의 도읍) 邯鄲(한단)에서 장사를 하면서, 秦의 質子인 異人(이인)을 만난 뒤,[887] 돌아와 그의 부친에게 말했다.

"농사의 이득은 얼마나 됩니까?"

"10배의 이득을 볼 수 있다."

"珠玉을 거래하면 그 이득은 몇 배입니까?"

---

885 濮陽(복양) – 衛 成公은 楚丘〔초구, 春秋 시대 邑名. 한때 衛國의 도읍, 今 河南省 북부 安陽市 관할 滑縣(활현)〕에서 濮陽으로 옮겨왔다. 옛 帝丘(제구)이니 顓頊(전욱)의 옛 터이다. 漢代에는 東郡의 治所였다. 今 河南省 황하 북쪽 濮陽市(복양시).

886 呂不韋(여불위, 前 292 – 235) – 처음에는 大商人(奇貨可居의 故事), 13년간 秦國의 相 역임. 門客을 모아《呂氏春秋》를 편찬했는데 先秦 雜家의 대표적 인물(兼儒墨하고 合名法). 뒷날 嫪毐(노애) 집단의 견제를 받아 相國에서 물러나 河南에 거처하다가 蜀으로 유배되자 三川郡(今 洛陽)에서 자살했다.《史記 呂不韋列傳》 참고.

《呂氏春秋(여씨춘추)》 26편(書存)은 秦相 呂不韋(여불위)가 智略之士를 모아 편집한 책. 八覽, 六論, 十二紀로 총 20여만 字. 여불위는 책이 완성되자,《呂氏春秋》는 天地 萬物과 古往今來의 事理를 모두 다 집대성했다고 자부하면서, 함양성 성문에 책과 함께 1천금의 상금을 걸어놓았다(懸賞金). 그러면서《呂氏春秋》에 一字라도 가감하거나 고칠 곳이 있다면 1천금을 상으로 주겠다고 공표했다(一字千金). 그러나 아무도 고치겠다고 나서는 사람이 없었다. 권세는 그처럼 무서웠다.

887 見秦質子異人 – 異人(이인, 前 281 – 247年)은 秦 莊襄王의 別名, 子異. 初名은 子楚. 秦 昭襄王의 孫, 孝文王의 子, 진시황의 父. 昭襄王 재위 중에 趙에 인질로 나갔었다. 秦 莊襄王으로 즉위, 재위 前 249 – 247년. 중국 역사에서는 최초의 太上皇(追尊).

呂不韋(여불위, 前 292 - 235년)

"1백 배는 된다."

"나라의 國君을 옹립한다면 몇 배의 이득을 보겠습니까?"

"셀 수 없다(無數)."

"지금 힘들게 고생하며 농사를 지어도 따뜻한 옷과 여분의 양식을 얻을 수 없지만, 이제 나라의 군주를 세운다면 그 혜택은 다음 代에도 넘겨줄 수 있으니, 저는 그런 사람을 찾아가 섬기겠습니다."[888]

---

888 원문 願往事之 - 事는 爲하다. 여불위는 농사나 주옥 거래는 작은 이득이라 생각했다. 建國과 立君의 大利를 생각했고 그대로 성공하였다. 그러나 그가 蜀郡에서 酖毒(짐독)을 마시면서 후회하지 않았을까?

秦의 王子 異人(이인)은 趙에 보내진 인질로 聊城(요성, 趙邑)에 머물고 있었는데, 여불위가 찾아가 말했다.

"子傒(자해)는[889] 나라를 계승할 일도 있고, 또 모친과 함께 지내고 있지만, 당신은 모친도 없으며[890] 또 앞날의 길흉을 알 수도 없는 나라에 맡겨졌으니, 어느 날 나라에서 약조를 깨면, 몸은 糞土(분토)처럼 버려지게 됩니다. 이제 당신이 내 계획을 따라준다면, 귀국하여 秦國을 차지할 수 있을 것입니다. 나는 당신을 위해 秦에 사신으로 가서 당신을 돌아오도록 청하겠습니다."

{原文} 乃說秦王后弟陽泉君曰,

"君之罪至死, 君知之乎? 君之門下無不居高尊位, 太子門下無貴者. 君之府藏珍珠寶玉, 君之駿馬盈外廐, 美女充後庭. 王之春秋高, 一日山陵崩, 太子用事, 君危於累卵, 而不壽於朝生. 說有可以一切 而使君富貴千萬歲, 其寧於太山四維, 必無危亡之患矣."

陽泉君避席, 請聞其說. 不韋曰,

"王年高矣, 王后無子, 子傒有承國之業, 士倉又輔之. 王一日山陵崩, 子傒立, 士倉用事, 王后之門, 必生蓬蒿. 子異人賢材也, 棄在於趙, 無母於內, 引領西望, 而願一得歸. 王

---

889 子傒(자혜) - 孝文王(安國君)의 庶子이며 莊襄王(子楚)의 異母兄弟. 傒는 묶을 혜. 徯(샛길 혜)가 아님.

890 원문 今子無母於中 - 中은 內也. 異人의 모친은 夏姬(하희, 唐姬라는 기록도 있음)인데 총애를 받지 못해 모친이 없는 것과 같다는 주석이 있다.

后誠請而立之, 是子異人無國而有國, 王后無子而有子也."

陽泉君曰, "然." 入說王后, 王后乃請趙而歸之.

{국역} 이에 呂不韋(여불위)는 秦 王后 동생인 陽泉君(양천군)에게 말했다.[891]

"君은 死罪(죽을 죄)를 짓고 있는데 알고는 있습니까?[892] 君의 門下에는 尊位(존위)에 오르지 않은 사람이 없지만, 太子〔子傒(자혜)〕의 門下에는 貴者가 없습니다. 君의 창고에는 珍珠와 寶玉이 가득하고, 외양간은 駿馬(준마)로 채워졌으며, 後庭(후정)에는 美女가 많습니다. 지금 王의 春秋가 많으시고,[893] 어느 날 山陵이 崩壞(붕괴)하면 太子가 治國할 것이니,[894] 君은 累卵(누란)처럼 위험하며 朝生(무궁화)처럼 목숨이 짧습니다.[895] 지금 나에게는 당신이 모두를

891 원문 秦王后弟陽泉 - 秦王后는 孝文王의 부인 華陽夫人, 당시 昭王(昭襄王) 재위(前 306 - 50년)중이었다.

892 원문 ~, 君知之乎? - "君有不遠圖之罪, 知不?"로 된 판본도 있다.

893 원문 王之春秋高 - 年老한 昭王을 말함. 春과 秋가 지나면 成歲한다(1년).

894 원문 一日山陵崩, 太子用事 - 一日은 특정하지 않은 어느 날. 一旦(일단)과 同. 山陵은 尊高한 사람. 高且固. 崩은 무너질 붕. 死也. 用事는 卽位하여 治 國事하다. 여기 태자는 安國君 뒷날 孝文王이다.

895 원문 君危於累卵, 而不壽於朝生. - 君은 陽泉君. 累卵(누란)은 아주 위험한 모양(至危也). 朝生은 무궁화〔木堇(목근), 槿은 무궁화 근〕. 아침에 피었다가 저녁에 진다(朝榮夕死). 短命不壽를 의미. 그 명이 하루 낮도 지속하지 못한다. 우리나라에서는 國花인데 꽃이 지면 또 다른 꽃이 핀다 하여 無窮花(무궁화)이나 꽃송이 하나를 볼 때 하루 낮 동안도 피어 있지 못한다. 중국인들에게 무궁화는 짧고도 짧은 영화를 뜻한다.

다 이룰 수 있고, 당신의 부귀를 천만세에 누리며 태산과 四維(사유) 처럼 평안하고,[896] 위태롭거나 망할 걱정이 없는 방책이 있습니다."

陽泉君은 避席(피석)[897]하며 말해 달라고 요청하였다. 이에 여불위가 말했다.

"大王께서는 年高하시고 王后께서는 無子하시며, 子傒(자혜, 태자)는 承國(나라를 계승)할 大業이 있고, 또 士倉(사창)[898]이 보좌할 것입니다. 王이 어느 날 붕어하시고 子傒가 즉위하여 士倉이 用事하면 王后의 가문은 틀림없이 황폐해질 것입니다.[899] 王子인 異人(이인)은 현명한 인재이나 지금 趙에 버려졌고 궁내에 모친도 없는데, 목을 빼 서쪽만을 바라보며 돌아가길 기다리고 있습니다. 王后(華陽夫人)께서 왕에게 요청하여 異人(이인)을 데려오면, 왕자 이인은 없던 나라가 생기고, 왕후께서는 없던 아들을 얻게 될 것입

---

896 원문 其寧於太山四維 - 泰山(泰山)은 옮겨갈 수 없다. 四維(사유)는 천하 四方의 모서리. 泰山은 五岳의 으뜸(五嶽之長, 五嶽獨尊)으로 옛 이름은 岱山(대산), 또는 岱宗(대종)으로 불리었고, 山東省의 중앙부 泰安市에 자리하고 있으며, 태산의 주봉은 玉皇頂(1,533m)이다. 泰山은 秦의 시황제 이후 漢 武帝, 또 역대 왕조의 황제들이 이곳에 친림하여 하늘에 제사하는 封禪(봉선) 의식을 행했다. 漢 武帝는 태산의 절경에 놀라면서 "高矣! 極矣! 大矣! 特矣! 壯矣! 赫矣(혁의)! 駭矣(해의)! 惑矣(혹의)!" 라고 말했다는 전설이 전해진다.

897 避席(피석) - 앉아 있던 자리에서 옮겨(離席) 앞으로 다가 앉다.

898 士倉(사창) - 인명. 社倉으로도 기록. 昭襄王 26-32년 사이에 相을 역임했다.

899 원문 必生蓬蒿 - 蓬蒿(봉호)는 쑥. 생명력이 강해 아무데서나 잘 자라는 잡초.

니다."

陽泉君은 "옳은 말이요."라며 궁에 들어가 王后에게 말했고, 王后는 趙에 異人(이인)을 돌려보내 줄 것을 요청하였다.

{原文} 趙未之遣, 不韋說趙曰,

"子異人, 秦之寵子也, 無母於中, 王后欲取而子之. 使秦而欲屠趙, 不顧一子以留計, 是抱空質也. 若使子異人歸而得立, 趙厚送遣之, 是不敢倍德畔施, 是自爲德講. 秦王老矣, 一日晏駕, 雖有子異人, 不足以結秦."

趙乃遣之. 異人至, 不韋使楚服而見. 王后悅其狀, 高其知, 曰,

"吾楚人也."

而自子之, 乃變其名曰楚. 王使子誦, 子曰,

"少棄捐在外, 嘗無師傅所教學, 不習於誦."

王罷之, 乃留止. 間曰,

"陛下嘗軔車於趙矣, 趙之豪桀, 得知名者不少. 今大王反國, 皆西面而望. 大王無一介之使以存之, 臣恐其皆有怨心. 使邊境早閉晩開."

王以爲然, 奇其計. 王后勸立之. 王乃召相, 令之曰,

"寡人子莫若楚."

立以爲太子. 子楚立, 以不韋爲相, 號曰文信侯, 食藍田十二縣. 王后爲華陽太后, 諸侯皆致秦邑.

{국역} 趙에서 (異人을) 보내기 전에, 呂不韋(여불위)는 趙나라를 설득하였다.

"왕자 異人은 秦의 총애하는 왕자이지만 궁중에 모친이 없기에 王后(華陽夫人)가 데려다 아들로 삼으려 합니다. (그간에) 秦에서 趙를 정벌할 경우 왕자 하나를 생각하여 방략을 유보하지 않을 것이니, 그 사람은 말하자면 헛 인질이었습니다.[900] 만약 왕자 異人(이인)이 秦에 돌아가 즉위할 수 있도록 趙에서 후한 예물을 주어 보내준다면 異人(이인)은 은덕을 배반하지 않을 것이니, 이는 저절로 덕을 베풀어 講和(강화)를 성립시키는 것입니다.[901] 秦王은 늙었고 어느 날 죽게 되면,[902] 비록 왕자 異人(이인)이 있다 하여도 秦이 강국이 되기에는 부족할 것입니다."[903]

趙에서는 異人을 돌려보내주었다.[904]

---

900 원문 不顧一子以留計, 是抱空質也 - 留計는 계책을 유보하다(不決也). 抱는 끌어안다. 가지다(持). 인질로 잡아두다. 空質은 버려도 상관없는 인질. 秦에서 목숨을 살리려는 인질이 아니다.

901 원문 是自爲德講 - (異人에게) 은덕을 베풀어 (趙에) 講和하게 한다. 講을 誠으로 해석할 수도 있고, 講을 媾(和親할 구)의 뜻으로 풀이할 수도 있다.

902 원문 一日晏駕 - 晏은 늦을 안(晚也). 예정된 시간보다 늦다는 뜻. 天子는 일찍 일어난다. 천자의 수레가 늦는다면 죽었다는 완곡한 표현이다. 晏駕(안가)는 日暮에 大陰으로 수레를 타고 돌아간다(駕歸). 곧 死亡을 뜻한다.

903 원문 不足以結秦 - 結을 공고히 하다(固)로 풀이하여 秦이 안정되기에는 부족하다. 그러니 보내주어도 상관없다는 뜻으로 해석한다. 또 '秦과 結合(和親)할 수 있다.' 로 풀이할 수 있다.

904 趙乃遣之 -《史記 呂不韋列傳》의 내용과는 많이 다르다.《史記》에서는

異人(이인)이 돌아오자, 呂不韋(여불위)는 楚服(초복)으로 왕후를 알현하게 하였다.[905] 王后는 그 모습에 기뻐하며, 異人의 식견을 크게 칭찬하며 말했다.

"나는 楚人이다."

그러면서 異人(이인)을 친아들처럼 여겼고(而自子之), 이름도 楚로 바꾸게 했다. 昭王이 子楚에게 배운 것을 외우게 하자 子楚가 말했다.

"어려서부터 외국에 버려져서 일찍 사부의 가르침을 받지 못하였기에 암송에 익숙하지 못합니다."[906]

昭王은 그만두었고 子楚를 궁에 머물게 했다. 곧 子楚가 (安國君에게) 말했다.[907]

"陛下(폐하)께서도 일찍이 趙에 수레를 멈추셨던 적이 있었기에[908]

---

秦이 邯鄲(한단)을 포위하자, 趙에서는 子楚를 죽이려 했으나 子楚가 탈출하여 돌아오는 것으로 서술하였다. 대체로《戰國策》의 내용이 보다 實情에 가깝다고 생각한다. 呂不韋(여불위)처럼 두뇌 명석한 상인이라면 충분히 그럴 수 있다고 생각한다.

905 楚服 – 盛服이란 주석. 王后가 楚人이라서 楚人의 복장이라는 풀이가 있다.

906 不習於誦 – 習은 익숙하다. 알다. 깨우치다(曉也). 誦은 외울 송. 배운 것을 암송하다. '不習於誦' 을 焚書의 징조로 풀이한 주석도 있는데, 너무 앞서갔다는 생각이 든다.

907 원문 間曰 – 間은 須臾(수유). 궁중에 머물라고 말한 뒤에 곧. 아니면 그 뒤로 子楚가 정사를 보필하며 얼마 되지 않았을 때.

908 원문 嘗軔車於趙矣 – 여기 陛下는 子楚 부친인 孝文王이라는 주석이 있다. 효문왕도 趙에 인질로 갔었다. 軔車(인거)는 수레를 멈추다. 止仕也. 軔은 쐐기 나무 인. 수레를 구르지 못하게 막는 나무. 人質이라는 말을

趙나라의 豪桀(호걸) 중에 이름을 아시는 자가 적지 않았을 것입니다. 지금 大王께서 反國(나라로 돌아옴)하자 그들이 모두 서쪽을 바라보며 기대를 했었습니다. 그러나 大王께서는 그들 안부를 묻는 사람을 한 번도 보내지 않았습니다. 臣의 생각으로는 그들이 아마도 怨心(원심)을 품고 있을 수도 있습니다. 따라서 변경에서는 저녁 때 일찍 폐관하고 아침에 늦게 開關하는 것이 좋을 것 같습니다."

王도 그렇게 생각하면서 그 계책을 기이하게 생각하였다. 왕후가 子楚를 태자로 세우라고 권했다. 왕이 相을 불러 말했다.

"寡人에게 子楚만한 아들이 없다."

자초는 太子가 되었다. (孝文王에 이어) 子楚가 즉위하였고(莊襄王, 재위 249 - 247), 呂不韋는 相이 되었으며, 文信侯라 불렸고, 藍田(남전)의 12개 현이 그의 식읍이었다. 왕후는 華陽太后가 되었고 제후들은 모두 秦에 땅을 보태주었다.[909]

【參考】 秦 孝文王(출생, 前 302 - 250년)은 秦 昭王(昭襄王, 재위 306 - 251)의 아들인데, 즉위 전에는 安國君으로 불렸다. 安國君은 前 265년에 昭王의 太子로 책봉되었다. 安國君과 正妻 華陽夫人(?前 296년 - 前 230년) 사이에는 아들이 없었고, 孝文王(安國君)의 庶子이며 莊襄王의 異母兄弟인 子傒(자혜)는 이미 자기 세력을 갖추고 있었다. 본문에서

---

완곡하게 표현하였다.

909 원문 諸侯皆致秦邑 - 여기 諸侯가 周 天子의 제후란 뜻은 아닐 것이다. 秦의 公族으로 화양부인이 太后이니 奉養을 위한 邑, 곧 民戶를 얼마만큼씩 예물로 주었다는 뜻이다. 그래서 원문은 奉邑이어야 한다는 주석이 있다.

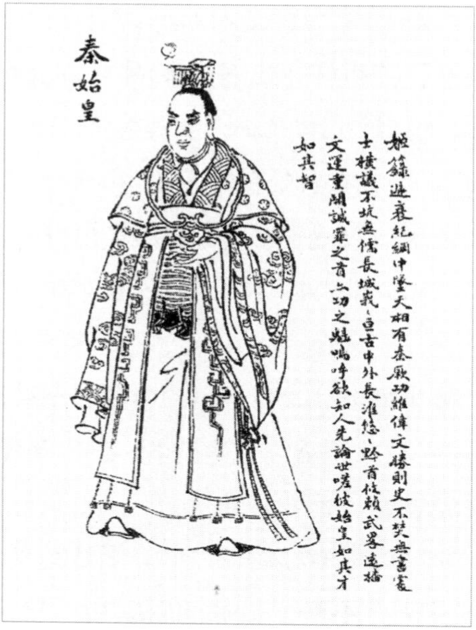


秦始皇(진시황, 재위 前 246－210년)
前 246－222년(王), 前 221－칭제, 前 221－210년(始皇帝)

는 상세한 설명이 없이 太子라 하였으니 자혜를 昭王의 태자로 인식할 수 있다. 자혜는 태자 안국군의 세자이니 昭王으로 따지면 世孫인 셈이다.

呂不韋의 活動으로, 華陽夫人은 安國君을 설득하여 趙에 인질로 가 있던 異人(이인, 名, 子楚로 개명)을 養子로 맞이하며 태자로 삼았다. 두 사람은 여불위를 異人의 사부로 삼았다. 前 251년, 秦 昭襄王이 죽고 52歲의 아들 孝文王(安國君)이 繼位했다. 孝文王은 華陽夫人을 王后로, 子楚를 太子로 봉했다. 그러면서 3일 만에 갑자기 붕어했다(재위 前 250년 11월12일－11月15日. 享年 52歲). 子楚가 계위하니, 이가 秦 莊襄王(장양왕, 재위 前 250－247년)이다. 뒷날의 진시황은 異人(이인, 子楚)이 趙의 邯鄲(한단)에 머물 때 趙姬(조희)라는 여인한테서 얻은 아들이다. 여불의가 자신의 씨앗을 잉태한 여인을 異人(子楚)에게 주었으니 진시황은 여불위의 아들이라는 이야기는 누구도 확인하거나 장담할 수 없다. 莊襄王(장양왕)이 즉위 4년 만에 죽자, 趙姬 사이에서 태어난 아들 政이 13살에 즉위한다. 그래서 화양태후가 약 7년간 섭정한다. 이때도 呂不韋(여불위)는 相國이었다.
화양부인은 진시황한테는 할머니이다.

## 108/ 文信侯欲攻趙以廣河間

{原文} 文信侯欲攻趙以廣河間, 使剛成君蔡澤事燕三年, 而燕太子質於秦. 文信侯因請張唐相燕, 欲與燕共伐趙, 以廣河間之地.

張唐辭曰, "燕者必徑於趙, 趙人得唐者, 受百里之地."

文信侯去而不快. 少庶子甘羅曰, "君侯何不快甚也?"

文信侯曰, "吾令剛成君蔡澤事燕三年, 而燕太子已入質矣. 今吾自請張卿相燕, 而不肯行."

甘羅曰, "臣行之."

文信君叱去曰, "我自行之而不肯, 汝安能行之也?"

甘羅曰, "夫項橐生七歲而爲孔子師, 今臣生十二歲於茲矣! 君其試臣, 奚以遽言叱也?"

## 文信侯가 趙를 공격하여 河間의 땅을 넓히려 했다.

{국역} 文信侯(문신후, 呂不韋)가 趙를 공격하여 河間(하간)의 땅을 넓히고자 하여,[910] 剛成君 蔡澤(채택)을[911] 燕에 3년간 출사케 하고, 대신 燕 太子 旦(단)을 秦에 인질로 보내기로 약속하였다.[912] 文信侯는 張唐(장당, 秦人)을 燕의 相에 임명케 하여 燕과 함께 趙를 공격하여 河間(하간)의 땅을 넓히려 하였다.[913]

그러나 장당은 사양하며 말했다.

"燕나라에 가려면 꼭 趙를 지나가야 하고, 趙에서는 나를 사로잡으면 1백 리의 땅을 상금으로 받을 수 있습니다."

文信侯는 돌아왔지만 (장당의 거절에) 불쾌하였다. 이에 少庶子

---

910 원문 文信侯欲攻趙以廣河間 – 文信侯는 呂不韋. 廣은 넓히다. 河間은 지역 이름, 漳河와 河水 사이. 秦漢代의 郡國名. 秦代 河間은 鉅鹿郡(거록군) 관할이었는데, 今 河北省 남부 邢台市(형태시)에 해당한다. 이는 《史記 呂不韋列傳》의 내용과 많이 틀리다. 책사가 假託한 내용일 것이라는 주석이 있다.

911 蔡澤(채택, 생졸년 미상) – 본래 燕國人, 博學하고 善辯한 縱橫家(종횡가), 戰國 시대 秦의 范雎(범수)에 유세했고, 범수는 채택을 후임 재상으로 천거하였다. 秦의 宰相을 몇 달간 역임했고, 綱成君(강성군)으로 불렀다. 092 〈蔡澤見逐於趙〉 참고.

912 而燕太子質於秦 – 燕 太子는 燕王 僖(喜, 재위 前 254 – 222년, 燕의 마지막 왕)의 太子 丹(단, ? – 前 226)은 燕丹으로 통칭. 秦國이 滅韓하기 전, 秦國의 인질로 갔다가 모욕을 겪었다. 燕王 喜 23년(前 232)에 탈출하여 燕으로 돌아왔다. 뒷날 자객 荊軻(형가)를 시켜 秦王 政을 암살하려 했으나 성공하지 못했다.

913 원문 欲與燕共伐趙, 以廣河間之地 – 이 구절 12字가 없는 판본도 있다.

인 甘羅(감라)가[914] 물었다.

"君侯(군후)께서는 어찌 그리 불쾌하십니까?"

文信侯가 말했다.

"나는 剛成君 蔡澤(채택)에게 燕에 3년을 출사케 하고 燕 太子를 인질로 받기로 하였다. 지금 내가 張唐을 燕의 相으로 보내려 했는데 장당이 가려 하지 않는다."

甘羅는 "제가 장당을 만나보겠습니다."라고 말했다.

(甘羅가 찾아가자) 文信侯는 '나가라' 고 감라를 질책하며 말했다.

甘羅(감라, 前 247 - ?)

914 원문 少庶子甘羅 - 少庶子는 官職名. 甘羅(감라)는 당시 文信侯의 家臣이었다. 甘羅는 甘茂(감무)의 孫子. 甘茂(감무, 생졸년 미상)는 戰國 시기 楚國 下蔡邑(今 安徽省 중부 蚌埠市 방부시 관할 鳳臺縣) 사람으로 秦國의 명장이었다. 百家之說을 공부하였고 뒷날 張儀(장의)와 樗里疾(저리질)의 천거로 惠文王을 섬겼다. 周 赧王 3년(前 312), 秦, 韓, 魏 3국이 攻楚했고 楚國은 大敗했다. 秦國은 楚國의 漢中를 차지했고, 甘茂는 漢中 일대를 평정하였다. 뒷날 秦을 떠나 齊國으로 옮겨갔고 齊國의 上卿에 올랐다. 나중에서 魏國에서 죽었다. 감무의 손자가 12살에 秦國의 上卿이 되었다는 甘羅(감라, 前 247年 - ?)이다. 삼국시대 吳 손권의 부장 甘寧(감녕)은 감무의 후손으로 알려졌다. 《史記 樗里子甘茂列傳》 참고. 본서 **002** 〈秦攻宜陽〉 참고.

"내가 직접 갔는데도 거절하였는데, 네가 그 사람을 어찌 가게 하겠는가?"

감라가 말했다. "項橐(항탁)은 태어나 7살에 孔子의 스승이 되었는데, 지금 저는 벌써 12살이나 되었습니다! 군후께서 저를 시험해 보면 되거늘 왜 갑자기 꾸짖습니까?"[915]

{**原文**} 甘羅見張唐曰, "卿之功, 孰與武安君趙"

唐曰, "武安君戰勝攻取, 不知其數. 攻城墮邑, 不知其數. 臣之功不如武安君也."

甘羅曰, "卿明知功之不如武安君歟?"

曰, "知之."

"應侯之用秦也, 孰與文信侯專?"

曰, "應侯不如文信侯專."

曰, "卿明知爲不如文信侯專歟?"

---

**915** 項橐(항탁) – 項橐(항탁, 項托. 橐은 전대 탁, 전대는 물건을 담을 수 있는 자루)은 겨우 일곱 살에 孔子의 스승이 되었다고 한다. 이 전설 같은 이야기는 《戰國策 秦策》에 秦 文信侯(呂不韋)와 甘羅(감라, 장군 甘茂의 손자)의 대화 속에 처음 보인다. 항탁에 관한 기록은 《淮南子》에도 있다. 魏·晋 무렵에 공자와 두 어린아이가 太陽이 얼마나 멀고 가까이에 있는가에 대한 논쟁 내용이 유포되었다. 이는 《列子 湯問》에도 실려 있는데, 두 아이의 지혜는 빛나고 공자의 無知가 폭소를 자아낸다. 아마 이런 글은 어느 재담가가 지어낸 이야기겠지만 이런 글에 계발되어 수·당 시기에 아주 재치 있고 재미있는 《孔子項托相問書》가 널리 알려졌다. 천재 소년인 항탁은 열 살에 죽었다고 한다.

曰, “知之.”

甘羅曰, “應侯欲伐趙, 武安君難之, 去咸陽七里, 絞而殺之. 今文信侯自請卿相燕, 而卿不肯行, 臣不知卿所死之處矣!”

唐曰, “請因孺子而行!”

令庫具車, 廐具馬, 府具幣, 行有日矣.

{국역} 甘羅가 張唐을 만나 말했다.

“卿의 功은 武安君(白起)에 비교하면 어떻습니까?”

장당이 말했다. “武安君은 싸워 이기고 공격하면 탈취한 그 수를 알 수 없습니다. 城과 읍을 공격, 함락한 것 또한 셀 수도 없습니다. 그러니 나의 功은 武安君만 못합니다.”

“卿은 그 공적이 무안군만 못한 것을 확실히 알고 있습니까?”

“알고 있소.”

“應侯(응후, 范雎)가 秦에 등용되었지만 文信侯에 비해 누구의 권한이 강하다고 생각합니까?”

“應侯가 문신후만 못합니다.”

“卿은 응후의 권력이 문신후만 못하다는 것을 분명히 알고 있지요?”

“압니다.”

“應侯(范雎)가 趙를 정벌하려 할 때, 武安君(白起)이 그 정벌이 불가하다고 했기에 응후는 咸陽城 밖 7里에서 白起의 목을 졸라 죽이게 하였습니다. 지금 文信侯는 卿에게 燕의 相이 되어달라고 직접 부탁하였지만 卿은 가려 하지 않았습니다. 저는 卿이 죽게 될 곳이 어디일지 잘 모르겠습니다!"[916]

이에 장당이 말했다.

"孺子(童子)의 말씀대로 가겠습니다!"

그리고서는 車庫의 수레를 준비하게 하고 마구간의 말과 여러 재물을 준비하게 하였으며 출발 일자도 결정하였다.

{原文} 甘羅謂文信侯曰, "借臣車五乘, 請爲張唐先報趙."

見趙王, 趙王郊迎. 謂趙王曰,

"聞燕太子丹之入秦與?"

曰, "聞之."

"聞張唐之相燕與?"

曰, "聞之."

"燕太子入秦者, 燕不欺秦也. 張唐相燕者, 秦不欺燕也. 秦,燕不相欺, 則伐趙, 危矣.燕,秦所以不相欺者, 無異故, 欲攻趙而廣河間也. 今王齎臣五城以廣河間, 請歸燕太子, 與强趙攻弱燕."

趙王立割五城以廣河間, 歸燕太子. 趙攻燕, 得上谷三十六縣, 與秦什一.

---

916 白起는 咸陽城 밖 杜郵(두우)에서 죽었지만 卿이 죽을 곳은 어딘지 모르겠다! – 이보다 더 큰 警告가 또 어디 있겠는가. 더군다나 12살 소년도 알고서 전달하는 말이니!

{국역} 甘羅가 文信侯에게 말했다.

"제게 수레 5乘을 내주면 張唐을 위해 먼저 趙에 알려주겠습니다."

감라가 趙 悼襄王(도양왕, 재위 前 244-236년)을 만나러 가자 趙王은 교외에까지 나와서 영접했다. 감라가 趙王에게 말했다.

"燕 太子 丹(단)이 秦에 인질로 간 것을 아십니까?"

"알고 있소."

"張唐이 燕의 相으로 가는 것도 알고 계십니까?"

"들었소."

"燕 太子가 入秦한 것은 燕이 秦을 속이지 않겠다는 뜻입니다. 張唐이 燕의 相이 된 것도 秦은 燕에게 거짓말을 아니 한다는 뜻입니다. 秦과 燕이 서로 속이지 않는다면 곧 趙를 공격할 것이니, 이는 趙의 위기입니다. 燕과 秦이 서로 속이지 않는 것은 다른 이유가 아니라 趙를 공격하여 河間(하간)으로 땅을 넓히겠다는 뜻입니다. 지금 대왕께서 저에게 5개 성을 내주어 河間의 땅을 넓혀준다면, 저는 燕太子를 돌려보내게 한 뒤에 强한 趙와 함께 약한 燕을 공격케 할 것입니다."

趙王은, 곧 5개 城을 할양하여 河間의 땅을 넓혀주었고, (秦에서는) 燕 太子를 돌려보냈다. 趙는 燕을 공격하여 上谷郡[917] 36현을 차지하였고 그 10분의 1을 秦에게 나눠주었다.

---

**917** 上谷郡 - 秦朝 36군의 하나로, 郡治는 沮陽縣(저양현), 今 河北省 서북부, 北京市의 서북부 張家口市 일대.

## 109/ 文信侯出走

{原文} 文信侯出走, 與司空馬之趙, 趙以爲守相. 秦下甲而攻趙.

司空馬說趙王曰, "文信侯相秦, 臣事之, 爲尙書, 習秦事. 今大王使守小官, 習趙事. 請爲大王設秦,趙之戰, 而親觀其孰勝. 趙孰與秦大?"

曰, "不如."

"民孰與之衆?" 曰, "不如."

"金錢粟孰與之富?" 曰, "弗如."

"國孰與之治?" 曰, "不如."

"相孰與之賢?" 曰, "不如."

"將孰與之武?" 曰, "不如."

"律令孰與之明?" 曰, "不如."

司空馬曰, "然則大王之國, 百擧而無及秦者, 大王之國亡."

趙王曰, "卿不遠趙, 而悉敎以國事, 願於因計."

## 文信侯가 쫓겨나다.

{국역} 文信侯(呂不韋)가 쫓겨나자,[918] 司空馬(사공마)[919]는 趙나라로

918 원문 文信侯出走 – 呂不韋(여불위, 前 292 – 235年)는 始皇 10년(前 237)에

옮겨갔는데, 趙에서는 사공마를 임시 國相(守相, 假官)에 임용했다. 秦은 군사를 보내 趙를 공격했다. 司空馬가 趙王[920]에게 말하였다.

"文信侯가 秦의 相일 때, 저는 그를 섬겨 尙書(상서)[921]를 지냈기에 秦의 實情을 잘 알고 있습니다. 大王께서 저를 임시 하급 관직에 임용하셨기에 趙의 사정도 알고 있습니다. 대왕께서 보실 때, 秦과 趙에서 전쟁에서 어느 쪽이 승리할 지 대왕의 뜻을 묻고 싶습니다. 趙와 秦은 누가 강하다고 생각하십니까?"

---

13년간의 國相 자리에서 물러나 자신의 河南郡 封地로 옮겼다. 이어 12년(前 235)에 蜀으로 流放되자, 도중에 三川郡(洛陽)에서 鴆毒(짐독)으로 자살했다. 鴆은 짐새 짐. 중국 남방에 사는 올빼미 비슷한 毒鳥로 살무사(蝮, 복)를 잡아먹는 새. 짐새의 깃털을 술에 넣고 저으면 毒酒가 된다.

919 司空馬(사공마, 생졸년 미상) - 呂不韋의 門客. 趙王에게 趙의 절반을 잘라 주더라도 생존하며 합종책을 강구하라고 건의했으나 趙王은 받아들일 수 없었다. 趙의 멸망을 예견했다.

920 趙王 - 趙 幽繆王(유목왕, 재위 前 235 - 228) - 보통 趙王 遷(천)으로 통칭. 趙 悼襄王의 아들. 즉위 직후에 秦王 政 12년(前 235年), 秦軍이 침략하여 趙軍 10만을 죽였다. 趙는 이에 李牧(이목)을 大將軍으로 삼아 宜安(의안, 今 河北省 石家莊市 서북)에서 秦軍을 대파했고, 李牧은 武安君이 되었다. 趙王 遷은 재위 기간에 李牧을 중용했고, 秦은 李牧을 심히 두려워했다. 이에 진에서는 거금으로 趙國 佞臣〔영신, 嬖臣(폐신)〕 郭開(곽개)를 매수했고, 곽개의 참소로 이목은 나중에 賜死된다. 秦王政 19년(前 228), 秦將 王翦(왕전)이 趙軍을 격파하고 邯鄲을 점거하자, 趙王 遷은 지도를 바치며 투항하고, 이어 河南 房陵縣으로 유배되며, 趙는 일단 멸망한다. 그러나 趙國 公子 嘉(가)가 代郡으로 도망, 代王으로 자립하는데, 이 代王 嘉(가, 재위 前 227 - 222년)가 趙의 마지막 왕이다.

921 尙書 - 秦 官職名. 少府 소속.

趙王이 말했다. "우리는 秦만 못합니다."

"백성은 어느 쪽이 많습니까?" "秦보다 적습니다."

"金錢이나 軍糧〔粟(속)〕은 어느 쪽이 많습니까?"

"우리가 많지 않습니다."

"나라는 어디가 안정되었습니까?(治)"

"우리가 못합니다."

"어느 國相이 더 현명합니까?" "우리가 못합니다."

"장수의 武勇은 어떻겠습니까?" "우리가 저들만 못합니다."

"律令은 어디가 더 분명합니까?" "우리가 못합니다."

"그러하다면 대왕은 모든 면에서 秦을 따라갈 수 없으니, 대왕의 나라는 망하게 됩니다."

"卿께서 먼 길을 마다 않고 우리 趙까지 오셨으니, 國事에 여러 가르침을 주시면, 그에 따라 계책을 마련하겠습니다."[922]

{原文} 司空馬曰, "大王裂趙之半以賂秦, 秦不接刃而得趙之半, 秦必悅. 內惡趙之守, 外恐諸侯之救, 秦必受之. 秦受地而郄兵, 趙守半國以自存. 秦銜賂以自强, 山東必恐, 亡趙自危, 諸侯必懼. 懼而相救, 則從事可成. 臣請大王約從. 從事成, 則是大王名亡趙之半, 實得山東以敵秦, 秦不足亡."

趙王曰, "前日秦下甲攻趙, 趙賂以河間十二縣, 地削兵

922 원문 願於因計 – 因은 따르겠다. 받아들이겠다(受也).

弱, 卒不免秦患. 今又割趙之半以强秦, 力不能自存, 因以亡矣. 願卿之更計."

司空馬曰, "臣少爲秦刀筆, 以官長而守小官, 未嘗爲兵首, 請爲大王悉趙兵以遇."

趙王不能將.

司空馬曰, "臣效愚計, 大王不用, 是臣無以事大王, 願自請."

{국역} 이에 司空馬가 말했다.

"大王께서 趙의 영역 절반을 잘라서 秦에 바친다면,[923] 秦은 싸우지 않고도 趙의 절반을 얻게 되니 틀림없이 좋아할 것입니다. (秦은) 內心으로 趙의 방어를 걱정하고, 외부 여러 제후국의 구원을 두려워하면서도 땅을 차지할 것입니다. 秦이 受地(땅을 받다)하고서 군사를 철수하면,[924] 趙는 나라의 절반을 지키면서 존속해야 합니다. 秦은 趙의 땅을 받아 더 강대하겠지만, 山東의 여러 나라는 두려움 속에서, 趙가 멸망한다면 자신들에게 위기라 생각하여[925] 틀림없이 두려워합니다. 두려우면 서로 구원할 것이니 合從이 성립될 수

---

923 원문 大王裂趙之半以賂秦 - 裂은 찢을 열. 割讓(할양)하다. 賂는 뇌물 줄 뇌. 주다.

924 원문 郄兵(극병) - 郄은 틈 극. 卻(물리칠 각)의 뜻으로 쓰였다는 주석이 있다.

925 원문 亡趙自危 - 亡은 없어지다. 잃다(失也). 趙가 망하면 다른 5國은 입술이 없어지는 것이다(脣亡齒寒).

있습니다. 臣은 대왕께서 합종의 맹약을 주도하시라고 말씀드립니다. 合從이 성사되면 대왕은 명목상으로는 나라의 절반을 잃었지만, 실제로는 山東의 제후를 얻어 秦과 대적하게 되니, 秦은 趙를 멸망시킬 수 없을 것입니다."

그러나 趙王이 말했다.

"그전에 秦이 군사를 보내 우리 趙를 공격하자, 趙는 河間(하간) 일대의 12개 현을 秦에 내주었는데, 우리 趙는 땅을 뺏기고 군사력도 약화되어 끝끝내 秦에 대한 걱정을 벗어나지 못했습니다. 지금 또 趙의 절반을 할양하여 秦을 강대하게 한다면, 우리는 自存할 힘이 없어 결국 이 때문에 멸망할 것입니다. 그러니 卿의 다른 계책을 바랍니다."[926]

司空馬가 말했다.

"臣은 젊어서 秦의 하급 刀筆吏(도필리)이었으며,[927] 상관 덕분에 小官에 머물 수 있었고, 군사의 우두머리가 된 적은 없었습니다만, 대왕께서 秦과 대적할 수 있게 趙의 군사 전부를 저에게 맡겨주십시오."[928]

趙王은 사공마를 장수로 삼을 수 없었다. 이에 사공마가 말했다.

"저의 愚計(우계)를 말씀드렸지만, 大王이 不用하시니, 臣은 대왕

---

926 원문 願卿之更計 – 更은 바꾸다(易也).

927 刀筆吏(도필리) – 문자를 잘못 쓰면 칼로 나무를 깎아 글자를 지워야 했기에 칼과 붓은 하급 관리의 상비품이었다.

928 원문 請爲大王悉趙兵以遇 – 悉은 모두 실. 다. 전부. 遇는 만날 우. 秦兵과 조우하여 대적하다. 군사를 지휘한 경험도 없다면서 一國의 군사 지휘권을 달라고 요청했다. 어느 王이 수락하겠는가?

을 섬길 수 없어 떠나겠습니다."

{原文} 司空馬去趙, 渡平原. 平原津令郭遺勞而問,

"秦兵下趙, 上客從趙來, 趙事何如?"

司空馬言其爲趙王計而弗用, 趙必亡. 平原令曰,

"以上客料之, 趙何時亡?"

司空馬曰, "趙將武安君, 期年而亡, 若殺武安君, 不過半年. 趙王之臣有韓倉者, 以曲合於趙王, 其交甚親, 其爲人疾賢妒功臣. 今國危亡, 王必用其言, 武安君必死."

韓倉果惡之, 王使人代. 武安君至, 使韓倉數之曰,

"將軍戰勝, 王觴將軍. 將軍爲壽於前而捍匕首, 當死."

{국역} 司空馬(사공마)가 趙를 떠나 平原津(평원진)에서[929] 나루를 건넜다. 平原津令인 郭遺(곽견)이 사공마를 위로하며 물었다.

"秦兵이 趙를 침략했다는데, 上客(尊客)께서는 趙에서 오셨으니, 지금 趙의 형편이 어떻습니까?"

司空馬는 趙王을 위해 계책을 말했지만 趙王이 채용하지 않았으며, 趙는 필히 멸망할 것이라고 말했다. 그가 물었다.

"上客께서 생각하실 때, 趙는 언제 망할 것 같습니까?"

司空馬가 말했다.

929 平原津 - 平原縣의 나루. 전국시대 齊의 서쪽 변경. 秦漢代 平原郡 平原縣. 今 山東省 북부 德州市 平原縣. 河北省과 접경.

"趙가 武安君〔李牧(이목)〕을 장군으로 삼으면,[930] 1년이면 망하나(期年), 만약 무안군을 죽이면 반년을 넘기지 못할 것입니다. 趙王의 신하 중 韓倉(한창)이란 자는 사악하게 趙王에 영합하고[931] 그 사이가 매우 친밀하지만, 한창은 그 사람됨이 賢人을 질시하고 功臣을 妬忌(투기)합니다. 지금 나라가 망할 위기에 처했는데, 趙王은 그의 말만 꼭 따르니 武安君(李牧)은 틀림없이 죽게 될 것입니다."

과연 韓倉은 이목을 헐뜯었고, 趙王은 다른 사람〔趙葱(조총)〕을 보내 李牧을 대신하게 했다. 武安君이 조정에 들어오자, 韓倉은 무안군의 죄를 열거하며 말했다.

"將軍이 전투에서 승리하자, 王은 장군에게 술을 하사할 때[932] 將軍은 앞으로 나와 祝爲하며 匕首(비수)를 그대로 차고 있었으니, 이는 死罪(사죄)에 해당합니다."[933]

{原文} 武安君曰, "繓病鉤, 身大臂短, 不能及地, 起居不敬, 恐懼死罪於前, 故使工人爲木材以接手. 上若不信, 繓請以

---

930 원문 趙將武安君 – 여기 將은 장수로 삼다. 동사로 쓰였다. 武安은 趙邑. 蘇秦도 武安君에 봉해졌고, 秦將 白起도 무안군이었다. 여기 무안군은 趙의 名將 李牧. 李牧(이목, ? – 前 229年)의 牧은 字. 趙國 名將, 白起, 王翦(왕전), 廉頗(염파)와 함께 戰國 四大名將의 한 사람. 《千字文》에서도 「起翦頗牧, 用軍最精」이라 하였다. 《史記 藺相如列傳》에 〈李牧列傳〉에 附傳.

931 원문 以曲合於趙王 – 曲은 邪(사악할 사). 옳지 않음(不正也).

932 원문 王觴將軍 – 觴은 술잔 상(酒爵也). 술을 내리다.

933 而捍匕首 – 捍은 막을 한(衛也), 호위할 한. 비수로 막았다. 거꾸로 하면 비수로 찌를 수도 있다. 匕首(비수)는 短刀(단도).

出示."

出之袖中, 以示韓倉, 狀如振捆, 纏之以布. "願公入明之."

韓倉曰, "受命於王, 賜將軍死, 不赦. 臣不敢言."

武安君北面再拜賜死, 縮劍將自誅, 乃曰, "人臣不得自殺宮中." 遇司空馬門, 趣甚疾, 出諔門也. 右擧劍將自誅, 臂短不能及, 銜劍徵之於柱以自刺. 武安君死五月, 趙亡.

平原令見諸公, 必爲言之曰,

"嗟嗞乎, 司空馬!"

又以爲司空馬逐於秦, 非不知也. 國亡者, 非無賢人, 不能用也.

{국역} 武安君이 말했다.

"저는[934] 팔이 굽는 병을 앓아, 신체는 장대하나 팔이 짧아 땅을 짚을 수가 없어 기거동작이 不敬하게 보이기에[935] 왕 앞에서도 죽을 죄를 지을까 두려워 工人(木手)을 시켜 나무를 손에 이어 붙였습니다. 대왕께서 못 믿을 것 같으니 제가 보여 드리겠습니다."

그러면서 소매 속에서 꺼내 韓倉에게 보여 주었는데, 그것은(義手는) 문의 손잡이 같았고 천으로 감겨 있었다. 이목은 "공께서 분명히 설명해주시기 바랍니다."라고 말했다.[936] 이에 韓倉이 대답했다.

934 繓은 맺을 촬(結也). 李牧의 名. 牧은 字.

935 원문 病鉤, 身大臂短, 不能及地, 起居不敬 - 鉤는 갈고리 구. 등이 굽었다. 臂는 팔 비. 起居는 일상생활의 동작. 不敬.

936 원문 狀如振捆, 纏之以布. - 振은 떨칠 진. 捆은 의지할 인. 梱은 문지방

"왕의 명령을 받아 장군에 죽음을 집행해야 하니, 사면할 수 없습니다. 臣은 해명할 수 없습니다."[937]

이에 武安君(李牧)은 北面하여 재배를 한 다음, 죽음의 명을 받고 칼을 뽑아 자결하려다가[938] 말했다.

"人臣은 宮中에서 자살할 수 없다." 그러면서 司馬門(사마문, 外門)으로 아주 빨리 걸어가서 諏門(숙문, 棘門)을 나가 오른팔로 칼을 뽑아 自殺(自誅)하려 했으나 팔이 짧아 미치지 못하자, 칼끝을 입에 물고 기둥에 대고 밀어 스스로 찔렀다.

武安君이 죽고, 5개월 뒤에 趙는 망했다.[939]

平原令은 여러 사람을 볼 때마다 으레 이렇게 탄식했다.

"아! 司空馬여!"[940]

그리고 또 말했다. "司空馬가 秦에서 축출된 것은 그가 지혜롭지 못해서가 아니다. 나라가 망하는 것은 賢人이 없어서가 아니라 등용하지 못했기 때문이다."

---

곤의 뜻. 纏은 얽힐 전. 두르다. 천으로 감아 싸다. 그 의수가 다른 사람에게는 옷 안에 비수를 감춘 것처럼 보였다는 주석이 있다.

937 원문 臣不敢言 - 이목을 위한 해명을 할 수 없다는 뜻.

938 원문 縮劍將自誅 - 縮은 죽일 축. 뽑아들다(取也, 抽也). 摍(뽑을 숙)이 맞음.

939 원문 武安君死五月, 趙亡. - 秦將 王翦(왕전, 생졸년 미상)이 도읍 邯鄲(한단)을 함락했고(前 228) 그 지역에 군을 설치하였다《史記 白起王翦列傳》 참고.

940 원문 嗟嗞乎 - 嗟는 탄식하는 소리 차. 嗞는 탄식할 자.

## 110/ 四國爲一, 將以攻秦

{原文} 四國爲一, 將以攻秦. 秦王召群臣賓客六十人而問焉, 曰,

"四國爲一, 將以圖秦, 寡人屈於內, 而百姓靡於外, 爲之奈何?"

群臣莫對. 姚賈對曰,

"賈願出使四國, 必絶其謀, 而安其兵."

乃資車百乘, 金千斤, 衣以其衣, 冠舞以其劍. 姚賈辭行, 絶其謀, 止其兵, 與之爲交以報秦. 秦王大悅. 賈封千戶, 以爲上卿.

韓非知之, 曰,

"賈以珍珠重寶, 南使荊,齊, 北使燕,代之間三年, 四國之交未必合也, 而珍珠重寶盡於內. 是賈以王之權, 外自交於諸侯, 願王察之. 且梁監門子, 嘗盜於梁, 臣於趙而逐. 取世監門子, 梁之大盜, 趙之逐臣, 與同知社稷之計, 非所以厲群臣也."

## 四國이 하나가 되어, 秦을 공격하려 했다.

{국역} 四國이 하나가 되어 秦을 공격하려 했다.[941] 秦王(政)은 群

941 원문 四國爲一, 將以攻秦 – 四國 – 燕, 趙, 齊, 楚이다. 전국시대 춘추

臣과 賓客 60여 명을 모아 놓고 물었다.

"四國이 하나가 되어 우리 秦을 圖謀(도모)하려 하는데, 寡人(과인)은 안으로 재정이 궁핍하고[942] 백성들도 外役에 지쳐있는데, 어찌하면 좋겠는가?"

群臣 중에 대답하는 사람이 아무도 없자, 姚賈(요가)[943]가 나서서 말했다.

"저 姚賈(요가)가 4국에 사신으로 나가서 그들의 모의를 絶滅(절멸)하고 그 군사행동을 멈추도록 하겠습니다."[944]

이어 수레 1백 乘에 재물과 金 1천 근을 내주고 秦王의 의관에 칼을 차도록 하사하였다.[945] 요가가 작별하고 출발하여 4국의 책모를 단절시키고 군사 행동을 멈추게 하였으며, 4국과 우호 관계를 형성했다고 秦에 보고하였다. 秦王은 크게 기뻐하며 요가에게 1천 호 식

---

吳의 영역은 모두 楚가 되었는데 吳를 4국에 포함한 것은 착오이다. 秦王 政이 韓非를 죽인 것이 前 233년이다. 그렇다면 한비가 살아있는 이 상황에서는 趙 대신 代國을 꼽을 수도 없다. 말하자면 趙 대신 代王 趙嘉(재위 前 227 – 222년)를 4國에 포함한 주석은 이치에 맞지 않는다.

**942** 원문 寡人屈於內 – 屈은 굽을 굴. 財力이 困窮(곤궁)하다.

**943** 姚賈(요가, 생졸년 미상) – 始皇의 大臣, 본래 梁國(魏) 출신. 出身이 貧寒했다. 그 부친이 監門卒(城門衛兵). 趙國의 謀臣이었다가 축출되자 秦國에서 間諜之計(간첩지계)를 건의했다. 秦이 六國과 마지막 전쟁을 치루는 기간에 姚賈는 많은 재물로 楚, 燕, 趙, 魏의 요인을 매수하여 합종을 와해시켰고, 秦王 政은 그를 上卿에 임명하였다. 韓非는 요가를 비난하였다.

**944** 원문 而安其兵 – 安은 案과 通. 止也. 息也.

**945** 원문 舞以其劍 – 舞는 帶가 되어야 함.

읍을 封하고 上卿으로 삼았다.

韓非(한비)[946]가 이 소식을 듣고 말했다.

"요가는 珍珠(진주)와 重寶(중보)를 갖고 南으로 荊(楚)과 齊, 북으로 燕(연)과 代國 등을 3년간 돌아다녔지만, 四國의 외교를 마무리 짓지도 못하고, 珍珠와 重寶를 그냥 다 소진시켰습니다. 요가가 秦王의 권한과 재물로 제후들 사이에 자신을 위한 교제를 했을 뿐이니, 대왕께서는 이를 사찰하셔야 합니다. 또 梁 監門(감문: 문지기)의 아들은(姚賈) 그전에 梁(魏)에서 도적질을 했고, 趙의 臣下였다가 방출되었습니다. 이런 성문지기 아들이며 梁의 大盜이고 趙의 逐臣(축신)을 등용하여 함께 社稷(사직)의 大計를 논의하는 것은 조정의 여러 신하를 격려하는 뜻이 아닙니다."[947]

{原文} 王召姚賈而問曰, "吾聞子以寡人財交於諸侯, 有諸?"

對曰, "有."

王曰, "有何面目復見寡人?"

對曰, "曾參孝其親, 天下願以爲子. 子胥忠於君, 天下願以爲臣. 貞女工巧, 天下願以爲妃. 今賈忠王而王不知也. 賈不歸四國, 尙焉之? 使賈不忠於君, 四國之王尙焉用賈之

---

946 韓非(한비, ?前 281 – 233년) – 戰國 시대 말기 韓國(한국)에서 출생. 法家思想의 대표적 인물. '法, 術, 勢'를 동시에 존중하는 이론을 세워 法家思想을 집대성했다.

947 원문 非所以厲群臣也 – 厲는 礪(갈 려)와 同. 激勵(격려)하다.

身? 桀聽讒而誅其良將, 紂聞讒而殺其忠臣, 至身死國亡. 今王聽讒, 則無忠臣矣."

王曰, "子監門子, 梁之大盜, 趙之逐臣."

姚賈曰, "太公望, 齊之逐夫, 朝歌之廢屠, 子良之逐臣, 棘津之讎不庸, 文王用之而王. 管仲, 其鄙人之賈人也, 南陽之弊幽, 魯之免囚, 桓公用之而伯. 百里奚, 虞之乞人, 傳賣以五羊之皮, 穆公相之而朝西戎. 文公用中山盜, 而勝於城濮. 此四士者, 皆有濮醜, 大誹天下, 明主用之, 知其可與立功. 使若卞隨,務光,申屠狄, 人主豈得其用哉! 故明主不取其汙, 不聽其非, 察其爲己用. 故可以存社稷者, 雖有外誹者不聽, 雖有高世之名, 無咫尺之功者不賞. 是以群臣莫敢以虛願望於上."

秦王曰, "然." 乃可復使姚賈而誅韓非.

{국역} 秦王(政)은 姚賈(요가)를 불러 물었다.

"내가 듣기로는, 그대가 寡人(과인)의 財物로 제후들과 교제하였다는데 그런 일이 있는가?"

요가는 "그렇습니다."라고 대답했다.

"그렇다면 무슨 면목으로 다시 과인을 만나는가?"

요가가 말했다.

"曾參(증삼)은 부모님께 효도하였기에 세상 사람 모두가 증삼을 아들로 삼고 싶었습니다. 伍子胥(오자서)는 주군에서 충성하였기에 세상은 그를 신하로 삼고자 하였습니다. 정숙하고 솜씨가 좋은 여인이라면 사람들이 배필로 삼고자 합니다. 지금 저 요가가 대왕께 충성했지만 왕께서는 모르실 뿐입니다. 제가 四國에서 돌아오지 않는다면, 어디를 갈 수 있겠습니까?[948] 제가 저의 主君에게 불충한다면, 4國의 왕들이 어찌 저의 입국을 허용했겠습니까? 桀(걸)은 참소를 듣고서 그 良將(關龍逢)을 죽였고, (殷) 紂王은 참언을 듣고 그 忠臣을(比干) 죽였기에 그 자신도 죽었거니와 나라도 멸망했습니다. 지금 대왕께서 참언을 듣고 따르신다면 충신이 없어질 것입니다."

王이 물었다.

"그대는 성문지기의 아들로, 梁(魏)의 大盜이며, 趙에서 내쫓긴 자라고 한다."

그러자 요가가 말했다.

"太公望(呂尙)은 齊에서 내쫓긴 사람이었고 (殷) 朝歌(조가)에서는 무능한 백정이었으며,[949] 子良(자량)에게 내쫓긴 신하였고,[950] 棘

---

948 원문 尙焉之? - 尙은 오히려. 副詞로 쓰였다. 焉은 어디, 어찌. 之는 가다. 동사로 쓰였다.

949 원문 朝歌之廢屠 - 朝歌는 殷의 도읍. 今 河南省 북부 鶴壁市 관할 淇縣(기현). 商朝(殷) 武乙(무일)이 건립한 副都(陪都). 武王이 殷을 정벌할 때, 帝辛(紂王, 주왕)이 朝歌의 교외인 牧野(목야)에서 싸워 패망하였다. 呂尙이 조가의 거리에서 가축을 잡아 고기를 팔고 있었는데 文王이 직접 찾아가 이야기를 나누었다. 여상이 "下屠(하도)는 소를 잡지만 上屠(상도)는 나라를 칼질합니다.(屠)"라고 말했다. 이에 문왕은 기뻐하며 같이 수레를 타고 돌아왔다. 이는 渭水에서 낚시하다가 만났다는 이야기와 다르다.

950 원문 子良之逐臣 - 子良에게 등용되지 못했다. 내용 불명.

百里奚(백리해, 생졸년 미상)

津(극진)에서 낚시도 하였지만 품팔이로 써주는 사람이 없었는데,[951] 文王에게 등용되었고 문왕은 왕(覇者)이 되었습니다. 管仲(관중)은 鄙(비, 지명)의 賈人(장사꾼)이었는데 南陽(남양)에서 숨어 살았고, 魯에서는 사면을 받은 죄수였었지만 桓公에게 등용되었고 환공은 覇者(패자)가 되었습니다. 百里奚(백리해)는 虞(우)의 乞人(걸인)이었는데, 羊가죽 5장에 팔렸고, (秦) 穆公의 相이 되었으며 西戎(서융)을

951 원문 棘津之讎不庸 - 棘津(극진)에서 釣魚(조어)했으나 물고기가 물지 않았고, 품팔이를 하려 해도(賣庸作) 써주는 사람이 없었다(不見用也).

입조케 하였습니다.[952] (晉) 文公은 中山(중산)의 도적 무리의 힘을 빌려 城濮(성복)의 전투에서 승리하였습니다.[953] 이 4인은 모두 미천한 출신이었고 천하 사람들의 웃음을 샀지만 明主에 의해 등용되었는데, (明主는) 함께 공을 세울 수 있는 능력을 알아주었습니다. 저로 하여금 만약 卞隨(변수)[954]나 務光(무광),[955] 그리고 申屠狄(신도적)[956] 같은 隱士이었다면 주군께서 저를 어찌 등용할 수 있겠습니까? 그러하기에 明主는 그 출신의 비천을 문제 삼지 않고, 이전의 죄를 따져 묻지 않으며, 자신을 위한 능력만을 살펴봅니다. 그래서 가히 사직을 지킬만한 자라면, 비록 외부의 비방이 있어도 듣지 않으

952 百里奚(백리해, 생졸년 미상) – 姜은 姓, 百里 氏, 名은 奚(해, 百里傒, 百里子). 世人은 五羖大夫(오고대부)라 불렀다. 春秋時代 秦國의 政治家. 秦 穆公 5년(前 655), 百里奚는 晉 獻公이 딸을 시집보낼 때(晉秦之好) 딸려온 노비였는데, 도망갔다가 잡히자 秦 穆公이 검은 山羊의 가죽 5장으로 바꿔왔다(羊皮換相). 백리해는 秦 穆公을 도와 西戎의 여러 종족을 제패하고 영토를 넓혔으며 나라를 강성케 했다.

953 文公用中山盜, 而勝於城濮. – 晉 文公(재위 前 636 – 628년) – 姬姓, 晋氏, 名은 重耳. 晋 獻公의 아들. 춘추 오패 중 두 번째. 趙衰(조최), 狐偃(호언), 賈佗(가타), 先軫(선진), 魏武子(魏國 先祖), 介之推(개지추)의 보좌를 받아 春秋 五霸의 한 사람. 晉 강성의 토대를 마련. 뒷날 三晋(趙國, 魏國, 韓國) 성립의 토대가 이때 형성되었다.

954 卞隨(변수) – 殷 湯은 夏 桀(걸)을 토벌하기 전에, 이를 隱士인 卞隨와 商量하였으나 변수는 대답하지 않았다. 湯이 商朝를 건국한 뒤 卞隨에게 선양하려 하자 더러운 말을 들었다며 물에 몸을 던져 죽었다.

955 務光(무광) – 夏 말기의 고결한 은사. 商湯이 禪位하려 하자 廬水(여수)에 몸을 던져 자살한 사람.

956 申屠狄(신도적) – '紂王의 無道를 차마 볼 수 없다.' 며 돌을 안고 강에 투신하였다.

며, 비록 세상의 고명한 명성이 있더라도 조그만 공도 없으면 賞을 베풀지 않는 것입니다. 이러하기에 모든 신하들은 감히 주군에 대하여 공허한 희망을 가질 수 없는 것입니다."

秦王은 "그렇다."고 하면서 요가의 지위를 회복케 하였고 韓非를 죽여버렸다.

# 8.《戰國策》卷八 齊策 一

## ※ 齊의 역사 개관

西周 武王이 克殷(극은: 은나라를 멸망시키다)한 뒤에 周朝의 功臣과 宗室을 각지에 封(봉)했다. 일정한 지역(封土)을 나눠준 諸侯(제후)에게 지방 통치를 일임하는 제도가 封建(봉건)이다. 곧 종실은 同姓諸侯이고, 공신은 異姓諸侯라 칭한다.

齊國은 周代의 諸侯國으로 西周에서 春秋戰國 시대에 걸쳐 존속했다. 齊國은 개국 공신인 姜尙(강상, 呂尙, 太公)을 營丘(영구, 후에 臨淄 임치로 改名)에 봉한 나라인데, 國君이 姜姓이라서 이를 보통 姜齊(강제)라고 부른다. 서주 시대의 齊는 東周의 춘추시대까지 이어졌다. 그러다가 戰國시대 초기에 田氏가 齊를 탈취하였으나 국명을 그대로 사용했기에 이를 田齊(전제)라 하여 姜姓의 齊와 구분한다. 본서《戰國策》의 齊는 거의 田齊를 의미한다.

### ○ 春秋時代 - 姜齊

齊의 始祖인 太公(呂尙, 字는 子牙, 재위 前 1046 - 1026年)은 도

읍인 營丘(영구)에서 풍속을 바로잡아가며 禮敎와 바른 정치를 실행하였다. 특히 농토가 많은 자연 조건에, 魚鹽(어염)의 이득, 상공업의 발달로 인구가 크게 증가하여 齊는 건국 초기부터 강대국으로 발전할 여건이 갖춰져 있었다.

春秋 初期에 齊의 상대적 라이벌인 魯國 사이에는 전쟁이 많았다. 前 689년에, 齊 襄公(양공)은 紀國(기국)을 병합하여 동쪽으로 확장할 발판을 마련했다. 前 686년, 公孫인 無知(무지)가 襄公을 죽이고 자립했는데 公子 糾(규)는 魯로, 公子 小白(소백)은 莒國(거국)으로 망명했다.[957] 다음 해 齊國에서 無知가 被殺되었다. 이에 魯에서는 齊를 공격하면서 公子 糾(규)를 옹립하려 했다. 한편 齊의 高氏와 國氏는 小白(소백)을 불러, 소백이 먼저 입국하면서 魯의 군사를 격퇴했다. 즉위한 小白이 춘추시대 첫 번째 覇者(패자)인 齊 桓公(환공, 재위 前 685 - 643년)이다.

환공은 管仲(관중)을 등용하여 여러 개혁을 진행하며 국력을 키워 霸主로 우뚝 섰다. 前 684년, 齊는 서쪽의 小國 譚(담)을 멸망시키고

---

957 莒國(거국) - 春秋戰國時代의 侯國. 前 1046年 建國, 前 431년 楚에게 멸망했다. 莒國은 今 山東省 日照市 관할 莒縣. 유명한 成語 '毋忘在莒(무망재거)' 가 있다. 《管子 小稱》「桓公(환공), 管仲, 鮑叔牙(포숙아), 甯戚(영척) 4인이 술을 마셨다. 桓公이 포숙아에게 말했다. "왜 일어서서 나에게 祝壽하지 않는가?" 그러자 포숙아가 잔을 들고 일어나 말했다. "公께서는 莒(거) 땅에 쫓겨 갈 때를 잊지 마십시오(勿忘在莒). 管子께서는 魯에 갇혀 있을 때를 잊어서는 안 됩니다. 甯戚(영척)은 牛車 아래서 밥을 먹던 때를 잊지 마십시오." 그러자 桓公이 辟席(피석)하고 再拜하며 말했다. "寡人과 二大夫(관중과 영척)가 夫子(포숙아)의 말씀을 잊지 않는다면 나라의 사직은 위태롭지 않을 것입니다." 포숙아는 환공과 관중에게 지난날의 고난을 잊지 말라고 깨우쳐 주었다.」

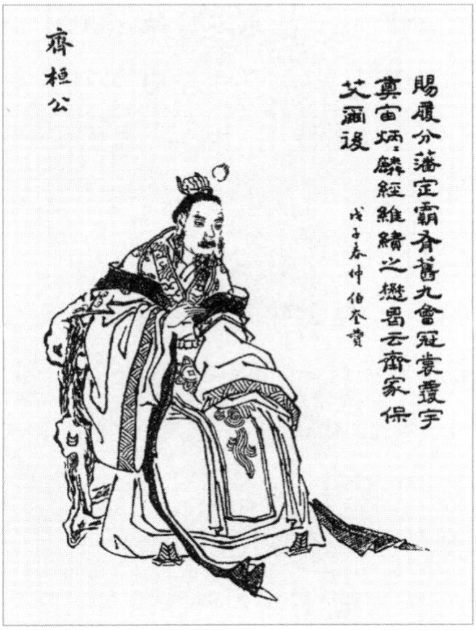


齊 桓公(제 환공, 재위 前 685 - 643년)

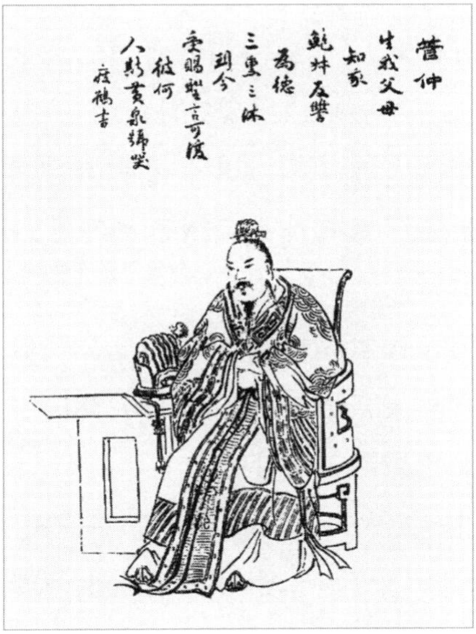


管仲(관중, 前 725 - 645년)

魯로 진격했다. 前 681년, 주변 宋, 陳, 蔡, 邾(주) 등을 모아 會盟(회맹)했고, 魯와 講和하였다. 그러면서 주변 국가를 완전히 그 영향하에 두면서 패자로서의 지위를 확립했다. 春秋 중기에 齊 桓公은 尊王攘夷(존왕양이)의 구호를 내걸고 중원의 제후를 규합하였고 9번이나 회맹을 주도하였다.

재위 43년(前 643年), 桓公이 重病으로 눕자 5 公子가 자기 黨人들을 거느리고 서로 싸우기 시작했다. 겨울 10월에, 齊 桓公은 餓死(아사)했다. 5公子는 상호 치고 받기를 계속했고 환공의 시신은 침상위에 그대로 방치되기 67일 – 시신에서 나온 구더기가 방을 채우고 창밖으로 기어 나왔다(身死不葬, 蟲流出戶).

환공이 죽으면서 齊는 霸主의 지위를 상실했고 이후 제후의 패권은 晉(진) 文公이 장악하였다. 前 567년 齊의 靈公(영공)은 萊國(내국)을 멸망시켜 그 영역을 今 山東半島의 동부까지 확대하였는데, 동쪽으로는 渤海(발해)와 東海, 西로는 黃河에, 南으로는 泰山, 北으로는 棣水(체수, 今 河北省 남부 滄州市)에 닿았다.

春秋 말년에 齊는 크게 쇠락하면서 내부 간 권력 싸움이 빈발하였다. 前 548년에, 崔杼(최저)가 莊公(장공, 재위 前 554 – 548년)을 살해하고 景公을 세웠다.

前 546年, 左相인 慶封(경봉)은 崔氏를 공격하였고, 崔杼(최저)는 자살했다. 前 545년, 鮑氏(포씨), 高氏(고씨), 欒氏(난씨)가 慶氏를 공격했고, 慶封(경봉)은 吳國으로 망명했다.

이후 齊國 정치는 上大夫 晏嬰(안영, 晏子, 前 578 – 500년, 字는 仲, 謚平, 습관상 晏平仲, 또는 晏子로 호칭)이 주도했다. 晏嬰(안영)의 생활은 質朴(질박)하고 검소했으며, 下士에게도 謙恭(겸양)했다. 바른 말로

景公(경공)을 일깨웠고 司馬穰苴(사마양저), 越石父(월석보) 같은 인재를 등용했다. 晏子로 인해 齊國은 나라의 威信(위신)이 크게 높아졌다.

景公 때에, 陳桓子(田桓子)가 백성에게 施惠(시혜)하면서 백성의 마음이 陳氏(田氏)에게 쏠렸고 이후 陳氏의 세력이 强大해졌다.(陳과 田은 당시에 同音이었고 서로 혼용하였다. 나중에는 田氏로만 표기했다.)

前 532年, 田桓子는 鮑氏(포씨)와 연합하여 欒氏(난씨), 高氏를 공격했다. 이후 田氏 일족이 齊의 국정을 거의 주도하였다. 前 386년, 田成子의 玄孫인 田和(전화)는 諸侯로 자립하였고, 齊 康公을 海島로 방출하였다. 前 379년, 康公이 죽으면서 姜齊의 祭祀(제사)는 단절되었다.

### ○ 戰國時代 - 田氏代齊

田氏(진씨)는 陳國의 公子인 陳完(진완)의 후손인데, 陳國에 內亂이 일어나자 陳完은 齊國으로 망명했다. 陳完은 齊 桓公(환공)에게 발탁되어 出仕(출사)했다.

陳完의 五世孫인 陳桓子(田桓子)는 백성에게 은혜를 베풀었고 民心은 田氏(陳氏)에게 기울었다. 晏嬰(안영)도 일찍이 叔向(숙향)에게 '齊國의 정사는 결국 田氏에게 귀속될 것이다.' 라고 말했었다.

前 481년, 田恒(전항, 田成子)은 齊 簡公(간공)과 여러 公族을 죽이고 齊 平公(평공)을 옹립하였으며, 鮑氏(포씨), 晏氏 등을 제거하며 정권을 장악하고 이른바 '修公行賞' 하면서 민심을 얻었다. 田氏 일족은 平公, 宣公, 康公 三代에 걸쳐 국정을 완전 장악하였다.

前 391년, 田成子의 玄孫(현손, 4세손) 田和(전화)는 齊 康公(재위 前 405－386년)을 옹립했다. 前 386년, 田和는 齊 康公을 방출하고 自立하여 國君이 되었는데, 같은 해에 周 安王(안왕)은 册命으로 田和(太公, 재위 前 386－384년)를 齊侯에 봉하였다. 田和는 齊라는 국호를 그대로 사용했기에 이후의 齊는 '田齊'로 불러 '姜齊'와 구분한다.

田齊의 4대 威王(위왕, 재위 前 356－320년)은 부국강병에 힘써 국세를 크게 신장하였다. 前 353년에, 魏軍을 桂陵(계릉)에서 격파하였고, 前 343년에는 孫子 兵法에 따라 魏軍을 馬陵(마릉)에서 다시 격파하였다.

여기서 그간 魏가 장악하고 있던 패권을 齊가 차지하였다. 前 334년(周 顯王 35년) 威王은 정식으로 稱王하였다. 田齊의 부강은 宣王(선왕, 재위 前 319－301), 그리고 湣王(민왕, 재위 前 300－284)까지 이어졌다. 이 사이에 齊는 韓과 魏를 압박하면서 다른 한편으로는 燕을 정벌하고 楚와 충돌하면서 宋을 멸망시켰다. 그리고 한때는 秦 昭襄王과 함께 稱帝도 했었다(東帝).

그러나 田齊는 燕將 樂毅(악의)에게 침탈당하여 멸망 직전의 위기에 내몰렸다.

前 284年, 燕 昭王(소왕)은 樂毅(악의)를 上將軍으로 삼고, 秦, 韓, 趙, 魏와 연합하여 齊를 공격하였다. 齊의 도읍 臨淄(임치)가 함락되었고, 70여 성이 점령되었다. 齊의 莒(거)와 卽墨(즉묵) 등 겨우 2개의 城만 남았고, 齊 湣王(민왕, 閔王)은 莒(거)로 피난했다가 楚將 淖齒(요치)에게 살해되었다. 王孫인 陳賈(진가)와 莒人(거인)들이 요치를 살해하고 湣王(민왕) 아들 法章(법장)을 옹립하니, 이가 齊 襄王(양왕, 재위 283 - 265년)이다.

燕軍이 군사를 동원하여 卽墨(즉묵)을 포위했을 때, 城中에서는 田單(전단)을 장수로 삼아 대항하였다. 쌍방은 5년을 대치하였다.

前 279년, 燕 昭王이 죽고 燕 惠王이 계위하자(재위 前 278 - 272년), 田單은 反間計를 써서 樂毅(악의)를 소환케 하였다. 燕 惠王이 다른 장군을 대행케 하자, 악의는 결국 趙國으로 망명하였다.

田單은 조직적으로 反攻하면서 '火牛陣'으로 燕軍을 대파하고 失地를 수복하였다. 그러나 이후 齊의 국력은 크게 약화되어 秦에 대항할 여력이 없었고, 현상 유지에 급급했었다.

前 265년, 齊 襄王 사후에 그 아들 田建(전건)이 즉위하였고 모친 君王后(군왕후)가 섭정하였다. 前 249年, 君王后가 죽었고, 그 族弟인 后勝(후승)이 執政하였다. 后勝(후승)은 탐욕이 많은 사람이었고, 秦國에서 보내오는 뇌물을 계속 받아들였다. 齊王 建聽(건덕)은 后勝의 주장을 따르면서 다른 5국에 대해 수수방관하였으며 전쟁에 대한 대비도 없었다. 五國이 멸망한 뒤에야 齊王은 秦의 위협을 깨닫고 全軍을 齊의 西方에 집결시켰다.

前 221년, 韓, 趙, 魏, 楚, 燕을 멸망시킨 뒤에, 齊가 秦 사절의 입국을 거부했다는 이유로 王賁(왕분)에 명하여 齊를 공격케 했다. 秦將 왕분은 주력부대가 대기 중인 齊의 서부전선을 피하여 燕의 남부에서 齊 도읍 임치로 직행하였다.

齊는 북에서 내려오는 秦軍에, 束手無策에 土崩瓦解(토붕와해) 되며, 前 221년에 6국 중 마지막으로 秦國에 병합 멸망하였다. 齊地에는 齊郡과 琅邪郡(낭야군) 등이 설치되었다.

## 齊 君主 世系表

| 代 | 稱號 | 名 | 在位 |
|---|---|---|---|
| 시조 | 齊 太公 | 呂尙, 字,子牙 | 前 1046 – 1026년 |
| 12 | 齊 前 莊公 | 呂購 | 前 795 – 731년 |
| 13 | 齊 僖公 | 呂祿甫 | 前 731 – 698년 |
| 14 | 齊 襄公 | 呂諸兒 | 前 698 – 686년 |
| 15 | 齊君 無知 | 呂無知 | 前 685년 在位 2月 |
| 16 | 齊 桓公 | 呂小白 | 前 685 – 643년 |
| 17 | 齊君 無詭 | 呂無詭 | 前 642년 在位 3月 |
| 18 | 齊 孝公 | 呂昭 | 前 642 – 633년 |
| 19 | 齊 昭公 | 呂潘 | 前 633 – 613년 |
| 20 | 齊君 舍 | 呂舍 | 前 613년 在位 6月 |
| 21 | 齊 懿公 | 呂商人 | 前 613 – 609년 |
| 22 | 齊 惠公 | 呂元 | 前 609 – 599년 |
| 23 | 齊 頃公 | 呂無野 | 前 599 – 582년 |
| 24 | 齊 靈公 | 呂環 | 前 582 – 554년 |
| 25 | 齊 後莊公 | 呂光 | 前 554 – 548년 |
| 26 | 齊 景公 | 呂杵臼 | 前 548 – 490년 |
| 27 | 齊 晏孺子 | 呂荼 | 前 489년 在位 10月 |
| 28 | 齊 悼公 | 呂陽生 | 前 489 – 485년 |
| 29 | 齊 簡公 | 呂壬 | 前 485 – 481년 |
| 30 | 齊 平公 | 呂鶩 | 前 481 – 456년 |
| 31 | 齊 宣公 | 呂積 | 前 456 – 405년 |
| 32 | 齊 康公 | 呂貸 | 前 405 – 386년 |

## 田齊 君主列表

### 齊國 田氏 稱王 이전

| 代 | 稱號 | 名 | 在位年 |
|---|---|---|---|
| | 田敬仲 | 陳完 | 前 672－649년 |
| | 田孟夷 | 田穉(전치) | 前 648－607년 |
| | 田孟莊 | 田湣(전민) | 前 606－581년 |
| | 田文子 | 田須無(전수무) | 前 580－558년 |
| | 田桓子 | 田無宇(전무우) | 前 557－502년 |
| | 田武子 | 田開 | 前 501－473년 |
| | 田僖子 | 田乞(전걸) | 前 472－460년 |
| | 田成子 | 田恒 | 前 459－450년 |
| | 田襄子 | 田盤 | 前 449－441년 |
| | 田莊子 | 田白 | 前 440－411년 |
| | 田悼子 | | 前 410－405년 |

## 田齊 君主

| 代 | 稱號 | 國君 名 | 在位年 |
|---|---|---|---|
| 1 | 齊 太公 | 田和 | 前 386－384년 |
| 2 | | 田剡(전섬) | 前 383－375년 |
| 3 | 齊 桓公 | 田午 | 前 374－357년 |
| 4 | 齊 威王 | 田因齊 | 前 356－320년 |
| 5 | 齊 宣王 | 田辟彊 | 前 319－301년 |
| 6 | 齊湣王(閔) | 田地 | 前 300－284년 |
| 7 | 齊 襄王 | 田法章(전벽강) | 前 283－265년 |
| 8 | 齊 敬王 | 田建 | 前 264－221년 |

## 111/ 楚威王戰勝於徐州

{原文} 楚威王戰勝於徐州, 欲逐嬰子於齊. 嬰子恐, 張丑 謂楚王曰,

"王戰勝於徐州也, 盼子不用也. 盼子有功於國, 百姓爲之用. 嬰子不善, 而用申縛. 申縛者, 大臣與百姓弗爲用, 故王勝之也. 今嬰子逐, 盼子必用. 復整其士卒以與王遇, 必不便於王也."

楚王因弗逐.

## 楚 威王이 徐州의 전투에서 승리하자,

{국역} 楚의 威王(위왕)은[958] 徐州의 싸움에서 승전하자,[959] 齊에서 嬰子〔영자, 田嬰(전영)〕를 쫓아내려고 했다.[960]

---

958 楚 威王(위왕, 재위 前 339 – 329년) – 羋(미)는 姓, 熊(웅)은 氏, 名은 商, 楚 宣王의 子, 戰國 시대 楚國 中興之主로 알려진 名君. 재위 중 楚는 최대 판도. 威王은 재위 11년에 죽었고 아들 懷王 熊槐(웅괴)가 계승했다.

959 戰勝於徐州 – 楚 威王 7년(前 333년), 楚의 大軍이 伐齊(제를 토벌하다)하여 齊將 申縛(신박)과 싸웠는데, 徐州를 포위하고 대승하였으나 곧 齊將 田盼(전반)에게 패전했다. 이는 齊 威王(재위 前 356 – 320년) 24년이었다. 徐州는 古代 九州의 하나. 상고시대에는 彭祖(팽조)가 걸립한 팽국이 있었다. 楚漢 시대에는 西楚 霸王 項羽의 도읍이었고, 이곳은 漢高祖 劉邦의 고향이었다.(沛豐邑 中陽里, 今 江蘇省 북단 徐州市 豐縣, '豐生沛養' 이란 표현이 있다.)

960 嬰子(영자, 嬰은 갓난아이 영) – 嬰子는 田嬰(전영, 생졸년 미상). 媯(규)는 姓,

嬰子(田嬰)가 이를 알고 걱정했는데, 張丑(장추, 丑의 音은 추. 齊의 臣)가 楚 威王에게 말했다.

"王께서 徐州에서 승전한 것은 (齊에서) 盼子(반자, 田盼)를 등용하지 않았기 때문입니다.[961] 田盼(전반)은 그간 나라에 공을 세웠고 백성들도 전반을 위해 싸우기를 원했습니다. 그러나 嬰子(田嬰)가 전반을 좋아하지 않아 申縛(신박)[962]을 등용했습니다. 申縛은 大臣과 백성들이 그를 위해 애쓰지 않았기에[963] 왕께서 승리할 수 있었습니다. 지금 전영이 내쫓기면 田盼(전반)이 필히 등용될 것입니다. (전반이) 다시 그 사졸을 정비하여 왕과 상대한다면 틀림없이 왕에게 불리할 것입니다."[964]

楚王은 이에 전영의 방축을 원하지 않았다.

---

田은 氏, 名은 嬰. 陳嬰, 田宴, 陳宴으로도 표기. 號 靖郭君. 孟嘗君(맹상군) 田文의 아버지. 齊 威王의 아들, 齊 宣王의 동생. 薛(설)에 封해졌다. 그 당시 아직 封을 받지 않았기에 嬰子(영자)로 기록했다는 주석이 있다.

961 원문 盼子不用也 - 盼은 눈이 예쁠 반. 盼子는 田盼(전반, 생졸년 미상). 田盼, 盼子로도 표기. 戰國 시대 齊國 名將. 대략 齊 威王(재위 前 356 - 320년), 宣王(田辟彊, 재위 前 319 - 301年) 재위 중, 齊國 王室의 宗親. 馬陵之戰에서 대승을 거두었다. 이 마릉의 전투는 前 342년에, 今 山東省 聊城市 莘縣(신현)에서, 齊에 침입한 魏國과 趙國을 대패시켰다.

962 申縛(신박) - 《史記》에는 申紀(신기)로 기록, 縛은 묶을 박.

963 원문 大臣與百姓弗爲用 - 大臣은 그를 좋아하지 않다. 與 앞에 弗字가 있어야 한다는 주석에 따름. 百姓弗爲用은 백성이 그에게 쓰이기를 원하지 않다. 써지기를(爲用) 원하지 않다. 곧 내가 그 사람을 위해 일하기 싫다는 뜻이다. 한문이나 영어에서는 피동형 문장이 자연스러우나 우리말은 그렇지 않다.

964 원문 復整其士卒以與王遇, 必不便於王也. - 遇는 만날 우, 조우하다. 상대하다. 대적하다(敵也). 便은 도움이 되다. 이롭다(利也).

## 112/ 齊將封田嬰於薛

{原文} 齊將封田嬰於薛. 楚王聞之, 大怒, 將伐齊. 齊王有輟志. 公孫閈曰,

"封之成與不, 非在齊也, 又將在楚. 閈說楚王, 令其欲封公也又甚於齊."

嬰子曰, "願委之於子."

公孫閈爲謂楚王曰,

"魯,宋事楚而齊不事者, 齊大而魯,宋小. 王獨利魯,宋之小, 不惡齊大何也? 夫齊削地而封田嬰, 是其所以弱也. 願勿止."

楚王曰, "善." 因不止.

## 齊에서 田嬰을 薛(설)에 封하려 하다.

{국역} 齊에서 田嬰(전영)을 薛(설)에 봉하려 했다.[965] 楚 懷王(회왕)이 이를 알고서 大怒하면서 齊를 공격하려 했다.[966] 이에 齊王은 철

965 원문 齊將封田嬰於薛 – 이는 周 顯王 47년(前 322년)의 일이라고 알려졌다. 당시 楚는 懷王(회왕), 齊는 威王이 재위 중이었다. 薛은 今 山東省 南部, 棗庄市(조장시) 관할 滕州市(등주시)에 해당한다.

966 薛(설)은 당시 齊의 남방으로 楚와 근접한 지역이다. 魏와 齊는 우호적인 관계라서 楚에서는 魏와 齊가 연합하고 침공할 것을 늘 걱정하고 있었다.

회하려는 뜻이 있었다.[967] 그러자 (齊의 公孫인) 閈(한, 田閈)이 (田嬰에게) 말했다.[968]

"封地의 성사 여부는 우리 齊보다도 장차 楚에 더 관계가 있습니다. 제가 초왕을 설득하여 公을 薛(설)에 봉하는 것을 우리보다 더 바라도록 하겠습니다."

田嬰이 말했다. "이를 당신에게 맡기겠습니다."

公孫인 閈(한)이 楚王을 찾아가 말했다.

"魯(노)와 宋(송)이 楚를 섬기나 齊가 섬기지 않는 것은, 齊는 大國이나 魯와 宋은 소국이기 때문입니다. 대왕께서는 소국 魯와 宋을 홀로 이롭다 생각하면서도 齊가 大國이 되는 것을 미워하지 않으니, 무슨 이유입니까? 齊가 그 땅을 잘라 내어 전영을 봉한다면, 이는 스스로 약해지는 것입니다. 薛(설)에 봉하는 것을 반대하지 마십시오."

楚王은 "맞는 말이다." 하면서 沮止(저지)하지 않았다.[969]

---

967 有輟志 - 輟은 그칠 철. 止也.

968 公孫閈 - 여기 公孫은 複姓으로 公孫氏가 아니다. 公의 후손, 곧 왕족이란 뜻. 齊의 公孫이니 田氏이다. 閈은 마을의 출입문 한.

969 원문 因不止 - '(반대를) 그치지(止) 않았다.' 가 아니라 '沮止(저지)하지 않다.' 논리적으로 이해가 어려운 내용이다. 田嬰(전영)은 齊의 相이다. 전영에게 땅을 나눠 封한다고 齊의 영역이 줄어들지 않는다. 초왕이 쉽게 설득되었다는 것이 오히려 이상한 일이다.

## 113/ 靖郭君將城薛

{原文} 靖郭君將城薛, 客多以諫. 靖郭君謂謁者, 无爲客通.

齊人有請者曰, "臣請三言而已矣! 益一言, 臣請烹."

靖郭君因見之. 客趨而進曰, "海大魚." 因反走.

君曰, "客有於此."

客曰, "鄙臣不敢以死爲戲."

君曰, "亡, 更言之."

對曰, "君不聞大魚乎? 網不能止, 鉤不能牽, 蕩而失水, 則螻蟻得意焉. 今夫齊, 亦君之水也. 君長有齊陰, 以薛爲? 夫齊, 雖隆薛之城到於天, 猶之無益也."

君曰, "善." 乃輟城薛.

## 靖郭君이 薛(설)에 축성하려 하다.

{국역} 靖郭君(정곽군)이 薛(설)에 축성(성을 쌓다)하려 하자, 많은 문객들이 중지하라고 말했다.[970] 그러자 정곽군은 謁者(알자)에게 객인을 들여보내지 말라고 하였다.[971] 그래도 뵙기를 청하는 齊人이

970 원문 靖郭君將城薛, 客多以諫. - 靖郭君(정곽군)은 田嬰(전영)의 시호. 諫은 중지하라고 충고하다. 《竹書紀年》에 의하면, 전영이 薛에 봉해지던 해에 축성했다고 하였다. 이는 周 顯王 47년, 前謚 322년의 일이었다.

971 원문 无爲客通 - 諫言(간언)을 하려는 자를 나에게 통보하지 말라, 객인을 들여보내지 말라.

말했다.

"저는 딱 3마디만 하겠습니다. 한 마디라도 더 한다면 저를 烹殺(팽살)해도 좋습니다."[972]

정곽군이 만나 보았다. 객인은 빠른 걸음으로 들어오더니 "바다에 큰 물고기(海大魚)"라고 말했다. 그리고선 돌아 나갔다.

정곽군이 말했다. "객인은 가지 마시오."

객인이 말했다.

"미천한 저는 감히 죽을 생각이 없습니다."[973]

"괜찮소. 할 말을 더 하시오."

"君은 大魚 이야기를 아십니까? 그물로도 잡을 수 없고, 낚시로도 끌어올릴 수 없으며, 갈고리로도 잡아당길 수 없지만, 멋대로 놀다가 물 밖에 나가면[974] 땅강아지나 개미들이 마음껏 뜯어먹을 것입니다.[975] 지금 齊는 君(靖郭君)에게는 물(水)입니다. 君께 오래도록 감싸줄 齊라는 그늘(陰)이 있는데, 왜 薛(설)에 성을 쌓으려 합니까? 薛城이 하늘에 닿도록 높다 하여 齊에 무슨 이득이 있겠습니까?"[976]

---

972 원문 益一言, 臣請烹. - 益은 더하다. 넘어가다(過也). 過言(말을 더하다)하면 請烹하겠습니다. 烹은 삶을 팽, 삶아 죽이다(煮, 삶은 자와 同).

973 원문 鄙臣不敢以死爲戲 - 鄙臣(비신)은 자신을 한껏 낮춘 謙辭(겸사). 鄙는 천할 비. 鄙陋(비루), 戲는 熙(희롱할 희)의 뜻. 더 말을 해서 죽고 싶지는 않다.

974 원문 蕩而失水 - 蕩은 쓸어버릴 탕. 잃어버리다. 벗어나다(放也), 放肆(방사). 失水는 물을 잃어버리다. 물에서 벗어나다.

975 원문 螻蟻得意焉 - 螻는 땅강아지 누(루). 땅속에 살지만 날아다닐 수 있는 곤충(天螻). 蟻는 개미 의. 得意는 마음껏 먹다. 물리도록 먹다〔飫飽(어포)〕.

정곽군은 "옳은 말입니다." 하고서는 축성을 그만두었다.

## 114/ 靖郭君謂齊王

{原文} 靖郭君謂齊王曰, "五官之計, 不可不日聽 而數覽."
王曰, "說五而厭之." 今與靖郭君.

### 靖郭君(정곽군)이 齊王에게 말했다.

{국역} 靖郭君(정곽군)이 齊王에게 말했다.[977]
"五官의 장부를[978] 날마다 보고 받으시고 자주 열람하셔야 합니다."
이에 왕은 "五官 보고에 싫증났다." 면서 정곽군에게 넘겨주게 하였다.

---

**976** 원문 雖隆薛之城到於天, 猶之無益也. - 隆은 융성할 융. 높다(高也). 到는 至也. 薛에 하늘까지 닿을 성곽을 쌓고 齊에서 떠난다면 바다의 大魚가 물을 떠난 것과 같다.

**977** 원문 靖郭君謂齊王 - 齊王은 威王(위왕), 宣王의 父. 假託(가탁)이 분명하지만, 人主가 권력을 장악하여 신하에게 휘둘려서는 안 된다는 뜻이다.

**978** 五官之計 - 여기 計는 문서, 장부. 簿書也. 五官은 司徒, 司空, 司馬, 司士, 司寇(사구), 五官은 실무를 전담하는 五大夫라는 주석도 있다.

## 115/ 靖郭君善齊貌辨

{原文} 靖郭君善齊貌辨. 齊貌辨之爲人也多疵, 門人弗說. 士尉以証靖郭君, 靖郭君不聽, 士尉辭而去.

孟嘗君又竊以諫, 靖郭君大怒曰,

"剗而類, 破吾家, 苟可慊齊貌辨者, 吾無辭爲之."

於是舍之上舍, 令長子御, 旦暮進食.

數年, 威王薨, 宣王立. 靖郭君之交, 大不善於宣王, 辭而之薛, 與齊貌辨俱留. 無幾何, 齊貌辨辭而行, 請見宣王.

靖郭君曰, "王之不說嬰甚, 公往必得死焉."

齊貌辨曰, "固不求生也, 請必行."

靖郭君不能止. 齊貌辨行至齊, 宣王聞之, 藏怒以待之. 齊貌辨見宣王, 王曰,

"子, 靖郭君之所聽愛夫!"

### 靖郭君은 齊貌辨(제모변)을 잘 대우했다.

{국역} 靖郭君(정곽군)은 (齊人) 齊貌辨(제모변)을 잘 대우했다.[979] 齊

979 원문 靖郭君善齊貌辨 – 이 章은 내용으로 보아 齊 威王(재위 前 356–320)이 죽고, 宣王이 즉위한 前 320년의 일이다. 이 章에서는 士人을 알아주고 후원하거나 인재 등용의 중요성을 강조하였다. 靖郭君(정곽군)은 齊의 왕족 田嬰(전영)인데, 威王의 아들이고 宣王의 異母弟이며, 유명한 孟嘗君의 부친이다. 齊貌辨(제모변)은 班固의 《漢書 古今人表》에 昆辯

貌辨(제모변)은 그 사람됨(爲人)이 흠결이 많아 다른 門客(門人)들이 좋아하지 않았다.[980] (門客) 士尉(사위, 人名. 齊人)도 (정곽군에게) 그를 내쫓을 諫言(간언)을 올렸지만, 정곽군이 들어주지 않자 士尉는 떠나갔다.

(아들) 孟嘗君(맹상군)[981]이 은근히(竊) 간언을 올리자 靖郭君은 大怒하며 말했다.

"너 같은 애들을 다 없애고 내 가문이 무너질지언정,[982] 정말로(苟) 齊貌辨(제모변)을 흡족하게 할 수 있다면, 나는 결코 사양하지 않을 것이다."[983]

---

(곤변)으로 기록했는데, 인물 평가는 中之中 級이다.

980 원문 爲人也多疵, 門人弗說 – 疵는 흠 자. 부족함(闕病也). 奇節(기절)이 있으나 細行에 마음을 쓰지 않아 다른 사람들이 좋아하지 않았다는 뜻으로 풀이할 수 있다.

981 孟嘗君(맹상군, ? – 前 279년) – 靖郭君 田嬰(전영)의 아들 田文, 號 孟嘗君. 孟은 맏이란 뜻, 嘗은 薛縣 근처의 邑名이라는 주석이 있다. 靖郭君 薛公(설공)의 지위를 계승, 薛城(今 山東省 남부 滕州市)이 근거지, 그래서 薛文(설문)이라고도 호칭, 食客 三千으로 알려졌지만 雞鳴狗盜(계명구도)의 무리도 있었다. 狡兔三窟(교토삼굴), 焚券市義(분권시의)의 故事가 알려졌지만 그 평가는 그리 좋지 않았다. 荀子(순자)는 '위로는 不忠乎君했고, 아래로 백성의 칭송을 들었다지만 朋黨比周에 사익을 추구하였으니 簒臣(찬신)이라.' 고 말했다. 司馬遷도 薛地에 暴徒(폭도)가 많은 이유는 맹상군이 天下 任俠(임협)을 불러들였고, 그에 따라 奸人(간인)이 한때 6만여 호나 있었기 때문이라고 말했다. 王安石(왕안석)은 '孟嘗君은 雞鳴狗盜의 우두머리였으니, 그가 어찌 得士했다고 이름을 날릴 수 있는가?' 라고 말했다.

982 원문 剗而類, 破吾家 – 剗은 깎을 잔(翦也). 없애다(滅也). 而는 너 이. 汝也. 인칭대명사. 類는 무리(族類). 破吾家는 우리 가문이 파산하다.

그리고서는 좋은 숙소에 머물게 하고[984] 長子(나이 많은 시종)로 하여금 시중들게 하였으며 아침저녁으로 식사를 올리게 하였다.[985]

몇 년 뒤에 威王(위왕)이 죽고, 宣王(선왕, 재위 前 319 - 301년)이 즉위하였다.[986] 靖郭君(정곽군)은 宣王과의 관계가 좋지 않았기에, 사직하고서는 薛(설)에 가서 제모변과 함께 머물렀다. 얼마지 않아(無幾何), 제모변이 하직하고 떠나가 宣王을 알현하겠다고 말했다. 이

983 원문 苟可慊齊貌辨者, 吾無辭爲之. - 慊은 만족할 협(겸). 마음이 흡족할 협(愜也). 잘해주다(善也). 앙심 먹을 겸. 吾不辭爲之는 그렇게 하는 일을 사양하지 않겠다. 무슨 일이든 하겠다.

984 원문 於是舍之上舍 - 舍는 객사에 머물다. 동사로 쓰였다. 上舍는 상등의 客舍(객사). 甲第. 傳舍.

985 令長子御, 旦暮進食. - 여기 長子는 長男의 뜻이 아니다. 나이 많은 시종. 御는 모실 어(侍也). 旦暮(단모)는 아침과 저녁. 朝夕也.

986 威王薨, 宣王立 - 齊 宣王〔선왕, 재위 前 319 - 前 301년, 本名 田辟疆(전벽강)〕, 齊 威王의 子. 齊 宣王이 孟子(孟軻)에게 천하의 패권을 장악하는 방법을 물었을 때, 孟子는 勢利를 언급하면서 霸道를 버리고 王道 정치 실천을 권유했지만 선왕은 따르지 않았다. 나중에 제 선왕은 趙, 魏, 韓, 楚, 秦의 압력에 굴복했고 선왕은 '吾甚慚於孟〔慚(부끄러워할 참) 慙과 동자(同字) 내 심히 맹자에게 부끄럽게 여기다〕.' 라고 탄식했었다. 前 312년, 齊 宣王은 王后를 죽이고 鐘离春(종리춘)을 왕후로 맞이했는데 종리춘은 아주 못생긴 여인이었다. 鍾離春(종리춘, 鐘離는 복성)은 齊國 無鹽(今 山東省 東平縣 無鹽村)에 살던, 정말 못생겨, 40이 넘도록 결혼도 못한 醜女(추녀)였다.〔보통 無鹽女(무염녀)로 통칭, 추녀의 대명사〕 당당하게 선왕을 알현하고 齊가 위기에 처한 4가지 이유를 설명했다. 선왕은 무염녀의 용기와 지혜에 감탄하여 왕후로 맞이했다. 이 宣王은 竽(피리 우) 합주 소리를 듣기 좋아하여 300명이 연주하게 하였다. 南郭先生은 竽(우)를 불 줄 모르면서도 합주 단원이 되었다.〔成語 濫竽充數(남우충수): 선왕 아들 湣王(민왕)은 竽(우)의 독주(혼자 피리를 부는 것)를 좋아하자 그 남곽선생이란 자는 도망갔다.〕

에 靖郭君이 말했다.

“宣王은 나를(嬰) 정말 싫어하니, 그대가(公) 가면 틀림없이 죽게 될 것이요.”

제모변이 말했다.

“정말 그렇더라도 살아나길 바라지 않으니, 꼭 가보겠습니다.”

정곽군은 저지할 수도 없었다.

제모변이 떠나 齊都에 이르자, 宣王이 알고서는 분노를 감추고 맞이하였다. 제모변이 선왕을 알현하자, 선왕이 말했다.

“그대(제모변)는 정곽군이 총애하며, 무슨 요청이든 다 들어주는 사람이라던데!”

齊 無鹽女(무염여, 鍾離春)
주석 986 참고.

{原文} 齊貌辨曰, "愛則有之, 聽則無有. 王之方爲太子之時, 辨謂靖郭君曰, '太子相不仁, 過頤豕視, 若是者信反. 不若廢太子, 更立衛姬嬰兒郊師.' 靖郭君泣而曰, '不可, 吾不忍也.' 若聽辨而爲之, 必無今日之患也. 此爲一. 至於薛, 昭陽請以數倍之地易薛, 辨又曰, '必聽之.' 靖郭君曰, '受薛於先王, 雖惡於後王, 吾獨謂先王何乎! 且先王之廟在薛, 吾豈可以先王之廟與楚乎!' 又不肯聽辨. 此爲二."

宣王大息, 動於顔色, 曰,

"靖郭君之於寡人一至此乎! 寡人少, 殊不知此. 客肯爲寡人來靖郭君乎?"

齊貌辨對曰, "敬諾."

靖郭君衣威王之衣, 冠舞其劍, 宣王自迎靖郭君於郊, 望之而泣. 靖郭君至, 因請相之. 靖郭君辭, 不得已而受. 七日, 謝病强辭. 靖郭君辭不得, 三日而聽.

當是時, 靖郭君可謂能自知人矣! 能自知人, 故人非之不爲沮. 此齊貌辨之所以外生樂患趣難者也.

{국역} 齊貌辨 대답하였다.

"총애는 있습니다만 다 들어주지는 않습니다. 대왕께서 太子였을 때, 제가 靖郭君에게 말씀드렸습니다. '太子는 그 相이 不仁하고, 지나치게 큰 턱에 아래로 흘겨보는데,[987] 이런 사람은 나중에

---

**987** 원문 太子相不仁, 過頤豕視 – 태자의 인상이 어질지 않으니, 턱이 남들

배신할 것이니[988] 太子를 폐하고 衛姬(위희) 소생의 어린아이 郊師(교사, 人名. 宣王의 庶弟)를 세우는 것만 못할 것입니다.' 라고 말씀드렸으나 정곽군께서는 눈물을 흘리면서 '不可하다. 나는 차마 그럴 수 없다.' 라고 말했습니다. 그때 만약 정곽군께서 저의 말을 따라 주었으면, (정곽군에게) 오늘 같은 어려움은 없었을 것입니다. 이것이 제가 말씀드릴 한 가지입니다. 또 (정곽군이) 薛(설)에 도착하신 뒤로 (楚의 장수) 昭陽(소양)이 몇 배의 넓은 땅으로 薛과 바꾸자는 제의를 해왔는데, 제가 '땅을 교환하십시오.' 라고 권유했지만, 정곽군께서는 '薛은 先代 君王으로부터 받은 땅이니, 비록 지금 王과 사이가 안 좋더라도 내가 홀로 처리한다면 先王께 내가 뭐라 말씀드리겠는가! 또 선왕의 묘당이 薛에 있는데, 내가 어찌 묘당이 있는 땅을 楚에 넘겨주겠는가?' 하면서 제 말을 따라 주지 않았습니다. 이것이 (정곽군께서) 내 말을 따라 주지 않은 두 번째 실례입니다."

宣王은 크게 탄식하고 안색이 붉어지며 말했다.

"정곽군께서는 寡人(과인)에게 이처럼 한결같았구려! 寡人이 어려서 아무것도 알지 못했소. 客께서 과인을 위하여 정곽군을 모셔오지 않겠습니까?"

---

보다 지나치게 크고(豐頤過人, 頤는 턱 이) 돼지처럼 아래로 내리깔고 흘겨보다(豕視. 豕는 돼지 시) 豕視는 偸視(투시, 훔쳐보다). 過頤를 한 단어로, 또는 豕視를 한 단어로, 그리고 過頤豕를 한 구절로 보고 視를 다음 句로 붙여 읽는 등 주석마다 讀法이 다르다.

988 원문 若是者信反 – 反은 배반하다(叛也). 처음에 신임을 받으나 나중에 배신하다(始信後反).

제모변은 "삼가 모셔 오겠습니다."라고 대답하였다.

정곽군이 (薛에서 齊都에) 威王이 하사한 옷과 冠을 착용하고 하사받은 칼을 차고 왔는데, 靖郭君을 교외에 나와 직접 영접하면서 멀리서 보고 눈물을 흘렸다. 정곽군이 도착하자, (宣王은) 相(재상)을 맡아 달라고 요청하였다. 靖郭君은 사양했지만 不得已(부득이) 수락하였다. 그러나 7일에 병을 이유로 군이 사직하였다. 靖郭君의 사양에 (宣王은) 할 수 없이 3일 뒤에 수락하였다.

그 당시에, 靖郭君은 사람을 잘 알아보았다고 할 수 있다. 사람을 볼 줄 알았기에 다른 사람의 비난 때문에 자신의 뜻을 꺾지 않았다.[989] 이런 결과는 제모변이 생사를 도외시하며 환난에 기꺼이 대처했기 때문이었다.[990]

---

989 원문 故人非之不爲沮 - 人은 他人. 非는 비난, 誹謗(비방), 不爲沮는 막히지 않다. 꺾이지 않았다. 피동의 문장. 爲沮의 沮는 막을 저(止也).

990 원문 齊貌辨之所以外生, 樂患趣難者也. - 外生은 生命을 外物로 여기어 애착을 갖지 않다. 生을 가벼이 여기다(賤生). 樂患趣難은 환난을 어렵다 여기지 않고 기꺼이 대처한다. 樂患은 樂解人之患의 뜻, 趣는 빨리 가다(趨也). 다른 사람의 어려움을 구원하는데 머뭇거리지 않다. 비록 그 사람이 여러 결점이 있어도 정곽군은 그를 인정해 주었다. 때문에 士는 知己者를 위하여 죽을 수 있기에 제모변은 위험을 무릅쓰고 宣王을 만난 것이다.

## 116/ 邯鄲之難

{原文} 邯鄲之難, 趙求救於齊. 田侯召大臣而謀曰,

"救趙孰與勿救?"

鄒子曰, "不如勿救."

段干綸曰, "弗救, 則我不利."

田侯曰, "何哉?"

"夫魏氏兼邯鄲, 其於齊何利哉!"

田侯曰, "善."

乃起兵, 曰, "軍於邯鄲之郊."

段干綸曰, "臣之求利且不利者, 非此也. 夫救邯鄲, 軍於其郊, 是趙不拔而魏全也. 故不如南攻襄陵以弊魏, 是趙破而魏弱也."

田侯曰, "善."

乃起兵南攻襄陵. 七月, 邯鄲拔. 齊因承魏之弊, 大破之桂陵.

## 邯鄲(한단)의 危難(위난)

{국역} 邯鄲(한단, 趙都)이 위기에 처하자, 趙에서는 齊(제)나라에 구원을 요청하였다.[991] 田侯(전후, 威王, 재위 前 356－320)는 대신을 소집

---

**991** 邯鄲之難, 趙求救於齊 – 이 章은《史記 田齊世家》에 기록이 있다. 한단

하여 모의하며 말했다.

“趙에 대한 구원과 하지 않는 어느 쪽이 더 낫겠는가?”

鄒子〔鄒忌(추기), 成侯〕[992]는 “구원하지 않는 것만 못합니다(구원하지 않는 것이 낫습니다).”라고 말했다.[993]

段干綸(단간륜)이 말했다.[994]

“구원하지 않는다면 우리에게 불리합니다.”

위왕이 물었다. “왜 그런가?”

“위나라가 한단을 병합한다면 우리 齊에게 무슨 이득이 있겠습니까?”

齊(제)의 위왕은 “옳다.”고 말하였다. 곧바로 起兵하면서 齊(제)의

---

은 趙의 都邑. 北宋시대에는 北京大名府, 今 河北省 남부 邯鄲市. 이는 周 顯王 16년, 趙 成侯 22년, 田齊 威王 4년 前 353년에 魏가 한단을 포위 공격했다. 齊에서는 田忌(전기)와 孫子(孫臏)에게 8만 군사를 주어 趙를 구원했고 魏 남쪽을 공격하여 桂陵에서 격파하고 魏將 龐涓(방연)을 생포하였다.

992 鄒子 – 鄒忌(추기, 騶忌, 생졸년 미상)는 戰國 時代 齊國人. 齊 威王 때 相, 號 成侯. 齊 宣王을 섬겨 齊의 국위를 크게 높였다. 鄒忌는 대단한 미남자였다. 妻妾 모두 추기가 城北의 徐公보다 더 미남이라고 말했다. 추기가 생각할 때, 자신은 徐公만큼 미남자가 아니지만 처첩은 자신을 두려워하기 때문에 그렇게 말한다는 사실을 깨달았다. 결국 齊 威王도 宮內의 후궁, 측근, 大臣들에게 둘러싸여 자신의 단점을 모른다고 설득하였다. 이후 威王은 言路를 廣開하며 많은 인재를 등용할 수 있었다.

993 원문 不如勿救 – 勿救와 같은 것이 없다. 곧 勿救가 가장 좋다. 우리말로 ‘구원하지 않는 것만 못하다.’ 라고 번역하면 어감이 다르게 느껴질 수도 있다.

994 段干綸(단간륜, 段干朋, 段干萌) – 段干이 姓. 綸이 名. 齊臣, 將軍.

위왕이 말했다.

"邯鄲의 교외(접경)에 주둔케 하라."

이에 단간륜이 말했다.

"臣이 趙에 대한 구원의 利와 不利를 말한 것은 그런 뜻이 아니었습니다. 邯鄲을 구원한다고 거기 교외에 주둔한다면, 趙가 굴복하지 않으면 魏 역시 온전합니다. 이는 우리가 魏의 남쪽 襄陵(양릉)을 공격하여 魏를 피폐하게 만드는 것만 못합니다.[995] 그래야만 趙의 한단이 함락되었을 때, 魏의 피폐를 틈타서 趙를 격파하고, 또 魏를 약화시켜야 한다는 계산이었습니다."

위왕은 "옳은 말이다."라고 하였다.

곧 군사를 동원하여 (魏의) 南쪽으로 襄陵(양릉)을 공격하였다.[996] 7월에 (趙의) 邯鄲(한단) 城은 魏(위)나라에 점령되었다. 齊는 魏의 피폐를 틈타 魏軍을 (魏邑) 桂陵(계릉)에서 대파하였다.

## 117/ 南梁之難

{原文} 南梁之難, 韓氏請救於齊. 田侯召大臣而謀曰,

---

995 원문 故不如南攻襄陵以弊魏 - 襄陵은 魏邑也, 弊는 해질 폐. 피폐하다. 전쟁으로 피폐해지다.

996 襄陵(양릉) - 魏國의 동남부로, 魏가 齊와 趙를 방어하는 전략 요충지였다.

"早救之, 孰與晩救之便?"

張丐對曰, "晩救之, 韓且折而入於魏, 不如早救之."

田臣思曰, "不可. 夫韓,魏之兵未弊, 而我救之, 我代韓而受魏之兵, 顧反聽命於韓也. 且夫魏有破韓之志, 韓見且亡, 必東愬於齊. 我因陰結韓之親, 而晩承魏之弊, 則國可重, 利可得, 名可尊矣."

田侯曰, "善." 乃陰告韓使者而遣之.

韓自以專有齊國, 五戰五不勝, 東愬於齊, 齊因起兵擊魏, 大破之馬陵. 魏破韓弱, 韓,魏之君因田嬰北面而朝田侯.

## 南梁(남량)의 危難(위난)

{국역} (韓邑) 南梁(남량)이 (魏軍에) 포위되자,[997] 韓에서는 齊에 구원을 요청하였다. 田侯(威王)는 大臣을 소집하여 방책을 논의했다.

"조기 구원과 늦게 구원하는 쪽 중 어느 쪽이 유리하겠는가?"[998]

張丐(장개, 丐는 거지 개)가 대답하였다.

"천천히 구원하여 韓의 국토가 잘라지면서 魏의 차지가 될 수 있

997 원문 南梁之難 - 南梁은 韓邑. 大梁은 魏都인데, 그 북쪽에 있기에 남량이라 하였다. 桂陵之戰 이후에 魏가 韓을 공격했다. 이 章은 齊가 魏를 馬陵(마릉)에서 격파한 馬陵之戰의 시작인데 결말은 魏 惠王 28년, 韓 昭侯 21년, 齊 威王 15년인 前 342년이었다.

998 원문 孰與晩救之便? - 孰은 누구 숙. 의문사. 무엇? 어느 쪽? 晩은 서서히(徐也). 便은 便利. 이익.

으니 빨리 구원하는 것이 좋을 것입니다."

이에 田臣思(전신사, 田忌)[999]가 말했다.

"불가합니다. 韓과 魏의 군사가 지치지도 않았을 때, 우리가 韓을 구원하면 우리가 韓을 대신하여 魏 군사의 공격을 받으면서 오히려 韓의 명령을 따르게 될 수도 있습니다. 그리고 魏는 韓을 격파할 의지가 있고, 韓은 망하기 직전까지도 동쪽 우리에게 구원을 요청할 것입니다. 우리는 은밀히 韓과 친교를 맺으면서 魏가 지치기를 기다렸다가 (韓을 도우면) 나라의 권위도 확고해지고, 이득도, 명성도 얻을 수 있을 것입니다."

田侯(威王)는 "옳다."고 말했다.

그리고 韓의 使者에게 구원을 약속한 뒤에 돌려보냈다.

韓은 齊國의 후원을 믿으면서 5차례나 전투를 벌였지만 5번이나 이기지 못하고서 동쪽으로 齊에 구원을 호소했고, 齊에서는 군사를

---

999 田臣思(전신사, 인명) - 齊臣. 田期思, 《竹書紀年》에는 徐州의 子期, 곧 田忌(전기)라 했다. 田忌(전기, 생졸년 미상)는 陳忌, 田臣思, 田期思로도 표기. 齊國公子. 孫臏(손빈, 이 사람도 孫子라 칭한다)이 齊國에 망명했다. 田忌는 孫臏의 재능을 알아보고 門客으로 받아들였다. 손빈은 어느 날 전기와 말 경주를 하면서 자신의 下馬를 전기의 上馬와 上馬를 中馬와 中馬를 상대방 下馬와 시합하게 하였다(成語 田忌賽馬). 齊 威王 재위 중에 前 354년, 桂陵之戰이 일어나 魏國이 趙國을 침공하자 齊國은 田忌를 대장으로 孫臏을 참모로 파병하여 '圍魏救趙' 하는 병법으로 대승을 거두었다. 前 342년, 馬陵之戰에서 魏國이 韓을 공격하자 齊는 韓을 구원하면서 田忌(전기)가 대장, 孫臏(손빈)이 軍師였는데, 孫臏은 魏都 大梁으로 진격하면서 취사한 자릿수를 줄여가는 '減灶之計(감조지계, 灶는 竈)'로 魏軍 大將 龐涓(방연)을 유인, 매복으로 대승을 거두었다. 전기는 나중에 반간계에 걸려 자신의 결백을 입증할 방법이 없어 楚로 망명했다가 나중에 齊 선왕 때 귀국했다.

일으켜 魏를 공격하여 馬陵(마릉)에서 대파하였다. 그 결과 魏는 격파되고 韓은 쇠약해져서, 韓과 魏의 君主는 (田嬰을 통하여) 北面하여 田侯(齊 威王)에게 入朝(모시겠다고 조공함)하였다.

## 118/ 成侯鄒忌爲齊相

{原文} 成侯鄒忌爲齊相, 田忌爲將, 不相說. 公孫閈謂鄒忌曰, "公何不爲王謀伐魏? 勝, 則是君之謀也, 君可以有功, 戰不勝, 田忌不進, 戰而不死, 曲撓而誅."

鄒忌以爲然, 乃說王而使田忌伐魏. 田忌三戰三勝, 鄒忌以告公孫閈, 公孫閈乃使人操十金而往卜於市, 曰, "我田忌之人也, 吾三戰而三勝, 聲威天下, 欲爲大事, 亦吉否?"

卜者出, 因令人捕爲人卜者, 亦驗其辭於王前. 田忌遂走.

### 成侯인 鄒忌(주기)가 齊相이 되자,

{국역} 成侯인 鄒忌(추기)가 齊의 相이 되자,[1000] 田忌(전기)는 장군이 되었지만 두 사람은 사이가 안 좋았다(不相說). 公孫閈(공손한, 公

1000 원문 成侯鄒忌爲齊相 - 이는 齊 威王 16년, 前 341년의 사건이다. 이는 《史記 田敬仲完世家》에도 기록이 있다. 成은 邑名. 侯는 작위. 鄒忌의 封地.

孫閱)이란 사람이 추기에게 말했다.

"公은 왜 왕께 魏나라 정벌을 권유하지 않으십니까? 勝하면, 이는 바로 相인 당신의 智謀이니 有功한 것입니다. 그러나 싸워 不勝하면 (장군인) 田忌(전기)가 공격하지 않았다거나, 싸웠지만 힘껏 싸우지 않았다고 핑계를 만들어 처형할 수 있습니다."

추기도 그렇게 생각하였고 王을 설득했으며, 田忌를 시켜 魏를 정벌하게 하였다.

田忌는 三戰하여 三勝하였고, 鄒忌가 이를 공손한과 상의하자, 공손한은 사람을 시켜 十金(二十兩이 一金)을 가지고 거리에 가서 점을 치게 하였다.[1001]

"나는 田忌(전기)의 아랫사람입니다. 우리 주인이 三戰하여 三勝하였고 그 명성이 천하에 떨치니, 大事(逆謀)를 벌리려 하는데 吉凶이 어떻겠습니까?"[1002]

卜者가 자리를 잠시 뜨면서 사람을 시켜 점치러 온 사람을 붙잡았고, (그 사람은) 王에게 모두 증언하였다. 田忌는 결국 (楚나라로) 도주하였다.

---

1001 원문 而往卜於市 - 市는 저자. 시장, 거리. 卜은 점 복. 점을 치다.

1002 원문 聲威天下, 欲爲大事, 亦吉否? - 聲은 聲勢. 威는 진동하다. 떨치다. 吉否는 吉한가 아닌가?

## 119/ 田忌爲齊將

{原文} 田忌爲齊將, 係梁太子申, 禽龐涓. 孫子謂田忌曰, "將軍可以爲大事乎?"

田忌曰, "奈何?"

孫子曰, "將軍無解兵而入齊. 使彼罷弊於老弱守於主. 主者, 循軼之途也, 鍺擊摩車而相過. 使彼罷弊先弱守於主, 必一而當十, 十而當百, 百而當千. 然後背太山, 左濟, 右天唐, 軍重踵高宛, 使輕車銳騎衝雍門. 若是, 則齊君可正, 而成侯可走. 不然, 則將軍不得入於齊矣."

田忌不聽, 果不入齊.

## 田忌가 齊將이 되어

{국역} 田忌가 齊의 장수가 되어(前 341년), 梁(魏) 太子 申(신)과 장수 龐涓(방연)을 사로잡았다.[1003] (齊將) 孫子가 田忌(전기)[1004]에게 말했다.

---

1003 원문 係梁太子申, 禽龐涓. - 係는 묶다, 繫也, 梁太子申은 魏 惠王(梁惠王)의 태자, 申은 이름. 禽은 擒(사로잡을 금) 龐涓(방연)은 魏 장수. 이는 馬陵之戰(前 342-341년)의 戰果였다. 《孟子 梁惠王章句 上》에 「~, 及寡人之身 東敗於齊 長子死焉.」이라고 했다. 방연은 손빈의 減竈之計(감조지계)에 걸려들었고, 나무껍질을 벗기고 '龐涓死於此樹之下' 글자를 써 놓았고, 결국 거기서 죽었다.

1004 孫子(손자) - 孫臏(손빈), 孫武의 孫子. 田忌의 軍師.

"장군께서는 큰일을 좀 하고 싶습니까?"[1005]

전기는 "무슨 말입니까?"라고 물었다. 이에 손자가 말했다.

"將軍께서는 군사를 해산하지 말고 齊로 돌아가십시오. 그리고 지치고 노약한 군사들로 하여금 主(주) 땅인 좁고도 험한 길을 지키게 하십시오.[1006] 거기는 戰車가 한 대씩만 지나갈 수 있는 길이라서 수레가 서로 모이면 부딪쳐 나아갈 수가 없는 길입니다.[1007] 노약한 군사가 거길 수비하더라도 틀림없이 한 사람이 열 명을 상대할 수 있고, 10이 100을, 1백 명이 1천 명을 방어할 수 있습니다. 그런 연후에 太山(泰山)을 등에 지고, 좌측으로는 濟水(제수), 우측으로는 天唐(천당, 高唐. 平原郡의 地名)을 끼고 군사와 치중 물자를 高宛(고완, 縣名)에 비축한 뒤에[1008] 경무장한 戰車(輕車)와 정예 기병〔銳騎(예기)〕으로 (齊 도성의 西門인) 雍門(옹문)으로 돌진하십시오. 그리하면(若是), 齊 主君을 바로세울 수 있고(可正, 制治), 成侯〔성후, 鄒忌

---

**1005** 원문 可以爲大事乎? - 大事는 兵事, 전쟁, 군사 지휘.

**1006** 원문 使彼罷弊於老弱守於主 - 彼는 齊. 罷弊는 피폐한. 지친. 老弱 군사 중 나이가 많거나 병약한 자. 弱卒. 守於主는 지명이 누락되었다는 주석이 있다. 그 다음의 내용으로 보아 험한 지형은 약졸로 지키게 하며 의심을 피할 수 있고 정병은 다른 목적에 동원하라는 뜻.

**1007** 원문 循軼之途也 鎋擊摩車而相過. - 循은 좇을 순. 순차로. 軼은 수레바퀴 철. 軼은 수레바퀴 자국을 따라가야 하는 좁을 길. 鎋은 轍. 車跡也. 鎋은 수레 굴대 머리 할. 擊은 칠 격. 부딪치다. 摩는 비비다. 나란히 가며 부딪치다(比也). 길이 좁아 수레가 부딪치기에 한 대씩만 지날 수 있는 험로.

**1008** 원문 軍重踵高宛 - 軍은 군사. 重은 輜重(치중). 보급 물자. 군량이나 무기. 踵은 발뒤꿈치 종. 이르다.(至也). 高宛(고완)은 樂安郡의 縣名.

(추기)]는 달아날 것입니다. 그렇지 않다면 將軍은 齊에 들어가실 수 없을 것입니다."

田忌는 손자의 말에 따르지 않았고 결국 齊에 돌아가지 못했다.[1009]

## 120/ 田忌亡齊而之楚

{原文} 田忌亡齊而之楚, 鄒忌代之相. 齊恐田忌欲以楚權復於齊, 杜赫曰, "臣請爲留楚."

謂楚王曰, "鄒忌所以不善楚者, 恐田忌之以楚權復於齊也. 王不如封田忌於江南, 以示田忌之不返齊也, 鄒忌以齊厚事楚. 田忌亡人也, 而得封, 必德王. 若復於齊, 必以齊事楚.此用二忌之道也."

楚果封之於江南.

## 田忌(전기)가 齊에서 楚로 망명하니,

{국역} 田忌(전기)가 齊에서 楚로 망명하니(前 341년), 鄒忌(추기)가 전기 대신 相이 되었다. 齊에서는 전기가 楚의 도움을 받아 齊에서

1009 원문 果不入齊 - 田忌는 鄒忌(추기)에 밀려 楚로 망명했다.

권세를 회복할까 걱정하였는데,[1010] 杜赫(두혁)이 말했다.

"臣이 그를 楚에 머물도록 하겠습니다."

(두혁이) 楚 宣王(재위 前 369 - 340년)에게 말했다.

"鄒忌(추기)가 楚에 비우호적인 것은 田忌(전기)가 楚의 힘으로 齊에서 권세를 회복할까 걱정하기 때문입니다. 대왕께서는 전기를 江南 땅에 封하여 전기가 齊로 돌아가지 않을 것이라는 뜻을 보여주면, 추기는 楚를 중히 여겨 섬길 것입니다. 전기는 망명한 사람인데도 封을 받았으니 틀림없이 대왕의 은덕을 생각할 것입니다. (전기가) 나중에 齊에 돌아가더라도 필히 齊에서 楚를 섬길 것입니다. 이것이 두 사람의 忌(기, 鄒忌와 田忌)를 이용하는 방법입니다."

楚에서는 예상대로 전기를 江南에 봉하였다.

## 121/ 鄒忌事宣王

{原文} 鄒忌事宣王, 仕人衆, 宣王不悅. 晏首貴而仕人寡, 王悅之.

鄒忌謂宣王曰, "忌聞以爲有一子之孝, 不如有五子之孝. 今首之所進仕者, 以幾何人?"

宣王因以晏首壅塞之.

1010 원문 欲以楚權復於齊 - 權은 권세. 復은 還也. 되돌리다(返也).

## 鄒忌(추기)가 宣王(선왕)을 섬기다.

{국역} 鄒忌(추기)는 宣王(선왕, 재위 前 319－301년)을 섬기면서 많은 사람을 임용하였는데, 선왕은 이를 좋아하지 않았다.[1011] 晏首(안수)는 고귀한 지위에서도 새로 등용하는 사람이 많지 않아 왕이 안수를 좋아했었다.

이에 추기가 宣王에게 말했다.

"제가 알기로, 아들 하나의 효도는 다섯 아들의 효도만 못하다고 하였습니다. 지금 안수에 의해 등용된 사람이 몇이나 되겠습니까?"

선왕은 이에 안수가 士人(선비)의 出仕(추천)를 막았다고 생각하였다.

## 122/ 鄒忌脩八尺有餘

{原文} 鄒忌脩八尺有餘, 身體昳麗. 朝服衣冠窺鏡, 謂其妻曰,

"我孰與城北徐公美?"

其妻曰, "君美甚, 徐公何能及君也!"

城北徐公, 齊國之美麗者也. 忌不自信, 而復問其妾曰,

---

1011 원문 仕人衆, 宣王不悅. －衆은 多也. 왕의 권위로 작위를 수여하는 데 相이 威福(위복)을 행사하기에 不悅했을 것이다.

“吾孰與徐公美?”

妾曰, “徐公何能及君也!”

旦日客從外來, 與坐談, 問之客曰, “吾與徐公孰美?”

客曰, “徐公不若君之美也!”

明日, 徐公來. 孰視之, 自以爲不如. 窺鏡而自視, 又弗如遠甚. 暮, 寢而思之曰, ‘吾妻之美我者, 私我也. 妾之美我者, 畏我也. 客之美我者, 欲有求於我也.’

## 鄒忌(추기)는 8尺이 넘는 키에,

{국역} 鄒忌(추기)는 8척이 넘는 長身에,[1012] 외모도 뛰어나게 멋졌다.[1013] 추기가 朝服에 衣冠을 갖추고 거울을 바라보다가 아내에게 말했다.

“나와 城北의 徐公은 누가 더 멋진가?”[1014]

---

1012 원문 鄒忌脩八尺有餘 – 脩는 포 수. 길다. 길이. 신장. 漢代의 1尺은 23.1cm이다. 23.1cm×8尺 = 184.8cm. 요즈음 190cm 정도이다. 이 정도가 되면 외모로 한몫 보았을 것이다. 반면 비슷한 시기 齊나라 晏子는〔晏嬰(안영)〕「晏子長不滿六尺, 身相齊國, ~」이라 했으니, 23.1cm×6尺 = 138.6cm. 하여튼 요즈음 키로 150cm이 안 되었을 것이니 작아도 너무 작았다. 그러나 역사상 추기를 모르는 사람이 100명이라면 안자를 모르는 사람은 30명도 안 될 것이다.

1013 원문 身體昳麗 – 身體는 외모, 形貌. 昳麗(질려)는 석양의 아름다움. 昳麗의 昳은 佚(편안할 일). 麗는 고울 려.

1014 원문 我孰與城北徐公美? – 孰은 누구 숙. 徐公은 徐君平, 美는 好也.

그의 처가 대답했다. "당신은 정말 잘생겼습니다. 徐公이 어찌 당신을 따라오겠습니까!"

城北의 徐公은 齊國의 미남자였다. 추기는 자신도 못미더워 다시 그 妾(첩)에게 물었다.

"나와 徐公 중 누가 더 멋진가?"

妾은 "徐公이 어찌 나리를 따라오겠습니까!"라고 말했다.

다음 날(旦日, 明日) 밖에서 찾아온 門客과 좌담을 하면서 객인에게 "나와 서공 중 누가 더 잘 생겼는가?"라고 물었다.

문객은 "徐公은 당신처럼 미남이 아닙니다."라고 말했다.

다음 날 徐公이 찾아왔다. 추기가 자세히 보았더니 자기 스스로 서공만 못했다. 혼자 거울에 비춰보니 차이가 더 많은 것 같았다. 추기가 밤에 누워 생각했다.

'내 아내가 나를 잘생겼다고 한 것은 나와 가깝기 때문이다. 妾이 나를 미남이라 한 것은 나를 두려워하기 때문이다. 객인이 나를 잘났다고 한 것은 나에게 무엇인가를 바라기 때문일 것이다.'

{原文} 於是入朝見威王曰,

"臣誠知不如徐公美, 臣之妻私臣, 臣之妾畏臣, 臣之客欲有求於臣, 皆以美於徐公. 今齊地方千里, 百二十城, 宮婦左右, 莫不私王, 朝廷之臣, 莫不畏王, 四境之內, 莫不有求於王. 由此觀之, 王之蔽甚矣!"

王曰, "善." 乃下令,

"群臣吏民, 能面刺寡人之過者, 受上賞, 上書諫寡人者,受中賞. 能謗議於市朝, 聞寡人之耳者, 受下賞."

令初下, 群臣進諫, 門庭若市. 數月之後, 時時而間進. 期年之後, 雖欲言, 無可進者. 燕,趙,韓,魏聞之, 皆朝於齊. 此所謂戰勝於朝廷.

{국역} 이에 (추기는) 入朝하여 威王(위왕)에게 말했다.

"臣은 정말로 徐公만한 미남이 아니지만, 臣의 妻는 내 편을 들어주고, 臣의 妾은 저를 두려워하고, 客人은 저에게 얻으려는 것이 있기에 모두 徐公보다 더 잘생겼다고 말하였습니다. 지금 齊는 사방 둘레가 1천 리에 120개의 城, 그리고 궁 안의 여인과 측근들 모두가 대왕의 편이 아닌 사람이 없으며, 朝廷에는 대왕을 두려워하지 않는 신하가 없으며, 온 나라 사방에 대왕에게 무엇인가를 얻으려 하지 않는 사람이 없습니다. 이렇게 본다면 대왕께서는 정말 많이 가려졌습니다."

王은 "좋은 말이다."라 하였다. 그리고는 하명하였다.

"모든 신하와 백성으로 대면(면전)하여 과인의 잘못을 지적하는 자에게는 上等의 상을 내리겠고,[1015] 과인의 잘못을 상서(글을 올리다)하는 자에게는 중등의 상을 내리겠다. 시장에서 과인의 잘못을 비방하여 과인이 알게 된 자에게는 하등의 상을 내리겠다."

명령을 내린 초기에는 諫言을 올리려는 여러 신하들이 모여들어 궁정 문 앞이 시장처럼 북적였다. 몇 달이 지나자 가끔씩 틈을 보아

1015 원문 能面刺寡人之過者, 受上賞 - 刺는 찌를 자. 열거하다. 上賞은 重賞.

진언하였다. 1년이 지나자, 할 말을 하려 해도 할 만한 일이 없었다. 燕, 趙, 韓, 魏에서는 이런 소문을 듣고 모두 齊에 입조하였다. 이는 조정에 앉아 적국을 이긴 것이라고 말할 수 있다.

## 123/ 秦假道韓魏以攻齊

{原文} 秦假道韓,魏以攻齊, 齊宣王使章子將而應之. 與秦交和而舍, 使者數相往來, 章子爲變其徽章, 以雜秦軍. 候者言章子以齊入秦, 宣王不應. 頃之間, 候者復言章子以齊兵降秦, 宣王不應. 而此者三.

有司請曰, "言章子之敗者, 異人而同辭. 王何不發將而擊之?"

王曰, "此不叛寡人明矣, 曷爲擊之!"

頃間, 言齊兵大勝, 秦軍大敗, 於是秦王拜西藩之臣而謝於齊.

左右曰, "何以知之"

曰, "章子之母啓得罪其父, 其父殺之而埋馬棧之下. 吾使者章子將也, 勉之曰, '夫子之强, 全兵而還, 必更葬將軍之母.' 對曰, '臣非不能更葬先妾也. 臣之母啓得罪臣之父. 臣之父未教而死. 夫不得父之教而更葬母, 是欺死父也. 故不敢.' 夫爲人子而不欺死父, 豈爲人臣欺生君哉?"

## 秦이 韓과 魏에 假道하여 齊를 공격하려 하자,

{국역} 秦이 韓과 魏에 길을 빌려 齊를 공격하자,[1016] 齊 宣王은 章子(장자, 齊 장군인 匡章)를 시켜 군사를 거느리고 應戰(攻擊)하게 하였다. 匡章(광장)은 秦과 교전하며 주둔하였고,[1017] 사자가 자주 왕래하였는데, 광장은 그 부대 깃발을 바꾸어 秦 군사의 깃발과 뒤섞이게 하였다.[1018] (齊의) 척후병(候者, 偵者)이 章子가 齊의 군사를 거느리고 入秦할 것이라고 보고하였지만, 宣王은 대응하지 않았다. 잠시 뒤 (다른) 候者(후자, 斥候)가 다시 광장이 군사를 데리고 秦에 투항한다고 하였지만, 宣王은 대꾸하지 않았다. 이러하기를 3번이나 하였다.

담당 관리(有司)가 주청하였다.

"章子(匡章)가 패주하려 한다는 보고가 사람은 달라도(異人) 내용이 같았는데, 대왕께서는 왜 장군을 보내 징벌하지 않으십니까?"

이에 齊王이 대답하였다.

"이는 寡人을 배반하지 않는 것이 분명하거늘 왜 징벌하겠는가!"[1019]

---

1016 원문 秦假道韓,魏以攻齊 – 이는 齊 宣王 6년(前 314)의 일이었다.

1017 원문 秦交和而舍 – 交는 함께, 俱也. 交和는 상대하다. 和는 軍門.

1018 원문 章子爲變其徽章, 以雜秦軍. – 徽는 아름다울 휘. 깃발 이름(幟名也). 雜은 섞일 잡.

1019 원문 曷爲擊之! – 曷은 어찌 갈(할). 어찌 아니 하리오 갈(할)(盍也).

얼마 뒤에, 齊兵이 大勝하고 秦軍이 大敗하였다고 보고가 있었고, 秦王은 西藩(서번, 藩은 울타리 번)의 臣을 칭하면서 齊에 사과하였다.

左右의 신하가 "어떻게 알아 보셨습니까?" 라고 물었다.

이에 왕이 말했다.

"章子의 母인 啓(계)가 부친에게 죄를 짓자, 그 부친이 죽여서 마구간 馬板(馬棧) 아래에 묻어 버렸다. 내가 匡章(광장)을 장수로 삼으면서 그 사람을 격려하였다. '장군의 굳센 의지로 온 군사를 잘 지켜 돌아올 수 있다면, 필히 장군의 모친을 改葬(개장)할 수 있을 것이요.' 그랬더니 章子가 말했소. '臣이 어머니 시신을 개장해야 하는 줄을 모르는 것이 아닙니다. 臣의 모친인 啓(계)는 선친께 죄를 지었습니다. 臣의 선친은 아무런 말씀도 없이 돌아가셨습니다. 아버님의 말씀이 없었는데 모친을 개장한다면, 이는 돌아가신 선친을 속이는 것입니다. 그래서 감히 개장하지 못하고 있습니다.' 사람의 자식으로서 돌아가신 부친도 속이지 않는데 살아 있는 주군을 속이겠는가?"

## 124/ 楚將伐齊

{原文} 楚將伐齊, 魯親之, 齊王患之. 張丏曰, "臣請令魯中立." 乃爲齊見魯君.

魯君曰, "齊王懼乎?"

曰, "非臣所知也, 臣來弔足下."

魯君曰, "何弔?"

曰, "君之謀過矣. 君不與勝者而與不勝者, 何故也?"

魯君曰, "子以齊,楚爲孰勝哉?"

對曰, "鬼且不知也."

"然則子何以弔寡人?"

曰, "齊, 楚之權敵也, 不用有魯與無魯. 足下豈如令衆而合二國之後哉! 楚大勝齊, 其良士選卒必殪, 其餘兵足以待天下. 齊爲勝, 其良士選卒亦? 而君以魯衆合戰勝後, 此其爲德也亦大矣, 其見恩德亦其大也."

魯君以爲然, 身退師.

## 楚가 齊를 공격하려는데,

{국역} 楚가 齊를 공격하려는데, 魯가 楚가 가깝기에 齊王은 이를 걱정하였다.[1020] 이에 張丐(장개)[1021]가 말했다.

"臣이 魯가 中立을 지키도록 해 보겠습니다."

그리고서는 齊를 위하여 魯君을 알현하였다.[1022]

1020 원문 楚將伐齊, 魯親之 – 이는 楚 威王 7년, 齊 역시 威王 24년인 前 333년의 일이었다.

1021 張丐(장개) – 人名. 丐는 빌 개. 달라고 하다. 거지. 117 〈南梁危難〉 참고.

1022 魯君 – 본문에는 魯君이 누구인지 기록이 없으나 前 333년에는 魯 景

魯君(景公)이 말했다. "齊王은 두려워하는가?"

"臣이 알 수 있는 일이 아닙니다. 臣은 足下(대왕)[1023]를 조문하러 왔습니다."

"무엇을 위로하려는가?"

"君主의 책모(계획)가 잘못되었습니다. 君께서는 勝者와 한 편이 되지 않고 敗者와 한 편이 되려 하는데, 왜 그러하십니까?"

"당신은 齊와 楚 중에 누가 이기겠습니까?"

"귀신이라도 알지 못할 것입니다."

"그렇다면 당신은 왜 寡人을 조문합니까?"

"齊와 楚는 魯가 있거나 없거나를 막론하고 그 세력이 거의 비슷합니다.[1024] 足下(임금)께서는 왜 군사를 안전하게 지키다가 齊 楚 두 나라가 전투를 한 뒤에 합세를 하지 않으십니까! 楚가 齊를 크게 이긴다 하여도 그 정병은 어차피 모두 죽을 것이니,[1025] 남은 병력으로 천하를 대적하게 됩니다. 齊가 이기더라도 良士와 選卒은 역시 다 죽습니다. 君은 魯의 군사로(衆) 승전하는 나라를 보고 합세한다면 그 베풀어 주는 은덕도 크고, 은덕을 받는 나라에서도 크게 고맙다 할 것입니다."

魯君도 그럴 것이다 생각하여 직접 군사를 퇴각시켰다.

---

公(재위 前 343 - 323년)이었다.

**1023** 足下(족하) - 당시는 광범위하게 쓸 수 있는 존칭이었다. 貴下.

**1024** 원문 權敵 - 權은 權勢. 그 전투력이 適均하다. 엇비슷하다.

**1025** 원문 其良士選卒亦殪 - 殪는 쓰러질 에, 죽을 에, 다할 에.

## 125/ 秦伐魏

{原文} 秦伐魏, 陳軫合三晉而東謂齊王曰,

"古之王者之伐也, 欲以正天下而立功名, 以爲後世也. 今齊,楚,燕,趙,韓,梁六國之遞甚也, 不足以立功名, 適足以强秦而自弱也, 非山東之上計也. 能危山東者, 强秦也. 不憂强秦, 而遞相罷弱, 而兩歸其國於秦, 此臣之所以爲山東之患. 天下爲秦相割, 秦曾不出力, 天下爲秦相烹, 秦曾不出薪. 何秦之智而山東之愚耶? 願大王之察也."

"古之五帝,三王,五伯之伐也, 伐不道者. 今秦之伐天下不然, 必欲反之, 主必死辱, 民必死虜. 今韓,梁之目未嘗乾, 而齊民獨不也, 非齊親而韓,梁疏也, 齊遠秦而韓,梁近. 今齊將近矣! 今秦欲攻梁絳, 安邑, 秦得絳,安邑以東下河, 必表裏河而東攻齊. 擧齊屬之海, 南面而孤楚,韓,梁, 北向而孤燕,趙, 齊無所出其計矣. 願王熟慮之!"

"今三晉已合矣, 復爲兄弟約, 而出銳師以戍梁絳,安邑, 此萬世之計也. 齊非急以銳師合三晉, 必有後憂. 三晉合, 秦必不敢攻梁, 必南攻楚. 楚,秦構難, 三晉怒齊不與己也, 必東攻齊. 此臣之所謂齊必有大憂, 不如急以兵合於三晉."

齊王敬諾, 果以兵合於三晉.

## 秦이 魏를 정벌하자,

{국역} 秦이 魏를 정벌하자,[1026] 陳軫(진진)[1027]은 三晉(韓,魏,趙)을 연합한 뒤에 동쪽에 와서 齊王에게 유세하였다.

"고대의 王者의 정벌은 천하의 질서를 바로세우고 功名을 바로 잡아 주려는 후세를 위한 일이었습니다. 여태껏 齊, 楚, 燕, 趙, 韓, 梁 六國의 상호 정벌은 아주 심하고, 功名을 이루기에도 부족하며, 秦의 강성만을 도와주고 스스로 약해졌으니, 이는 山東의 여러 나라가 택할 수 있는 上計가 아니었습니다. 山東 六國을 위험에 빠트리는 자는 강력한 秦나라입니다. 秦을 강하게 도와주는 것을 걱정하지 않고, (六國이) 서로 돌아가며 피폐하여 약해지는 싸움을 계속한다면, 결국 싸우는 두 나라는 모두 강한 秦의 차지가 될 것이니, 이는 臣이 생각하는 山東 六國의 환난이 될 것입니다. 지금 천하가 마치 秦을 위하듯 서로 싸울 때, 秦은 힘(力) 한 번 쓰지 않았고, 육국이 마치 秦을 위하여 서로 삶아 죽일 듯 싸울 때, 秦은 장작〔薪(땔나무 신)〕 하나를 내주지도 않았습니다. 그렇다면 秦은 어찌 그리 지혜롭고, 山東 六國은 어찌 이리 우매합니까? 원컨대 대왕께서도 살펴보십시오."

---

**1026** 원문 秦伐魏 - 이는 周 赧王(난왕) 17년(前 298년)의 사건이다. 秦은 昭王(昭襄王) 9년, 齊는 湣王(민왕, 閔王) 3년이었다.

**1027** 陳軫(진진, 생졸년 미상, 軫은 수레 뒷턱 나무 진) - 戰國 시대 齊國 臨淄人. 縱橫家. 秦國에 유세하여 惠文王의 예우를 받고 장의와 함께 경쟁하였다. 楚와 齊에서도 유세에 성공하였다. 畫蛇添足(화사첨족), 卞莊刺虎(변장자호) 등 고사를 만들어 낸 사람.

"古代의 五帝, 三王, 五伯(오패)는[1028] 不道(無道)한 者에 대한 정벌이었습니다. 지금 秦의 천하 정벌은 그러하지 아니하니, 꼭 (五帝, 三王, 五伯의) 그 반대로 군주는 치욕을 당하고 백성은 필히 포로가 되는 정벌입니다. 지금 韓과 梁(魏) 백성의 눈에 눈물이 마를 겨를이 없지만, 齊의 백성만은 홀로 그러하지 아니하니, 이는 齊와 秦이 서로 친하고, 韓과 梁(魏)이 秦과 소원해서가 아니라 齊는 秦에서 멀리 떨어졌고, 韓과 梁은 秦과 가깝기 때문입니다! 지금 秦이 梁의 絳邑(강읍)과 安邑(안읍)을 공격하려 하는데, 秦이 絳邑과 安邑을 얻으면, 동쪽으로 河水까지 그 세력이 내려올 것이며, 河水를 안과 밖으로 이용하며 동쪽으로 齊를 공격할 것입니다. (秦이) 齊에 속한 바다까지 진출을 노리면서 (秦은) 남으로 楚, 韓, 梁을 각각 고립시킬 것이고, 다시 북쪽으로 燕과 趙를 고립시키면, 齊는 그 계책을 쓸 곳도 없을 것입니다. 그러니 대왕께서는, 이를 熟慮(숙려)하셔야 합니다."

"지금 三晉은 이미 연합하였고 다시 兄弟의 맹약을 맺어, 정예 군사를 내어 梁의 絳邑과 安邑을 지키기로 하였으니, 이는 萬世를 위한 계책입니다. 齊에서도 급히 정예 군사를 내어 三晉에 합세하지 않는다면 반드시 뒷날의 우환이 있을 것입니다. 三晉이 연합하였기에 秦은 감히 梁을 공격하지 못하고 틀림없이 南으로 楚를 공격할 것입니다. 楚와 秦이 서로 싸우게 되면, 三晉은 齊가 三晉의 편에 서

---

1028 원문 五帝, 三王, 五伯之伐也 – 五帝는 논자에 따라 다르나 黃帝, 顓頊(전욱), 高辛(고신), 帝嚳(제곡), 堯, 舜을 꼽기도 한다. 三王은, 夏, 殷, 周의 개국 군주. 五霸(오패)는 논자에 따라 다르나 齊桓과 晉文은 꼭 들어간다. 분명하다는 주석이 있다.

지 않은 것에 원한을 품고, 틀림없이 동쪽으로 齊를 공격할 것입니다. 이는 臣이 생각하는 齊에 틀림없이 일어날 것이라 예상하는 큰 우환이니, 서둘러 군사를 내어 三晋에 합세하는 길이 가장 좋을 것입니다."

齊王은 삼가 수락하였고 예상대로 군사를 내어 三晋에 합세하였다.

## 126/ 蘇秦爲趙合從,

{原文} 蘇秦爲趙合從, 說齊宣王曰,

"齊南有太山, 東有琅邪, 西有淸河, 北有渤海, 此所謂四塞之國也. 齊地方二千里, 帶甲數十萬, 粟如丘山. 齊車之良, 五家之兵, 疾如錐矢, 戰如雷電, 解如風雨, 卽有軍役, 未嘗倍太山, 絶淸河, 涉渤海也. 臨淄之中七萬戶, 臣竊度之, 下戶三男子, 三七二十一萬, 不待發於遠縣, 而臨淄之卒, 固以二十一萬矣. 臨淄甚富而實, 其民無不吹竽,鼓瑟,擊筑,彈琴,鬪雞,走犬,六博,蹹踘者, 臨淄之途, 車轂擊, 人肩摩, 連衽成帷, 擧袂成幕, 揮汗成雨, 家敦而富, 志高而揚. 夫以大王之賢與齊之强, 天下不能當. 今乃西面事秦, 竊爲大王羞之!"

## 蘇秦(소진)이 趙를 위하여 合從을,

{국역} 蘇秦(소진)이 趙를 위하여 合從策(합종책)을[1029] 齊 宣王(선왕)[1030]에게 유세하였다.

"齊의 南에는 泰山(太山)[1031]이 있고, 동쪽으로는 琅邪(낭야)[1032]의 땅이 서쪽으로는 淸河(청하)[1033]가 북쪽으로는 渤海(발해)[1034]가 있으

---

1029 원문 蘇秦爲趙合從, 說齊宣王曰 – 蘇秦(소진, ? – 前 284년, 字는 季子)은 東周 雒邑人. 鬼谷子(귀곡자)의 徒弟(도제). 蘇秦과 張儀(장의)는 鬼谷子 아래서 함께 縱橫(종횡)의 술수를 배웠다. 소진은 6國이 合縱(합종)하여 抗秦(항진)해야 한다는 戰略을 유세하여 결국 6국의 연맹을 이루며 '從約長(종약장)' 이 되어 六國의 相印을 지닐 수 있었으며, 이후 15년간 秦은 函谷關을 나올 수 없었다. 소진이 성공한 동안 張儀의 연횡책은 설득력을 얻었다. 《史記 蘇秦列傳》에 입전. 본 章은 《竹書紀年》에 의하면 齊 威王 24년, 《史記 蘇秦列傳》에는 周 顯王 36년(前 333)에 해당한다. 그러나 그때는 齊 威王의 威勢가 한창 성할 때이다. 따라서 齊 宣王(재위 319 – 301년)이나 '今乃西面事秦, ~' 등의 내용은 전혀 맞지 않는다. 따라서 이 章은 後人의 擬託(의탁)이 분명하다는 주석이 있다.

1030 齊宣王 – 齊王이어야 한다. 宣은 衍字(연자)라는 주석이 있다.

1031 太山(泰山) – **107** 〈濮陽人呂不韋賈於邯鄲〉의 주석 참고.

1032 琅邪(낭야) – 齊 동남의 큰 邑名. 漢代 琅邪郡(낭야군, 琅琊郡. 琅은 옥 이름 랑, 邪는 고을 이름 야, 어조사 야. 간사할 사. 琊는 땅이름 야)은, 今 山東省 동남부와 江蘇省 북부 지역에 해당. 바닷가 郡. 句踐(구천)의 古都. 郡治는 東武縣(琅邪縣), 今 山東省 濰坊市 관할 諸城市.

1033 淸河郡(청하군) – 漢代에는 淸河郡, 淸河國, 甘陵郡, 甘陵國 등 郡國이 수시로 바뀌었다. 대략 今 河北省의 동남부와 山東省의 북부에 해당한다.

니, 이는 곧 四塞之國(사색지국)이라 할 수 있습니다. 齊地는 사방이 2천 리로[1035] 帶甲(대갑, 甲兵)은 수십만에 이르고, 粟(속, 군량)은 丘山(구산, 山)처럼 많습니다. 齊의 戰車는 우량하고, 五家의 병력은 작은 화살처럼 빨리 달릴 수 있으며,[1036] 전투에는 번개와 같고 흩어질 때는 風雨와도 같으니,[1037] (그동안) 전쟁이 있었더라도 (적국이) 太山을 넘어오거나, 淸河를 가로질렀거나, 渤海(발해)를 건너온 일이 없었습니다. (齊의 도읍) 臨淄(임치)에는 民戶가 7만 戶인데,[1038] 臣이 대략 계산하더라도 下戶에 男子가 3인이면, 3×7은 21만이니, 먼 지방 현의 군사를 동원하지 않아도, 임치의 군졸로 21만 명입니다. 臨淄(임치)는 부유하고 內實하여 그 백성들은 吹竽(취우, 竽는 피리 우)에, 鼓瑟(고슬, 25현의 瑟을 연주), 擊筑(격축, 筑은 5弦 악기) 彈琴(탄금), 鬪雞(투계), 走犬(주견, 개 경주), 六博(육박, 노름), 蹹踘〔답국, 蹴鞠(축국)〕을 못

---

1034 渤海(발해) - 중국에서는 山東半島와 遼東半島 사이의 바다는 渤海, 山東省과 江蘇省의 앞바다를 黃海, 上海市, 福建省 앞바다는 東海, 廣東省과 廣西省 앞바다는 南海라고 통칭한다. 우리나라의 서쪽 바다는 黃海가 아니고 분명 西海로 표기해야 한다. 漢代 郡名으로 勃海郡(발해군)은 今 河北省 동부, 天津市 서남부에 해당한다.

1035 齊地方二千里 - 사방의 길이의 合이 2천 리. 2천 리×4의 뜻이 아니다. 《史記》에서 方三千餘里라 하였다.

1036 원문 疾如錐矢 - 錐矢(추시)는 小矢. 강하고도 빠르다는(勁疾也) 비유이다.

1037 원문 戰如雷電, 解如風雨 - 雷電(뇌전)은 전투에 강하다. 風雨는 신속하다는 의미.

1038 臨淄(임치) - 1960~70년대에 이루어진 발굴 조사에서 임치의 궁궐을 보호하는 小城과 평민 거주지를 포함한 大城의 구조였는데, 대성은 그 둘레가 14km, 소성은 7km나 되었다고 한다.

하는 사람이 없으며, (번화한) 臨淄의 길에는〔途(도), 道〕 수레(車) 바퀴통이 부딪치고(轂擊, 轂은 수레바퀴 곡), 사람 어깨가 닿으며(肩摩), 옷깃이 서로 닿아 휘장이 되고,[1039] 옷소매를 들면 천막이 되며, 땀을 씻으면 비가 내리는 것 같고,[1040] 집집마다 殷富(은부)하고 人志가 高大하여 그대로 發揚(발양)합니다. 그리고 大王의 賢智와 齊의 强大는 天下의 누구도 감히 맞설 수가 없습니다. 그런데도 지금 西面하여 事秦(진을 섬기다)하니, 삼가 大王을 위해 부끄러울 뿐입니다."

{原文} "且夫韓,魏之所以畏秦者, 以與秦接界也. 兵出而相當, 不至十日, 而戰勝存亡之機決矣. 韓,魏戰而勝秦, 則兵半折, 四境不守, 戰而不勝, 以亡隨其後. 是故韓,魏之所以重與秦戰而輕爲之臣也. 今秦攻齊則不然, 倍韓,魏之地, 過衛陽晉之道, 徑亢父之險, 車不得方軌, 馬不得並行, 百人守險, 千人不能過也. 秦雖欲深入, 則狼顧, 恐韓,魏之議其後也. 是故恫疑虛猲, 高躍而不敢進, 則秦不能害齊, 亦已明矣. 夫不深料秦之不奈我何也, 而欲西面事秦, 是群臣之計過也. 今無臣事秦之名, 而有强國之實, 臣固願大王之少留計."

---

1039 원문 連衽成帷 – 衽은 옷깃 임. 帷는 휘장 유. 사람들이 줄지으니 마치 揮帳(휘장, 커튼)을 친 것 같다.

1040 원문 擧袂成幕, 揮汗成雨 – 袂는 소매 메〔袖(소매 수)〕. 揮는 뿌릴 휘(振也), 사람이 衆多하다는 뜻.

齊王曰, “寡人不敏, 今主君以趙王之敎詔之, 敬奉社稷以從.”

{국역} “그리고 韓과 魏가 秦을 두려워하는 것은 秦과 접경했기 때문입니다. 군사가 출동해서 서로 공격하여 열흘이 되기 전에 전쟁의 승패와 存亡(존망)의 契機(계기)가 나타납니다. 韓과 魏가 전쟁에서 秦을 이기려면, 병력이 (秦의) 절반이면 패망하거나 사방을 지킬 수도 없습니다. 싸워 이기지 못한다면 바로 멸망이 뒤따를 뿐입니다. 이 때문에 韓과 魏는 秦과의 전쟁을 어려운 일로, 차라리 秦에 臣屬하기를 쉬운 일로 생각하고 있습니다. 지금 秦이 齊를 공격한다면 그렇지 않으니, 배후에는 韓과 魏의 땅이 있고, (옛) 衛(위)나라의 陽晉(양진)의 길을 거쳐 亢父(항보)의 험로를 질러가야 하는데, 戰車나 궤도를 나란히 갈 수가 없고, 말 두 마리가 나란히 지나갈 수가 없어 1백 명 군사가 험로를 막는다면 1천 명의 군사가 통과할 수도 없습니다. 秦의 군사가 깊숙이 들어온다 하여도 이리가 자꾸 뒤돌아보듯[1041] 韓과 魏가 배후를 공략할까 두려워하게 됩니다. 이 때문에 秦은 크게 의심하면서 공연히 놀라게 하며 으르렁대고 날뛸 뿐[1042] 감히 진격하지 못하니, 곧 秦이 齊를 해치지 못하는 것은 분명합니다. 이처럼 秦이 齊를 어쩌지 못한다는 현실을 깊이 살펴보지도 아니하

---

**1041** 원문 則狼顧 – 狼은 이리 낭(랑). 顧는 돌아볼 고. 이리는 겁이 많아 가면서도 자신의 뒤를 자꾸 돌아본다.

**1042** 원문 是故恫疑虛猲 – 恫은 상심할 통. 두려워하다. 恫疑(통의)는 크게 의심하다. 猲은 개 갈. 큰 이리. 虛猲(허갈)은 두려워 헐떡거리는 모습. 恐猲(공갈). 무섭게 으르렁대며 위협하다.

고서 서쪽을 바라보며 秦을 섬긴다면, 이는 齊나라 여러 신하들의 계책이 잘못된 것입니다. 이제 臣은 (齊가) 秦을 섬긴다는 명분을 불식시켜 주고, (齊가) 강국이라는 사실을 인식시켜야 하기에, 臣은 진실로 대왕께서 조금이나마 유념해 주시기를 바랍니다."

齊王이 말했다.

"寡人이 不敏(불민)하지만, 지금 足下(貴下)께서[1043] 趙王의 가르침을 알려주셨으니, 삼가 社稷을 들어 따르고자 합니다."

## 127/ 張儀爲秦連橫說齊王

{原文} 張儀爲秦連橫齊王曰,

"天下强國無過齊者, 大臣父兄殷衆富樂, 無過齊者. 然而爲大王計者, 皆爲一時說而不顧萬世之利. 從人說大王者, 必謂齊西有强趙, 南有韓,魏, 負海之國也, 地廣人衆, 兵强士勇, 雖有百秦, 將無奈我何! 大王覽其說, 而不察其至實. 夫從人朋黨比周, 莫不以從爲可. 臣聞之, 齊與魯三戰而魯三勝, 國以危, 亡隨其後, 雖有勝名而有亡之實, 是何故也? 齊大而魯小. 今趙之與秦也, 猶齊之於魯也. 秦,趙

1043 원문의 主君 – 蘇秦을 지칭한다. 소진에 대한 존경의 마음이 있더라도 齊王이 蘇秦을 主君이라 칭할 리 없다. 《史記》에는 '足下'라 기록하였다는 주석에 따른다.

戰於河漳之上, 再戰而再勝秦, 戰於番吾之下, 再戰而再勝秦. 四戰之後, 趙亡卒數十萬, 邯鄲僅存. 雖有勝秦之名, 而國破矣! 是何故也? 秦强而趙弱也. 今秦,楚嫁子取婦, 爲昆弟之國, 韓獻宜陽, 魏效河外, 趙入朝黽池, 割河間以事秦. 大王不事秦, 秦驅韓,魏攻齊之南地, 悉趙涉河關, 指摶關, 臨淄,卽墨"

齊王曰, "齊僻陋隱居, 託於東海之上, 未嘗聞社稷之長利. 今大客幸而敎之, 請奉社稷以事秦."

獻魚鹽之地三百於秦也.

## 張儀가 秦을 위해 連橫으로 齊王에 유세하다.

{국역} 張儀(장의)가 秦을 위해 連橫策으로 제왕에게 유세했다.[1044]

"천하의 强國이라도 齊보다 강한 나라가 없으며, 大臣과 백성의 衆多와 殷富(은부)도 齊보다 나은 나라는 없습니다. 그렇지만 大王

1044 張儀爲秦連橫說齊王曰 - 張儀(장의, 前 373 - 310년)는 魏國 安邑人(今山西省 夏縣). 戰國 시기의 縱橫家. 蘇秦과 함께 鬼谷子(귀곡자)의 徒弟로 수학했다. 秦과 和親하고 동맹하여 평화를 유지하자는 連橫策(연횡책, 連衡)을 주장하여 秦 惠文王에게 중용되었고 蘇秦의 합종책을 해체시켰다. 前 311년, 秦 惠文王이 죽고 그 아들 武王이 즉위하자, 武王과 사이가 안 좋았던 장의는 고국 魏에 돌아와 죽었다.《史記 張儀列傳》에 立傳. 장의가 제왕을 설득한 사실은《史記 張儀列傳 / 六國年表》에 의하면 周 赧王 4년(前 311년)이다. 이때 齊 宣王 9년, 秦 惠文王 14년이었다. 본 章은 후인의 假託이라는 주석이 있다.

을 위하여 計策을 말하는 자들은 모두 一時的 현실만을 말할 뿐, 萬世의 이득을 생각하지 않습니다. 合從으로 대왕에게 유세하는 사람은(蘇秦) 틀림없이 齊의 서쪽에 강한 趙가 있고, 南으로 韓과 魏가 있으며 바다를 등에 지고 있는 나라이며, 地廣하고 人衆하며, 병사는 강하고 용감하기에 비록 秦과 같은 나라가 백 개가 있다 한들 앞으로 아무 일도 일어날 수 없다고 말할 것입니다. 大王께서는 그런 말을 듣고 따르지만 그 실상을 살피지는 못하고 있습니다. 그런 합종을 주장하는 사람들은 서로 붕당을 만들어[1045] 합종만이 가능하다고 말하지 않는 자가 없습니다. 臣이 알기로, 齊와 魯는 三戰하여 魯가 三勝하였지만 魯國은 위기에 몰렸다가 멸망할 지경에 처했습니다.[1046] 비록 승리했다는 명성을 누렸지만 실질적으로 멸망하였으

1045 원문 夫從人朋黨比周 – 比周는 편파적인 교제와 공정한 교류. 이는 《論語 爲政》 子曰, "君子周而不比, 小人比而不周." 에서 나온 말이다. 군자의 處世에 대한 결론이다. 군자는 어디서나 누구에게든 두루(周) 똑같이 대우하고 편파적이지(比) 않다. 그러나 소인은 끼리끼리 모이고 널리 교제하지 않는다. 군자는 마음이 넓고 평탄하여 인생의 바른 길을 걸으면서 뜻이 같은 사람은 물론 다른 사람도 포용하면서 선의로 대하고 공정하게 대한다. 이를 周(주)라고 표현하였으니, 周는 '誠을 열고 公正을 널리 펴는 것' 이다. 그러나 소인은 자신의 의견만을 고집하고 다른 사람에 대한 포용이 없으며 무리를 지어 사익을 추구한다. 이를 比(비)라 하여 똑같은 무리라는 뜻이고 同黨(동당)만을 편애한다는 뜻이다. 공자가 말한 周而不比(주이불비: 두루두루 하지만 무리는 짓지 않는다는 말이며, 군자는 사람을 두루 사귀지만 패거리는 짓지 않는다는 뜻이다.)는 '群而不黨(군이부당: 무리를 지으면서 나쁜 무리를 짓지 않는다는 말이며 군자는 여럿이 어울리지만 편당을 가르지는 않는다는 뜻이다.)' 과 같은 뜻이다.

1046 원문 亡隨其後 –그 당시 魯는 멸망하지 않았다. 다만 국력이 아주 쇠약했다. 魯國은 前 323년, 魯 景公이 죽고 平公이 즉위했는데 이때 韓,

니, 이는 왜 그러했겠습니까? 齊는 大國이고, 魯는 小國입니다. 지금 趙와 秦의 싸움은 마치 齊와 魯의 싸움과 같습니다. 秦과 趙가 河漳(하장)에서 싸웠는데,[1047] (趙는) 두 번 싸워 두 번 승리하였으며, 趙와 秦은 番吾(반오. 趙邑)에서[1048] 두 번 싸워 趙가 秦에 두 번이나 이겼습니다. 그러나 四戰 이후에 趙는 수십 만 군졸을 잃었고, 邯鄲(한단)을 겨우 보전하였습니다. 趙는 秦을 이겼다는 이름은 남았지만 나라가 부서졌으니, 이는 왜 그러했겠습니까? 秦은 强하고 趙는 弱하기 때문입니다. 지금 秦과 楚는 장가보내고 며느리를 데려오는 昆弟(곤제, 형제)의 나라가 되었습니다. 韓은 宜陽(의양)의 땅을 秦에 헌상하였고, 魏는 河水의 밖(곧 魏의 河南)을 바쳤으며, 趙는 黽池(민지)에서 秦에 入朝한 뒤에[1049] 河間(하간)의 땅을 할양하며 秦을 섬겼습니다. 大王께서 事秦(진을 섬기다)하지 않는다면, 秦은 韓과 魏의 군사를 몰아 齊의 南地를 공격할 것이고, 趙의 모든 군사를 동원하

---

魏, 趙, 燕, 中山國까지 稱王했다. 魯 頃公 2년(前 278), 秦은 楚國 수도 郢(영)을 정복했고, 楚 頃王은 陳國으로 東遷했다. 頃公 19년(前 261)에, 楚는 魯를 공격하고 徐州를 빼앗았다. 頃公 24년(前 256), 魯國은 楚 考烈王에게 병합 멸망하였다. 頃公은 下邑으로 옮겨 莒(거)에 봉해졌는데, 그 7년 뒤(前 249년), 魯 頃公이 죽으면서 魯國의 제사도 끊어졌다.

1047 원문 秦趙戰於河漳之上 - 河漳(하장)은 漳水(장수). 濁漳과 淸漳의 강물이 上黨郡에서 발원하여 河南에서 河水에 합류한다.

1048 番吾 - 한때 中山國의 도읍, 趙의 邑名, 今 河北省 중남부 石家莊市 관할 靈壽縣.

1049 원문 趙入朝黽池 - 趙는 入秦하여 黽池(민지, 黽은 힘쓸 민, 맹꽁이 민)에서 入朝하였다. 민지는 본래 弘農郡에 속한 지명. 漢代 黽池縣(민지현)은, 今 河南省 黃河 남안, 三門峽市 관할 澠池縣(민지현).

어 河關(하관)을 건너 搏關(단관, 搏은 愽)을 향할 것이니, 그렇게 되면 (도읍) 臨淄(임치)와 卽墨(즉묵)[1050]은 왕의 소유가 아닐 것입니다. 나라가 어느 날 격파 당하면 그때 秦을 섬기려 하여도 섬길 수 없으니, 왕께서는 이를 깊이 계산해 보시기 바랍니다."

이에 齊王이 말했다.

"齊는 구석지고 누추한 곳에 감춰진 곳이며 동해 바닷가의 땅이라서 사직의 장기적 이득을 알지 못했습니다. 지금 大客(張儀)께서 몸소 깨우쳐 주시니 사직을 받들어 秦을 섬기고자 합니다."

그러면서 魚鹽(어염)이 생산되는 땅 3백 리를 秦에 헌상하였다.

---

1050 卽墨(즉묵) - 漢代 膠東國(교동국) 치소. 今 山東省 중동부 靑島市 관할 平度市.

# 9.《戰國策》卷九 齊策 二

## 128/ 韓齊爲與國

{原文} 韓,齊爲與國. 張儀以秦,魏伐韓. 齊王曰,

"韓, 吾與國也. 秦伐之, 吾將救之."

田臣思曰, "王之謀過矣, 不如聽之. 子噲與子之國, 百姓不戴, 諸侯弗與. 秦伐韓, 楚,趙必救之, 是天下以燕賜我也."

王曰, "善." 乃許韓使者而遣之.

韓自以得交於齊, 遂與秦戰. 楚,趙果遽起兵而救韓, 齊因起兵攻燕, 三十日而擧燕國.

## 韓과 齊가 동맹국이 되다.

{국역} 韓과 齊가 동맹국이 되었다.[1051] 張儀(장의)는 秦과 魏의 연

합으로 韓을 공격했다.[1052] 이에 齊 宣王이 말했다.

"韓은 우리의 동맹국이다. 秦이 韓을 공격한다면, 우리가 구원할 것이다."

이에 (齊臣인) 田臣思(전신사)[1053]가 말했다.

"대왕의 책모가 잘못되었으니 그냥 듣고 계신 것만 못합니다. (지금 燕나라) 子噲(자쾌)가 (相) 子之(자지)에게 왕위를 물려주었는데,[1054] 백성은 추대하지 않았고, 제후들도 그 편이 되지 않았습니다. 秦이 韓을 정벌하니 楚와 趙가 틀림없이 구원할 것이고, 이는 하늘이 燕을 우리에게 주는 것입니다."[1055]

---

1051 원문 韓齊爲與國 – 與는 黨與也, 患難에 서로 救助한다는 의미. 與는 더불어 여. 《史記 六國年表》에 의하면, 이는 周 赧王(난왕) 원년(前 314), 齊 宣王 6년이었다.

1052 원문 伐韓 다음에 缺文(결문)이 있다는 주석이 있다. 韓에서 齊에 구원을 요청했을 것이다. 본 章은 齊에서 韓 사자에게 알려주는 내용이다.

1053 田臣思 –《竹書紀年》에는 徐州의 子期, 곧 田忌(전기)라 했다. 田忌(전기, 생졸년 미상)는 陳忌, 田期思로도 표기. 齊國의 公子. 孫臏(손빈, 이 사람도 孫子라 칭한다)을 발탁했던 사람.

1054 원문 子噲與子之國 – 子噲(자쾌)는 燕 易王의 子. 子噲(목구멍 쾌)는 燕 昭王의 父. 子之(자지)는 燕의 相이었다. 說客(세객)인 蘇代(소대)가 子之를 위하여 子噲에게 유세하였다. "堯는 천하를 許由(허유)에게 양위하려 했지만 許由는 不受(받지 않다)했고, 堯는 天下를 양보했다는 좋은 명성을 얻었습니다." 그래서 그런 명성을 얻으려고 子噲는 子之(자지)에게 나라를 양보하였다. 그랬더니 子之가 받으면서 바로 즉위하였다. 이 때문에 燕나라는 혼란에 빠졌다.

1055 원문 是天下以燕賜我也 – 齊가 燕을 정벌하여도 타국에서 燕을 도울 수 없다는 뜻.

宣王은 "좋다."고 말했다. 그리고 韓의 사자를 돌려보냈다.

韓은 이에 齊의 후원을 얻어냈다 생각하여 秦과 전쟁을 시작했다. 楚와 趙는 갑자기 군사를 동원하여 韓을 구원했다. 그러나 齊는 그 기회에 군사를 일으켜 燕을 공격했고 30여 일만에 燕을 점령하였다.[1056]

## 129/ 張儀事秦惠王

{原文} 張儀事秦惠王. 惠王死, 武王立. 左右惡張儀, 曰, "儀事先王不忠."

言未已, 齊讓又至.

張儀聞之, 謂武王曰, "儀有愚計, 願效之王."

王曰, "奈何?"

曰, "爲社稷計者, 東方有大變, 然後王可以多割地. 今齊王甚憎張儀, 儀之所在, 必擧兵而伐之. 故儀願乞不肖身而之梁, 齊必擧兵而伐之. 齊,梁之兵連於城下, 不能相去, 王以其間伐韓, 入三川, 出兵函谷而無伐, 以臨周, 祭器必出, 挾天子, 案圖籍, 此王業也."

王曰, "善." 乃具革車三十乘, 納之梁. 齊果擧兵伐之.

---

**1056** 원문 三十日而擧燕國 - 擧는 점령하다(拔也).

## 張儀(장의)는 秦 惠王을 섬겼었다.

{국역} 張儀(장의)는 秦 惠王(혜왕)[1057]을 섬겼었다. 惠王이 죽고(前 311), 武王(무왕, 悼武王)[1058]이 즉위했다. 무왕의 좌우에서 장의를 미워하며 말했다.

"장의는 先王을 섬기면서 不忠했습니다."

그런 말이 끝나기도 전에, 齊에서 보낸 사신의 책망의 말이 들어왔다.[1059]

장의가 이를 알고서는 무왕에게 말했다.

"저에게 愚計(우계)가 있어 대왕께 말씀드리고자 합니다."

무왕은 "무엇인가?" 라고 물었다.

"이 나라의 社稷(사직)을 위한 계책이니, 東方에서 大變(전쟁)을 일으킨 다음에 대왕께서는 많은 땅을 할양 받을 수 있습니다. 지금 齊王은 저를 심히 증오하고 있으며, 저를 등용하는 곳이라면 필히 거병하여 정벌합니다. 그러하니 비록 불초한 저를 梁(魏)로 보내 주신다면, 齊에서는 必히 거병하여 梁을 정벌할 것입니다. 齊와 梁의 군사가 성 밖에서 전투를 벌려 어느 쪽도 퇴각할 수 없을 때, 대왕께

---

1057 秦 惠王(혜왕, 재위 前 338－311년)－孝公의 아들. 작위는 伯爵. 시호 惠文王, 惠公은 재위 13년(周 顯王 14년, 前 325년)에 稱王하였다. 이후 韓, 趙, 燕, 中山國과 宋까지 5국이 稱王하니, 이를 五國相王이라 한다. 樗里疾(저리질), 嬴華(영화), 張儀(장의) 등을 등용하였다.

1058 秦 武王(재위 前 310－307年, 秦惠文王之子, 嬴姓. 名은 蕩)－《史記 秦始皇本紀》에는 秦 悼武王(도무왕). 《世本》에는 秦 武烈王이라 했다.

1059 원문 齊讓又至－齊王이 사신을 보내 秦 武王이 장의를 계속 중용하는데 대한 비난의 말이 들어왔다는 뜻.

서는 그 틈에 韓을 정벌하며 三川으로 진격하면서 函谷關을 나선다면 전투도 없이 周에 들어갈 수 있고, (周)에서는 (天子의) 祭器(제기)를 내줄 것이니, (王께서는) 天子를 끼고, (천하) 지도와 호적을 관장하게 되니, 이로써 王業을 성취하실 수 있습니다."

武王은 "좋다."고 하였다. 곧 革車(혁거, 兵車) 30乘(승)에 장의를 梁에 보내 주었다. 齊에서는 예상대로 거병하여 梁을 공격하였다.

{**原文**} 梁王大恐. 張儀曰,

"王勿患, 請令罷齊兵."

乃使其舍人馮喜之楚, 藉使之齊. 齊,楚之事已畢, 因謂齊王,

"王甚憎張儀, 雖然, 厚矣王之託儀於秦王也."

齊王曰, "寡人甚憎儀, 儀之所在, 必擧兵伐之, 何以託儀也?"

對曰, "是乃王之託儀也. 儀之出秦, 因與秦王約曰, '爲王計者, 東方有大變, 然後王可以多割地. 齊王甚憎儀, 儀之所在, 必擧兵伐之. 故儀願乞不肖身而之梁, 齊必擧兵伐梁. 梁,齊之兵連於城下不能去, 王以其間伐韓, 入三川, 出兵函谷而無伐, 以臨周, 祭器必出, 挾天子, 案圖籍, 是王業也.' 秦王以爲然, 與革車三十乘而納儀於梁. 而果伐之, 是王內自罷而伐與國, 廣鄰敵以自臨, 而信儀於秦王也. 此臣之所謂託儀也."

王曰, "善." 乃止.

{국역} 梁王(양왕, 魏 襄王)은 크게 두려워했다. 이에 장의가 말했다.

"王께서는 걱정하지 마십시오. 齊가 군사를 철수하도록 제가 조치하겠습니다."

그리고서는, 곧 그 舍人(사인)인 馮喜(풍희)를 楚에 보냈고, (거기서 楚의 사자인 것처럼) 다시 齊로 가게 하였다. (풍희가) 齊와 楚의 관련 일을 마친 뒤에 이어 齊王에게 말했다.

"王께서는 심히 장의를 증오하고 계시지만, 왕께서는 아주 후하게 대우하며 秦王에게 장의를 부탁해 놓고 계십니다."

그러자 齊王이 말했다.

"寡人은 장의를 아주 증오하며 장의가 있는 나라에는 군사를 보내 틀림없이 정벌하는데, 어째서 장의를 진왕에게 부탁해 놓았다고 하는가?"

이에 풍희가 대답하였다.

"그것이 바로 왕께서 장의를 부탁한 것입니다. 장의가 秦에서 떠나면서 秦王과 약속하였습니다. '(秦의) 대왕을 위한 계책이오니, 東方(六國)에 大變(戰爭)이 일어난 뒤에 왕께서는 많은 땅을 할양받을 것입니다. 齊王이 장의를 심하게 증오하면서 장의가 있는 곳에는 필히 거병하여 정벌을 합니다. 그래서 불초한 저를 梁에 보내 주시면, 제왕은 필히 거병하여 梁을 공격할 것입니다. 梁과 齊의 군사가 얽혀 城 밖에서 싸워 돌아갈 수도 없을 때, 진왕을 그 기회를 이용하여 韓을 정벌하시는데, 三川(洛陽)으로 진출하려고 군사가 함곡관을 나서면 아무런 싸움도 없이 周에 도착할 것이고, 周에서는 天子

의 祭器를 바칠 것이니 (秦王은) 천자를 끼고서 圖版과 戶籍을 얻을 수 있으니, 이는 王子의 業을 성취하는 것입니다.' 라고 말했습니다. 秦王은 옳은 말이라 하면서 革車 30乘을 주어 장의를 梁에 보냈습니다. 그리고 예상대로 齊에서 梁을 정벌하니, 이는 王(齊王)께서 스스로 자신을 지치게 하면서 같은 편인 梁을 정벌하고 있으니, 이는 이웃나라 모두에게 적이 되면서 秦王이 장의를 더욱 신뢰하게 하였습니다. 그래서 臣은 장의를 진왕에게 부탁한 것이라고 말했습니다."

齊王은 "맞는 말이다." 하면서 梁에 대한 정벌을 중지시켰다.

## 130/ 犀首以梁爲齊戰於承匡

{原文} 犀首以梁爲齊戰於承匡而不勝.

張儀謂梁王, "不用臣言以危國."

梁王因相儀, 儀以秦,梁之齊合橫親. 犀首欲敗之, 謂衛君曰,

"衍非有怨於儀也, 値所以爲國者不同耳. 君必解衍."

衛君爲告儀, 儀許諾, 因與之參坐於衛君之前. 犀首跪行, 爲儀千秋之祝. 明日張子行, 犀首送之至於齊疆. 齊王聞之, 怒於儀, 曰,

"衍也吾讎, 而儀與之俱, 是必與衍鬻吾國矣."

遂不聽.

## 犀首(서수)가 梁軍으로 齊와 承匡에서 싸웠으나,

{국역} 魏(위)나라 장군 犀首(서수, 공손연)가 梁(魏)의 군사를 거느리고 齊와 承匡(승광)에서 싸웠지만 이기지 못했다.[1060] 張儀가 梁 襄王(양왕)에게 "臣의 말을 따르지 않더니 나라가 위기에 처했습니다."라고 말했다. 梁王은 이에 장의를 相으로 임명했다.

장의는 秦나라의 힘으로 梁과 齊에 秦과 함께 連橫하여 和親케 하였다. 犀首(서수, 공손연)가 (張儀의 연횡책을) 깨트리려고 衛(위)[1061] 君主에게 말했다.

"저 공손연이 장의에게 원한이 있는 것은 아니고, 다만 나라를 다

---

**1060** 원문 犀首以梁爲齊戰於承匡而不勝 - 犀首(서수)는 公孫衍(공손연), 061〈秦惠王死, 公孫衍欲窮張儀〉의 주석 참고. 梁은 魏 惠王의 도읍. 爲齊의 爲는 與의 뜻. 承匡(승광)은 魏, 邑名. 옛 宋의 땅. 襄陵. 이는 前 310년의 일로 알려졌다. 이 해에 장의가 죽었다. 본 章의 일부 내용은 사실과 다르며, 후세 策士의 擬托(의탁)이라는 주석이 있다.

**1061** 衛國(위국) - 周朝의 諸侯國, 姬姓, 周 武王의 弟 康叔(강숙)을 봉한 나라. 그 수도는 朝歌, 楚丘, 帝丘, 野王(야왕) 등지로 옮겼다. 그 영역은 대략 今 河南省 북부와 河北省 남부 일대였다. 前 254년 衛 懷君(회군)이 魏에 入朝했다가 피살당하면서 그 영역이 魏의 附庸國이 되었다. 前 241년, 秦이 魏를 공격하면서 衛國 원래의 땅인 濮陽(복양) 일대를 東郡으로 편입하면서 姬姓 後代 衛君을 찾아 부용국을 만들었다. 이후 부용국으로 명맥을 유지, 秦 二世 元年(前 209년)에 衛君 角(각)이 庶人으로 강등되면서 衛國은 멸망하였다. 衛國은 周 제후국 중에서 가장 늦게까지 존속한 나라가 되었다.

스리는 방법이 다를 뿐입니다.[1062] 주군께서는 필히 (장의와) 저를 화해시켜 주십시오."

衛君이 이를 장의에게 말했고, 장의도 허락하여 두 사람은 衛君 앞에 합석하였다. 이때 서수는 무릎으로 기어오며, 장의를 위하여 祝壽(축수)도 하였다. 다음 날 장의가 (衛를) 떠날 때, 犀首(서수, 공손연)는 장의를 齊의 경계까지 나와 전송하였다. 齊王은 이를 알고 화를 내며 말했다.

"그 공손연은 나의 원수인데[1063] 장의가 그 사람과 같이 놀았다니, 이는 틀림없이 공손연의 편이 되었고, 우리 齊를 이용해 먹을 것이다."[1064]

그러면서 장의의 말을(연횡책을) 따르지 않았다.

## 131/ 昭陽爲楚伐魏

{原文} 昭陽爲楚伐魏, 覆軍殺將得八城, 移兵而攻齊.

陳軫爲齊王使, 見昭陽, 再拜賀戰勝, 起而問, "楚之法, 覆軍殺將, 其官爵何也?"

---

1062 원문 値所以爲國者不同耳 - 値는 만날 치. 다만(直과 通. 이때 直의 音은 치).

1063 원문 衍也吾讎 - 讎는 원수 수(仇也). 그전에 공손연이 齊와 싸웠기 때문이다.

1064 원문 是必與衍, 鬻吾國矣 - 鬻은 죽 죽(음식). 팔다. 이용해 먹다.

昭陽曰, “官爲上柱國, 爵爲上執珪.”

陳軫曰, “異貴於此者何也?”

曰, “唯令尹耳.”

陳軫曰, “令尹貴矣! 王非置兩令尹也, 臣竊爲公譬可也. 楚有祠者, 賜其舍人巵酒. 舍人相謂曰, ‘數人飮之不足, 一人飮之有餘. 請畫地爲蛇, 先成者飮酒.’ 一人蛇先成, 引酒且飮之, 乃左手持巵, 右手畫蛇, 曰, ‘吾能爲之足.’ 未成, 一人之蛇成, 奪其巵曰, ‘蛇固無足, 子安能爲之足.’ 遂飮其酒. 爲蛇足者, 終亡其酒. 今君相楚而攻魏, 破軍殺將得八城, 不弱兵, 欲攻齊, 齊畏公甚, 公以是爲名足矣, 官之上非可重也. 戰無不勝而不知止者, 身且死, 爵且後歸, 猶爲蛇足也.”

昭陽以爲然, 解軍而去.

## 昭陽(소양)이 楚를 위해 魏를 정벌하여,(畫蛇添足)

{국역} (楚의 將) 昭陽(소양)이 楚를 위하여 魏를 정벌하여,[1065] 적군을 복멸시키고 장수를 죽였으며, 8城을 차지한 뒤에 군사를 이동하

1065 원문 昭陽爲楚伐魏 – 昭陽은 楚 懷王(회왕, 재위 前 328 – 299년)의 장수. 楚가 伐魏한 사건은《史記 楚世家》에 의하면, 懷王 8년(前 321년)이었다. 이 章에서 說客 陳軫(진진)은 승리한 昭陽(소양)에게 ‘畫蛇添足(화사첨족, 蛇足)’ 의 비유로 욕심내지 말라고 깨우쳤다. 이 蛇足의 成語는 참으로 재미있고 유익한 교훈이다.

여 齊를 공격하였다.

陳軫(진진)은 齊王(秦의 착오)의 사자로,[1066] (齊를 공격 중인) (楚將) 昭陽(소양)을 만나 再拜하며 승전을 하례한 뒤에 일어서서 물었다.

"楚의 法에 적군을 복멸하고 적장을 죽이면 그 관작이 어떻게 됩니까?"

소양이 말했다.

"官은 上柱國이고, 작위는 上執珪(상집규)입니다."

진진이 물었다.

"이와 다른 고귀한 작위가 또 있습니까?"

"오직 令尹(영윤) 뿐입니다."[1067]

진진이 말했다.

"令尹이 貴하군요! 楚王이 두 명의 영윤을 두지 않는다면, 臣이 公을 위하여 비유해 보겠습니다.[1068] 楚나라에 제사를 지낸 어떤 사람이 그 舍人(사인)들에게 卮酒(치주)를 하사하였습니다.[1069] 舍人들

---

1066 원문 陳軫爲齊王使 – 陳軫(진진, 생졸년 미상, 軫은 수레 뒷턱나무 진)은 戰國 시대 齊國 臨淄人. 縱橫家. 秦國에 유세하여 惠文王의 예우를 받고 장의와 함께 경쟁하였다. 楚와 齊에서도 유세에 성공하였다. 초의 令尹(상)을 역임하고 潁川侯가 되었다. 畫蛇添足(화사첨족), 卞莊刺虎(변장자호) 등 故事를 만들어 낸 사람이다. 이때 진진은 秦의 사자로 齊에 왔다가 楚將 昭陽(소양)을 만났다. '齊王使'는 착오이다.

1067 원문 唯令尹耳 – 令尹 뿐이다. 가장 고귀한 직위 令尹은 楚의 相이다.

1068 원문 竊爲公譬可也 – 竊은 훔칠 절. 몰래, 헛되이. 얕은, 자신을 낮추는 謙辭(겸사)로 쓰인다. 公은 昭陽. 譬는 비유할 비, 喩(깨우칠 유)와 通.

1069 원문 賜其舍人卮酒 – 舍人은 빈객을 侍從하는 자. 측근에 가까이 두고

이 서로 말했습니다. '여럿이 마시기에 부족하고 한 사람이면 좀 여유가 있다. 땅에 뱀을 그려 먼저 그리는 자가 마시기로 하자.' 한 사람이 뱀을 먼저 그린 뒤, 술잔을 들고 막 마시려다가, 왼손에 술잔을 잡고 오른손으로 뱀을 그리며 '나는 뱀의 발도 그릴 수 있지.' 라고 하였습니다. (뱀 발을) 다 그리지 못했는데, 다른 한 사람이 뱀을 다 그리고서 술잔을 빼앗으며 말했습니다. '본래 뱀은 발이 없는데 네가 발을 어찌 그리겠나?' 그러면서 그 술을 마셨습니다. 발을 그리던 사람은 끝내 술을 마시지 못했습니다. 지금 장군은 楚를 위한 魏 정벌에서 破軍하고 殺將하며 八城을 차지했고, 강한 군사로 齊를 공격하니 齊는 장군을 매우 두려워합니다. 장군은 이로써 충분한 명성을 거두었고, 높은 관직에 중복 임용될 수도 없습니다. 전쟁에서 싸우면 이긴다 하여 그칠 줄을 모르는 사람이라면 몸이 죽거나 뒷사람이 관작을 차지할 것이니, 이는 뱀의 발 그리기와 같습니다."

소양은 옳다고 생각하여 군사를 철수하여 돌아갔다.

## 132/ 秦攻趙

{原文} 秦攻趙. 趙令樓緩以五城求講於秦, 而與之伐齊. 齊王恐, 因使人以十城求講於秦. 樓子恐, 因以上黨二十四縣許秦王.

---

부리는 사람. 巵는 술잔 치. 卮와 同.

趙足之齊, 謂齊王曰,

"王欲秦,趙之解乎? 不如從合於趙, 趙必倍秦. 倍秦則齊無患矣."

## 秦이 趙를 공격했다.

{국역} 秦이 趙를 공격했다.[1070] 趙에서는 樓緩(누완)을 보내 5개 城을 할양하여 秦과 강화하며 함께 齊을 공격하자고 제의했다. 齊王은 두려워하며 사신을 보내 秦에 10개의 성으로 강화하려 했다. (趙의) 누완은 걱정이 되어 上黨(상당)의 24개 縣을 秦 惠文王에게 주겠다고 했다.

이에 趙足(조족, 趙國 人名)이 齊에 가서 齊王에게 말했다.

"王께서는 秦과 趙의 화해를 원하십니까? 齊가 趙와 합종하겠다면 趙는 꼭 秦에 배신할 것입니다. 우리가 秦에 배신한다면, 齊나라는 아무 걱정이 없을 것입니다."

## 133/ 權之難齊燕戰

{原文} 權之難, 齊,燕戰. 秦使魏冉之趙, 出兵助燕擊齊. 薛

1070 秦攻趙 - 언제 사건인지? 근거가 없으니 後人의 擬托(의탁)이라 했다.

公使魏處之趙, 謂李向曰,

"君助燕擊齊, 齊必急. 急必以地和於燕, 而身與趙戰矣. 然則是君自爲燕東兵, 爲燕取地也. 故爲君計者, 不如按兵勿出. 齊必緩, 緩必復與燕戰. 戰而勝, 兵罷弊, 趙可取唐,曲逆. 戰而不勝, 命懸於趙. 然則吾中立而割窮齊與疲燕也, 兩國之權, 歸於君矣."

## 權(권)의 전투는 齊와 燕의 전쟁

{국역} 權(권) 땅의 전투는 齊와 燕나라의 전쟁이었다.[1071] 秦은 魏冉(위염)[1072]을 趙에 보내어 군사를 거느리고 燕을 도와 齊를 공격하게 하였다. (齊의) 薛公(설공, 田文, 孟嘗君)은 魏處(위처, 人名)를 趙에 보내어 (趙의 권력자) 李向(이향)에게 말했다.

"君께서 燕을 도와 齊를 공격하면, 齊는 필히 위급한 상황이 됩니다. 위급하면 틀림없이 땅을 갈라 燕과 화해하려 할 것이나, 齊는 趙와 싸우지 않을 수 없습니다. 그러하다면, 이는 君이 燕나라를 위하여 동쪽의 齊나라에 用兵하는 것이고, 燕을 위하여 齊의 땅을 탈취

1071 權之難齊燕戰 - 權(권)은 지금. 趙 또는 中山國의 영역, 今 河北省 서남부 石家莊市 관할 서북쪽의 正定縣. 權之難의 難은 근심. 재앙. 난리의 뜻. 이는 周 赧王(난왕) 19년. 趙 惠文王 3년, 前 296년의 사건이다.

1072 魏冉(위염, 생졸년 미상) - 본래 楚人. 秦 宣太后의 異父弟, 穰邑(今 河南省 서남부 鄧州市)에 봉해졌기에 穰侯(양후)라 칭한다. 秦 武王이 23歲에 죽으며 아들이 없자, 그 형제가 다투었다. 魏冉(위염)은 자신의 권력을 이용하여 秦 昭襄王(재위 前 306 - 251년)을 옹립했다.

하는 것입니다. 그렇다면 당신을(李向) 위한 가장 좋은 계책은 군사 행동을 멈추고 출동하지 않는 것입니다(按兵勿出). 그러면 齊는 틀림없이 안정이 되고(必緩), 안정이 되면 다시 燕과 싸울 것입니다. (齊가) 싸워 이긴다 하여도 군사는 지치게 될 것이니, 그때 趙는 (燕의 서쪽인) 唐(당)과 曲逆(곡역)을 차지할 것입니다. 싸워 이기지 못한다면 (齊의) 명운은 趙에 달려 있을 것입니다. 그러하니 (趙는) 中立을 지키다가 궁색한 齊나 지친 燕의 땅을 잘라 차지할 수 있으니, 두 나라(燕, 齊)에 대한 권한은 당신이(趙의 李向) 가질 것입니다."

## 134/ 秦攻趙長平

{原文} 秦攻趙長平, 齊,楚救之. 秦計曰, "齊,楚救趙, 親, 則將退兵, 不親, 則且遂攻之."

趙無以食, 請粟於齊, 而齊不聽. 蘇秦謂齊王曰,

"不如聽之以卻秦兵, 不聽則秦兵不卻, 是秦之計中, 而齊,燕之計過矣. 且趙之於燕,齊, 隱蔽也, 猶齒之有脣也, 脣亡則齒寒. 今日亡趙, 則明日及齊,楚矣. 且夫救趙之務, 宜若奉漏甕, 沃焦釜. 夫救趙, 高義也, 卻秦兵, 顯名也. 義救亡趙, 威卻强秦兵, 不務爲此, 而務愛粟, 則爲國計者過矣."

# 秦이 趙의 長平을 공격하다.

{국역} 秦이 趙의 長平을 공격하자 齊와 楚가 趙를 구원하였다.[1073] 秦에서는 자신의 계책을 세우고 말했다.

"齊와 楚가 趙를 구원하니, 두 나라가 친교(연합)하면 군사를 철수하고, 親交가 아니라면 곧바로 공격하라."

趙에서는 군량이 없어 齊에게 군량 지원을 요청하였지만 齊에서는 응하지 않았다. 이에 蘇秦(소진, ?－前 284년, 字는 季子)[1074]이 齊王에게 말했다.

"(趙의) 요구를 들어주어 秦의 군사를 물리쳐야지, 요구에 응하지 않아 秦의 군사가 물러나지 않는다면, 이는 秦의 계략에 말려드는 것이니, 齊와 燕(楚?)의 계책이 잘못될 것입니다. 그리고 趙는 燕(楚?)과 齊나라의 가림막이니,[1075] 마치 이(齒)에 입술(脣)이 있어야 하는 것처럼, 입술이 없으면 치아가 시릴 것입니다.[1076] 今日에 趙가

---

1073 원문 秦攻趙長平－이는 秦 昭王 47년, 趙 孝成王 6년, 周 난왕 55년인 前 260년의 사건이었다. 長平은, 今 山西省 남부 晉城市 관할 高平市. '義救亡趙, 威卻强秦'의 명백한 논리로 설득했지만 齊에서는 軍糧을 도와주지는 않았다. '脣亡齒寒(순망치한: 입술이 없으면 이가 시리다.)'의 成語로 잘 알려진 章이다.

1074 蘇秦(소진, ?－前 284년)은 이미 죽고 없었다. 이런 말을 한 사람이 성명미상의 周子라는 주석이 있는데, 이는 아마 소진의 동생인 蘇代(소대)나 蘇厲(소려)일 것이라는 주석이 있다.

1075 隱蔽(은폐)는 울타리 겸 가름막(蕃蔽).

1076 원문 猶齒之有脣也, 脣亡則齒寒－趙는 두 나라의 西北에 있어 秦이 두 나라를 공격하려면 필히 먼저 趙를 지나가야 한다. 곧 趙의 存在로

멸망한다면, 明日에는 齊와 楚가 망할 것입니다. 또 趙를 구원하는 일은 마치 물이 새는 항아리를 틀어막고(奉漏甕), 타고 있는 솥에 물을 붓는 일처럼(沃焦釜) 시급합니다.[1077] 趙를 구원하는 일은 高義이며, 秦의 군사를 물리치는 일은 명예를 높이는 길입니다. 멸망하려는 趙를 구원하는 것은 大義이며, 강한 秦의 군사를 물리치는 것은 威嚴(위엄)인데, 이 두 가지에 힘쓰지 아니하고 군량만 아끼려 애쓴다면 나라를 위한 잘못된 계책입니다."

## 135/ 或謂齊王

{原文} 或謂齊王曰, "周,韓西有强秦, 東有趙,魏. 秦伐周,韓之西, 趙,魏亦伐, 周,韓爲割, 韓卻周割也. 及韓卻周割之, 趙,魏亦不免與秦爲患矣. 今齊,秦伐趙,魏, 則亦不果於趙,魏之應秦而伐周,韓. 今齊入於秦而伐趙,魏, 趙,魏亡之後, 秦東面而伐齊, 齊安得救天下乎!"

---

두 나라는 저절로 보호된다. 그러니 脣(입술 순)이 없어지면 치아(齒)가 시리다(寒).

1077 원문 奉漏壅 沃焦釜 - 漏는 샐 루. 壅은 막을 옹. 沃은 물을 댈 옥. 물을 부어 주다. 焦는 그을릴 초. 불에 타다. 釜는 솥 부. 아주 火急, 時急한 일이란 비유.

## 어떤 사람이 齊王에게 말했다.[1078]

{국역} "周와 韓의 서쪽에 강력한 秦이 있고, 동쪽에 趙와 魏가 있습니다. 秦이 周와 韓의 서쪽을 정벌할 때, 趙와 魏도 마찬가지로 정벌에 나서서 周와 韓을 분할하였는데 (그전에) 韓도 역시 周를 분할했습니다. 韓과 周가 분할되었기에, (이제) 趙와 魏 역시 秦에 분할당할 걱정을 해야 합니다. 지금 齊와 秦이 趙와 魏를 정벌한다면, 이 또한 趙와 魏가 秦을 따라 周와 韓을 분할한 것과 같습니다. 지금 齊가 秦의 편이 되어 趙와 魏를 정벌한다면, 趙와 魏가 멸망한 뒤에 秦이 동쪽으로 齊를 정벌할 것인데, 그때 齊는 천하의 누구에게 구원을 요청할 수 있겠습니까!"

---

**1078** 원문 或謂齊王曰 – 여기서는 戰國 말기 각국의 形勢를 언급하였는데, 趙와 魏는 멸망 직전이었다. 韓은 이미 멸망하였고, 齊王은 田建(재위 前 264 – 221년)이 재위 중이었는데, 이는 진시황 17년(前 230)이라는 주석이 있다.

# 10.《戰國策》卷十 齊策 三

## 136/ 楚王死

{原文} 楚王死, 太子在齊質. 蘇秦謂薛公曰,

"君何不留楚太子, 以市其下東國."

薛公曰, "不可. 我留太子, 郢中立王, 然則是我抱空質而行不義於天下也."

蘇秦曰, "不然. 郢中立王, 君因謂其新王曰, '與我下東國, 吾爲王殺太子. 不然, 吾將與三國共立之.' 然則下東國必可得也."

蘇秦之事, 可以請行, 可以令楚王亟入下東國, 可以益割於楚, 可以忠太子而使楚益入地, 可以爲楚王走太子, 可以忠太子使之亟去, 可以惡蘇秦於薛公, 可以爲蘇秦請封於楚, 可以使人說薛公以善蘇子, 可以使蘇子自解於薛公.

蘇秦謂薛公曰, "臣聞謀泄者事無功, 計不決者名不成. 今君留太子者, 以市下東國也. 非亟得下東國者, 則楚之計變, 變則是君抱空質而負名於天下也."

薛公曰, "善. 爲之奈何?"

對曰, "臣請爲君之楚, 使亟入下東國之地. 楚得成, 則君無敗矣."

薛公曰, "善." 因遣之.

## 楚王이 죽었다.

{국역} 楚王이 죽었다.[1079] 太子는 齊에 인질로 잡혀 있었다. 蘇秦(소진)[1080]이 薛公(설공)에게 말했다.[1081]

"君은 왜 楚 太子를 억류하고서 (楚의) 남동쪽(下東國) 땅을 내

---

1079 楚王死 – 楚 懷王(회왕, 재위 前 328 – 299년). 張儀가 땅 6백 리를 준다고 거짓말했고, 서쪽으로 가서 秦 昭王과 武關(무관)에서 만나, 협박에 끌려가 秦에서 죽었다. 秦에서는 회왕이 죽었다 거짓말을 했다. 회왕 아들로 齊에 인질로 가 있던 太子 橫(횡)이 귀국하여 즉위하니, 이가 楚 頃襄王(경양왕, 재위 前 298 – 263년)이다. 회왕은 경양왕이 즉위 3년 뒤에 죽은 것이 확실하다. 본 章의 내용은 史實과 일부 어긋난다.

1080 蘇秦이 아니라 소진 아들 蘇代나 蘇厲(소려)일 것이고, 蘇秦이 아닌 蘇子로 된 판본도 있다. 또《史記 田敬仲完世家》에는「齊湣王謂其相曰」로 되어 있다.

1081 薛公(설공) – 田文之父인 田嬰(전영), 그리고 孟嘗君인 田文이라는 주석이 있다.

놓으라고 요구하지 않습니까?"[1082]

설공이 말했다. "不可합니다. 우리가 太子를 억류하면, (楚都인) 郢(영)에서는 (다른 사람을) 王으로 세울 것이니, 우리는 헛 인질(空質)을 잡은 것이고 온 천하에 不義를 저지르게 됩니다."

蘇秦이 말했다.

"그렇지 않습니다. 郢(영:초의 수도)에서 새 왕을 즉위시키면, 당신이 그 新王에게 '우리에게 下東國의 땅을 잘라주면, 내가 왕을 위하여 (여기 있는) 太子를 죽여주겠소. 아니면 우리가 장차 다른 3국(秦, 韓, 魏)과 함께 태자를 옹립하겠소.' 라고 한다면 하동국의 땅을 틀림없이 얻을 수 있습니다."

蘇秦의 일(계획)은 아래와 같으니, (요약하자면) 첫째, 소진이 직접 楚에 들어가서(請行), 둘째, 楚王으로 하여금 빨리 하동국의 땅을 내놓게 하고, 셋째, 楚에서 더 많은 땅을 할양 받아 내며, 넷째, 太子에게는 충성의 표시로 楚에서 더 많은 땅을 할양케 할 수도 있고, 다섯째, 초왕을 위해 태자를 제나라에서 떠나보낼 수 있다. 여섯째, 태자에게 충성한다는 뜻으로 이를 더욱 급히 내보낼 수 있다. 일곱째, 薛公에게 소진에 대한 악담을 할 수도 있으며, 여덟째, 楚에서 소진에게 땅을 잘라 封할 수도 있고, 아홉째, 다른 사람으로 하여금 설공에게 蘇子에 대하여 좋은 말을 해줄 수도 있으며, 열번째, 소진으로 하여금 설공에게 자신에 대한 해명을 할 수도 있는 일이었다.[1083]

---

**1082** 원문 以市其下東國 – 市는 요구하다. 흥정하다. 下東國은 楚 東邑, 齊에 가깝다.

**1083** 이후 문장에서 楚에서 소진의 활동을 차례로 서술하며, 이 10가지가

이에 소진이 설공에게 말했다.

"臣이 알기로, 모책을 알고서 누설하는 자는 그 일에 성공할 수 없고, 계획을 결단하지 못하는 자는 이름을 남길 수 없습니다. 지금 우리가 楚 太子를 억류한 것은 하동국을 얻기 위한 방책입니다. 따라서 빨리 하동국 땅을 얻어내지 못하면, 楚의 계획이 바뀌고 楚의 방책이 바뀌면 우리는 헛 인질을 잡고 있으면서 천하에 不義를 행한다는 악명만 덮어쓰게 됩니다."[1084]

薛公이 말했다. "좋습니다. 어떻게 하면 되겠습니까?"

소진이 대답하였다.

"臣이 당신을 위하여 楚에 들어가서 그들에게 빨리 下東國의 땅을 내놓으라고 말하겠습니다. 楚가 우리에게 내준다면, 당신은 아무런 실패도 없게 됩니다."

설공은 "좋소." 하면서 소진을 楚에 보냈다. 첫 번째, 소진이 직접 초나라에 들어가다.

{原文} 謂楚王曰, "齊欲奉太子而立之. 臣觀薛公之留太子者, 以市下東國也. 今王不亟入下東國, 則太子且倍王之割而使齊奉己."

楚王曰, "謹受命." 因獻下東國. 故曰可以使楚亟入地也.

---

모두 소진의 뜻대로 성취되었다고 기록하였다. 그러나 역사적 사실과 일치하지는 않는다.

1084 설공은 인질의 대가를 바랄 수 없다고 앞서 말했다. 소진이 설공에 한 말에 君은 설공을 말한 것이다.

謂薛公曰, "楚之勢可多割也."

薛公曰, "奈何?"

"請告太子其故, 使太子謁之君, 以忠太子, 使楚王聞之, 可以益入地."

故曰可以益割於楚.

謂太子曰, "齊奉太子而立之, 楚王請割地以留太子, 齊少其地. 太子何不倍楚之割地而資齊, 齊必奉太子."

太子曰, "善." 倍楚之割而延齊. 楚王聞之恐, 益割地而獻之, 尙恐事不成. 故曰可以使楚益入地也.

{국역} (蘇秦이) 楚王에게 말했다.[1085]

"齊에서는 太子를 받들어 옹립하려 합니다. 臣이 볼 때, 설공이 태자를 억류하고 있는 것은 하동국의 땅을 홍정하기 위한 것입니다. 지금 王께서 빨리 (齊에) 떼어 주지 않는다면, 태자는 (이전보다) 두 배의 땅을 할양하며 (齊로 하여금) 자신을 받들게 할 것입니다.[1086] 두 번째, 초나라로 하여금 하동국의 땅을 내놓게 한다.

---

1085 謂楚王 - 여기 楚王은 분명 懷王(회왕)은 아니다. 이미 죽었다고 서술하였다. 태자 橫(횡)은 아직 齊에 남아 있다. 그렇다면 楚에서 왕의 권한을 대행할 만한 다른 사람인가? 알 수 없다. 齊에 있던 태자가 즉위하니 頃襄王(경양왕)이라는 史實과 어긋난다. 결국 說客의 활동을 과장한 후인의 擬托이라고 생각할 수 있다. 그런 세객이 사실 관계를 명확히 모른 채, 遊說를 과장하다 보니 이런 착오가 나왔을 것이다.

1086 史實을 기초로 추론한다면, 齊에서도 태자를 돌려보내 즉위한 뒤에,

楚王이 말했다. "삼가 명을 받겠습니다."

그러면서 下東國의 땅을 헌상하였다. 이것이 소진이 말한 楚에 사신으로 가서 빨리 땅을 헌상케 하겠다는 말이었다. 소진이 설공에게 말했다.

"楚의 형세로는 (우리가) 더 많이 받아낼 수 있습니다." 세 번째, 초에서 더 많은 땅을 내놓게 하다.

설공이 물었다. "어떻게 하면 됩니까?"

"태자에게 그간 일을 말해주면, 태자가 君을 만나보려 할 것입니다. 그러면 (君께서) 태자에게 충성을 뜻을 표시하고, 이런 뜻을 楚王이 알게 되면 더 많은 땅을 우리에게 헌상할 것입니다."

그래서 소진은 더 많은 땅을 楚로부터 얻어낼 수 있다고 말했었다.

소진이 (楚) 태자에게 말했다.

"齊에서는 太子를 받들어 옹립하려 하는데, 楚王은 우리에게 割地하며 태자를 억류해 달라고 요청하였으나, 齊에서는 그 땅이 적다고 생각하고 있습니다. 태자께서는 楚에서 떼어 주려는 땅을 두 배로 늘려 齊에 준다면 齊에서는 틀림없이 태자를 받들 것입니다." 네 번째, 태자를 충성하다는 표시로 초에서 더 많은 땅을 할양받는다.

太子가 말했다. "좋습니다."

그러면서 楚에서 주려는 땅을 두 배로 늘려서 齊를 풍성하게 해주었다.[1087] 楚王은 이런 사실을 알고 두려워하며 더 많은 땅을 할양

---

땅을 요구하면서 秦에 억류 중인 懷王을 옹립하겠다고 교섭할 수도 있다. 아니면 태자 橫(횡) 아닌 새로 즉위한 왕을 상대하여 橫(횡)을 옹립하겠다고 홍정할 수도 있다.

**1087** 원문 倍楚之割而延齊 – 倍는 2배로 하다. 동사로 쓰였다. 延은 끌 연.

하여 바치면서도 오히려 일이 성공하지 못할까 걱정하였다. 이것이 소진이 말한 楚에서 더 많은 땅을 바칠 것이라는 뜻이었다.

{原文} 謂楚王曰, "齊之所以敢多割地者, 挾太子也. 今已得地而求不止者, 以太子權王也. 故臣能去太子. 太子去, 齊無辭, 必不倍於王也. 王因馳强齊而爲交, 齊辭, 必聽王. 然則是王去讎而得齊交也."

楚王大悅, 曰, "請以國因." 故曰可以爲楚王使太子亟去也.

謂太子曰, "夫剬楚者王也, 以空名市者太子也, 齊未必信太子之言也, 而楚功見矣. 楚交成, 太子必危矣. 太子其圖之."

太子曰, "謹受命." 乃約車而暮去. 故曰可以使太子急去也.

{국역} 소진이 楚王에게 말했다.

"齊에서 더 많은 땅을 할양하라고 요구하는 것은 태자를 끼고 있기 때문입니다. 지금 이미 땅을 얻고서도 그 요구가 그치지 않는 것은 태자가 왕보다 힘이 더 강하기 때문입니다.[1088] 그래서 臣은 태자

---

늘려주다. 여기서는 풍요롭게 하다(饒也, 及也).

1088 원문 以太子權王也 - 여기 權은 重也. 輕重을 마음대로 할 수 있다는 뜻.

를 齊에서 내보낼 수 있습니다. 다섯 째, 초왕을 위해 태자를 제나라에서 떠나보낼 수 있다. 일단 태자가 齊에서 떠나면 齊에서는 할 말이 없으니 필히 왕에게 두 배를 요구할 수 없을 것입니다.[1089] 그러면 王께서는 지금 서둘러 강한 齊에 가서 외교를 맺으면, 齊에서는 왕의 말을 따라줄 것입니다. 그러면 왕은 원수를 제거하면서 齊와 친교할 수도 있습니다."

楚王이 大悅하며 말했다.

"삼가 말씀대로 齊와 교제하겠습니다."[1090]

그래서 (蘇秦은) 楚王을 위해 태자를 빨리 보내게 할 수 있다고 말했었다. 여섯 째, 태자에게 충성한다는 구실로 더욱 급히 내보낼 수 있다.

(蘇秦은) 太子에게 말했다.

"지금 楚를 專斷(마음대로 움직이다)하는 사람은 楚王이지만,[1091] 헛이름을 가지고 홍정의 대상이 된 것은 태자 당신입니다. 그러니 齊에서는 태자의 말을 꼭 신용하지도 않고 있지만, 楚의 약속은 실현될 것입니다.[1092] 이러한 楚의 외교가 성취되면 태자께서는 필히 위험할 것입니다. 태자께서도 대책을 모색하시기 바랍니

---

1089 원문 必不倍於王也 – 必히 王에게 2배의 땅을 요구하지 않다(不倍求地於王也). 倍에는 배반하다의 뜻도 있어 배반하지 않을 것이라고 풀이할 수도 있다.

1090 원문 請以國因 – 소진의 말에 따라(因) 齊國과 교류하겠습니다.

1091 원문 夫剬楚者王也 – 剬은 판가름할 단(判斷) 專斷하다. 統制하다.

1092 원문 而楚功見矣 – 楚의 일은 실현되다. 楚의 땅 할양 약속은 실행될 것이다.

다."[1093]

太子는 "삼가 명에 따르겠습니다."라고 말했다. 태자는 간소한 수레를 타고 그날 저녁에 떠나갔다. 그래서 (蘇秦이) 태자를 급히 돌아가게 할 수 있다고 말했었다. 여섯째 태자에게 충성한다는 구실로 더욱 급히 내보낼 수 있다.

{原文} 蘇秦使人請薛公曰,

"夫勸留太子者蘇秦也. 蘇秦非誠以爲君也, 且以便楚也. 蘇秦恐君之知之, 故多割楚以滅跡也. 今勸太子者又蘇秦也, 而君弗知, 臣竊爲君疑之."

薛公大怒於蘇秦. 故曰可使人惡蘇秦於薛公也.

又使人謂楚王曰, "夫使薛公留太子者蘇秦也, 奉王而代立楚太子者 又蘇秦也. 割地固約者又蘇秦也, 忠王而走太子者又蘇秦也. 今人惡蘇秦於薛公, 以其爲齊薄而爲楚厚也. 願王之知之."

楚王曰, "謹受命."

因封蘇秦爲武貞君. 又使景鯉請薛公曰,

"君之所以重於天下者, 以能得天下之士而有齊權也. 今蘇秦天下之辯士也, 世與少有. 君因不善蘇秦, 則是圍塞天下士而不利說途也. 夫不善君者且奉蘇秦, 而於君之事殆矣. 今蘇秦善於楚王, 而君不蚤親, 則是身與楚爲讎也. 故

---

**1093** 원문 太子其圖之 – 其는 ~하기 바라다.

君不如因而親之, 貴而重之, 是君有楚也.”

薛公因善蘇秦. 故曰可以爲蘇秦說薛公以善蘇秦.

{국역} 蘇秦(소진)이 사람을 보내 薛公(설공)에게 요청했다.

“太子를 억류하자는 사람은 소진이었습니다. 소진은 진정으로 君을 모시는 것이 아니며, 또 楚를 도와주려 합니다. 소진은 君께서 이런 사실을 알게 될까 두려워하기에, 楚에서 많은 땅을 할양하게 하여 그런 증거를 없애려 했습니다. 지금 태자를 급히 떠나게 권한 사람도 소진이나 君(설공)께서는 모르고 계시니, 저는 삼가 君이 정말 모르시는지 의심하고 있습니다.”

이에 설공은 소진에게 대노하였다. 그래서 (그전에) 다른 사람이 설공에게 소진에 대한 험담을 할 수 있다고 말했었다. 일곱 번째, 설공에게 소진에 대한 악담을 할 수도 있다.

(소진은) 또 사람을 보내 楚王에게 말했다.

“설공에게 太子를 억류하게 만든 사람은 소진이며, 王을 받들면서도 楚 태자를 대신 옹립하겠다는 사람 또한 소진입니다. 割地(할지)하겠다는 확실한 약속을 하게 한 사람 역시 소진이며, 楚王께 충성한다면서도 태자를 (齊에서) 떠나게 한 자 또한 소진입니다. 지금 사람들이 설공에게 소진에 대한 험담을 하는데, 이는 소진이 齊에게 각박하게, 그리고 楚에게는 厚하게 봐주기 때문입니다. 그러니 왕께서도 이를 알아주시기 바랍니다.”

楚王은 “삼가 명을 받겠습니다.”라고 말했다. 그러면서 소진을 武貞君(무정군)으로 봉했다. 그래서 소진을 위해 楚나라의 封을 받게 할 수 있다고 말했었다. 여덟 번째, 초에서 소진을 위해 땅을 잘라

봉할 수 있다.

또 초나라의 景鯉(경리)[1094]를 설공에게 보내 말하게 하였다.

"君(설공)께서 초나라의 天下에 존중받는 까닭은 天下의 士人(선비)을 찾아 등용할 수 있고, 齊國의 권력을 쥐고 있기 때문입니다. 지금 소진은 천하의 辯士이며 세상에 그런 사람은 또 없습니다. 君께서는 그 때문에 소진과 사이가 안 좋은데, 이는 천하 士人들의 진출을 막는 것이라서 君의 前途(전도, 앞날)에 불리할 것입니다. 대체로 君을 잘 모시지 않는 사람들이 소진을 받드는 것은 君을 모시는 것이 위험하기 때문입니다. 지금 소진이 楚王에게 잘 대하면서 君께는 일찍부터 가까이하지 않은 것은 그 자신이 楚의 원수가 될 수 있기 때문입니다. 그러니 君께서는 이런 기회에 소진을 가까이 대하면서 소진을 귀히 여기고 또 존중한다면 君이 楚의 권력을 갖는 것과 같을 것입니다." 아홉 번째, 다른 사람으로 하여금 설공에게 소진에게 좋은 말을 해줄 수도 있다.

설공은 소진을 좋게 대했다. 그래서 소진은 자신이 설공을 달래어 자신에게 잘 대하게 할 수 있다고 말한 것이다.[1095] 열 번째, 소진으로 하여금 설공 자신에 대한 해명을 할 수도 있다.

---

1094 景鯉(경리) - 景은 姓. 楚의 중앙 귀족 가문. 鯉(잉어 리)는 名也. 楚 懷王의 相也.

1095 소진은 10가지 가능성을 미리 예견, 공언했고 그 10가지가 모두 성사되었다. 정말 그러하다면 소진은 탁월한 선지자이며 초능력자이다. 어느 一國의 일도 아니고 국제 관계에서 모든 예견과 완벽한 성공은 있을 수 없다. 그저 세객들의 언어유희와 같다는 느낌이 들 수밖에 없다.

## 137/ 齊王夫人死

{原文} 齊王夫人死, 有七孺子皆近. 薛公欲知王所欲立, 乃獻七珥, 美其一. 明日視美珥所在, 勸王立爲夫人.

## 齊王 부인이 죽었다.

{국역} 齊 宣王(선왕, 재위 前 319 – 301년)[1096] 부인이 죽었는데, 왕에게는 7명의 孺子(유자 : 젊은 여인)가 있었는데 모두가 왕의 총애를 받고 있었다.[1097] 薛公(설공)은 왕이 누구를 (왕비로) 세울지 알고자 귀걸이 7개를 바쳤고,[1098] 그중에 하나는 더 아름다웠다. 다음 날, 그 아름다운 귀걸이를 한 여인을 확인하고서 왕에게 부인으로 삼으라고 권유하였다.[1099]

---

1096 齊王 – 주석서에 따라, 威王, 宣王, 湣王 등 서로 다르다. 굳이 누군가를 밝히겠다고 논쟁할 이유는 없을 것이다.

1097 원문 有七孺子皆近 – 孺子(유자)는 젊은 여인(幼艾美女也). 大夫의 아내. 벼슬이 없는 평민의 아내. 孺人. 孺는 젖먹이 유. 近은 총애를 받다(幸也). 親幸也.

1098 원문 乃獻七珥 – 珥는 귀고리 이. 充耳. 귀막이 옥(瑱也).

1099 이 이야기는《韓非子 外儲說右 上》와《淮南子》에도 실려 있다.

## 138/ 孟嘗君將入秦

{原文} 孟嘗君將入秦, 止者千數而弗聽. 蘇秦欲止之, 孟嘗曰, "人事者, 吾已盡知之矣. 吾所未聞者, 獨鬼事耳."

蘇秦曰, "臣之來也, 固不敢言人事也, 固且以鬼事見君."

孟嘗君見之. 謂孟嘗君曰, "今者臣來, 過於淄上, 有土偶人與桃梗相與語. 桃梗謂土偶人曰, '子, 西岸之土也, 挻子以爲人, 至歲八月, 降雨下, 淄水至, 則汝殘矣.' 土偶曰, '不然. 吾西岸之土也, 土則復西岸耳. 今子, 東國之桃梗也, 刻削子以爲人, 降雨下, 淄水至, 流子而去, 則子漂漂者將何如耳.' 今秦四塞之國, 譬若虎口, 而君入之, 則臣不知君所出矣."

孟嘗君乃止.

## 孟嘗君이 秦에 가려고 하자,

{국역} 孟嘗君(맹상군)이 (秦 昭王의 초청을 받고) 秦에 가려고 하자,[1100] (入秦: 진나라에 가려고 함을) 저지하는 사람이 1천여 명이나

1100 원문 孟嘗君將入秦 - 薛公 田嬰(전영)은 보통 靖郭君(정곽군)으로 불린다. 아들 田文은 孟嘗君(맹상군)이다. 秦 昭王이 맹상군이 현명하다는 말을 듣고, 秦에서는 涇陽君(경양군)을 齊에 인질로 보내고, 만나보려 초청하자 맹상군이 入秦하려고 했다. 《史記 孟嘗君列傳》에 수록. 《史

되었어도 (맹상군은) 듣지 않았다. 이에 蘇秦(소진)이 가지 말라고 저지하자,[1101] 맹상군이 말했다.

"人事에 관해서는 나도 이미 알만큼 다 알고 있소. 내가 아직 잘 모르는 것은 다만 귀신에 관한 일입니다."

그러자 소진이 말했다.

"제가 여기 온 것은 사실 人事에 관한 말씀이 아니라 정말 귀신에 관한 일로 뵙고 싶을 뿐입니다."

그래서 맹상군이 소진을 만났다. (소진이) 맹상군에게 말했다.

"지금 제가 여기 오면서 淄水(치수)를 지나오는데,[1102] 어떤 土偶人(토우인)과[1103] 桃梗(도경)이 서로 이야기를 하고 있었습니다.[1104]

---

記 六國年表》《史記 田敬仲完世家》에는 周 赧王 15년(前 300), 齊 宣王이 죽고, 湣王(민왕)이 즉위한 원년의 일이었다.

1101 蘇秦은 이미 죽고 없었다. 《史記》에는 蘇代(소대)로 되어 있다.

1102 원문 淄水上 - 淄水(치수)는 泰山의 萊蕪(내무)에서 발원하여 齊 도읍 臨淄(임치)를 지나 흐르는 강.

1103 有土偶人 - 偶는 짝 우. 인형. 相人也, 土偶人은 흙으로 만든 인형. 《史記 孟嘗君 열전》에는 '木偶人與土偶人' 이라 하였다.

1104 원문 桃梗相與語 - 桃梗(도경)은 東海 바다에 度朔(도삭)이라는 산이 있고, 그 산 위에 있는 큰 복숭아나무의 이름이다. 그 복숭아나무의 가지가 구불구불 3천 리에 걸쳐 있으며, 그 동북 쪽 낮은 가지 사이에 鬼門(귀문)이 있어 온갖 잡귀들이 출입을 한다. 그 귀문 위에 二神人이 있는데 한 神人을 荼與(도여, 荼는 씀바귀 도), 다른 神人을 鬱雷(울뢰)라고 부르는데, 이들이 귀신을 통제하고 다스린다. 그래서 世人은 정초에 복숭아나무로 도여와 울루의 형상을 깎거나 그려서 집 대문 위에 걸어 두거나 붙여 잡귀가 들어오지 못하게 비는 풍습이 생겼다고 한다. 여기 桃梗(도경)은 동쪽 齊의 맹상군을 뜻한다. 상대적으로 土偶人은 秦에서

桃梗(도경)이 土偶人에게 말했습니다. '너는(子) 西岸(서안)의 흙이고, 사람들이 그 흙을 주물러서 너를 만들었으니, 팔월이 되어 비가 내려 淄水(치수)가 밀려들면 너는 와해되어 없어질 것이다.' 그러자 토우인이 말했습니다. '그렇지 않다네! 나는 서안의 흙이니, 내가 해체되어도 다시 서안에 남아 있다. 그러나 너는 東國의 桃梗(도경)이니 깎아서 사람처럼 만들었으니 비가 내려 치수가 닥치면 떠나려 갈 것이고 떠돌고 돌아 어디로 가겠는가?' 라고 말했습니다. 지금 秦은 사방이 막힌 나라이니,[1105] 비유하자면 虎口(호구 : 호랑이 입)와 같아 저는 君께서 어디로 탈출할 수 있을지 모르겠습니다."

이에 孟嘗君은 入秦(진나라로 갈 것)을 그만두었다.

## 139/ 孟嘗君在薛

{原文} 孟嘗君在薛, 荊人攻之. 淳于髡爲齊使於荊, 還反過薛. 而孟嘗令人禮貌而親郊迎之. 謂淳于髡曰,

"荊人攻薛, 夫子弗憂, 文無以復侍矣."

淳于髡曰, "敬聞命矣."

至於齊, 畢報.

---

보낸 인질 涇陽君(경양군)을 의미한다.

1105 원문 今秦四塞之國 - 四塞之國(사색지국)은 四面에 山關이 있는 험한 나라.

王曰, "何見於荊?"

對曰, "荊甚固, 而薛亦不量其力."

王曰, "何謂也?"

對曰, "薛不量其力, 而爲先王立淸廟. 荊固而攻之, 淸廟必危. 故曰薛不量力, 而荊亦甚固."

齊王和其顔色曰, "譆! 先君之廟在焉!"

疾興兵救之. 顚蹶之請, 望拜之謁, 雖得則薄矣. 善說者, 陳其勢, 言其方, 人之急也, 若自在隘窘之中, 豈用强力哉!

## 孟嘗君이 薛(설)에 있을 때,

{국역} 孟嘗君(맹상군)이 薛(설)에 머무를 때에,[1106] 荊人(형인, 楚人)이 (薛을) 공격하였다. 淳于髡(순우곤)[1107]이 齊의 사신으로 荊(楚)에

---

1106 원문 孟嘗君在薛 – 薛(설)은 맹상군의 封地. 이는 湣王(민왕, 재위 前 300 – 284년) 즉위 초인 前 300년이 일이다.

1107 淳于髡(순우곤, 淳于는 복성. 髡은 머리 깎을 곤, ? 前 386 – 310년) – 齊國 黃縣(今 山東省 煙臺市 관할 龍口市) 출신. 稷下學派(직하학파)의 한 사람. 晏嬰(안영)을 추모한 사람. 政治家, 思想家. 滑稽(골계)와 多辯으로 유명, 成語 '杯盤狼藉(배반낭자)', '樂極生悲(낙극생비)', '一鳴驚人(일명경인)' 등 성어를 만든 사람. 辯論에 뛰어나 다른 나라에 사신으로 자주 나갔다.《史記 滑稽列傳(골계열전)》에 立傳되었다.

稷下學宮(稷下之學)은 왕립 학문 연구소와 같다. 稷下(직하)는 齊國 國都 臨淄〔임치, 今 山東省 淄博市(치박시)〕의 稷門 부근에 있었다. 田齊의 桓公(환공, 재위 前 374 – 357년)이 처음 설치. 齊 宣王(재위 前 319 – 301년)

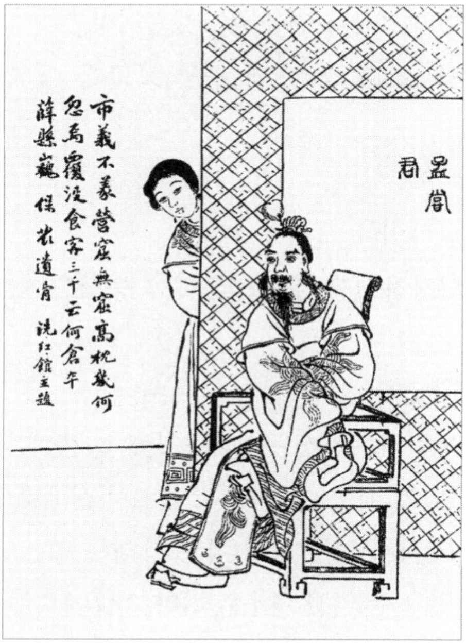


齊 孟嘗君(맹상군, ? - 前 279년)

갔다가 돌아오는 길에 薛(설)에 들렀다. 맹상군은 사람을 시켜 예우하며 친히 교외에 나가 맞이하였다. 맹상군이 순우곤에게 말했다.

"荊人(楚人)이 薛을 공격하는데, 夫子(선생)께서는 걱정해 주지 않으니, 이 田文(전문, 맹상군)은 다시 모실 수 없을 것 같습니다."[1108]

---

이 크게 확장하며 천하의 명사를 초치하니 儒家, 道家, 法家, 名家, 兵家, 農家, 陰陽家 등 百家의 學人이 모여 自由講學하고 著書하며 論辯하였다.

1108 원문 文無以復侍矣 - 곧 죽을 것이라서 다시 모실 수 없을 것 같다는 뜻.

순우곤이 말했다. "삼가 명을 따르겠습니다."

(순우곤이) 齊〔臨淄(임치)〕에 가서 보고를 마쳤다. 왕이 물었다.[1109]

"荊에서 무엇을 보았소?"

순우곤이 대답하였다.

"荊은 매우 완강하였고 薛(설) 역시 그 능력을 헤아리지 않고 있었습니다."

"무슨 뜻인가?"

"薛이 그 능력을 헤아리지 못한다는 말은 그곳에 先王(威王)을 모신 淸廟(청묘)가 있기 때문입니다.[1110] 楚에서 실제로 맹공을 하니 淸廟는 틀림없이 위기에 처할 것입니다. 그래서 薛은 그 능력을 헤아리지 못한다 하였고 楚 역시 매우 심하다고 말씀드렸습니다."

齊王(宣王, 威王의 子)은 안색을 부드럽게 하면서 말했다.

"아하![1111] 先君의 묘당이 그곳에 있다!"

(王은) 급히 군사를 일으켜 (薛을) 구원하였다.

(사람이) 급히 엎어질 듯 달려가 도움을 청하거나, 멀리서 바라보고 절하며 아뢰더라도[1112] 얻는 것이 별로 없을 수 있다. 그러나 善

---

1109 齊王 - 前 300년이라면 齊 湣王이나 이때는 순우곤은 죽고 없었다.

1110 淸廟 - 淸明之德한 先王의 廟堂.

1111 譆(희) - 가슴 아파하며 내뱉는 말(痛而呼之言也). 和其顔色은 순우곤의 말을 들을 때이다. 듣고서는 가슴 아파했다는 뜻.

1112 원문 顚蹶之請, 望拜之謁 - 이는 저자의(說者) 글이다. 곧 변설에 뛰어난 자는 힘들이지 않고도 공적을 성취한다는 뜻. 顚은 구를 전(倒也). 蹶은 넘어질 궐(僵은 쓰러질 강). 빨리 서두르는 모양, 급하게 도움을

說者(말을 잘하는 사람)는 그 형세를 설명하거나(陳其勢) 그 大略을 말하면서, 다른 사람의 위급을 자신이 곤경에 처한 듯 느끼게 만들어 돕게 하니, 어찌 강한 힘이 있어야만 일이 성취되겠는가?

## 140/ 孟嘗君奉夏侯章

{原文} 孟嘗君奉夏侯章以四馬百人之食, 遇之甚懽. 夏侯章每言未嘗不毁孟嘗君也. 或以告孟嘗君, 孟嘗君曰,

"文有以事夏侯公矣, 勿言."

董之繁菁以問夏侯公, 夏侯公曰,

"孟嘗君重非諸侯也, 而奉我四馬百人之食. 我無分寸之功而得此, 然吾毁之以爲之也. 君所以得爲長者, 以吾毁之者也. 吾以身爲孟嘗君, 豈得持言也."

## 孟嘗君이 夏侯章(하후장)을 받들며,

{국역} 孟嘗君이 夏侯章(하후장)을 받들면서,[1113] 四馬의 수레와 1백

---

청하다. 望拜之謁 - 아주 공손하게 뵙는 모양. 謁은 아뢸 알. 望而拜之는 공손하게 알현하다. 미리 굽신거리다.

1113 원문 孟嘗君夏侯章 - 夏侯章(하후장)은 齊人. 아마 맹상군의 객인? 그

명의 식량을 지원하며 즐거이 환대하였다. 그러나 하후장은 말끝마다 맹상군을 헐뜯지 않은 적이 없었다. 어떤 사람이 이를 맹상군에게 말하자, 맹상군이 대답했다.

"내가(文) 夏侯公(하후장)을 섬기는 일을 더 이상 말하지 말라."

董之繁菁(동지번청, 董繁菁)이 이를 하후장에게 묻자, 하후장이 말했다.

"맹상군은 제후가 아닌 나에게 四馬의 수레와 1백 명의 양식으로 나를 존중한다. 나는 아무런 공적도 없이 이런 혜택을 받았지만(無功得奉), 내가 맹상군을 헐뜯는 것은 맹상군을 돕는다고 생각한다. 맹상군이 長者(훌륭한 인물)로 존중받는 것은, 내가 그를 헐뜯기 때문이다. 내가 이렇듯 몸으로 맹상군을 받드는데, 어찌 다른 말을 하겠는가!"[1114]

---

밖에 미상. 說客의 擬托(의탁)일 것이라는 주석이 있다. 전국시대 魏國의 隱士인 侯嬴(후영)은 70여 세에 魏國 國都 大梁의 守門吏였는데 信陵君 魏無忌(위무기)의 존중을 받았다. 후영은 신릉군에게 魏 安禧王의 寵妃인 如姬를 통해 병부를 훔쳐내게 하여 趙國을 도우라는 계책을 말해준다. 信陵君이 隱士 후영을 존중한 것처럼, 孟嘗君이 夏候章을 존중했다는 構圖를 떠올리려는 이야기 같다.

1114 원문 豈得持言也 – '豈特言也哉' 로, 또 持는 待의 誤字라는 주석도 있다. 헐뜯어도 맹상군은 나를 후대한다. 후대하는 사람은 명성을 얻는다. 그러니 내가 돕는 것과 같다. – 이런 것이 궤변이 아니겠는가!

## 141/ 孟嘗君讌坐

{原文} 孟嘗君讌坐, 謂三先生曰,

"願聞先生有以補之闕者."

一人曰, "訾天下之主, 有侵君者, 臣請以臣之血湔其衽."

田瞀曰, "車軼之所能至, 請掩足下之短者, 誦足下之長, 千乘之君與萬乘之相, 其欲有君也, 如使而弗及也."

勝曰, "臣願以足下之府庫財物, 收天下之士, 能爲君決疑應卒, 若魏文侯之有田子方,段干木也. 此臣之所爲君取矣."

## 맹상군이 한가히 담소하며,

{국역} 孟嘗君(맹상군)이 한가히 담소하며[1115] 세 명의 先生(長老)에게 말했다.

"선생께서 저의 단점을 보완할 말씀을 해주시기 바랍니다."[1116]

한 사람이 말했다.

"天下의 主君일지라도[1117] 君(맹상군)을 침해하는 자가 있다면

---

1115 원문 孟嘗君讌坐 – 讌은 잔치할 연. 모여 이야기하다. 讌은 燕. 잔치. 편안하다.

1116 원문 聞先生有以補之闕者 – 자신의 부족을 보충할 만한 賢者의 善言을 듣고 싶다.

1117 원문 訾天下之主 – 訾는 헐뜯을 자, 재물 자, 헤아릴 자, 어찌 자. 아!

臣의 피를 그 자의 옷자락에 뿌리겠습니다."[1118]

田瞀(전무, 人名)란 사람이 말했다.

"수레가 갈 수 있는 곳이라면,[1119] 足下(貴下)의 단점을 덮어 주고 足下의 長點을 칭송할 것입니다. 千乘의 主君이나 萬乘 대국의 相(재상)일지라도 君과 함께하려 한다면 따라올 수 없을 정도로 칭송케 할 것입니다."

勝(승)이 말했다.

"저는(臣) 貴下 창고 府庫(부고)의 재물로 天下의 士人(선비)을 긁어모아 그들로 하여금 君을 위하여 의심나는 일을 결단하고 갑자기 일어나는 일에 대응케 할 것이니[1120] 魏 文侯의 田子方(전자방)이나 段干木(단간목)과 같은 신하들과 같이 만들겠습니다.[1121] 이것이 제

---

**1118** 원문 以臣之血湔其衽 - 湔은 씻을 전. 물을 뿌리다. 더럽히다(汙也). 湔은 濺(흩뿌릴 천)과 同. 濺灑也. 衽은 옷깃 임.

**1119** 원문 車軼之所能至 - 車軼은 수레. 軼은 앞지를 질, 수레바퀴 철(轍也).

**1120** 원문 決疑應卒 - 決은 결단하다. 應은 대응하다. 卒은 猝(갑자기 졸) 과 同.

**1121** 魏 文侯, 田子方(전자방), 段干木(단간목) - 魏 文侯(재위 445 - 396년. 名은 斯) 424년 稱侯. 威烈王 23년(前 403)에 晉國을 三分하고 정식 책봉을 받았다(이때부터 정식 戰國시대에 진입). 戰國七雄 중 맨 먼저 變法과 부국강병을 달성했다. 魏 文侯는 司馬遷《史記 儒林列傳》에서도 '好學' 의 군주로 칭송. 孔子의 弟子 子夏(자하), 再傳 弟子인 田子方(전자방)이나 段干木(단간목)에게 請敎하여 儒家 思想이 확실했다. 法家의 李克(李悝, 이회)을 宰相에 임명. 吳起(오기)와 西門豹(서문표) 등 인재 등용했다. 戰國시대 강국으로 대두했다.《史記 魏世家》참고. 段干木(단간목, 생졸년 미상)을 戰國시대 초기, 본래 晋國 市場의 중개인이었다가 공자 제자 子夏(자하)에게 求學. 魏 文侯에게 등용. 魏 文侯가 단간목에게 治國之道를 물었다. 본서 卷四 秦策(二)의 **064** 〈秦武王謂甘茂〉 주석 참고.

가 주군을 위하여 인재를 끌어 모을 이유입니다."

## 142/ 孟嘗君舍人

{原文} 孟嘗君舍人有與君之夫人相愛者. 或以聞孟嘗君曰,

"爲君舍人而內與夫人相愛, 亦甚不義矣, 君其殺之."

君曰, "睹貌而相悅者, 人之情也, 其錯之勿言也."

居期年, 君召愛夫人者而謂之曰, "子與文游久矣, 大官未可得, 小官公又弗欲. 衛君與文布衣交, 請具車馬皮幣, 願君以此從衛君遊."

於衛甚重. 齊,衛之交惡, 衛君甚欲約天下之兵以攻齊. 是人謂衛君曰,

"孟嘗君不知臣不肖, 以臣欺君. 且臣聞齊,衛先君, 刑馬壓羊, 盟曰, '齊,衛後世無相攻伐, 有相攻伐者, 令其命如此.' 今君約天下之兵以攻齊, 是足下倍先君盟約而欺孟嘗君也. 願君勿以齊爲心. 君聽臣則可, 不聽臣, 若臣不肖也, 臣輒以頸血湔足下衿."

衛君乃止. 齊人聞之曰,

"孟嘗君可語善爲事矣, 轉禍爲功."

## 孟嘗君의 舍人(사인)

{국역} 孟嘗君(맹상군)의 舍人(私的인 속관) 중에 맹상군의 姬妾(희첩)과 서로 通姦(통간)하는 자가 있었다.[1122] 혹자가 이를 맹상군에게 말했다.

"君의 舍人이면서 主君의 夫人과 相愛(사랑을 나누다)하다니, 이는 義에 크게 어긋나니 君께서 죽여 버리십시오."

이에 맹상군이 말했다.

"서로 모습을 보고 좋아하는 것은 人之常情이니, 내버려두고 말하지 말라."[1123]

1년이 지난 뒤, 맹상군은 희첩을 좋아하는 자를 불러 그에게 말했다.

"그대와 나는 오랫동안 알고 지냈지만, 大官(높은 자리)은 얻을 수가 없고, 小官(작은 관직)은 아마 그대가 원하지 않을 것이요. 衛君(위군, 嗣君)은 나와(文) 布衣(구차하고 보잘것없는 선비 시절) 때부터 교제한 사이이고, 수레와 필요한 재물도 마련되었으니[1124] 衛君을 찾아가 交遊하기 바라오."

---

1122 孟嘗君舍人有與君之夫人 – 舍人(사인)은 私的 屬官. 主家事者. 여기 夫人은 맹상군의 正妃(정식 배우자)가 아닌 姬妾(희첩)을 지칭한다. 相愛의 愛는 私通하다. 본 章의 내용 중 齊 宣王 말년의 衛(위)는 三晋의 부용국으로 齊와 맞서 침략을 계획할 만한 나라가 전혀 아니었다. 策士의 擬托(의탁)에 불과하다는 주석이 있다.

1123 원문 其錯之勿言也 – 錯은 섞일 착. 둘 조〔置也. 錯는 措(둘 조)〕와 同.

1124 원문 請具車馬皮幣 – 皮는 鹿皮(녹피). 幣는 비단(束帛也).

(그 舍人은) 衛(위)에서 매우 중요한 사람이 되었다. 齊와 衛의 관계가 나빠지자, 衛君은 天下의 군사를 모아 다른 나라와 맹약하고 齊를 공격하려 했다. 이에 그 사인이 衛君에게 말했다.

"맹상군은 臣이 不肖(불초)한 줄을 몰랐고, (臣을 천거하였으니) 臣은 주군을 속인 결과가 되었습니다. 그리고 제가 알기로는, 齊와 衛의 先君께서 말과 羊을 잡아 맹서하기를,[1125] '齊와 衛의 後世에 서로 침략하지 않을 것이니, 서로 침략하는 자가 있다면 그 목숨이 이 말이나 양과 같을 것이다.' 라고 하였습니다. 지금 主君께서 천하의 군사들을 모아 맹약하고 齊를 공격하려 하시는데, 이는 足下(衛君)께서 先君의 盟約를 깨면서 孟嘗君을 무시하는 것입니다. 바라건대, 주군께서는 齊를 마음에 두지 마십시오.[1126] 주군께서 臣의 말을 들어주면 그만이나, 들어주지 않는다면 불초한 저로서는 제 목을 찔러 피를 주군 옷자락에 뿌리겠습니다."

衛君은 바로 중지하였다. 齊人들이 전해 듣고서는 말했다.

"孟嘗君은 가히 일을 잘 처리했다 할 수 있으니, 禍(화)를 功으로 만들었다."

---

1125 원문 刑馬壓羊 – 馬와 羊을 죽여 그 피를 바르며 서약하다. 刑과 壓(누를 압) 모두 殺의 뜻이 있다.

1126 원문 願君勿以齊爲心 – 齊를 공격할 생각을 하지 않다.

## 143/ 孟嘗君有舍人而弗悅

{原文} 孟嘗君有舍人而弗悅, 欲逐之. 魯連謂孟嘗君曰, "猿獮猴錯木據水, 則不若魚鱉, 歷險乘危, 則騏驥不如狐狸. 曹沫之奮三尺之劍, 一軍不能當, 使曹沫釋其三尺之劍, 而操銚鎒與農夫居壟畝之中, 則不若農夫. 故物舍其所長, 之其所短, 堯亦有所不及矣. 今使人而不能, 則謂之不肖, 教人而不能, 則謂之拙. 拙則罷之, 不肖則棄之, 使人有棄逐, 不相與處, 而來害相報者, 豈非世之立教道也哉!" 孟嘗君曰, "善." 乃弗逐.

## 맹상군에게 싫어하는 舍人(사인)이 있어,

{국역} 孟嘗君에게 싫어하는 舍人(사인)이 있어 내쫓으려 했다.[1127] 이에 魯連(노련, 魯仲連)이[1128] 맹상군에게 말했다.

"원숭이가 나무를 떠나 물에 산다면[1129] 물고기나 자라만〔魚鱉(어

1127 원문 孟嘗君有舍人而弗悅 – 弗悅(불열)은 좋아하지 않다. 싫어하다. 不敬으로 된 주석도 있다. 본 章의 맹상군과 노중련의 나이 차이가 크게 나기에 후대 說客의 擬托(의탁)한 내용이라고 알려졌다.

1128 魯仲連(노중련, ? 前 305 – 245년, 간칭 魯連) – 戰國時代 齊國 茌平人. 遊說名士. 稷下 學宮에서 수학. 세객으로 유명. 저명한「義不帝秦」변론이 잘 알려졌다. 《漢書 藝文志》에 《魯仲連子》 14篇이 있다. 《史記 魯仲連鄒陽列傳》에 입전. 唐 李白이 마음으로 존경했던 인물이다.

별)〕 못하고, 험한 길을 가거나 높은 곳을 오르는 데는 천리마가〔騏驥(기기)〕 여우나 삵(狐는 여우 호, 狸는 삵 리)만 못합니다. 曹沫(조말)이 짧은 칼을 휘두르자,[1130] 一軍도 어찌 감당할 수 없었지만, 조말이 그 삼척검을 버리고, 쟁기나 괭이를 잡고 밭고랑 사이에 서있다면 농부만 못할 것입니다.[1131] 이처럼 만물의 特長을 버려두고, 그 단점을 본다면[1132] 堯(요) 같은 성인도 따라갈 수 없을 것입니다.[1133] 여기서 사람에게 일을 시켰더니 무능하다 하여 不肖(불초)라 하고, 가르쳤으나 해내지 못한다면 拙劣(졸렬)하다고 합니다. 졸렬하다면 그만두게 해야 하고, 불초하다면 버려야 하나니, 사람이 버림을 당하고 내쫓겨서 같이 살 수 없다면 결국 서로 해치거나 보복이 있을 것이니, 이런 일이 어찌 立敎의 道理라 할 수 있겠습니까!"

---

1129 원문 猿獮猴錯木據水 – 猿은 원숭이 원. 獮은 죽일 선. 猴는 원숭이 후. 錯는 버려두다(置也) 據水는 물에서 살다. 據는 의거할 거(處也). 獮는 잘못 들어간 글자. 猿猴와 다음 구절의 騏驥(기기, 騏는 말 이름 기. 驥는 천리마 기)가 對句이다.

1130 원문 曹沫之奮三尺之劍 – 曹沫(조말, 생졸년 미상)은 魯 莊公의 力士. 무사〔曹劌(조귀)〕. 齊와 싸워 3전 3패하였다. 魯에서는 땅을 베어 주고 齊 桓公(환공)과 강화했다. 강화 의식이 진행될 때, 조말은 단도로 제 환공을 위협하여 빼앗긴 땅을 돌려받았다(曹沫劫齊桓公).《史記》五刺客의 한 사람. 曹沫(조말), 專諸(전저), 豫讓(예양), 蝶政(섭정), 荊軻(형가).

1131 원문 操銚鎒與農夫居壟畝之中 – 銚는 가래 조. 鍬(가래 초)와 同. 삽보다 큰 농기구. 3인 1조가 되어야 가래로 작업을 할 수 있다. 냄비 요. 鎒는 괭이 누. 호미보다 크고 자루가 긴 농기구. 壟은 밭이랑 농. 畝는 이랑 무(묘).

1132 원문 之其所短 – 여기 之는 於. 用의 뜻. 단점을 활용하다.

1133 원문 堯亦有所不及矣 – 堯(요) 같은 성인도 어찌 할 수 없다.

孟嘗君은 "옳은 말이요."라고 했다. 그리고는 放逐(방축:내쫓다)하지 않았다.

## 144/ 孟嘗君出行國,

{原文} 孟嘗君出行國, 至楚, 獻象床. 郢之登徒, 直使送之, 不欲行. 見孟嘗君門人公孫戍曰,

"臣, 郢之登徒也, 直送象床. 象床之直千金, 傷此若髮漂, 賣妻子不足償之. 足下能使僕無行, 先人有寶劍, 願得獻之."

公孫曰, "諾."

入見孟嘗君曰, "君豈受楚象床哉?"

孟嘗君曰, "然."

公孫戍曰, "臣願君勿受."

孟嘗君曰, "何哉?"

公孫戍曰, "小國所以皆致相印於君者, 聞君於齊能振達貧窮, 有存亡繼絶之義. 小國英桀之士, 皆以國事累君, 誠說君之義, 慕君之廉也. 今君到楚而受象床, 所未至之國, 將何以待君? 臣戍願君勿受."

孟嘗君曰, "諾."

公孫戌趨而去. 未出, 至中閨, 君召而返之, 曰, 
"子教文無受象床, 甚善. 今何擧足之高, 志之揚也?"
公孫戌曰, "臣有大喜三, 重之寶劍一."
孟嘗君曰, "何謂也?"
公孫戌曰, "門下百數, 莫敢入諫, 臣獨入諫, 臣一喜. 諫而得聽, 臣二喜. 諫而止君之過, 臣三喜. 輸象床, 郢之登徒不欲行, 許戌以先人之寶劍."
孟嘗君曰, "善. 受之乎?"
公孫戌曰, "未敢."
曰, "急受之."
因書門版曰, 「有能揚文之名, 止文之過, 私得寶於外者, 疾入諫.」

## 맹상군이 각국을 순방하여,

{국역} 孟嘗君(맹상군)이 각국을 巡訪하여 楚에 도착하자,[1134] (楚에서)는 상아로 장식한 床을 선물하려고 했다. 郢(영)의 登徒(등도)를 시켜[1135] 이를 보내려 하였으나 (등도는) 하려고 하지 않았다. (등도

1134 원문 孟嘗君出行國 – 여러 주석에 의하면, 이 기사는 齊 威王 36년(前 321)의 일로 알려졌다. 이 기사는 《資治通鑑》에도 수록되었지만, 맹상군의 일생을 종합할 때, 楚國에 간 일이 없다. 따라서 이는 策士의 꾸며낸 글이라는 설명이 있다.

1135 원문 郢之登徒 – 郢(영)은 楚 都邑. 登徒(등도)는 姓이라는 주석과 관

가) 孟嘗君의 門人 公孫戍(공손수)에게 말했다.

"臣은 郢(영)의 登徒(등도)입니다만, 상아로 장식한 床을 직접 갖다 드리려 합니다. (그런데) 象床의 값이 千金이나 되기에 만약 여기에 조그만 흠결이라도 생기면,[1136] 처자를 팔더라도 보상할 수가 없습니다. 足下(公孫戍)께서 제가 이 일을 하지 않게 해 주시면 조상이 물려준 보검을 드리겠습니다."

공손수는 "알겠습니다."라고 말했다

(공손수가) 들어가 맹상군에게 말했다.

"君께서는 楚의 상아 장식 床을 받으려 하십니까?"

"그렇다."

"저는 君께서 받지 않기를 바랍니다."

"왜 그런가?"

"小國(大國?)에서 主君께 相의 印綬(인수)를 주군께 올렸던 것은 主君께서 齊에 계시면서 貧窮(빈궁)한 자일지라도 등용하여 이름을 떨치게 하고, 亡者를 살리고 단절된 제사를 이어주는 大義를 실천했다는 소문을 들었기 때문입니다. 小國의 英桀(영걸)한 士人들도 國事를 주군께 맡기려 하는 이유는 주군의 大義 숭상과 염치를 흠모하기 때문입니다. 지금 주군께서 楚에 이르러 象牙의 床을 받는다면, 아직 가지 않은 작은 나라에서는 무엇으로 주군을 접대하겠습니까? 그래서 저는 주군께서 받지 않았으면 좋겠다고 생각합니다."

---

직명이라는 주석이 있다.

1136 원문 傷此若髮漂 – 髮漂는 毫髮. 가느다랗다 미세한 머리카락. 漂(떠돌 표)는 飄는 회오리바람 표.

맹상군은 "그렇다." 며 승낙하였다.

공손수가 빠른 걸음으로 물러났다. 다 나가기 전에 중간 문에 이르자, 맹상군이 의아해서 다시 불러 되돌아오자, (맹상군이) 말했다.

"그대가 나에게(文) 象床을 받지 말라고 한 것은 아주 좋은 말이나, 지금 왜 그대가 큰 걸음으로, 득의양양하여 나가는가?"

이에 공손수가 말했다.

"지금 제게 큰 기쁨이 3가지 있고, 또 보검을 하나 얻을 수 있습니다." [1137]

"무슨 말인가?"

"(주군의) 門下에 문객 수백 명이 있으나, 아무도 들어가 말씀드리려 하지 않았지만 제가 들어와 충언을 할 수 있었으니, 첫째 기쁨입니다. 제가 드린 말씀을 받아들이셨으니, 두 번째 기쁨입니다. 충언으로 주군의 잘못을 바로잡았으니, 세 번째 기쁨입니다. (그 사람이) 상아의 床을 운송하지 않게 해주면 저에게 그 선조의 보검을 저에게 준다고 하였습니다."

"좋다. 그런데 받았는가?"

"아직 안 받았습니다."

"서둘러 보검을 받아라."

그러면서 대문의 글판에 써 붙였다.

「이 田文(전문: 맹상군)의 명성을 높여주고, 전문의 과오를 바로잡아주며, 밖에서 私的으로 重寶를 얻을 수 있다면 누구든지 빨리 들어와 諫言(간언)을 올려라.」

---

**1137** 원문 重之寶劍一 - 여기 重은 또한, 거듭, 다시 더.

## 145/ 淳于髡一日而見七人於宣王

{原文} 淳于髡一日而見七人於宣王.

王曰, "子來, 寡人聞之, 千里而一士, 是比肩而立, 百世而一聖, 若隨踵而至也. 今子一朝而見七士, 則士不亦衆乎?"

淳于髡曰, "不然. 夫鳥同翼者而聚居, 獸同足者而俱行. 今求柴葫,桔梗於沮澤, 則累世不得一焉. 及之睪黍,梁父之陰, 則郄車而載耳. 夫物各有疇, 今髡賢者之疇也. 王求士於髡, 譬若挹水於河, 而取火於燧也. 髡將復見之, 豈特七士也."

## 순우곤이 하루에 7인을 宣王에 알현시키다.

{국역} 淳于髡(순우곤)이 하루에 7人을 齊(제) 宣王(선왕)에게 알현케 하였다.[1138]

1138 원문 淳于髡一日而見七人於宣王 – 淳于髡(순우곤)은 본서 齊策 三 139 〈孟嘗君在薛〉 주석 참고,《史記 滑稽列傳》 참고. 見七人의 見의 音은 현. 宣王(선왕, 재위 前 319 – 301년)은 文學 및 遊說之士를 좋아하였다. 鄒衍(추연), 순우곤, 田駢(전병), 接予(접여), 愼到(신도) 등 많은 인재들이 稷下(직하)의 學館에 모여들었다.

《史記 田敬仲完世家》「～宣王喜文學遊說之士, 自如騶衍,淳于髡,田駢,接予,愼到之徒七十六人,皆賜列第,爲上大夫,不治而議論. 是以齊稷下學士復盛,且數百千人.～」

선왕이 말했다.

"그대 이리 와보시오. 寡人이 알기로, 千里에 一士가 있다 하여도 어깨를 나란히 서있다고 말하며,[1139] 百世에 一聖이 나오더라도 발뒤꿈치를 이어 찾아온다고(至也) 하였소. 그런데 그대는 하루에 7인의 士人을 알현케 하였으니 士人이 너무 많은 것 아니오?"

이에 순우곤이 말했다.

"그렇지 않습니다. 새는 같은 날개를 가진 부류끼리 모여 살고(鳥同翼者聚飛의 뜻), 짐승은 같은 발(足)을 가진 무리끼리 함께 다닌다고(獸同足者俱亡의 의미) 하였습니다. 지금 柴葫(시호)나 桔梗(길경) 같은 (산에서 나는) 약초를 늪지에서〔沮澤(저택)〕 구한다면, 여러 세대가 지나더라도 찾을 수가 없지만, 睪黍(역서)나 梁父(양보) 山의 북쪽 기슭에 가면 수레 가득 싣고 올 수 있습니다.[1140] 사물에 각각 그 짝(무리, 疇)이 있으니, 지금 저는(髡) 賢者의 무리입니다. 왕께서 저 같은 사람한테서 士人은 구한다면 河水에서 물을 긷고, 烽燧(봉수: 횃불)에서 불씨를 구하는 것에 비유할 수 있습니다.[1141] 이 순우곤이 앞으로도 다시 알현케 할 것이니 어찌 7명뿐이겠습니까?"

---

1139 원문 是比肩而立 - 1천 리 땅에서 인재 1인 얻기도 어렵다는 뜻이다. 比肩(비견)은 차례로 연이어 서다. 肩은 어깨 견.

1140 睪黍(역서) 梁父(양보) - 모두 山名. 陰은 山北. 郄은 틈 극. 郄車는 수레 가득, 이때 郄은 仰, 올려 보다의 뜻으로 해석했다. 가득 실어 수레가 무거워 나아가지 못하다의 뜻으로 풀이한 주석도 있다.

1141 원문 譬若挹水於河, 而取火於燧也 - 挹은 손으로 물을 뜰 읍(酌也). 燧는 부싯돌 수. 횃불. 순우곤을 통해 학자를 얻으려 한다면 냇물에서 물 한 바가지 퍼 오는 것처럼 쉬운 일이다.

## 146/ 齊欲伐魏

{原文} 齊欲伐魏. 淳于髡謂齊王曰,

"韓子盧者, 天下之疾犬也. 東郭逡者, 海內之狡兔也. 韓子盧逐東郭逡, 環山者三, 騰山者五, 兔極於前, 犬廢於後, 犬兔俱罷, 各死其處. 田父見之, 無勞勸之苦, 而擅其功. 今齊,魏久相持, 以頓其兵, 弊其衆, 臣恐强秦大楚承其後, 有田父之功."

齊王懼, 謝將休士也.

## 齊가 魏를 정벌하려 하다.

{국역} 齊가 魏를 정벌하려고 했다.[1142] 淳于髡(순우곤)이 齊王에게 말했다.

"韓의 黑犬 盧(로)는 세상에서 빨리 달리는 개입니다. 東郭逡(동곽준)은 세상에서 가장 날쌘 토끼입니다.[1143] 韓子盧(한자로)가 동곽준

1142 원문 齊欲伐魏 – 蚌鷸之爭(방휼지쟁)의 漁父之利와 같은 뜻이다. 兩虎相鬪도 같은 비유이다.

1143 東郭逡者, 海內之狡兔也. – 逡은 뒷걸음칠 준. 狡는 빠를 교. 간교하다. 狡猾(교활)하다. 兔는 토끼 토. 狡는 獪. 교활할 회. 빠르다. 우리말의 '교활하다' 는 남을 잘 속이면서 안 그런 척 한다는 뜻이다. 狡兔(교토)는 날쌘 토끼이지 교활한 토끼이겠나? 빨리 도망가는 토끼는 그 본능이거늘 인간을 속이려는 뜻이 들어 있겠나?

을 쫓아가는데, 산을 세 바퀴나 맴돌고 꼭대기까지 다섯 번이나 치달았더니, 토끼는 앞에서 지칠 대로 지치고, 개는 뒤에서 죽을 지경이 되었고, 토끼와 개가 모두 지쳐 그 자리에서 죽어버렸습니다. 농부가(田父) 그것을 보고서는 아무런 힘도 들이지 않고 모두 차지하였습니다. 지금 齊와 魏가 오랫동안 서로 싸워 병졸은 완전히 지쳤고,[1144] 그 백성도 피폐하였으니, 臣은 강대한 秦이나 楚나라가 뒤를 따라와 농부처럼 이득을 차지할까 걱정이 됩니다."

齊王도 두려워하며 원정 준비를 그만두고 군사를 쉬게 하였다.

## 147/ 國子曰秦破馬服君之師

{原文} 國子曰,

"秦破馬服君之師, 圍邯鄲. 齊,魏亦佐秦伐邯鄲, 齊取淄鼠, 魏取伊是. 公子無忌爲天下循便計, 殺晉鄙, 率魏兵以救邯鄲之圍, 使秦弗有而失天下. 是齊入於魏而救邯鄲之功也. 安邑者, 魏之柱國也, 晉陽者, 趙之柱國也, 鄢郢者, 楚之柱國也. 故三國欲與秦壤界, 秦伐魏取安邑, 伐趙取晉陽, 伐楚取鄢郢矣. 逼三國之軍兼二周之地, 擧韓氏取其地, 且天下之半. 今又劫趙,魏, 疏中國, 封衛之東野, 兼魏之河南,

**1144** 원문 以頓其兵 – 頓은 조아릴 돈. 넘어지다. 힘들어 지치다.

絶趙之東陽, 則趙,魏亦危矣. 趙,魏危, 則非齊之利也. 韓, 魏,趙,楚之志, 恐秦兼天下而臣其君, 故專兵一志以逆秦. 三國之與秦壤界而患急, 齊不與秦壤界而患緩. 是以天下之勢, 不得不事齊也. 故秦得齊, 則權重於中國; 趙,魏,楚得齊, 則足以敵秦. 故秦,趙,魏得齊者重, 失齊者輕. 齊有此勢, 不能以重於天下者何也? 其用者過也."

## 國子가 말했다. 秦이 馬服君의 군사를 격파하고,

{국역} (齊大夫) 國子(국자)가 말했다.[1145]

"秦이 馬服君(마복군)의 군사를 격파하고,[1146] 邯鄲(한단)을 포위하였습니다. 그러자 齊와 魏 역시 秦을 도와 한단을 공격하면서 齊는 淄鼠(치서, 위치 미상)의 땅을, 魏는 伊是(이시, 地名. 伊氏)를 차지하였습니다. 그러자 (魏) 公子 無忌(무기, 信陵君)[1147]는 天下의 循便計(순

---

1145 國子曰 – 齊의 大夫. 國氏는 姜齊 시기부터 上卿을 역임하는 귀족이었다. 본 章은 秦이 '兼二周之地, 擧韓氏取其地' 한 일로 보아 秦 始皇 17년(前 230)의 사건이다.

1146 秦破馬服君之師 – 馬服君(마복군)은 趙의 장군 趙括(조괄). 秦의 將軍 白起(백기)는 조괄의 군사 40만을 長平戰에서 이긴 뒤, 생매장하고 邯鄲(한단)을 포위 공격하였다. 조괄의 부친이 趙奢(조사)인데 戰功으로 馬服君에 봉해졌었다.

1147 信陵君〔신릉군, ? – 前 243년, 姬姓. 魏氏. 名은 无忌(무기)〕 – 魏 昭王(소왕, 재위 前 295 – 277년)의 막내아들. 魏 安釐王의 同父異母의 아우. 禮賢下士하고 廣招門客하였다. 前 260年에 竊符(절부: 符信을 훔치다)하여 救趙하며, 邯鄲(한단)에서 破秦하였다(邯鄲之戰).

편계 : 순리대로 따라간다)에 따라[1148] (魏將) 晉鄙(진비)를 죽이고, 魏軍을 이끌고서 한단의 포위를 풀어 秦이 천하를 점유할 수 없게 만들었습니다. 이는 齊가 魏와 한편이 되어 한단을 구원한 것과 같습니다. 安邑(안읍)은 魏의 國都(柱國)이고[1149] 晉陽(진양, 今 山西省 省會인 太原市)은 趙의 도읍이며, 鄢郢(언영)은 楚의 도읍입니다. 그래서 三國이 秦과 국경을 접하게 되자,[1150] 秦에서는 魏를 정벌하여 安邑을 취하고, 趙를 공격하여 晉陽(진양)을 빼앗고, 楚를 치고 鄢郢(언영)을 탈취하려 할 것입니다. 그전에 秦(진)은 三國의 군사를 핍박하여 二周(동주, 서주)의 땅을 차지하고 韓氏(韓나라)의 땅을 탈취하니 거의 天下의 半입니다. 지금 다시 趙와 魏를 압박하여 中國(中原)을 서로 疎遠(소원)하게 만들고 衛의 東野(東地)를 차지하였으며,[1151] 魏의 河南(河內)을 점거하고 趙의 東陽(동양)을 단절시킨다면, 趙와 魏나라 역시 위태롭게 될 것입니다. (따라서) 趙와 魏가 위기에 처한다면 결코 齊에게 이롭지 않을 것입니다. 韓, 魏, 趙, 楚에서는 秦이 天下를 겸병하여 각국의 주군을 신하로 거느릴 것을 걱정하면서 군사

---

**1148** 天下循便計 - 行便宜之計. 순리대로 따라간다는 의미. 循은 좇을 순. 따라가다(行順也). 신릉군 무기가 兵符(병부)를 훔쳐 군사를 동원하여 趙를 구원하였지만 魏王은 趙를 도울 생각도 없었다. 그래서 趙邑을 점거했었다.

**1149** 安邑者, 魏之柱國也 - 柱國은 國都. 安邑 山西省 서남부 運城市 관할 夏縣. 《資治通鑑》의 저자 司馬光의 고향.

**1150** 원문 欲與秦壤界 - 欲은 故의 訛字(와자)라는 주석이 있다. 그 경계가 相接하게 되었다.

**1151** 원문 刲衛之東野 - 刲는 차지하다. 찌를 규. 베어 가르다. 割也. 東野는 東地.

를 하나로 합하여 秦에 항거하는 것입니다. 秦과 국경을 상접하게 되는 三國(趙, 魏, 楚)은 아주 다급한 환난에 처했지만, 齊는 秦과 국경이 맞닿지 않았다 하여 그 환난도 느긋합니다. 이로써 天下의 형세는 부득불 齊를 섬기지 않을 수 없습니다. 그래서 만약 秦이 齊를 자기편으로 끌어들인다면 秦은 천하의 형세를 좌우할 수 있고, 趙, 魏, 楚가 齊를 자기편으로 할 수 있다면 秦에 맞서 대적할 수 있을 것입니다. 그래서 秦은 물론 (楚), 趙, 魏가 齊의 도움을 얻는다면 重해지나 齊의 도움을 받지 못한다면 輕(경)해질 것입니다. 齊가 이런 형세에서도 천하의 형세를 *左之右之*(좌지우지) 못하는 것은 무엇 때문이겠습니까? 이런 형세를 활용해야 하는 者의 잘못된 판단일 것입니다."

저자 약력

陶硯 진기환陳起煥

서울 대동세무고등학교 교장을 역임하였다.

주요 저서로는《正史 三國志》全 6권 (2019년),《완역 後漢書》全 10권 (2018-2019년),《완역 漢書》全 15권 (2016-2021년),《十八史略》5권 중 3권 (2013-2014년),《史記人物評》(1994년),《史記講讀》(1992년)

《唐詩大觀》全 7권 (2020년),《三國演義》원문 읽기 (2020년),《新譯 王維》(2016년),《唐詩絶句》(2015년),《唐詩逸話》(2015년),《唐詩三百首(上·中·下)》(2014년. 공역),《金甁梅 評說》(2012년),《上洞八仙傳》(2012년),《三國志 人物 評論》(2010년),《水滸傳 評說》(2010년),《中國人의 俗談》(2008년),《儒林外史》(抄譯) 1권 (2008년),《三國志 故事名言 三百選》1권 (2001년),《三國志 故事成語 辭典》1권 (2001년),《東遊記》(2000년),《聊齋誌異(요재지이)》(1994년),《神人》(1994년),《儒林外史》(1990년)

《孔子聖蹟圖》(2020년),《論語名言三百選》(2018년),《論述로 읽는 論語》(2012년),《중국의 神仙 이야기》(2011년),《아들을 아들로 키우기/가정교육론》(2011년),《三國志의 지혜》(2009년),《三國志에서 배우는 인생의 지혜》(1999년),《中國人의 土俗神과 그 神話》(1996년)

E-mail : jin47dd@hanmail.net

**戰國策(전국책) [上]**

초판 인쇄 2021년 12월 10일
초판 발행 2021년 12월 20일

역　　주 | 진기환
발 행 자 | 김동구
디 자 인 | 이명숙 · 양철민
발 행 처 | 명문당(1923. 10. 1 창립)
주　　소 | 서울시 종로구 윤보선길 61(안국동)
　　　　우체국 010579-01-000682
전　　화 | 02)733-3039, 734-4798, 733-4748(영)
팩　　스 | 02)734-9209
Homepage | www.myungmundang.net
E-mail | mmdbook1@hanmail.net
등　　록 | 1977. 11. 19. 제1~148호

ISBN 979-11-91757-30-9 (94910)
ISBN 979-11-91757-29-3 (세트)
25,000원